STENDHAL - BALZAC
Réalisme et Cinéma

Centre d'études stendhaliennes

STENDHAL - BALZAC
Réalisme et Cinéma

Textes recueillis par
Victor Del Litto

Actes du XIe Congrès International Stendhalien
(Auxerre 1976)

EDITIONS DU CENTRE NATIONAL DE LA RECHERCHE SCIENTIFIQUE
15, quai Anatole-France — 75700 PARIS
1978

Nous remercions très vivement Claude Autant-Lara pour nous avoir non seulement autorisé à reproduire des photographies extraites de ses films « Le Rouge et le Noir » et « Lucien Leuwen », mais encore nous avoir obligeamment fourni les documents originaux.

© Presses Universitaires de Grenoble et CNRS - 1978
ISBN   PUG   2-7061-0114-8 ✓
CNRS 2-222-02222-3 ✓

PRÉFACE

par V. Del Litto

Les textes réunis dans ce volume portent principalement sur deux thèmes : le réalisme et l'adaptation cinématographique de l'œuvre romanesque de Stendhal.

Réalisme est, certes, une notion fort complexe, et fort ambiguë, qui se prête à toutes les interprétations, qui ouvre la voie à toutes les controverses. Or, dans le cadre du XIe Congrès international stendhalien, ce thème n'a pas été choisi en fonction de la théorie, mais pour mettre en lumière ce qui apparaît de plus en plus aujourd'hui comme le trait essentiel de la création romanesque stendhalienne par réaction à la thèse du réalisme critique communément adoptée ces dernières années.

Par tempérament, Stendhal est sans cesse porté à transcender le réel. Tous ses héros, sans exception - à l'image de l'auteur lui-même - n'appréhendent le monde où la destinée les a plongés que par le truchement de l' "espagnolisme", autrement dit de manière toute subjective, voire sentimentale. A la base des raccourcis si puissants - et si fidèles - du romancier évoquant la vie politique et sociale sous la Restauration et la monarchie de Louis-Philippe, se cache toujours l'être pensant et sensible qui a vécu ces époques et en a ressenti violemment les contrecoups. Le miroir - ce célèbre miroir, auquel on fait continuellement référence - n'est pas, somme toute, *un* miroir, mais le miroir propre du romancier. Ce qui implique logiquement une technique romanesque nouvelle.

Un congrès n'étant pas un séminaire, il va sans dire qu'il ne faut pas s'attendre à découvrir dans ce volume un exposé ordonné et exhaustif du réalisme stendhalien et balzacien. Ce que l'on trouvera, au contraire, aussi bien dans les communications, quel que soit leur sujet spécifique, que dans les débats, ce sont des éléments d'approche et de réflexion. Il n'est pas paradoxal d'avancer que ce volume, loin d'avoir épuisé la question, permet seulement de l'aborder. L'intérêt de ces sortes de réunions réside précisément - encore un paradoxe ! - dans l'ordre dispersé dans lequel sont présentées les opinions, les thèses, les suggestions, les conjectures. Il appartient au lecteur de faire son miel de ces confrontations d'idées provoquant des déductions inattendues, des aperçus insoupçonnés. A la manière, d'ailleurs, dont aimait procéder Stendhal lui-même. N'a-t-il pas inscrit sur le frontispice de sa *Vie de Rossini* l'épigraphe, tirée à l'en croire, des *Nuées* d'Aristophane : "Laissez aller votre pensée comme cet insecte qu'on lâche en l'air avec un fil à la patte" ?

Si le thème du réalisme a été traité dans une optique nouvelle, il en est de même de celui de l'adaptation à l'écran de l'œuvre romanesque stendhalienne. Grâce, surtout, à la présence de Claude Autant-Lara qui s'est prêté de la meilleure grâce du monde au feu roulant des questions qui lui ont été posées. Parfait connaisseur des écrits de Stendhal et profond admirateur de l'originalité de son esprit - qualités, il faut bien l'avouer, peu courantes parmi les hommes du septième art - non seulement il a parlé avec l'autorité que lui conférait cette connaissance, mais encore en technicien consommé. Il a souligné les difficultés, la plupart du temps ignorées du public, auxquelles se heurte un metteur en scène désireux de faire un film de qualité. Il s'est étendu sur la manière dont il s'y est pris pour respecter à tout prix, et malgré les contraintes qui lui étaient imposées, l'esprit et la lettre des romans de Stendhal qu'il a portés à l'écran. Discussion serrée, souvent passionnée, toujours instructive. On ne pourra plus désormais traiter des problèmes soulevés par l'adaptation cinématographique d'une œuvre littéraire sans tenir compte de ce témoignage de Claude Autant-Lara.

PREMIERE PARTIE

STENDHAL ROMANCIER RÉALISTE ?

par V. Del Litto

Il ne s'agit pas ici d'ouvrir un débat doctrinal sur la notion même de réalisme, débat qui risquerait de nous entraîner loin de Stendhal et nous enliser dans les sables des définitions, des théories et des idéologies, mais d'essayer de cerner avec le plus de précision possible la nature et les limites du réalisme chez Stendhal et chez Balzac.

Ce n'est pas pour rien que nous sommes dans une région qui, a-t-on dit, a servi de cadre aux *Paysans*. Je laisse, comme cela se doit, le soin de parler du réalisme balzacien aux éminents spécialistes ici présents et à leur chef de file, M. Pierre-Georges Castex qui nous fait l'honneur de participer à nos débats. Je me bornerai au réalisme stendhalien.

Il n'y a guère plus d'une trentaine d'années que l'on a commencé à voir en Stendhal un représentant du réalisme grâce à Auerbach, Lukacs, Aragon. Leur prise de position a constitué un véritable tournant dans l'histoire de l'exégèse. En effet, celle-ci avait d'abord considéré Stendhal comme un auteur inconséquent, voire incohérent, une sorte de farfelu s'amusant à aligner des bizarreries, des paradoxes souvent d'un goût douteux, un mauvais maître. Vers la fin du siècle on a surtout vu en Stendhal un dilettante, un esthète, plongé dans le rêve d'une Italie de pacotille. Même les admirateurs sincères - je veux dire non prévenus - du romancier ont été obligés de faire des concessions, de fermer les yeux sur les aspects qui passaient pour être négatifs, indéfendables de sa personnalité et de ses livres. La nouvelle école, en bousculant une tradition routinière, a renversé les perspectives. Elle a mis en valeur, par exemple, la signification du sous-titre de *Rouge et Noir* : "Chronique du XIXe siècle", étrangement passé jusqu'alors inaperçu, ainsi que la portée sociologique des pamphlets. Elle a également permis de découvrir que *Lucien Leuwen* n'est pas qu'une banale histoire d'amour, mais aussi, et surtout, un roman politique fortement structuré, et enfin, de manière générale, que l'œuvre stendhalienne est ancrée dans la réalité de son temps dont elle est le fidèle reflet.

7

Cette nouvelle orientation de la critique n'a pas rencontré de résistance , elle n'a pas non plus suscité de controverse : preuve qu'elle exprimait tout haut ce que quelques lecteurs pensaient tout bas, mais qu'ils n'osaient pas exprimer. D'emblée donc le réalisme de Stendhal a paru si évident que les exégètes de tout bord ont aussitôt emboîté le pas. On n'a plus compté les essais où le terme de "réaliste" a été accolé au nom du romancier. Sous le patronage du réalisme, les enquêtes sur les sources, les modèles, les empiètements de l'histoire - ou, plus exactement, de la chronique - dans la fiction romanesque, sans parler, bien entendu, des pamphlets et des articles destinés à la presse anglaise, se sont multipliés. Stendhal, qui n'a cessé de proclamer son intérêt pour les "petits faits vrais" autorisait lui-même ce genre d'enquêtes. De même que son penchant à s'exprimer à mots couverts, à s'entourer d'alibis pour échapper à l'indiscrétion de la police, de la censure : témoins de l'existence d'une écriture secrète dont on était tenté de percer le mystère et retrouver la clé. Ainsi, pour Aragon, l'originalité de Stendhal réside dans son "caractère *daté*" (c'est lui qui souligne) ; "tant dans sa correspondance que dans son œuvre, écrit-il, la valeur de témoignage de ses œuvres, le rapport constant entre l'homme d'une époque et son époque. En un mot, le *réalisme* stendhalien".

Reconnaître à Stendhal la qualité de réaliste a donc signifié revaloriser son œuvre, lui attribuer un label d'authenticité et lui donner des dimensions insoupçonnées, une valeur de témoignage historique : il a été généralement admis que *le Rouge et le Noir* et *Lucien Leuwen* sont le miroir de la société de la Restauration et de la monarchie de Juillet.

Tout en admettant le bien-fondé et le côté positif de cette interprétation, on doit cependant se demander si aujourd'hui la notion de réalisme ne doit pas être nuancée, complétée, à la lumière d'autres éléments dont il n'a pas été assez tenu compte, et si, par conséquent, elle n'est pas dépassée.

Le premier de ces éléments est sans doute l'invincible répugnance que Stendhal a toujours éprouvée pour ce qui passe couramment sous le nom de réel ainsi que pour l'expression de ce réel. Je mentionne ici quelques passages significatifs : "l'ignoble, déclare-t-il en 1814, ferme le robinet de mon imagination et de ma sensibilité..." (*Journal*, Cercle du Bibliophile, tome XXXI, p. 125). Si, en 1826, il goûte moins qu'auparavant l'auteur comique italien Goldoni, c'est parce que "cela est vrai, mais cela est si bas !" (*Rome, Naples, et Florence* (1826), à la date du 4 avril 1817, *Voyages en Italie*, Bibliothèque de la Pléiade, p. 538). En visitant à Rome l'église de Santo Stefano Rotondo, il commente : "C'est contre les murs intérieurs de la nef que sont ces affreuses peintures du Pomarancio et du Tempesta, si célèbres parmi les âmes vulgaires que le hasard fait passer à Rome ; cela est intelligible pour ces messieurs, comme la guillotine en action. Cette *réalité atroce* est le sublime des âmes communes..." (*Promenades dans Rome*, à la date du 8 juillet 1828, *ibid.* p. 958. C'est stendhal qui souligne). Il cite dans la *Vie de Henry Brulard* le mot de l'acteur Préville : "Mon c... est aussi dans la nature, cependant je ne le montre pas" (Cercle du Bibliophile, chap. XXIV, tome XXI, p. 54). Un tableau de Murillo au Musée de Nantes lui déplaît parce qu'il s'en dégage une *"ignoble et effroyable vérité"* (*Mémoires d'un touriste*, à la date du 30 juin 1837, tome XV, p. 462). Et, évoquant l'Ecosse à propos du paysage breton, il écrit : "... j'aime mieux l'image que je m'en faisais alors [avant de l'avoir vu] que la réalité ; cette *plate réalité*, toute *dégoûtante* d'amour exclusif pour l'argent et l'avancement n'a pu chez moi détruire l'image poétique" (*ibid*, à la date du 5 juillet 1837, tome XVI, p. 3-4). Et bien d'autres passages similaires pourraient être cités.

"Ignoble", "bas", "dégoûtant", "prosaïque" sont les épithètes qui accompagnent le plus souvent le terme de réalité. Et Stendhal de s'étonner tout le premier qu'avec une telle disposition il ait cru pendant les deux premiers tiers de sa vie avoir une vocation d'auteur comique, la comédie étant par définition pour lui la transposition critique des mœurs de la société contemporaine. Lorsque, à l'âge de cinquante ans, il se remémore les "remarques prudentes" du capitaine Burelviller à l'époque de son premier voyage en Italie en 1800, remarques qui lui semblaient alors "bourgeoises, plates, odieuses", il ne peut s'empêcher de commenter : "De là mon dégoût, même en 1836, pour les faits *comiques* où se trouve de toute nécessité un personnage bas. Ils me font un dégoût qui va jusqu'à l'horreur. Drôle de disposition pour un sucesseur de Molière !" (*Vie de Henry Brulard*, chap. XLIII, tome XXI, p. 342).

Cette répugnance est naturellement associée à son contraire : la recherche du beau idéal. Dès sa jeunesse, le futur Stendhal jette sur le papier une profession de foi dont le moins qu'on puisse dire est qu'elle est exempte de toute ambibuïté : "Il faut peindre l'Apollon du Belvédère dans les bras de la Vénus de Médicis, dans les plus délicieux jardins des environs de Naples, et non un gros Hollandais sur sa Hollandaise dans un sale entresol" (*Journal littéraire*, tome XXXIV, p. 95). L'opposition ira en s'accentuant. Stendhal en deviendra pleinement conscient, et c'est dans la *Vie de Henry Brulard* qu'il appellera "espagnolisme" sa manière personnelle de concevoir et d'appréhender la réalité, "espagnolisme" par suite duquel, dit-il, "je détourne mes regards et ma mémoire de tout ce qui est bas". (Chap. XXI, tome XXI, p. 6). "Je voudrais, insiste-t-il ailleurs, pouvoir oublier le *laid* de la vie" (*Voyage dans le Midi de la France*, tome XVII, p. 146, c'est Stendhal qui souligne).

Force est donc d'exclure du réalisme stendhalien tout attrait pour les aspects de la vie quotidienne, aspects qui, il faut bien l'avouer ne font pas, dans leur grande majorité, honneur à l'espèce humaine. C'est là une

9

différence essentielle entre Stendhal d'une part, et Balzac et Flaubert d'autre part.

Un seul aspect de la vie quotidienne intéresse Stendhal : la politique. Politique non pas conçue comme la science abstraite de l'art et de la pratique du gouvernement, mais comme l'ensemble des formes concrètes d'un régime donné. Ce qui ne saurait surprendre, car notre écrivain qui, dans aucun domaine, n'a fait œuvre de théoricien, s'attache moins aux prémisses qu'aux conséquences. Or, la politique, qu'on le veuille ou non, a des incidences inévitables sur les structures de la société et, par conséquent, sur le bonheur individuel. Or, de même que Stendhal a débuté dans la carrière des lettres par le pamphlet - ses ébauches de comédies, des livres tels que l'*Histoire de la peinture en Italie* ou *Rome, Naples et Florence*, les écrits romantiques esquissés à Milan en 1818-1819 sont des pamphlets potentiels, - de même son attention pour le phénomène politique ne s'est jamais relâchée, non seulement dans sa correspondance et autres récits autobiographiques, mais encore dans ses romans dont certains sont construits sur des données politiques come *le Rouge et le Noir* et *Lucien Leuwen* et d'autres comportent un élément politique d'appoint, comme *Vanina Vanini*, et *la Chartreuse de Parme*. Cette considération a comme effet de rétrécir notablement la notion de réalisme. Stendhal réaliste, oui, mais à condition de bien s'entendre sur les limites de son réalisme : ce réalisme ne s'exerce que dans une bande fort étroite et à des fins très précises. Une analyse attentive de l'œuvre romanesque permet de constater que la reconstruction de l'atmosphère politique et sociale n'est pas plaquée sur l'affabulation, qu'elle n'est pas non plus une simple toile de fond. Bien au contraire, elle fait partie intégrante du récit. Ainsi, M. de Rênal et l'épisode de la Note secrète dans *le Rouge et le Noir*, le milieu légitimiste et l'épisode de la campagne électorale dans *Lucien Leuwen*, ne sont pas là pour cautionner la vraisemblance de l'intrigue ; ils sont destinés à expliquer, à justifier, le comportement des héros. Ceux-ci ne sont pas des êtres passifs, ils sont conditionnés par le milieu où le destin les a amenés à vivre. Il y a donc confrontation, c'est-à-dire conflit permanent.

Et là nous touchons sans doute au nœud de la question. A bien voir, le héros stendhalien - j'insiste sur le singulier ; je viens d'employer à tort le pluriel : l'œuvre romanesque de Stendhal est à l'image de son auteur, foncièrement "égotiste" - le héros stendhalien, quel qu'il soit, est surtout dominé par le besoin - ou le rêve - d'être soi. Besoin stimulé par la conscience d'être différent des autres, d'exister en marge de la société à laquelle, malgré ses efforts, il ne réussit pas à s'intégrer et qui le rejette. C'est le sens de l'épisode, si incompris jusqu'ici, du séminaire dans *le Rouge et le Noir* ; c'est aussi la signification ultime de *Lucien Leuwen*. Le thème partout présent de l'échec est exprimé par le néologisme que Stendhal a créé : "étrangeté". Précisément parce que le héros est "étranger", c'est-à-dire différent, il ne fait pas partie d'un groupe social et il est automatiquement éliminé. Cette "étrangeté" a comme principal mobile l' "espagnolisme" dont je parlais tout à l'heure, à savoir la recherche instinctive du "sublime", terme dont la fréquence est frappante sous la plume de Stendhal. Cela fait que l'atmosphère du roman stendhalien est foncièrement héroïque ; elle n'admet pas la déchéance, élément habituel aussi bien de la vie humaine que de la fiction romanesque. Le roman stendhalien tend toujours vers le haut, tendance se concrétisant par la présence de lieux élevés, tels que la prison, dont le prisonnier occupe d'ailleurs l'étage le plus élevé. Autant Stendhal a été jugé sec et borné par les premiers lecteurs, autant il nous apparaît aujourd'hui riche d'une sève insoupçonnée et d'une fécondité sans égale. D'où la conclusion à première vue paradoxale que Stendhal est l'antithèse du réalisme et des réalistes.

Il est bon de préciser qu'en affirmant ce qui précède je n'entends pas le moins du monde refuser l'évidence : l'abondance des traits que Stendhal a empruntés à la réalité. Claude Liprandi a eu mille fois raison en soutenant la thèse - fort originale à une époque où elle n'était pas monnaie courante - que tout chez Stendhal est *vrai*, à savoir que bon nombre de personnages et d'épisodes sont ou ont leur contrepartie dans la chronique du temps. Mais, cette constatation faite, il est désormais difficile d'en déduire que le narrateur est fondamentalement un réaliste. Au contraire, par leurs structures et leurs thèmes ses romans échappent au réalisme. Il y a sans cesse franchissement des frontières du réel. Même dans *le Rouge et le Noir*, le roman qui a été et est toujours le champ privilégié des tenants du réalisme, on repère une multitude d'aspects qu'on ne saurait classer sous cette étiquette. Sans m'attarder sur l'ascension *morale* de Julien Sorel, inconcevable dans un récit d'un réalisme de stricte obédience, j'évoquerai de nouveau l'épisode du séminaire. Je reconnais sans difficulté que l'auteur a voulu représenter la situation du clergé et le rôle de la Congrégation sous la Restauration, mais j'ajoute aussitôt que la raison d'être de cet épisode est de nature interne : Julien, qui avait vécu jusqu'alors en vase clos, se trouve pour la première fois en contact avec la société, avec les jeunes gens de son rang social et de son âge, et il prend alors conscience de son "étrangeté". Ce n'est pas tout : c'est alors que le romancier lui-même découvre le vrai caractère de son personnage. A partir de ce moment-là Julien ne doit plus rien à Antoine Berthet. Et, d'autre part, comment ne pas s'apercevoir combien *la Chartreuse de Parme* cadre mal avec la dialectique du réalisme ? Même remarque en ce qui concerne *l'Abbesse de Castro*, ce chef-d'œuvre méconnu, contemporain, comme par hasard, de *la Chartreuse de Parme*. Faudrait-il en inférer que, arrivé au sommet de sa carrière, le romancier aurait pris ses distances avec le réalisme ? Et pourquoi ?

En fait, si par certains côtés l'œuvre romanesque stendhalienne plonge ses racines dans la réalité contemporaine, par d'autres, beaucoup d'autres, elle se situe sur un plan qui transcende la réalité. Et c'est précisément à cause de cela que Stendhal évite le danger d'être prisonnier des contingences éphémères de son époque. Son œuvre a éveillé, et continue plus que jamais d'éveiller, l'intérêt, moins par sa valeur documentaire, que parce qu'elle aborde des problèmes de fond. Ne retenir que la valeur documentaire veut dire s'arrêter à la porte de la création romanesque. Or, c'est dans cette création que réside, en définitive, l'éternelle jeunesse de Stendhal, et aussi la raison d'être de ce curieux phénomène, unique en son genre, qu'est le stendhalisme.

A la fois mise au point et esquisse d'une orientation critique, mon exposé, forcément schématique, veut surtout être un cadre de travail proposé aux participants de ce XIe Congrès placé sous le signe du réalisme.

D'AUXERRE A GRENOBLE

SPLENDEURS ET MISERES DES PRÉFETS :

STENDHAL ET JOSEPH FOURIER

par René Bourgeois
Université de Grenoble

> "En décrivant un homme, une femme, un site, songez toujours à quelqu'un,
> à quelque chose de réel".
> (Lettre à Mme Gaulthier, 4 mai 1834)

C'est à Grenoble, par les hasards de l'histoire, que Joseph Fourier et Henri Beyle firent connaissance. Si leur rencontre vaut d'être rapportée, ce n'est pas tant par son intérêt anecdotique que par la contribution qu'elle a pu fournir à la création littéraire, puisque l'auteur de *Lucien Leuwen* devait le faire revivre et lui conférer, en la transformant, l'immortalité romanesque.

Au début de 1813, Stendhal, après sa "campagne" de Russie, se retrouve à Paris dans un état de "vieillesse prématurée" (*Journal*, 13 mars 1813) ; il n'a de goût ni pour l'art, ni pour les femmes. Cependant, le 15 mars, son intérêt s'éveille :

"Préfectures - Hier 14 et la veille, il n'est bruit que de quinze préfectures à donner, où il paraît que les auditeurs auront bonne part (...). Cela m'a un peu troublé, je serai un peu humilié de n'avoir rien ; d'un autre côté, être préfet autre part que dans les quatorze départements italiens est entièrement contre mes goûts les plus chers" (*Journal*, 17 mars 1813).

S'il est "préfecturable", selon son expression, il se voit aussi bien - les raisins sont trop verts ! - maître des requêtes ou décoré. Le 18, il se console déjà :

"Réellement, la préfecture et même la maîtrise des requêtes peuvent ruiner mon véritable bonheur. Il vaudrait mieux pour moi rester exactement tel que je suis. Le croix est la seule faveur qui ne puisse devenir nuisible à ma félicité".

Le 19, il n'a toujours rien, tandis que ses deux camarades de Russie, auditeurs comme lui, se voient récompensés :

"Ce soir, j'ai l'âme un peu mordue de chagrin de n'être pas préfet, quand mes deux acolytes Bus(che) et Ber(ognié) le sont. Je serais cependant plus chagrin peut-être si je voyais la nécessité d'aller me confiner quatre ou cinq ans dans un trou de 6.000 habitants, comme Lons-le-Saulnier. Mais dans ce moment mon âme est inactive, elle serait occupée par ma nomination et les nouveaux soins de la place de préfet. D'ailleurs, j'aurais ainsi un rang politique et je pourrais être assuré de voir la société de haut".

Stendhal ressent fortement l'injustice de la situation : cette préfecture, il la mérite plus qu'un autre, puisque Sa Majesté a daigné être contente de sa mission "longue, dangereuse, essentielle". Ce dépit amoureux - ou plus simplement ces espoirs bien naturels trop vite déçus - vont retentir sur ses choix à venir. Avec la déclaration de guerre à la Prusse, le 6 avril, s'offre une nouvelle chance de promotion ; mais faire des démarches en bas de soie tous les soirs, c'est décidément trop ennuyeux :

"Je me fiche de mes malheurs d'ambition. Après m'être plus distingué qu'aucun autre, me voilà à la queue de ma compagnie" (*Journal*, 11 avril 1813).

et puis, une campagne, même dans l'intendance, c'est à vous faire "devenir barbare et mort pour les arts". Après quelques hésitations, il part cependant, devient intendant, finit par être vraiment malade, et tout se termine par une agréable convalescence en Italie. Mais à la fin de l'année, la situation ne lui permet plus de rester spectateur ; son essai d'autobiographie de 1822 nous renseigne laconiquement :

"A peine de retour, l'Empereur l'envoya en mission dans la 7e division militaire avec un sénateur absolument sans énergie".

Il rectifiera quinze ans plus tard, insistant sur l'importance de son rôle :

"En 1813, B. fut envoyé dans la septième division militaire avec un sénateur imbécile. Napoléon expliqua longuement à B. ce qu'il fallait faire".

On saisit bien le mécanisme de l'affabulation : Stendhal n'avoue-t-il pas dans la *Vie de Henry Brulard* : "Napoléon ne parlait pas à des fous de mon espèce" ?

En fait, Beyle accompagne à Grenoble le comte de Saint-Vallier, chargé d'organiser la levée en masse. Ce n'est pas une tâche facile, car le zèle des Français est rien moins qu'ardent ; on hésite à donner son sang et son argent, ses chevaux ; les préfets n'ont guère de pouvoir réel et doivent s'incliner devant l'autorité militaire toute puissante. C'est le cas, à Grenoble, de Joseph Fourier, obligé de suivre en tout les avis du Commissaire extraordinaire et de son adjoint, ce qui ne va pas sans quelque amertume. Voici un homme qui depuis douze ans remplit ses fonctions avec bonheur ; il a appris lors de l'expédition d'Egypte comment on administrait une région, il sait prendre des initiatives réfléchies - l'homme de science qu'il est s'applique à résoudre des problèmes difficiles : n'a-t-il pas réussi là où depuis deux siècles on avait échoué, en procédant à l'assèchement des marais de Bourgoin ? A Grenoble, il a apporté un air nouveau, en faisant connaître par ses collections et ses travaux l'archéologie égyptienne, engageant dans cette étude un jeune homme plein de talent, Champollion. En réalité, ce n'est pas tant l'administrateur qui peut prêter à quelque critique, mais l'homme ; on s'ennuie tellement en province, qu'on ne peut mener une vie irréprochable ; n'est-ce pas à Grenoble que Choderlos de Laclos a puisé l'inspiration ? D'une liaison dangereuse de Joseph Fourier, nous avons précisément un témoignage amusant. Un avoué de la Cour de Grenoble, Antoine Métral, retrace dans son journal intime sa rivalité amoureuse avec le préfet, ce "petit maître musqué", à propos d'une jeune femme de douteuse vertu :

"Le préfet de Grenoble, qui avait reçu une légère atteinte d'une cordonnière qui voulait m'en donner autant, par des goûts semblables en veut à ma jeune putain - elle va seule dans son salon, elle me dit qu'elle y va, me fait croire qu'elle est restée vertueuse ; le pauvre préfet n'a pas mis plus de chaleur dans son amour que dans son discours sur l'Egypte. Quelle idée misérable n'aura-t-il pas laissée de lui si toutefois l'opinion d'une fille importait quelque chose à un homme dont les ouvrages sont exempts du sifflet comme le théâtre de l'opéra" (Journal manuscrit - Bibliothèque de Grenoble).

Cela dit, Joseph Fourier se débat comme il le peut au milieu des difficultés de l'heure. Il doit donner des ordres à ses sous-préfets, aux maires, sans savoir avec exactitude ce qui se passe, tant la situation militaire est confuse ; il doit répondre à une foule de solliciteurs, qui voient dans la garde nationale une possibilité d'avancement. Que dire, par exemple, à Ignace Guillaud, "étudiant en droit à Grenoble, fils de M. Guillaud, adjoint à la mairie de Bourgoin" qui lui adresse cette demande :

"Fils d'un fonctionnaire public qui a vieilli dans l'administration, je me recommande à vos bontés pour obtenir un grade de capitaine dans la garde nationale mobilisée. J'ose tout espérer de votre bon plaisir" (Archives de l'Isère - Correspondance du préfet - 8 mars 1814).

Il faut aussi écouter le maire de la commune de Chirens :

"Désiré Rebono, mon neveu, qui a déjà deux frères à l'armée en activité de service, désire entrer dans la garde nationale. Il est fort grand et écrit très bien. Oserais-je, Monsieur le Préfet, vous prier de lui accorder votre protection et de lui procurer tout l'avancement possible ?" (*Ibid.*, 15 mars 1814).

Il n'est pas jusqu'au plus petit détail d'intendance auquel il ne faille descendre :

"Je viens réitérer ma proposition à M. le Préfet : mon cheval est pour le trait principalement, gris, âgé de 6 à 7 ans. Je le garantis sans défaut. Nous en sommes réduits au point de vendre les chevaux pour acheter le foin et pour acquitter les charges publiques. C'est mon cas" (*Ibid.*, 18 mars 1814).

Ajoutons à cela que Joseph Fourier se retrouve mal dans les ordres et les contre-ordres : il faut défendre Grenoble, et par conséquent veiller à l'approvisionnement de siège ; mais Grenoble est à l'évidence indéfendable, et Fourier se voit accusé auprès du ministre de n'avoir pas obéi. A la dénonciation du Commissaire des Guerres Bourgeois de Saint-Paul, il doit répondre par un rapport-fleuve, où sont comptées jusqu'aux pièces d'uniforme ! Peu après, on décide d'organiser la défense au fort Barraux, qui commande la vallée du Grésivaudan aux frontières de la Savoie : il faut alors faire enlever de Grenoble le matériel qui pourrait tomber aux mains de l'ennemi, en diriger une partie vers la forêt, l'autre vers les places de l'intérieur, prévoir les relais, réquisitionner - encore ! - chevaux, bœufs et charrettes... Fourier malgré une intense activité, dont témoigne l'ampleur exceptionnelle de sa correspondance administrative, se perd un peu dans les règlements, les rapports, les comptes rendus. Et c'est bien ce que lui reproche Beyle :

"Ce petit (préfet Fourier) avec son bavardage infini arrêtait tout, entravait tout, j'étais étonné de voir M. de Saint-Vallier ne pas s'apercevoir de cette glu générale et se louer sans cesse de ce Fourier. J'en concluais contre l'esprit de mon sénateur. Mais enfin il est venu à connaître ce petit et très petit administrateur, qui prend l'écriture pour le but, et non pas les actions, dont l'écriture n'est que la note".

Il est vrai qu'il écrit énormément, Joseph Fourier, comme en témoigne l'imposant dossier de sa correspondance administrative pour les trois premiers mois de 1814. Et il écrit tant, que Saint-Vallier et son adjoint Beyle prennent peu à peu sa place pour toutes les décisions importantes : on lui laisse à régler des détails d'exécution, mais il est évident pour tous qu'il n'a plus d'autorité personnelle et que désormais le ministre s'adresse directement à ses Commissaires extraordinaires. Aussi, lorsque Saint-Vallier quitte Grenoble pour Chambéry, Fourier se retrouve comme abandonné, avec le vif sentiment de son inutilité. Ce n'est pas sans amertume qu'il peint sa situation, deux jours à peine après le départ du sénateur-comte :

"Monsieur le Comte de Saint-Vallier me permettra-t-il de lui porter les plaintes les plus graves contre Mmes de Saint-Vallier et de Pisançon. Non seulement ces dames m'ont fort mal reçu lorsque je suis arrivé seul chez Madame de Bally la veille de votre départ, mais elles ont cessé entièrement leur visite d'avant-dîner. J'en ai été dédommagé le premier jour par celle de Mr de Pisançon qui a bien voulu traiter à fond avec moi pendant le dîner l'affaire des shakos, bottes, étrilles, etc... La préfecture ressemble à un désert depuis que vous nous avez quittés. (...). Il ne se passe aucun événement remarquable dans nos murs. Je me console de ne plus recevoir les estafettes opportunes de M. de La Roche mais je regrette celles de Paris et les petits billets qu'elles vous apportaient. Il n'y a que votre présence, M. le Comte, qui puisse me rendre les dames et les nouvelles. Agréez l'hommage de mon respect et permettez que je me recommande au souvenir de MM. vos collaborateurs. Grenoble, mercredi soir 2 mars. J. Fourier".

Mais Beyle ne devait plus revoir Joseph Fourier. Ce même 2 mars, alors que le préfet se plaint de sa "solitude", il écrit crûment dans ce qu'il nomme "Journal de mon triste séjour à Grenoble" :

"Une des sources de mon ennui à Grenoble était le petit savant spirituel à âme parfaitement petite et à la politesse basse de domestique revêtu nommé Fourier".

Même si Stendhal fait envoyer à Fourier un exemplaire de son *Histoire de la peinture en Italie*, il gardera au préfet de Grenoble une rancune si tenace qu'elle trouvera tout naturellement à s'exhaler dans la création romanesque. Nous la retrouvons vivace dans *Lucien Leuwen*, malgré l'affabulation, les nécessités de la narration et la transposition inévitable des temps, des lieux, des événements.

La première figure que Stendhal compose avec quelques traits empruntés à Fourier est celle de M. Fléron, préfet de Nancy. Il n'a certes que vingt-huit ans, mais il a déjà tous les défauts que Beyle avait pu apercevoir chez le préfet de Grenoble et que l'âge rendait excusables. Son aspect physique, déjà, prête à rire : il marche par ressorts, prétendant à la fois à la grâce et à la majesté ; il se pare le matin d'une robe de chambre de cachemire brodée d'or et d'un bonnet singulier, en forme de rouleau de cavalerie légère. Tout en lui dénote la suffisance et la pusillanimité : "il crève de vanité et c'est peureux comme une femme" ! Enfin, dans son comportement de fonctionnaire d'autorité, il ne se montre guère actif, "il écrivaille toute la journée".

Ce n'est là, à vrai dire, qu'une esquisse, qui se précise avec le personnage du préfet du Cher, le "bon" M. de Riquebourg. Ce dernier se distingue par sa prudence. Il n'est pas une canaille, comme M. G...., le préfet de N... "ami de tous les voleurs adroits, qui vole lui-même sans qu'on puisse le

2

prendre" ; il n'est pas non plus aussi courageux que le préfet C... qui "perdit sa préfecture dans le Nord, à Caen ou environs, parce qu'il ne voulut pas être assez coquin". C'est un préfet qui cherche la paix de l'âme, qui n'aime ni les compromissions ni l'audace. Il est vrai qu'il a quatre filles à marier, un fils sergent au 86e depuis deux ans et qu'il voudrait voir sous-lieutenant. Point de remords donc :

> "Pour moi, la simple demi-punition de changer de préfecture serait une ruine ; trois mariages que Mme de Riquebourg a ébauchés pour ses filles ne seraient plus pratiquables, et mon mobilier est immense".

Une nomination au Conseil d'État serait pour lui synonyme de ruine : 12.000 francs et Paris ne valent pas une grosse préfecture avec de bonnes dépenses secrètes ! L'impertinent Leuwen n'a que mépris pour ce préfet servile et cauteleux, dont la voix a "un son aigre et un ton moqueur, entre le reproche et la menace", et qu'il humilie en refusant le dîner "d'amis intimes" préparé en son honneur.

Mais c'est dans l'épisode des élections de Caen que Stendhal transpose avec le plus de fidélité ses souvenirs grenoblois. La guerre étrangère a cédé la place à la bataille politique, Lucien se trouve promu au rang qu'occupait Saint-Vallier, mais, pour le reste, les données profondes de l'anecdote sont identiques : le préfet et le commissaire extraordinaire, alliés en principe pour la bonne cause, se retrouvent rivaux, s'opposent et dans leurs méthodes de travail, et dans leurs caractères.

Le préfet Boucaut de Séranville est d'abord aux yeux de Lucien, un renégat : ultra-libéral en 1829, le voici quelques années plus tard entièrement acquis au nouveau régime. Ce n'est pas là, sans doute, un trait bien particulier, car depuis l'institution de l'administration préfectorale bien des fonctionnaires ont dû s'accommoder des changements fréquents : Joseph Fourier, bon révolutionnaire, fidèle serviteur du général Bonaparte et de l'Empereur Napoléon n'hésite guère à signer le 22 avril 1814 une fière proclamation en faveur des Bourbons :

> "Les événements qui viennent de rendre à notre patrie un gouvernement tutélaire, fondé sur les droits les plus révérés, et qui rappellent sur le trône de ses pères l'auguste héritier de tant de Rois, ont excité dans ce département des transports unanimes de joie et de reconnaissance".

Soit - Il restera donc préfet de l'Isère. Napoléon revient ; Fourier se pose en défenseur de la légitimité, et prétend lui interdire l'entrée à Grenoble. L'Empereur, décidément sans rancune, lui donnera la préfecture du Rhône, où s'achèvera, après les Cent-jours, la si belle carrière de celui qu'on nommera dès lors le "Labédoyère civil".

Le préfet Boucaut de Séranville n'est renégat que parce qu'il manque de caractère, de "virtù", pour employer le terme stendhalien ; et comme l'auditeur Beyle avait appliqué à Fourier l'adjectif qui constitue sa suprême injure, le qualificatif "petit", c'est ce même trait qui caractérisera avec une obsédante insistance le préfet de Caen ; "un être exigu, très petit, très mince, fort élégant" ; "le petit préfet" ; "ce petit fort exigu" ; "ce petit homme" ; "le préfet exigu" ; "cette tête étroite" ; "ce petit préfet ergoteur" ; "ce petit pédant" ; "ce petit ergoteur" ; "un petit sophiste sournois" ; "ce petit animal de préfet" ; "l'esprit de ce petit préfet des Grandes Journées est comme les cornes des boucs de mon pays : noir, dur et tortu". En une quarantaine de pages, c'est ainsi jusqu'à satiété la répétition des termes déjà utilisés dans le journal de 1814 à propos de l'expérience vécue dans le "quartier général de la petitesse" qu'était pour Henri Beyle Cularo-Grenoble.

Comment, d'ailleurs, pourrait-on s'y tromper, alors qu'en face de l'épisode des dépêches, dans les marges du manuscrit, Stendhal note : "Plan - Dispute pour la dépêche télégraphique que Leuwen veut envoyer - Modèles : 1º dispute à Cularo de M. Fourier avec le colonel du génie ou de l'artillerie dans le cabinet de M. le Comte de Saint-Vallier...".

Mais si le "pilotis" apparaît avec une évidence qui ne peut laisser subsister aucun doute, il est intéressant de voir comment s'opère la transposition du fait vécu en événement romanesque. L'essentiel réside, à notre sens, dans un processus de dramatisation. Jean Prévost a fait une remarque pertinente à propos des personnages secondaires de Stendhal : peints en moins de traits, ils doivent être peints en traits plus gros ; ils offrent alors des cibles à la satire et sont souvent poussés jusqu'à l'odieux ou au grotesque (*La Création chez Stendhal*, III, *le Rouge et le Noir*, XVIII). C'est de toute évidence ce qui se passe lorsque le souvenir du préfet Fourier donne naissance à la figure de Boucaut de Séranville. L'aspect théâtral et le grossissement apparaissent nettement dans le schéma même du conflit : chaque "acte" répète la réalité en accentuant une opposition que, dans leur situation respective, ni Beyle ni Fourier ne pouvaient laisser aussi nettement paraître. Dès la première rencontre entre Lucien et le préfet de Caen, Stendhal prend soin de chaque détail de la mise en scène : Lucien, que le préfet fait attendre, "s'établit dans un fauteuil, tournant le dos à la porte", lisant ostensiblement un pamphlet ultra-libéral que Boucaut de Séranville avait eu l'imprudence d'écrire cinq ans auparavant. Cet antagonisme se développe avec une parfaite logique : malgré les conseils de son ami Coffe ("Effacez-vous ; bornez-vous à seconder les mesures du préfet"), Lucien se laisse entraîner par son ardeur, son ambition, ou le plaisir du jeu, ce qui lui attire cette remarque où nous retrouvons toute la rancune de Beyle : "vous faites son métier depuis deux jours et lui écrit des centaines de lettres, et en réalité ne fait rien".

Enfin au paroxysme de la crise, le jeune commissaire évince son allié et rival, et l'emporte cruellement au cours d'une scène où Stendhal venge sans doute les silences forcés de Beyle. Au dîner arrive le courrier de Paris :

"Le préfet se leva.

- Ce n'est pas au préfet de Séranville que j'ai affaire, dit le courrier d'un ton emphatique et grossier. C'est à M. Leuwen, maître des requêtes. Quelle humiliation ! Je ne suis plus préfet, pensa M. de Séranville. Et il retomba sur sa chaise. Il appuya les deux mains sur la table, et cacha sa tête dans ses mains (...). Ce fonctionnaire était évanoui ; on le porta près d'une fenêtre qu'on ouvrit".

Mais le romancier, s'il recrée à juste titre une autre réalité, qui échappe au souvenir lui-même, se permet un regard souverain sur l'ensemble de sa création : ce n'est pas seulement le préfet qui est objet de critique ; il est méprisable, certes, c'est un "méchant homme", mais Lucien est-il lui-même, dans de telles circonstances, un irréprochable paladin ? La boue de Blois est à peine sèche, et Coffe s'amuse beaucoup de la rencontre de ces deux fats : son ami lui apparaît comme un "homme à préfecture, à croix", sur la route du mépris public.

Ainsi, le romancier juge-t-il avec quelque amusement son passé, en nous invitant à partager sa réflexion sceptique et ironique sur la politique et le pouvoir, auxquels il est préférable de renoncer pour ne pas "se préparer des remords"...

Au terme de cette rapide évocation, qui nous a permis de faire apparaître les misères plus que les splendeurs de la fonction préfectorale, nous ne pouvons que renvoyer à l'oubli ces deux enfants respectifs d'Auxerre et de Grenoble : le préfet Joseph Fourier et le commissaire Henri Beyle : l'un et l'autre ne pèsent rien en regard des personnages du roman, Boucaut de Séranville et Lucien Leuwen.

Avec Jean-Pierre Richard, reconnaissons-le : "l'imaginaire seul existe, et la réalité ne garde encore un poids quelconque que dans la mesure où elle accepte de contribuer aux constructions de l'imagination" (*Connaissance et tendresse chez Stendhal*).

RÉALISME BALZACIEN ET RÉALISME STENDHALIEN

Besançon dans *Albert Savarus* et
dans *le Rouge et le Noir*
par Pierre-Georges Castex

Université de Paris-Sorbonne

La notion de réalisme est difficile à cerner, tant l'extension et la compréhension en sont grandes. Je nommerai réaliste au premier degré un récit où l'analyse et la recherche peuvent retrouver des pans de réalité observée, des éléments descriptifs empruntés à la vie réelle, qu'il s'agisse d'un paysage, d'une demeure, d'un mobilier ou d'un visage. Réalité de façade, vue à l'œil nu par le romancier, puis transposée dans un monde fictif, et dont une lecture pourra saisir ou deviner la configuration à travers le discours romanesque. Ces éléments rapportés, même désarticulés pour être intégrés à une création autonome, concourent à fonder la crédibilité du récit. L'écrivain, quoiqu'il ait généralement pris le soin de masquer ses références, en imprègne son texte et impose une présence que l'imagination pure ne parviendrait pas, faute d'appui concret, à rendre sensible. Le plaisir du lecteur est alors de se laisser prendre au jeu, d'accepter la caution implicitement offerte, de pénétrer de plain-pied dans un univers imaginaire qui l'arrache à son existence quotidienne et de s'intéresser à l'aventure qui s'y inscrit comme s'il en était le témoin effectif.

Le roman peut ensuite se charger de sens, livrer un enseignement historique ou, parfois, un contenu idéologique : ainsi prend naissance un réalisme du second degré, auquel s'appliquera alors, selon la formule de Georg Lukacs, l'étiquette "réalisme critique". Cette étiquette convient à l'œuvre de Stendhal, comme à celle de Balzac : j'ai tâché de montrer ailleurs l'épaisseur signifiante de personnages comme Julien Sorel ou le père Grandet.

Mon propos d'aujourd'hui se limitera à confronter Stendhal et Balzac dans cette fonction du premier degré qui consiste à camper ou à esquisser, afin d'y situer des aventures vraisemblables, à partir d'une cité réelle, un plausible décor urbain. Un exemple privilégié s'offrait à moi, celui de Besançon, puisque les deux romanciers ont évoqué cette ville, l'un dans *le Rouge et le Noir*, l'autre dans *Albert Savarus*.

Balzac connaît Besançon. Par chance, nous sommes assez exactement renseignés (1) sur les deux brefs séjours qu'il a effectués, à huit jours d'intervalle, vers la fin de septembre et au début d'octobre 1833. Nous verrons l'utilité, pour l'intelligence de quelques détails d'*Albert Savarus*, des précisions que je vais fournir sur ce double passage.

C'est le jeune écrivain bisontin Charles de Bernard, son cadet de cinq ans, qui, sur sa demande, s'était chargé de son accueil. Balzac était en relations avec lui depuis le mois d'août 1831, où avait paru sous la signature de Bernard, dans *la Gazette de Franche-Comté*, un article intelligent et élogieux sur *la Peau de chagrin* - suivi, quatre mois plus tard, d'un second article sur les *Romans et contes philosophiques*. Peu de temps après, Charles de Bernard était venu lui rendre visite à Paris (où il se fixera par la suite) ; il avait reçu ses conseils et manifesté le désir de devenir son disciple. Aussi Balzac songea-t-il tout naturellement à lui écrire, lorsque, sur le point de se rendre à Neuchâtel, où il devait rencontrer pour la première fois Mme Hanska, il projeta de faire étape à Besançon, afin de passer marché, si possible, pour une fourniture de papier d'imprimerie, avec la très moderne manufacture d'Arcier. Il recourut même, d'avance, à son entremise pour s'assurer une place dans la voiture qui allait le conduire à Neuchâtel.

Balzac, après quarante heures passées en malle-poste, arriva à l'étape bisontine, près du palais Granvelle, dans la matinée du 24 septembre. Charles de Bernard l'attendait et le conduisit au restaurant. Après le déjeuner, Balzac voulut prendre contact avec son fabricant de papier, mais l'affaire n'eut pas de suite. Il voulut aussi rencontrer Charles Weiss, le bibliothécaire de la ville, ami de Charles Nodier, mais il ne le trouva ni chez lui ni à la bibliothèque. Weiss, pourtant, eut connaissance de sa venue par Charles de Bernard et recueillit dans son *Journal* des échos de la conversation littéraire qui se tint entre les deux écrivains. C'est surtout cette conversation qui marqua, pour Balzac, la journée à demi manquée du 24 septembre : "Il me semble", écrivit-il de Neuchâtel à Charles de Bernard, "que je vous ai bien peu remercié de la bonne journée que vous m'avez donnée ; mais j'espère vous prouver que je ne suis pas un ingrat. A mercredi donc ; vous devez penser que j'aurai bien du plaisir à vous revoir, vous qui avez fait que mon voyage à Besançon n'a pas été inutile, et que j'y ait trouvé du plaisir".

En effet, le 2 septembre, après Neuchâtel, Balzac était, de nouveau, dans les murs de Besançon. Il aurait voulu s'en aller le soir même, mais les trois places à louer dans la malle-poste étaient déjà prises et il dut attendre le lendemain à dix-sept heures pour regagner Paris, sur l'impériale d'une diligence. Il disposa donc de deux jours pour approfondir ses relations bisontines et sa connaissance de la ville. Nous savons qu'il déjeuna, le premier jour, chez Migon, le meilleur restaurateur de Besançon, qui, deux ans auparavant, avait eu l'honneur de servir le roi Louis-Philippe en personne.

Migon était installé près de la promenade Granvelle, dans la cour principale de l'ancien couvent des Carmes ; Charles de Bernard avait invité Charles Weiss, qui, de son côté, amena M. Perennès, professeur à la Faculté des Lettres : de nouveau, on parla littérature, comme en témoigne le *Journal* de Weiss ; autre conversation mémorable, qu'il n'appartient pas à notre propos de rapporter. Nous savons aussi que, le lendemain, Balzac alla voir Charles Weiss à la Bibliothèque publique pour lui faire ses adieux. Nous savons encore que, sous la conduite de Bernard, il parcourut Besançon, visita le quartier de la cathédrale Saint-Jean et tout le centre de la ville. Il vit ainsi les vieux hôtels, encore habités par la société aristocratique.

Puis plus de huit années s'écoulèrent. Balzac revit Charles de Bernard, fit appel à sa collaboration pour la *Chronique de Paris*, salua sa réussite littéraire et conserva, à travers cette amitié, le souvenir de Besançon. Ainsi naquit, au début de 1842, l'idée d'inscrire dans cette ville l'histoire d'*Albert Savarus*, l'un des romans où il allait mettre le plus de lui-même, en une période de sa vie où la mort du comte Hanski venait d'éveiller en lui l'espoir, bientôt déçu, d'un mariage prochain avec l'Etrangère. Il rassembla les détails engrangés dans son immense mémoire et parvint ainsi à créer un cadre réel pour y transposer une aventure authentique, la sienne. Anne-Marie Meininger vient de réunir, pour les lecteurs de la Pléiade (2), les éléments vécus qui font d'*Albert Savarus* la plus passionnante des autobiographies romancées. Il m'appartient seulement de fixer avec autant de précision que possible, en m'aidant d'un mémoire inédit et d'un article fort intéressant de Mlle Françoise Teillaud (3), quelques-unes des "réalités bisontines" regroupées dans ce roman.

La famille de Watteville, dont l'héritière, Rosalie, devait monter une machination si cruelle pour se venger du dédain d'Albert Savarus, habite "rue de la Préfecture, dans le bel hôtel de Rupt dont le vaste jardin s'étend vers la rue du Perron". Si le nom de Rupt est celui d'une commune vosgienne, le modèle bisontin de l'hôtel ainsi désigné est facilement identifiable : c'est l'hôtel Pétremand de Valay, 19 rue de la Préfecture, qui seul possède une cour et un perron comme l'hôtel de Rupt. L'hôtel Pétremand, l'un des plus beaux de Besançon, retient l'œil au premier regard par un balcon monumental. Rien ne prouve que Balzac l'ait visité, mais nous ne saurions douter qu'il l'ait vu, en plein cœur de la ville, tout près de la maison Marquiset où logeait Charles Weiss, tout près de la cour des Carmes où il a déjeuné. Or, l'hôtel Pétremand englobe un magnifique jardin, un véritable parc, qui s'étend jusqu'à l'actuelle rue Chifflet, anciennement nommée rue du Pérron, rue parallèle à l'ancienne rue de la Préfecture, aujourd'hui devenue rue du président Wilson.

A Mme de Watteville, le vicaire général Grancey révèle, au sujet du mystérieux Albert Savarus, qui vient de s'installer dans la ville : "[...] vous pouvez voir ses fenêtres d'ici [...] M. Savaron [de Savarus] demeure rue du Perron, le jardin de sa maison est mur mitoyen avec le vôtre". Et sans doute Balzac se souvient-il de la maison sise au 22 de cette rue, dont le jardin jouxte en effet le parc de l'hôtel Pétremand. On y distingue en une avancée, au premier étage, deux fenêtres qui correspondent assez bien au logement du héros et qui sont effectivement visibles depuis le jardin des Watteville. Elles peuvent aussi être aperçues depuis certaines fenêtres de la rue Neuve (aujourd'hui rue Charles Nodier).

Or, c'est rue Neuve qu'habite le jeune lion Amédée de Soulas, fiancé présumé de Rosalie, "à l'endroit où cette rue se rencontre avec la rue de la Préfecture". A cet endroit exact, au numéro 7 de la rue, se trouve une maison appartenant à M. de Magnoncourt, maire de Besançon, élu député en 1835, dont le nom suggéra peut-être à Balzac celui du député Chavoncourt. Selon Mlle Teillaud, cependant, la maison voisine, qui porte le numéro 9, fournit, pour le logis d'Amédée, une identification plus vraisemblable. Sans doute ne faut-il pas y regarder de trop près, car Amédée de Soulas déclare un peu plus loin qu'il habite "au coin de la rue du Perron", d'où il peut d'ailleurs plus facilement encore avoir une vue, ainsi qu'il l'affirme, sur la maison d'Albert Savarus.

L'essentiel pour nous est que la rue du Perron, la rue de la Préfecture et la rue Neuve (pour garder leurs noms anciens) constituent trois côtés d'un quadrilatère fermé par la Grand-Rue, où se trouve l'église Notre-Dame, choisie par Rosalie en vue d'un rendez-vous avec Albert Savarus. Ainsi se définit une enceinte aristocratique, un petit faubourg Saint-Germain de province, recréée par le romancier avec une exactitude assez remarquable, sinon parfaitement rigoureuse.

Ces précisions topographiques sont loin d'épuiser les réalités bisontines qui sont présentes dans *Albert Savarus*. Nous nous y tiendrons cependant, puisque nous nous donnons la tâche de comparer, exclusivement, deux décors urbains. Mais peut-on appeler décor les éléments si vagues dispersés par Stendhal dans les chapitres du *Rouge et Noir* qui se déroulent à Besançon ? Et, plus généralement, est-il permis de prétendre que Stendhal ait, comme Balzac, connu Besançon ?

A cette question, Stendhal, dans une note placée au bas de la dernière page du *Rouge*, répond en termes formels : "Quand [l'auteur] a eu besoin d'un évêque, d'un jury, d'une cour d'assises, il a placé tout cela à Besançon, où il n'est jamais allé". Cependant, un érudit local fort distingué, Abel Monnot, dans ses *Études comtoises* (4), récuse une telle déclaration et y oppose un autre texte, extrait des *Mémoires d'un touriste* : "De la vie, je ne me suis arrêté à Besançon que pour faire des affaires". Mais nous connaissons la fantaisie du "touriste" et nous savons qu'on ne doit pas le croire sur parole ; de toute façon, il ne saurait être exactement identifié à Stendhal.

24

D'autre part, l'indication, datée du 14 mai 1837, est postérieure de sept ans au *Rouge et Noir*. En fait, rien, dans le *Calendrier de Stendhal* établi par Henri Martineau, ne permet d'affirmer que Stendhal ait visité ou traversé Besançon, même après 1830. Et avant cette date, l'itinéraire franc-comtois que nous lui connaissons pour se rendre en Suisse ou en Italie ne passe jamais par cette ville, mais par Dole, Poligny, Champagnole et Morez.

En l'absence de tout repère biographique positif, interrogeons le texte du roman. Selon Abel Monnot, ''le grand café sur le boulevard'', où Julien Sorel rencontre Amanda Binet, serait le *Café parisien*, sur la promenade Granvelle. Pourtant, si Stendhal avait connu ce café, ne l'aurait-il pas désigné par son nom ? Or il appelle le sien, fort bizarrement, quelques chapitres plus loin, *Café de la girafe*. Il avait certes le droit de le baptiser à sa manière. Mais s'il avait connu tant soit peu Besançon, aurait-il appelé ''boulevard'' la célèbre promenade Granvelle ? Quant à l'*Hôtel des Ambassadeurs*, où Julien est si généreusement accueilli par une avenante hôtesse, son enseigne est inconnue dans la capitale de la Franche-Comté, alors que l'*Almanach des vingt-cinq mille adresses* la signale à Grenoble... De même, la prison où il est enfermé, avec son donjon médiéval, a été plausiblement comparée à celle de Grenoble, Abel Monnot lui-même convenant qu'elle ne ressemble pas à celle de Besançon. On a le sentiment que Stendhal, faute de posséder la moindre référence bisontine, rapporte parfois au Besançon du *Rouge et Noir* des détails empruntés à sa ville natale. Encore ces détails sont-ils fort peu nombreux.

D'une façon générale, en effet, le romancier esquive les indications concrètes qui risquaient de le faire prendre en flagrant délit d'inexactitude. Depuis l'hôtel des Ambassadeurs, Julien se rend au séminaire, et l'hôtesse lui en indique ''la route'', mais de cette route, nous ne saurons rien, car voilà déjà le héros devant la croix de fer posée sur la porte du ''lieu terrible''. Du séminaire, il se rend à la cathédrale, mais, sur son trajet, il voit seulement ''l'aspect des rues et de l'activité qui régnait dans la ville''. Abel Monnot croit pouvoir préciser qu'il ''monta la rampe de Saint-Jean'' ; mais qu'en savons-nous ? et que pouvait en savoir Stendhal ? La cathédrale elle-même n'est pas nommée, ni aucune des rues qui y conduisent. Nous ne voyons pas davantage par quel chemin le héros se rend à l'évêché, ni comment il en revient. Pas la moindre indication non plus sur le trajet de la prison au tribunal ou à l'échafaud. Ne disons même pas que le décor urbain est fantaisiste ou imaginaire : il n'a pas d'existence. On sait qu'il en est de même pour la ville de province évoquée dans la première partie de *Lucien Leuwen*, et que Stendhal, après avoir voulu lui donner un nom imaginaire, avait décidé de la nommer Nancy, sans mieux connaître Nancy que Besançon.

Il serait malencontreux, cependant, de lui faire grief d'une telle désinvolture. Certes, Stendhal n'a pas le même goût que Balzac pour la peinture réaliste des lieux et des personnages : "Occupé du moral", écrit-il, "la description du physique m'ennuie". Cet éloignement, pourtant, ne l'empêche pas de sacrifier, quand il le faut, aux exigences de son métier. Il est capable, à l'occasion, de camper un portrait en pied (songeons à ceux de l'abbé Pirard et du portier du séminaire dans *le Rouge*) ; il est capable aussi de donner très suffisamment à voir la petite ville de Verrières, en utilisant des pilotis franc-comtois (5) ; il est même capable d'expliquer avec une précision d'encyclopédie le mécanisme d'une scierie. Ces concessions au pittoresque interviennent lorsque l'intérêt du récit le commande ; elles ressemblent au scrupule fonctionnel du metteur en scène qui dispose les meubles et les accessoires nécessaires au déroulement d'un drame.

Or une description minutieuse de Besançon eût fort peu convenu à l'effet que Stendhal voulait produire en racontant les pérégrinations urbaines de Julien. Les expériences de son héros, séminariste, puis condamné à mort, se déroulent presque toutes à huis clos. Le "grand café", l'hôtel, la cathédrale, l'évêché apparaissent d'une vérité générale, et non singulière. La ville, découverte par le regard encore naïf du jeune paysan, ne suscite en lui qu'un vague et fugitif éblouissement, bien exprimé dans la brièveté même de l'évocation. Et lorsqu'il la revoit avant de monter sur l'échafaud, par un beau soleil, elle lui donne seulement l'occasion d'une délicieuse marche au grand air.

Comme nous voilà loin de l'intention balzacienne dans *Albert Savarus*. Il suffit à Balzac, écrit Maurice Bardèche dans une notice pour ce roman,

"d'avoir séjourné pendant quelques heures dans une ville de province, d'avoir vu quelques demeures, entendu quelques histoires, pour reconstituer la position probable des groupes, pour deviner les ambitions et les vies. Un détail significatif est pour lui à la fois introduction et preuve. Devant une ville de province, il procède comme Cuvier lorsqu'on lui montre un débris de squelette indéchiffrable pour les autres, il remonte d'instinct la chaîne des intérêts, il reconstitue l'ensemble. On en fera la vérification pour d'autres villes, à propos desquelles il lui suffit, comme ici, d'un guide et d'un arrêt de quelques heures entre deux relais de la poste" (6).

Oui, Balzac en a usé avec Besançon comme avec Bayeux, Nemours, Saumur, Angoulême ou Alençon. Il a vu ou entrevu toutes ces villes, plusieurs années avant de leur donner une existence littéraire. Chaque fois, il a fixé dans son souvenir un certain nombre de détails qui l'aident à élaborer, dans sa somme romanesque, une typologie de la vie provinciale. Il incorpore systématiquement les données du réel à un univers imaginaire où il tâche de figurer, pièce à pièce, toute une société en action. Stendhal n'aurait jamais eu la patience de mettre en œuvre un semblable dessein.

Mais en racontant, pour son propre plaisir, la destinée d'un héros d'élection, il l'a accompagné dans ses expériences et il a associé à ses aventures, avec sobriété et liberté, les impressions, tantôt vagues et tantôt précises, tantôt fragiles et tantôt vivaces, qui relient sa vie personnelle au monde extérieur.

(1) Voir notamment à ce propos la monographie de Charles Léger *A la recherche de Balzac* (Paris, Le Goupy, 1927).
(2) *La Comédie humaine*, tome I, 1976, p. 891 sq.
(3) *L'Année balzacienne 1974*, Garnier, p. 121 sq.
(4) Éditions Imprimerie de l'Est, Besançon, 1946, p. 173 sq.
(5) Voir Abel Monnot, *op. cit.*, p. 157 sq., et mon édition du *Rouge et Noir*, Classiques Garnier, 1973, p. XX sq.
(6) Balzac, *Oeuvres complètes*, Club de l'Honnête Homme, deuxième édition, 1968, p. 171.

BALZAC, STENDHAL ET LE PUBLIC A L'ÉPOQUE DU RÉALISME

par David Bellos

Université d'Edimbourg

Si le terme "réalisme" se prête à de multiples usages et à des interprétations contradictoires, l'expression "l'époque du réalisme" est d'un flou chronologique des plus extrêmes. Je m'en sers aujourd'hui non pas pour lui donner une nouvelle définition, mais pour indiquer les années autour de 1856 et ce qu'on est convenu d'appeler la "querelle du réalisme", cette collection de polémiques qui assaillit la parution de *Madame Bovary*. On n'ignore pas que l'on parla beaucoup dans ces articles et diatribes des prétendus précurseurs du mouvement réaliste : plusieurs articles et ouvrages - dus à Guy Robert (1), à Michel Crouzet (2), à Bernard Weinberg (3) - nous ont fourni, il y a déjà longtemps, les principaux renseignements. Pourtant, la place qu'occupaient Balzac et Stendhal dans le système littéraire à cette époque - époque critique pour l'évolution du roman - ne peut être réduite simplement à ce qu'on écrivait à leur sujet dans la presse littéraire ; et de toute façon certains aspects de leur fortune critique à cette époque sont difficiles à comprendre si on les considère indépendamment de tout facteur hors du circuit de la critique littéraire écrite.

Le premier obus tiré dans la bataille de 1856-57 fut l'article de Pontmartin, le premier de sa série consacrée aux *Fétiches littéraires* et ayant pour sous-titre, "L'Apothéose de Balzac" (4). Il n'y a aucun doute que le but principal du critique était de discréditer le nouveau mouvement réaliste, si proche encore de la bohème et des provinciaux dangereux de la Brasserie Andper. Il n'y a aucun doute non plus que ce fut la parution de la première livraison de *Madame Bovary* (5), dangereuse par son art même, qui avait suscité les diatribes de l'aristocrate Pontmartin. Il ne faut pas oublier que pour la critique de droite du Second Empire, les distinctions entre *bohème, réalisme,* et *l'art pour l'art* étaient minces : c'était tout un, le refus du rôle idéologique du romancier était un crime commun à tous les nouveaux mouvements (6). Duranty répondit à l'article de Pontmartin (7) ; Eugène

Poitou s'y joignit pour *la Revue des deux mondes* (8) ; et Barbey d'Aurevilly se jeta dans la querelle en janvier 1857 (9). Tous ces articles parlent de Balzac ou de Flaubert ou bien des deux ; pas un ne parle de Stendhal. Pourquoi cette différence ? Ce que l'on disait de Balzac, bien sûr, était en général assez défavorable (à l'exception de l'article de Barbey), et si le nom de Stendhal n'y figure pas, cela n'implique pas que la cote de l'auteur du *Rouge* fût pour ainsi dire inférieure à celle de Balzac. Il n'est pas dans mon propos de considérer la justesse des attaques dont Balzac fut victime à cette époque ; mais il faut se demander quel but poursuivait Pontmartin lorsqu'il louangeait l'auteur alors que tous les critiques de 1856 le dénigraient ; il faudrait savoir aussi si la notoriété de Balzac et le silence relatif qui entourait Stendhal sont le véritable reflet de la position qu'ils occupaient dans la vie littéraire d'alors.

Nous disposons en général de peu de moyens pour jauger la pénétration véritable d'un texte dans un public de lecteurs, surtout dans les périodes reculées dans l'histoire. Nous pouvons compter simplement le nombre de titres, c'est-à-dire de réimpressions, an par an ou décennie par décennie : c'est un moyen très peu subtil, mais qui peut donner des indications globales sur une période suffisamment longue.

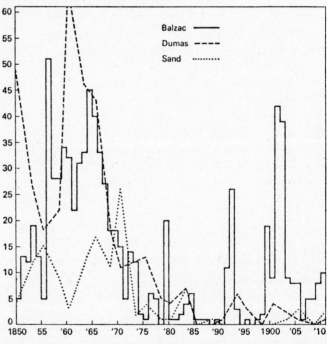

Source : *Bibliographie de la France*. Les chiffres indiquent le nombre de volumes (non pas d'ouvrages) parus, pour Balzac an par an, pour Dumas et Sand, tous les deux et trois ans. Les traductions, adaptations théâtrales et les ouvrages dramatiques ne sont pas compris.

Dans le graphique ci-dessus on peut voir que pendant l'époque du réalisme, c'est-à-dire autour de 1856, la fortune de Balzac, mesurée de cette manière, était à son apogée : plus de cinquante volumes enregistrés à la *Bibliographie de la France* pour la seule année 1857. Est-ce l'apothéose dont parlait Pontmartin ? Les dates n'autorisent pas exactement cette hypothèse. Et d'ailleurs, ces rééditions, dues pour la plupart à la librairie nouvelle de Michel Lévy, n'avaient pas de forts tirages, et ce sont les *tirages* qui nous renseignent, mieux que le nombre de rééditions, sur la véritable fortune populaire d'un auteur. Grâce au système établi par Napoléon en 1811, nous possédons aux Archives nationales les chiffres de tirage de la plus grande partie de la production de la librairie française au XIXe siècle (10) : et vous verrez dans le tableau ci-dessus que *le Rouge et le Noir* fut tiré à 6.600 exemplaires en 1855, tandis que les romans de Balzac tiraient à 500 exemplaires seulement.

Établi à partir des registres de la *Surveillance de l'imprimerie et de la librairie*, A. N. F18*II, 37-177. De ces 140 registres, 14 ont été examinés. Tous les ouvrages de Balzac figurant dans ces registres se trouvent aussi dans cette table : les autres ouvrages y sont donnés à titre d'exemple.

N° du registre	N° enregistrement	Date enregistrement	Auteur	Titre	Imprimeur	Tirage
39	7262	30. 8.50	Balzac	Histoire des Treize	Lange-Lévy	1 000
39	7263	30. 8.50	Balzac	César Birotteau	Lange-Lévy	1 000
39	7272	30. 8.50	Balzac	Les Parents pauvres	Lange-Lévy	1 000
39	7652	14. 9.50	Balzac	Pensées et maximes	Plon	2 000
37	2183	14. 3.50	Dumas	La Régence	Bureau	4 000
38	3677	30. 4.50	Dumas	Joseph Balsamo	Lange-Lévy	6 000
38	4098	14. 5.50	Dumas	Joseph Balsamo	Lange-Lévy	6 000
39	7011	23. 8.50	Sue	Les Mystères du peuple	Dondey-Dupré	6 600
60	1105	2. 2.55	Balzac	Mémoires de deux jeunes mariées	Voisvenel	500
60	1103	2. 2.55	Balzac	Maison du chat-qui-pelote	Voisvenel	500
60	1162	5. 2.55	Balzac	Les Contes drolatiques	Bernard	10 000
60	1977	28. 5.55	Balzac	Eugénie Grandet	Voisvenel	500
60	2358	10. 3.55	Balzac	Les Employés	Voisvenel	500
60	508	16. 1.55	Stendhal	Le Rouge et le noir	Dondey-Dupré	6 600
60	710	22. 1.55	Dumas	La Reine Margot	Voisvenel	6 600
60	2047	1. 3.55	Soulié	Les Mémoires du diable	Morvis	10 000
60	2840	24. 3.55	Stendhal	Mina de Wangel	Blondeau	2 500
60	2979	16. 3.55	Dumas	Vingt Ans après	Dondey-Dupré	6 600
84	3133	28. 3.60	Balzac	La Recherche de l'absolu	Voisvenel	500
84	3134	28. 3.60	Balzac	La Peau de chagrin	Voisvenel	500
84	3644	13. 4.60	Balzac	Maison du chat-qui-pelote	Voisvenel	1 000
84	3646	13. 4.60	Balzac	Mémoires de deux jeunes mariées	Voisvenel	1 000
84	2961	23. 3.60	Féval	Les Enfants de la nuit	Blot	100 000
108	1042	7. 2.65	Balzac	Eugénie Grandet	Voisvenel	500
108	1043	7. 2.65	Balzac	Le Lys dans la vallée	Voisvenel	500
108	1465	17. 2.65	Balzac	Scènes de la vie parisienne	Voisvenel	500
108	2153	9. 3.65	Balzac	Scènes de la vie privée	Voisvenel	500
108	4000	5. 4.65	Balzac	Mémoires de deux jeunes mariées	Voisvenel	500
108	858	3. 2.65	Z. Carraud	La Petite Jeanne		15 000
108	1705	25. 2.65	Sue	Les Mystères de Paris		2 200
109	5195	18. 5.65	Balzac	Les Contes drolatiques	Pillet	1 500
109	5196	18. 5.65	Balzac	Scènes de la vie privée	Pillet	1 500
109	5467	27. 5.65	Balzac	Une Fille d'Eve	Voisvenel	500
109	5468	27. 5.65	Balzac	La Paix du ménage	Voisvenel	500
109	5469	27. 5.65	Balzac	Scènes de la vie privée	Voisvenel	500
109	5669	6. 6.65	Balzac	Béatrix	Voisvenel	500
109	5980	17. 6.65	Balzac	Honorine	Voisvenel	500
109	5982	17. 6.65	Balzac	Le Père Goriot	Voisvenel	500
109	5983	17. 6.65	Balzac	Scènes de la vie parisienne	Voisvenel	500
109	5984	17. 6.65	Balzac	Le Curé de village	Voisvenel	500
109	6032	19. 6.65	Balzac	La Femme de trente ans	Pillet	1 400
109	6533	4. 7.65	Balzac	La Femme de trente ans	Voisvenel	500
109	4579	29. 4.65	Féval	Les Drames de la mort	Poupart-Davyl	20 000
109	4621	1. 5.65	Goncourt	Germinie Lacerteux	Claye	1 500
109	5029	12. 5.65	Diderot	Le Neveu de Rameau	Dubuisson	6 000
109	5558	31. 5.65	Erckmann-Chatrian	Mademoiselle Thérèse	Voisvenel	26 500
110	7670	5. 8.65	Balzac	La Peau de chagrin	Voisvenel	500
110	8241	29. 8.65	Balzac	Ursule Mirouet	Voisvenel	500
110	8282	29. 8.65	Balzac	Le Lys dans la vallée	Voisvenel	500
110	8878	18. 9.65	Balzac	La Recherche de l'absolu	Voisvenel	500
110	6802	13. 7.65	Z. Carraud	La Petite Jeanne	Lahure	11 000
110	8770	13. 9.65	Hugo	Notre-Dame de Paris	Bonaventure	15 000
129	9862	24. 8.69	Sue	Attar-Gull	Voisvenel	500
129	10908	28. 9.69	G. Sand	Indiana	Dupont	11 000
129	10909	28. 9.69	G. Sand	François le champi	Dupont	16 500
129	10910	28. 9.69	G. Sand	La Marquise de Villemer	Dupont	16 500
129	11389	16.10.69	Flaubert	L'Éducation sentimentale	Claye	2 000
130	12392	10.12.69	Sue	Les Légendes du peuple	Lahure	10 000
132	4460	3. 6.70	Balzac	Scènes de la vie parisienne	Voisvenel	300
132	4466	3. 6.70	Balzac	Scènes de la vie privée	Voisvenel	300

L'exception, ce sont les *Contes drôlatiques*, mais illustrés par Gustave Doré : ceci explique cela. La comparaison du nombre de rééditions par an n'est pas du tout intéressante lorsqu'il s'agit d'un auteur comme Balzac, publiant une centaine d'ouvrages, et d'un auteur comme Stendhal publiant seulement une poignée de romans et quelques autres ouvrages. La comparaison des tirages, par contre, indique une pénétration bien plus grande de Stendhal que de Balzac dans le public lecteur de romans. En laissant ouverte la discussion sur la fiabilité des chiffres conservés aux Archives nationales, je voudrais souligner le paradoxe qu'ils révèlent à l'époque de la querelle du réalisme. Balzac, attaqué de toutes parts, est réédité en sa presque totalité mais peu lu ; Stendhal, dont on ne parle guère mais qui est tout autant que Balzac le père du nouveau réalisme, tire à des chiffres respectables dont on peut conclure qu'il a un public d'une décente envergure. Cela ne correspond guère aux idées reçues de l'histoire littéraire traditionnelle.

La théorie des cycles, proposée par Simiand, appliquée par Zoltowski à l'histoire de la création artistique, est impuissante à expliquer des *décalages* à un moment précis d'un cycle, et ne peut nous donner que des généralités. Également, la théorie des générations littéraires développée par Henri Peyre concerne surtout la création, non la réception, des œuvres littéraires. On ne peut même pas se baser sur la notion du goût du public, comme le fait Weinberg, pour expliquer ce qui paraît être une double contradiction entre l'attitude de la critique écrite et la lecture d'un public plus large. En même temps, une histoire littéraire qui ne tient pas compte de la *réception* des œuvres du passé immédiat dans un présent très conscient de son héritage littéraire, comme l'était le Second Empire, laisse de côté un aspect des plus importants en la matière.

Mon but aujourd'hui est de vous persuader de deux choses : premièrement, que l'histoire de la littérature française n'est pas seulement, ni essentiellement, l'histoire des créateurs ou des créations, mais l'histoire de la réception et de l'utilisation des œuvres considérées comme littéraires ; deuxièmement, qu'il s'agit, dans cette nouvelle conception de l'histoire littéraire, de beaucoup de petits faits vrais et non de théories. D'ailleurs, les petits faits qui nous intéressent ne sont pas tous des faits littéraires : l'histoire de la façon dont Balzac ou Stendhal sont perçus par le public est l'histoire de leur insertion dans les mentalités, dans les idéologies, dans les habitudes de lecture du public et de la société française. Presque tout ce qui peut jouer un rôle dans la vie d'une société peut jouer un rôle dans la vie posthume des grandes œuvres littéraires.

Revenons donc à la fortune de Stendhal à l'époque du réalisme, qui ne peut être séparée de l'accueil de ses œuvres complètes éditées par R. Colomb en 1853 et 1854 (11). C'est à cette époque, c'est-à-dire deux années avant la véritable querelle du réalisme, que l'on parla de l'auteur du *Rouge*, et sa réputation fut pendant un certain temps assez importante dans la critique littéraire. Pour Hippolyte Castille, par exemple, Stendhal était le seul romancier de la monarchie de Juillet à avoir été "un génie dans un sens complexe" : Balzac, selon Castille, n'était que l'auteur de romans réalistes "où nos petits-fils iront chercher la reproduction fidèle et détaillée... des mœurs" (12). On pourrait citer également les articles de Charles de Matharel (*le Siècle*, 2 février 1850), d'Amédée Rolland (*le Nouveau Journal*, 13 février 1852), ou la préface de *Suzanne Duchemin*, de Louis Ulbach (1855), qui tous accordent un rang élevé à Stendhal pour le distinguer de l'auteur de *la Comédie humaine*. La petite vogue stendhalienne de 1853-54 se fit sentir dans la critique balzacienne d'une curieuse façon : le grand article que Balzac avait fait sur *la Chartreuse* en 1840 fut reproduit dans l'édition Hetzel de ce roman (13), aussi bien que dans les œuvres complètes de Stendhal, et pendant un certain temps les références élogieuses à Balzac comme critique littéraire devinrent fréquentes. Champfleury suggéra même que les œuvres diverses du romancier formeraient "le code littéraire du XIXe siècle" (14). Les liens perçus entre Balzac et Stendhal au début des années 50 n'étaient donc pas des liens d'école, de tendance ni surtout de qualité. Les deux romanciers étaient, sous ce dernier rapport, bien différenciés dans la critique de l'époque.

Cela rend compte d'une façon négative de l'absence du nom de Stendhal des polémiques contre le réalisme en 1856-57 ; cela rétablit également une certaine harmonie entre l'état de sa réputation et l'état de sa popularité traduite par les tirages. Mais le cas de Balzac est, me semble-t-il, un peu plus complexe. Le grand romancier mourut en 1850 et, à part l'oraison funèbre de Hugo et quelques autres articles, sa nécrologie ne fut guère favorable (15). La plus grande partie des articles et des ouvrages consacrés à son œuvre était plus ou moins défavorable entre 1850 et 1856 : parmi les exceptions il n'y a guère que Baschet, Champfleury, Cormenin et Lireux. Cette "apothéose" raillée par Pontmartin ne se trouve ni dans l'accueil critique fait à ses romans, ni, comme nous l'avons vu, dans l'accueil du public acheteur de livres. Pourtant, en 1851, Balzac eut un grand succès posthume : sa comédie *le Faiseur*, arrangée par d'Ennery et présentée sous le titre de *Mercadet,* fut un grand événement théâtral. La pièce n'eut pas les cent représentations que Second lui attribue dans sa petite fantaisie (16), mais elle n'en fut pas très loin. Malgré les tristes épisodes de *Vautrin* et de *Quinola*, l'œuvre de Balzac avait même de son vivant joui d'un certain succès sur la scène dans les nombreuses adaptations de *Goriot*, d'*Eugénie Grandet*, etc. A la suite de *Mercadet*, nous trouvons parmi les succès théâtraux des années 1851, 52 et 53 *la Peau de chagrin, le Bal de Sceaux, le Lys dans la vallée* (17) : et en 1853, Michel Lévy édita un volume du *Théâtre* d'Honoré de Balzac, dont on trouve des comptes rendus dans la plupart des revues de l'époque. On ne peut pas dire que Balzac acquit la réputation d'un grand dramaturge : mais si l'on parlait en termes élogieux de Balzac dans les années qui précédèrent la querelle du réalisme, ce fut en sa qualité de fournisseur de matière dramatique.

L'apothéose contre laquelle Pontmartin réagit en 1856 n'était donc pas inventée de toute pièce, mais ce n'était pas l'apothéose du romancier. Un des grands thèmes de la critique de *la Comédie humaine*, au cours des années 40 et 50, était, bien sûr, *son immoralité* : Sainte-Beuve avait donné une version adoucie mais insidieuse de ce thème dans son article nécrologique bien connu dans *le Constitutionnel* (18). Le lien immédiatement perceptible entre *Madame Bovary* et *la Comédie humaine*, en 1856, n'était pas du tout dans l'art d'écrire, ni dans la justesse de l'observation ou la finesse de l'analyse, ce n'était dans aucun des aspects que l'on pourrait aujourd'hui mettre sous la rubrique du réalisme. Le lien perceptible était tout simplement le côté immoral des deux œuvres, ou plutôt dans ce que la critique de droite considérait à l'époque comme l'immoralité des sujets. Flaubert héritait de Balzac, selon Pontmartin, Poitou et tant d'autres, non pas sa manière ni son art, mais la nature de son sujet, l'adultère, et l'ambiguïté de son jugement sur ses personnages : en un mot, son immoralité.

L'enchevêtrement, pour ne pas dire la confusion et la fausseté, des arguments de la critique du Second Empire, ne permet en aucune façon d'avancer dans notre compréhension du réalisme, ni dans notre appréciation des romans en question. Mais, de l'autre côté, ces péripéties de l'opinion écrite et ces fausses analogies sont le contexte même de la vie des œuvres littéraires : la compréhension du poisson, si j'ose dire, exige une connaissance de son eau.

La conclusion de cet essai trop bref et imparfait de l'histoire de la *réception* littéraire serait peut-être dans le goût de Stendhal. Dans ce domaine, on ne peut parler utilement ni de tendances ni d'évolutions générales de la critique ou du public. Les événements qui ont marqué les changements dans la place qu'occupait Balzac, et Stendhal également, dans le système littéraire, sont de nature fortuite : la publication des œuvres complètes de l'un, le succès des arrangeurs de l'autre, et les analogies douteuses faites par une critique idéologique et consciente de l'être. L'histoire des fortunes littéraires ne peut se faire sans beaucoup de ces petits faits vrais si elle veut donner une image véritable de son objet d'étude : et par cela même, l'histoire littéraire tend à confirmer l'hypothèse du grand pionnier allemand, Levin Schücking, que "dans le domaine de l'esprit, comme dans tous les autres d'ailleurs, il n'existe pas de loi de fer pour déterminer le cours des événements".

(1) G. Robert, "Le Réalisme devant la critique littéraire", *Revue des Sciences humaines* (1953), 5-26.

(2) M. Crouzet, *Un Méconnu du réalisme : Duranty*, Nizet, 1954.

(3) B. Weinberg, *French Realism : The Critical Reaction, 1830-1870*, O.U.P., 1937.

(4) *Le Correspondant*, 25 novembre et 25 décembre 1856. Articles recueillis dans les *Causeries du samedi*, Michel Lévy, 1857, 32-103.

(5) *Revue de Paris*, octobre 1856.

(6) Cette confusion a eu une vie assez longue : voir p. ex. Jules Levallois, "Balzac et sa queue", *Le Correspondant*, avril 1877.

(7) "Le Remarquable Article de M. de Pontmartin", *Le Réalisme*, n° 2, 15 décembre 1856.

(8) "M. de Balzac, étude morale et littéraire", *RDM*, 15 décembre 1856.

(9) *Le Pays*, 1 janvier 1857 ; article recueilli dans *Les Romanciers*, Amyot, 1865, 1-14.

(10) Voir à ce sujet D. Bellos, "The *Bibliographie de la France* and its sources", *The Library*, mars 1973.

(11) Chez Michel Lévy. C'est dans cette édition que *le Rouge* fut tiré à 6.600 exemplaires (déclaration faite en 1855).

(12) H. Castille, *Les Hommes et les mœurs sous le règne de Louis-Philippe*, Henneton, 1853, 313-4.

(13) 1846 ; réimpression en 1851.

(14) *Le Messager de l'Assemblée*, 14 juin 1851.

(15) Voir à ce sujet D. Bellos, "Du Nouveau sur Balzac, écrivain révolutionnaire", *Année balzacienne* (1969), ainsi que les deux premiers chapitres de *Balzac Criticism in France, 1850-1900*, Oxford, Clarendon Press, 1976.

(16) "La Centième Représentation de *Mercadet*", *Le Constitutionnel*, 18 juin 1852.

(17) Voir *La Revue et gazette des théâtres* des 7 septembre 1851, 17 octobre 1852, et 14 juin 1853.

(18) Article recueilli dans les *Causeries du lundi*, Garnier, 1858 , II 443-64.

ESSAI SUR LA SIGNIFICATION MORALE DU RÉALISME STENDHALIEN

Alain Chantreau

Nantes

Le réalisme de Stendhal n'a pas toujours été reconnu. Il fut même nié par certains de ses commentateurs les plus perspicaces. C'est ainsi que Blum écrivait en 1914 dans *Stendhal et le Beylisme* :

> "Il ne faut voir chez Stendhal ni un inventeur de types, ni même - en dépit de la formule fameuse : "Le roman est un miroir qui se promène sur une grande route" - un observateur réaliste des mœurs. *Le Rouge et le Noir* n'est pas plus un tableau de la France de la Restauration que *la Chartreuse* n'est une restitution de l'Italie autrichienne et papaline" (1).

Si nous sommes réunis pour examiner les problèmes posés par le réalisme stendhalien, c'est que des travaux postérieurs à l'ouvrage de Blum nous ont permis de mieux discerner cette importante dimension de l'œuvre de Stendhal aujourd'hui reconnue et affirmée par Lukacs, Blin, Del Litto, Castex, Barbéris, entre autres commentateurs, bien qu'avec des points de vue parfois fort différents.

Plusieurs types de travaux ont à mon avis permis cette évolution de la critique stendhalienne. Il y a eu d'une part la publication du *Courrier Anglais* par Martineau au Divan en 1935-1936. Pendant la période où il rédigeait ses articles pour les journaux anglais, de 1822 à 1829, Stendhal passait aux yeux de ses contemporains pour un brillant causeur de salon qui ne méritait pas assurément d'être pris au sérieux. Or le *Courrier Anglais* nous révèle un Stendhal observateur exercé des mœurs, de l'opinion, de la politique sous la Restauration. Ses critiques ne sont pas exemptes de partis pris, mais elles attestent souvent un esprit lucide et vigoureux. En même temps que la critique découvrait l'importance du *Courrier Anglais*, elle comprenait l'intérêt de la brochure *D'un nouveau complot contre les Industriels* par laquelle Stendhal prenait parti dans cette querelle de l'industrialisme d'une brûlante actualité. Un deuxième groupe de travaux concerne la signification des ouvrages de Stendhal sur l'Italie, composés eux aussi sous la Restauration. M. Del Litto a démontré que *Rome, Naples et Florence en 1817* n'était pas un simple journal de voyage en Italie, mais bien un pamphlet politique dénonçant la triste situation où se trouvait l'Italie après le Congrès de Vienne (2). Et on admet pareillement que les *Promenades dans Rome*, guide apprécié par des générations de touristes en Italie, comportent une autre dimension également importante comme pamphlet politique et comme étude de mœurs (3). Enfin un autre groupe de travaux a consisté en recherches historiques qui ont permis de découvrir de nombreux "pilotis" aux événements racontés dans un roman comme *le Rouge et le Noir*. Le roman apparaît ainsi construit sur toute une trame de faits d'actualité qui sont eux-mêmes comme l'émergence significative de situations sociales ou politiques ou de courants d'opinion. M. Castex, qui a mis en relief l'intérêt de ces "pilotis" en s'appuyant sur les découvertes de Liprandi et sur les siennes propres, voit dans ces réalités historiques partout présentes dans *le Rouge et le Noir* la preuve que ce roman est bien une "chronique de 1830" ou plus généralement une "chronique de la Restauration" (4) et que Stendhal est bien par là "l'initiateur d'une esthétique réaliste" (5).

Toutes ces études nous ont permis d'affirmer le caractère réaliste des romans stendhaliens et particulièrement du *Rouge et Noir* et d'en montrer l'importance. Il reste à chercher comment le réalisme s'inscrit dans le projet romanesque de Stendhal, par quels procédés découlant directement de ce projet le réalisme s'exprime et quelle est en définitive la signification du réalisme stendhalien.

Je voudrais montrer comment dans les œuvres de la Restauration et en particulier dans *le Rouge et le Noir* le réalisme est pour Stendhal un moyen d'exprimer ses propres réactions devant le monde où il vit, devant la société où il évolue et devant la politique qui se fait sous ses yeux, sans lui.

Stendhal, nous le savons, s'est forgé un idéal qui exalte les vertus de l'individu comme le naturel, la liberté, l'énergie. Il sait depuis qu'il a lu et étudié les Idéologues que la chasse au bonheur est une science qui consiste d'abord à bien se connaître, à bien connaître les autres, à rechercher le meilleur moyen de satisfaire ses tendances et ses aspirations, à utiliser aussi à son profit le tempérament des autres au besoin. Son angoisse, ce serait de s'être trompé sur un bonheur ou d'être trompé par d'autres. Par ailleurs la déception de plus en plus grande qu'il éprouvait devant le spectacle de la Restauration ne faisait qu'amplifier son ancienne admiration pour Napoléon, sous l'effet d'un véritable phénomène de cristallisation. L'époque napoléonienne lui apparaissait ainsi avec le recul du temps comme celle qui avait permis l'ascension sociale des âmes d'élite qui se trouvaient parmi les gens du peuple, celle où avait pu fleurir l'énergie. De là était né pour lui cet idéal du culte de l'énergie.

Or il constate que la Restauration s'oppose en tous points à la manifestation de son idéal d'exaltation individuelle. Il n'est plus possible d'aller librement et avec naturel à la chasse au bonheur ; il faut sans cesse dissimuler, l'hypocrisie généralisée devient une habitude sociale. Les âmes manquent d'énergie, c'est le triomphe de la bassesse et le règne de l'argent. C'est une société où l'on s'ennuie, où l'on étouffe, où l'on se révolte, en dissimulant sa révolte bien souvent. Stendhal éprouve le besoin de dénoncer cette situation, avec prudence ; il cherche aussi à la fuir, en Italie par exemple où le naturel et l'énergie n'ont pas tout à fait disparu. Mais sa protestation et son évasion se feront principalement par l'écriture. Son réalisme prend ainsi sa source dans cette dénonciation lucide des conditions de vie sociale et des mœurs politiques sous la Restauration comme opposées à son idéal de vie, à sa morale personnelle. En les dénonçant, il les évoque, les décrit, les analyse, non pour elles-mêmes, mais dans leur rapport avec lui-même.

Le *Courrier Anglais* utilise l'alibi de la lettre adressée au public anglais supposé plus libéral et plus tolérant. Il sera possible de dévoiler à ce public ce qui se passe réellement en France, par exemple l'action de la Congrégation. Dans le *Complot* ce sera au nom de l'indépendance de l'artiste que sera dénoncée la prétention de l'industrialisme de juger les œuvres d'art selon les règles de l'utilité. Enfin dans *Rome, Naples et Florence en 1817*, et, à un moindre degré, dans les *Promenades dans Rome*, il dénonce la situation politique dans l'Italie autrichienne, dans les États Pontificaux, et aussi la situation politique en France. L'Italie restée terre d'énergie lui sert d'alibi pour dénoncer le manque de cette énergie en France.

Mais c'est surtout dans *le Rouge et le Noir* que la protestation de Stendhal contre la société de la Restauration, comme opposée au bonheur de l'individu, se développe sous forme d'évocation réaliste de cette même société. Et c'est à bon droit que l'auteur estime que son roman constitue aussi une "Chronique de 1830", comme l'indique le sous-titre. La dénonciation et la peinture réaliste qui en est la conséquence se développent sur deux registres, soit par l'auteur lui-même agissant comme démiurge ou intervenant directement dans son récit, soit par l'intermédiaire des personnages, et en tout premier lieu de Julien Sorel.

Nous savons que par sa formation intellectuelle où les Idéologues jouèrent un rôle prépondérant en lui fournissant une méthode Stendhal accordait une grande importance à l'exactitude, à la vérité du fait, comme révélatrices d'un tempérament ou d'une habitude sociale, "le petit fait vrai". Il avait accumulé une masse d'informations dont témoignent les ouvrages dont nous avons parlé, le *Courrier Anglais* en particulier, et dont nous trouvons la trace dans son *Journal*. Il avait cru longtemps pouvoir utiliser sa méthode et ses observations en écrivant des pièces de théâtre. Ce n'est que tardivement qu'il devait découvrir sa vocation de romancier.

Les réalités contemporaines, l'actualité lui fourniront la matière romanesque et même ses personnages. S'il choisit le séminariste Berthet comme première ébauche de son personnage principal, Julien Sorel, c'est qu'il le trouve propre à caractériser un certain type d'homme représentatif d'une époque où les jeunes gens marqués par le souvenir de l'aventure napoléonienne, mais pauvres et de basse condition ne peuvent pas prétendre à une situation ou à une destinée en rapport avec leurs qualités et leurs aspirations. Qu'il s'agisse là d'un ensemble ayant des traits de caractère communs, ou d'une classe sociale au sens moderne du terme, nous nous trouvons bien en présence d'une réalité sociale d'une grande importance. Les situations dans lesquelles le romancier avec son pouvoir souverain de créateur va placer son personnage principal sont choisies le plus souvent parmi les faits d'actualité les plus propres à révéler les tensions entre l'idéal du héros et les réalités sociales et politiques. Même si Stendhal a parfois exagéré l'importance numérique des membres de la Congrégation et son influence réelle, les faits qu'il cite montrent bien quel rôle jouaient certains de ses membres et comment son pouvoir entraînait l'hypocrisie, la délation, et toutes sortes d'intrigues. Nous savons que Stendhal était très fier de son tableau du séminaire, encore que nous ignorons sur quelles observations et sur quels documents il s'est appuyé pour décrire ce monde très fermé au milieu duquel agissait la toute puissante Congrégation. Mais c'est peut-être l'épisode de la "Note secrète" qui est le plus révélateur de sa manière. On ne peut pas affirmer que cet épisode soit très important en ce qui concerne le développement du caractère de Julien. Par contre, il nous révèle une situation politique d'une importance extrême, puisqu'il ne s'agit pas moins que de faire appel à l'étranger pour résoudre une difficulté de politique intérieure. Nous nous trouvons donc en présence d'un document presque à l'état pur, à peine romancé. Le romancier l'a choisi délibérément. Plus rarement, non content de se dissimuler derrière le monde qu'il crée et dont il tire les ficelles, l'auteur intervient directement pour nous expliquer ce qui se passe, pour nous donner son point de vue sur les réalités qu'il évoque, le plus souvent il s'agit de la situation politique. C'est particulièrement sensible dans les premiers chapitres du *Rouge et Noir*.

C'est surtout en prêtant à ses héros, à Julien Sorel d'abord, et dans une certaine mesure à Mathilde de la Mole, sa propre conception de la vie et du bonheur que Stendhal va faire œuvre de romancier réaliste. En effet, sous la Restauration tout s'oppose au bonheur des âmes qui lui ressemblent. Encore faut-il que ces âmes d'élite ne se trompent pas sur leur bonheur, qu'elles soient parfaitement lucides. Le romancier nous dévoile ces réalités qui s'opposent au bonheur de ses héros au fur et à mesure qu'ils en prennent conscience. Julien Sorel était arrivé chez M. de Rênal avec un bagage idéologique des plus minces : une admiration sans borne pour Napoléon qui lui avait été inculquée par le vieux chirurgien-major et qu'il entretenait par la lecture du *Mémorial de Sainte-Hélène*. Mais cela lui suffit pour se sentir étranger dans le monde où il lui fallait vivre et pour porter sur ce monde un regard lucide et sans complaisance. Et nous allons assister à la véritable éducation de Julien Sorel, à sa découverte de la société provinciale puis de la société parisienne. Cette découverte se fait non seulement, nous l'avons vu, par les événements que le romancier a choisis pour les lui faire vivre, mais d'une manière plus profonde, par le regard même du héros, comme l'expression de son besoin de reconnaître très exactement les habitudes morales des personnages qui l'entourent, habitudes morales elles-mêmes déterminées par les méthodes de gouvernement et par la nature réelle du pouvoir qui s'exerce, celui de l'argent, de la Congrégation en province, celui du Château à Paris. Le lecteur s'initie aux réalités socio-politiques en même temps que Julien Sorel. Peu à peu le tableau s'étoffe, devient plus riche et plus complexe. C'est le personnage qui se promène en portant un miroir dans sa hotte (6), nous dirions aujourd'hui la caméra à la main, et qui nous décrit ainsi le paysage moral dans lequel il évolue. Le procédé du monologue intérieur souvent utilisé à cet effet nous permet de saisir de l'intérieur en quelque sorte à la fois la vision du héros et le jugement qu'il porte sur ce qu'il observe. Dans son adresse aux jurés Julien Sorel révèle avec éloquence ce qui lui apparaît comme la véritable raison de sa condamnation : il a enfreint l'une des règles essentielles de la société de la Restauration selon laquelle il devait rester dans sa pauvreté et dans la bassesse de sa condition malgré sa noblesse d'âme et son éducation. C'est là aussi sa dernière analyse des réalités sociales et politiques qu'il a sous les yeux. Le sublime monologue par lequel il s'exprime dans sa prison se situera sur un autre plan, celui de la méditation philosophique. Mais le réalisme se trouve ici dépassé et Julien s'interroge sur la signification ultime de sa vie et sur son destin.

L'itinéraire intellectuel de Mathilde est plus court, mais tout aussi significatif. Chez Julien la vision réaliste de la société de la Restauration, dont bénéficie le lecteur du roman, se développe par une sorte de mise en application des principes idéologiques qu'il tient du vieux chirurgien-major et elle gagne progressivement de l'ampleur et de la précision dans l'analyse des rouages de la société. Chez Mathilde au contraire cette vision réaliste de la société s'accomplit en rupture totale avec les préjugés de sa classe par la découverte de milieux sociaux inconnus souvent ou volontairement tenus pour sans intérêt par les gens de sa classe et grâce à l'abandon des préjugés, c'est-à-dire en fait de l'idéologie dominante, de la classe au pouvoir, qui seront remplacés par une autre idéologie et une autre méthode d'analyse fondée sur le rationalisme et sur le culte du mythe napoléonien. Nous voyons en effet que Mathilde échappe très vite aux préjugés de son monde grâce à la lecture d'auteurs non conformistes, comme Voltaire. Son admiration pour Julien Sorel fera le reste et achèvera son éducation. Libre de tout préjugé, elle portera elle aussi un regard lucide sur le monde où elle vit.

Ses découvertes et ses réflexions sont souvent transmises au lecteur par le procédé du monologue intérieur qui la rend moins vulnérable que le dialogue. Elle prend conscience progressivement que le bonheur proposé aux gens de sa classe est indigne d'elle. Elle refuse cette vie qui lui apparaît maintenant comme privée de hasard et d'imprévu, où l'absence de risques rend les gens peureux et lâches (7), où l'ambition consiste à s'élever servilement dans les places et, selon l'expression de son père, à "consommer le budget" (8). Et en même temps elle découvre en Julien Sorel un être profondément différent des jeunes gens qui l'entourent et qui lui paraît représentatif d'une classe d'hommes dont le mérite ne tient ni au rang social ni à la richesse et qui peuvent prétendre à une destinée très au-dessus de leur condition. Grâce à la perspicacité et à la lucidité des deux héros, Julien et Mathilde, le lecteur est amené à découvrir et à juger la société de la Restauration.

Mais nos héros ne se contentent pas d'être des observatours, si pénétrants soient-ils, si courageux soient-ils pour se libérer des idées reçues et des conventions. Il cherchent à réaliser leur destin. Comme Stendhal lui-même ils se livrent à la chasse au bonheur, en poursuivant l'idéal qu'ils se sont fixé et en appliquant les moyens qu'ils ont choisis. Dans cette chasse au bonheur, dans cette recherche de ce qu'ils se doivent à eux-mêmes, nos héros vont rencontrer des obstacles. Ces obstacles ils les rencontreront principalement dans cette société de la Restauration où tout s'oppose à la liberté et au bonheur des âmes d'élite : les catégories sociales figées, la presse au service du pouvoir, l'hypocrisie et la délation, le règne de l'argent, le pouvoir omniprésent de la Congrégation. On connaît la difficulté qu'éprouve Stendhal a décrire les moments de bonheur et combien le cadre de ces moments de bonheur tend à s'estomper, à se réduire à quelques lignes : on a affaire alors à de purs états d'âme. La réalité alors ne compte plus ou n'a plus qu'un rôle symbolique. En définitive chez Stendhal les lieux du bonheur, le monde où l'on est heureux sont somme toute assez conventionnels. Par contre plus le héros rencontre de résistance, plus il est obligé de lutter, de dénoncer, plus la description se fait précise, réaliste et sombre. Verrières a plus de relief que Vergy. Les personnages qu'on y rencontre mieux observés, rendus avec plus de vérité, mieux typés, mais aussi plus inquiétants. Il en va de même pour la description du Séminaire. En effet le passage au Séminaire constitue pour Julien Sorel la véritable mise à l'épreuve puisqu'il est placé dans un monde clos, au cœur même des intrigues de la Congrégation. Nous sommes là dans le monde du *Noir*, cette couleur étant celle de l'habit ecclésiastique que l'on porte au Séminaire et que portent les membres de la Congrégation mais aussi désignant l'impression de tristesse impuissante, d'inquiétude, d'oppression que l'on ressent lorsqu'on est au pouvoir de la Congrégation. La noirceur est une qualification fréquente sous la plume de Stendhal lorsqu'il parle de la Religion comme entité sociale, dans la *Vie de Henry Brulard*, notamment : "La Religion me paraissait, dit-il, une machine noire" (9) et on connaît le célèbre portrait réaliste qu'il fait de son précepteur haï, l'abbé Raillane qui fut pour lui "dans toute l'étendue du mot un noir coquin" (10). A force de charger le trait, Stendhal n'échappe pas d'ailleurs à l'exagération, à la simplification et à la caricature. Il se laisse emporter parfois par la tendance à amplifier les obstacles socio-politiques que rencontrent les héros dans la poursuite du bonheur. Et le roman prend aussi parfois l'allure du pamphlet avec les risques du genre. Mais ceci n'empêche pas de considérer *le Rouge et le Noir* comme un document réaliste d'une grande valeur, les recherches historiques, celles portant notamment sur les "pilotis", l'ont amplement démontré.

Je me suis volontairement limité dans cet essai à l'étude du *Rouge et Noir*, laissant délibérément de côté les autres romans où la thèse que j'ai présentée ne se vérifierait pas aussi nettement. J'ai parfois renvoyé à la *Vie de Henry Brulard*, car il y a identité de comportement entre le jeune Beyle et Julien Sorel, malgré la différence de contexte historique et de milieu social : même culte du moi, même chasse au bonheur, même lucidité, même énergie dans la lutte contre les forces hostiles à l'épanouissement de leur personnalité. La peinture réaliste du monde dans lequel ils évoluent n'a pas simplement pour but de planter un décor, elle est une exigence du développement de leur personnalité : c'est en réagissant par rapport aux réalités contemporaines que l'un et l'autre font leur éducation et qu'ils se constituent en héros.

A la fin de cet essai deux questions peuvent se poser. Comment les premiers lecteurs du *Rouge et Noir* ont-ils reçu cette peinture du monde de la Restauration faite à travers le tempérament de Julien Sorel ? Ce réalisme a-t-il trouvé un écho purement individuel auprès des "âmes d'élite", des "happy few" ou s'est-il dessiné dans l'opinion une réaction de catégories sociales, de classe au sens moderne du terme ? La seconde question découle de la première : quelle place donner au réalisme stendhalien, singulièrement à celui du *Rouge et Noir* dans l'évolution des idées et de la société française au XIXe siècle ?

(1) Léon Blum, *Stendhal et le Beylisme*, 3ème édition, Paris 1947, p. 88.
(2) V. Del Litto, *La Vie intellectuelle de Stendhal*, Paris, PUF, 1962, p. 545 et suiv.
(3) *Promenades dans Rome*, éd. Rencontre, tome I, préface d'Abravanel, p. 18 et 28.
(4) P. G. Castex, *Le Rouge et Le Noir de Stendhal*, Paris, SEDES, 1970, p. 45.
(5) *ibid.*, p. 43.
(6) *Le Rouge et Le Noir*, introduction et notes de V. Del Litto, Le Livre de Poche, 1972, p. 392.
(7) *Le Rouge et Le Noir*, op. cit., p. 358.
(8) *Le Rouge et Le Noir*, op. cit., p. 416.
(9) *Vie de Henry Brulard*, Pléiade, Oeuvres Intimes, p. 351.
(10) *ibid.*, p. 97.

DÉBAT

V. DEL LITTO

Nous avons successivement entendu les communications de MM. Bourgeois, Castex, Bellos et Chantreau, que je remercie. La question du réalisme a été traitée sous des angles différents. J'ouvre la discussion. Personnellement j'aimerais avoir l'opinion des auditeurs sur l'épisode du séminaire dans *le Rouge et le Noir*, auquel, comme je l'ai dit tout à l'heure, j'attache une grande importance.

Georges DETHAN

Puisque vous avez évoqué l'épisode du séminaire, pour faire démarrer la discussion, puis-je suggérer que si Stendhal a décrit un Besançon très sommaire, c'est qu'il a vu la ville par les yeux de Julien, c'est-à-dire regards baissés, lors de la promenade rituelle des séminaristes ?

Claude AUTANT-LARA

Je voudrais simplement, puisque vous en parlez, évoquer cet épisode du séminaire, absent de mon film commercial au début de son exploitation. Ce qu'il y a de grave dans notre métier, c'est que s'interposent, entre les créateurs cinématographiques et le public, des gens qui interviennent dans notre création. Ensuite, nous portons vulgairement, comme on dit, le "chapeau". Témoin, cet épisode du séminaire qui existait parfaitement dans le scénario au départ, et que les distributeurs ont bel et bien supprimé, quand ce film a été terminé, car ce sont eux les fautifs. Je venais de terminer tournage et finition, et je présentais à la Maison productrice le film achevé. Trois heures trente de projection : la lumière se rallume ... dans un silence de glace ... Ces messions parlaient entre eux, à quelques fauteuils de distance à voix très basse. Au bout de quelque dix minutes, impatienté, personne ne venant me parler de ce qui avait été un rude effort, je me levai bruyamment. On vint alors vers moi en me disant :

- C'est très bien, mais il y a des longueurs...
- Ah, dis-je, des longueurs dans Stendhal ?

On m'amena à un monsieur que je ne connaissais pas. On me dit que l'on avait fait venir "un ami" - dont l'opinion était qu'effectivement certaines références lui semblaient "inutiles".

- Pourtant, dis-je, tout provient, scrupuleusement, du roman respecté, autant que possible, à la lettre.

Ce monsieur - inconnu de moi - pérora alors et son opinion fut que deux séquences pouvaient facilement être supprimées, celle du séminaire, et celle de la maladie de Xavier, accompagnée du "vœu chrétien" de Mme de Rênal de ne jamais revoir Julien si Xavier guérissait. Je m'insurgeai vivement, disant alors que si on supprimait ce "vœu chrétien", personne ne comprendrait pourquoi, l'adorant, Julien abandonne Mme de Rênal ! Le monsieur en question faisant prévaloir toujours son opinion, je protestai vigoureusement demandant un peu nerveusement qu'on me présente d'abord le monsieur en question : Monsieur André Bazin.

J'avais compris à l'énoncé du nom : il s'agissait d'André Bazin, le critique, catholique, de *La Croix*... Et rien n'y fit. Le distributeur amputa le film de deux séquences, soit une demi-heure, malgré mes colères - et c'est dans cet état que le film commence son exploitation commerciale.

De longues années après, Gérard Philippe mourait ... Ayant toujours au cœur l'amertume de ces amputations fâcheuses, je fus pris d'une idée soudaine. J'allais trouver le producteur, lui expliquant qu'il avait matière à une publicité exceptionnelle en remettant dans le film en exploitation les deux séquences caviardées et en faisant une forte publicité sur "une demi-heure de Gérard Philippe inédite" !

Le bonhomme, à ma satisfaction, avait été touché juste, dans sa fibre commerciale, et il me donna son accord aussitôt. Je courus au laboratoire, où on faillit bien ne pas retrouver les négatifs, mais heureusement dans une vieille boîte rouillée, on put les récupérer, et les ré-inclure dans les nouvelles copies tirées pour cette réédition. J'ai conservé les savoureux placards publicitaires des journaux annonçant la nouvelle... Mais à quoi tient l'intégrité d'un film ! A quoi tient le respect de l'œuvre initiale ! A quoi tient le respect du travail effectué ! A quoi tient notre réputation, l'opinion que la critique peut se faire - ou vous faire - de "massacreur" de chef-d'œuvre !

V. DEL LITTO

Je vous remercie de votre intervention, mais je tiens à ajouter que ma remarque ne vous était pas adressée. Elle s'adressait surtout aux critiques littéraires, car j'ai l'impression qu'ils n'ont pas bien saisi la valeur et la portée de cet épisode.

Thierry BODIN

Il y a un problème qu'on pourrait se poser, qui est celui de l'appréhension par le lecteur, par le public, de la réalité d'une œuvre. Ainsi, pour *les Paysans* de Balzac, quand le roman apparaît en feuilletons en 1844, l'accueil de la critique en 44 et en 45 est absolument unanime : c'est faux d'un bout à l'autre, Balzac ne connaît pas les paysans, çà ne correspond à rien du tout, c'est de la fantaisie, c'est de la malhonnêteté. A partir de 1846, quelques rares jugements reconnaissent la clairvoyance de Balzac. Mais quand en 1855, le roman sort, complété par la veuve de Balzac, l'unanimité est quasi générale. Le réalisme de Balzac est reconnu et célébré par des gens aussi différents que Montalembert, les Goncourt et Karl Marx.

David BELLOS

M. Bodin a fait remarquer que la plupart des romans de Balzac ont été édités en feuilleton, ce qui n'a pas été le cas pour Stendhal. Il s'est demandé si cela ne rendait pas les chiffres de tirage des romans de Balzac parus en librairie une source peu digne de foi sur le public du romancier. Or, les tirages de Balzac ont été faibles même par rapport à d'autres romanciers qui publiaient en feuilleton, par exemple, Sand, Sue, Dumas. Et, en second lieu, aucun roman de Balzac, n'a paru en feuilleton dans un quotidien parisien pendant les années 50.

Gérald RANNAUD

Je crois que la communication de M. Bellos, indépendamment de ces problèmes de détails, mais qui sont essentiels, parce que je vois qu'éclairer les champs n'est pas inutile ici, a un autre intérêt qui me passionne beaucoup plus que nos querelles d'érudits, ou de comptables : c'est qu'elle me semble nous poser le problème du réalisme. On en parle, mais je crois qu'attirer l'attention sur le fait qu'à une certaine période, qui est 1853-1854, s'est posée une question dans laquelle a été embarqué Balzac et dans laquelle n'a pas été embarqué Stendhal, doit nous amener à poser la question du réalisme d'une façon peut-être un peu différente de celle dont nous l'avons abordée tendant peut-être à considérer le réalisme comme une naissance, comme une sorte d'absolu, alors qu'il paraît bien que le réalisme peut-être n'a de sens que par opposition à d'autres attitudes. Je crois que le réalisme en soi, j'avoue que personnellement, je serais incapable d'en proposer une définition ni même de le saisir ni même de savoir de quoi il s'agit. A cet égard, je me demande si l'opposition pertinente est d'opposer le réalisme à l'imaginaire : un imaginaire peut-il fonctionner sans réel, derrière qui l'informe, le nourrisse, par rapport auquel il se situe, par rapport auquel il se distingue ? Alors je me demande s'il ne faudrait pas, à la suite de M. Bellos, reprendre le problème autrement, c'est-à-dire que le réalisme est un type d'écriture qui correspond à une certaine pratique, qui correspond à un certain choix, qui correspond finalement à une certaine vision ; qu'un écrivain utilise les éléments du réel pour construire une fiction, c'est vrai ; je pense que c'est un enracinement dans l'expérience vécue où l'écrivain puise des matériaux, mais je veux dire que ces matériaux sont en général informes, comme toutes nos sensations, nos souvenirs. Ce qui me paraît important, c'est qu'à un certain moment l'écrivain formalise ces matériaux disparates, et les constitue en une vision et c'est peut-être au niveau de cette vision qu'il convient de s'interroger, vision à partir du même réel et à partir de cette même transformation à l'imaginaire, où dans les structures, où dans les schémas, où dans les formes, dans les fictions imaginaires, éléments réels qui peuvent être saisis dans un cas par une vision qu'on appellera réaliste. Et alors qu'est-ce que c'est ? Qu'est-ce que cela veut dire ? Qu'est-ce que cela implique ? ou qui sera peut-être saisie, la relation réelle sera saisie dans une vision, complètement différente peut-être et qui est historiquement repérable ici ou là et surtout en 1830-40 et 50, et qui est la vision idéaliste. J'ai été surpris que l'on n'ait pas perçu dans les débats de ce matin, cette opposition que Stendhal lui-même nous tendait, rejetant l'écriture romanesque du vicomte d'Arlincourt, comme l'écriture non pertinente absolument, comme l'écriture de transformation. Et pourtant je suppose que le vicomte d'Arlincourt devant travailler aussi sur des paysages, sur des souvenirs quitte à les habiller à la gothique, à les habiller à la moyenneageuse. Il y a là, je crois, un choix dans cette espèce de relation réelle, et je me demande si ce n'est pas là-dessus plutôt que l'on doit s'interroger, plutôt que sur la quantité réelle qui serait le critère, de distinction entre le plus réaliste, le moins réaliste, le pas réaliste du tout.

Ernest ABRAVANEL

Je regrette de devoir encore ajouter quelques mots à cette querelle. Il faut faire bien attention en interprétant les tirages des années 50 ; il ne faut pas oublier que les romans de Stendhal ont été édités pour la plupart à 800 exemplaires. Au moment où l'on recommence à parler de Stendhal, en 1853, avec l'édition Hetzel qui a été un échec total, avec l'édition Michel Lévy qui a réussi, il n'y avait pas de roman de Stendhal dans le commerce, tandis qu'il existait de chaque roman de Balzac des dizaines de mille exemplaires. Dans le commerce, en particulier, la clientèle essentielle, celle des cabinets de lecture, était déjà satisfaite pour Balzac, mais pas pour Stendhal, et aujourd'hui, si vous trouvez une édition de cabinet de lecture de Stendhal, vous pourriez parier à quatre contre un qu'elle sort de la seconde édition. Si vous trouvez une édition du cabinet de lecture d'un Balzac, c'est presque toujours une des premières éditions, pas forcément l'originale, mais une des éditions du vivant de Balzac. Donc les tirages stendhaliens arrivaient dans un vide à peu près total, et les tirages de Balzac, arrivaient dans un marché saturé.

David BELLOS

Il n'est pas possible actuellement de savoir quels romans sont restés invendus ; mais puisque l'édition Lévy des œuvres complètes de Balzac en 45 volumes a été offerte en prime aux abonnés du *Monde Illustré* dans les années 60, il faut supposer que cette collection au moins ne s'était pas très bien vendue. J'ajoute qu'il faut se méfier de la croissance du nombre de publications enregistrées par la *Bibliographie de la France* dans les années 50. La manière dont la *Bibliographie* était rédigée a subi de grands changements entre 1854 (date de la nouvelle loi sur la Presse et la Librairie) et 1856, et le saut d'une moyenne de 8.000 volumes par an avant 1854 à des chiffres aux alentours de 11.000 après 1856 peut être attribué dans une large mesure aux nouveaux réglements plutôt qu'à une véritable expansion de l'industrie du livre.

Thierry BODIN

Je voudrais simplement ajouter quelques mots à la communication de M. Bellos. Je ne suis pas sûr que, dans les années 50, il n'y ait pas eu de romans de Balzac repris en feuilletons ; je ne peux pas l'affirmer, surtout pour les journaux populaires. Mais ce qui est sûr, par contre, c'est que certains journaux ont publié du Balzac en supplément littéraire, et cela il faut le souligner. D'autre part, si Balzac était si peu lu, je me demande pourquoi les éditeurs auraient accepté la "finition" (si l'on peut dire) des *Petits Bourgeois* par Rabau, celle des *Paysans* par Mme de Balzac ; avec ces deux titres, elle a quand même réglé tout le passif (qui était assez important) de Balzac. De plus, en 1853, l'éditeur Houssiaux avait complètement liquidé ce qui restait du stock de Furne, et dès 1853 (ce qui n'est pas assez souligné) il tire les premiers volumes des *Oeuvres complètes illustrées*. En 1855, il redémarre une collection avec une préface de Georges Sand, et le succès de l'édition Houssiaux a été considérable ; je ne sais plus combien de rééditions sont venues après ; mais dès le départ, c'est une collection qui a eu beaucoup de succès.

D'autre part, vous avez parlé des *Oeuvres illustrées* de Michel Lévy, qui ont été effectivement données en prime, mais elles ont eu un grand succès ; la preuve, c'est que quand on a plusieurs collections entre les mains, on s'aperçoit qu'elles sortent toutes d'une imprimerie différente, c'est donc qu'il y a eu des rééditions et je me demande si les chiffres de tirage qui sont déposés aux archives, ne concernent pas uniquement le premier tirage, et après les seconds tirages des éditions auraient été passés sous silence et non déclarés. Finalement, on arrive à avoir une certaine quantité de Balzac sur le marché, ce qui est frappant quand on "fait" les libraires : on en voit, on en voit, des Balzac populaires de cette époque-là. Je me demande donc s'il n'y a pas eu une diffusion beaucoup plus grande de l'œuvre de Balzac que celle qu'on peut établir d'après les rapports d'archives qu'on peut étudier et d'après ces trois éléments de diffusion populaire et notamment les suppléments littéraires de journaux. Ce qui est très difficile pour les suppléments littéraires de journaux, c'est qu'en général à la Bibliothèque nationale, par exemple, aux périodiques, on jetait pratiquement les suppléments littéraires ou ils n'étaient pas déposés. J'ai eu la chance d'en retrouver récemment à la vente Gabalda, et la Maison de Balzac a pu acquérir un gros lot de coupures de presse. Là-dedans, on s'aperçoit qu'il y a les feuilletons découpés et surtout énormément de romans de Balzac ou de nouvelles en suppléments littéraires à des journaux ou à des revues. Il y a donc eu une évolution dans la conscience critique des lecteurs. Cette prise de conscience des réalités contemporaines est une des conséquences du réalisme romanesque. Elle montre aussi combien la notion de réalisme est difficile à appréhender.

David BELLOS

Je remercie M. Bodin de toutes ces précisions.

Andrée MANSAU

M. Chantreau a dit *en dépit* du roman miroir définir le réalisme de Stendhal. Ne faudrait-il pas dire *à cause* de la formule du roman miroir, si on remonte au véritable énoncé, tel qu'il est exprimé par Quintilien ou par Saint-Réal ; et les auteurs au XVIIe siècle, auxquels Stendhal a emprunté la formule disent : l'histoire est un miroir c'est-à-dire l'analyse de caractère, psychologie des personnages historiques.

Alain CHANTREAU

Oui, tout à fait. Je pense que le miroir se promène sur la société et qu'il se promène également sur les individus, en tant que représentatifs de certains types sociaux et en tant qu'exprimant certaines habitudes sociales. Et les aventures qui leur arrivent sont, par ce fait-là, tout à fait significatives. Si Stendhal a choisi des *petits faits vrais*, c'est parce qu'ils constituaient des sortes d'émergence de tendances, d'habitudes sociales, dans les événements de la vie de tel ou tel personnage.

Guy WEILL GOUDCHAUX

Un débat sera réservé à Stendhal et au cinéma mercredi matin, mais je voudrais un peu anticiper car nous allons voir dès ce soir la première moitié de *Lucien Leuwen* et mercredi soir la seconde. Ce matin, M. René Bourgeois nous a excellemment parlé du préfet Fourier nous indiquant que Fourier a donné naissance successivement à plusieurs préfets dans *Lucien Leuwen*. Or, Claude Autant-Lara supprime deux des préfets et n'en garde qu'un. Le préfet de Nancy est aussi préfet du Cher et de Caen. En fin de compte, Autant-Lara est plus royaliste que le *roi* Stendhal puisqu'il recrée le personnage unique de Fourier. Je voudrais demander à Autant-Lara s'il a créé un seul préfet pour des raisons cinématographiques, ou s'il connaissait l'histoire Fourier. En tout cas, vous verrez dans le film comment il a travaillé à partir de la véritable réalité.

Claude AUTANT-LARA

A cela, je répondrai que j'ai eu l'idée de la fusion des divers préfets, de Caen et Nancy, pour la simple raison, toujours la même, que les impératifs de l'émission télévisée m'imposaient six heures de projection, y compris "les chapeaux" d'introduction à chaque épisode.

C'était obligatoire, contractuel ; si je n'avais pas accepté cela au départ, *Lucien Leuwen* n'aurait, je vous l'assure, jamais été mis en route : j'avais signé pour "quatre épisodes d'une heure trente chacun", pas plus. Or, là encore j'ai rusé. Et finalement, le tournage terminé, j'avais réussi à tourner... cinq épisodes d'une heure trente, sans avertir, en cours de production personne bien sûr. Et cela fit toute une histoire ! La télévision commence par refuser le cinquième épisode, demande que l'on coupe, que l'on réduise l'ensemble ; ce ne fut qu'après de nombreuses palabres, plaidoyers pour Stendhal, ayant démontré qu'alors on ne comprendrait plus rien à son récit que la T.V. se résigna, oui, à adopter l'intégralité de ce qui avait été tourné, y compris le cinquième épisode... que - histoire de rire - elle ne m'a jamais payé ! Puni. Vous comprenez alors que, si j'avais suivi le roman, inclus non seulement l'histoire du préfet de Caen et celui de Nancy, je serais allé allègrement à six ou sept épisodes. Là, je puis vous dire que je n'aurai jamais pu les tourner, on ne m'en aurait pas donné les moyens matériels. Je connaissais parfaitement - car j'étudie Stendhal autant que je le puis - l'origine des personnages des deux préfets, en l'occurence Fourier, et c'est bien de là qu'est venu, comme l'a si justement observé M. Chantreau, de fondre en un seul les deux préfets. En ramenant leurs communes actions au seul préfet de Nancy, cela avait aussi l'avantage de ranimer l'action générale dans cette ville et de permettre à Lucien de retrouver Mme de Chasteller. Et de ramener le tout, y compris la durée du récit, à des proportions plus proches de celles qui m'étaient imposées. Le même problème, affreux, lancinant, de durée, se pose à nouveau avec cette *Chartreuse de Parme*, et avec cette même Télévision, qui m'a pourtant dûment engagé pour réaliser - en six heures, de nouveau ! - cette émission. Or, j'ai écrit, c'est mon travail qui m'y a amené, six scénarios, qui ne peuvent être réalisés qu'en - au minimum - neuf heures. D'où conflit - double : sur la durée d'abord, et, surtout, sur les crédits. Et comme, cette fois, je n'ai pas la moindre intention de céder, nous nous sommes fâchés.

La Télévision française, si elle a de l'argent - et beaucoup parfois - pour des émissions, disons discutables, pour être poli, n'a pas d'argent pour Stendhal. Et mes scénarios dorment toujours dans la poussière des placards de la Maison Ronde. Voici qui vous donnera, Mesdames et Messieurs, j'espère, un petit aperçu des difficultés auxquelles se heurte, chez nous, celui qui veut, grâce à l'audio-visuel, étendre l'audience d'un des plus grands écrivains français.

V. DEL LITTO

Je vous remercie vivement pour les précisions que vous avez bien voulu nous fournir, de même que je remercie tous les intervenants.

DEUXIEME PARTIE

STENDHAL ET LE SERVICE PUBLIC

par Jean-Pierre Soisson

J'ai été frappé par ce paragraphe du testament de Stendhal rédigé le 17 février 1835 à Rome :

"Tant que, pour vivre, je serai obligé de servir le budget, je ne pourrai *print it,* car ce que le budget déteste le plus c'est qu'on fasse semblant d'avoir des idées. Et toutefois, quand je vois les bonnes têtes de nos républicains, j'aime encore mieux ce qui est : les sept à huit personnages qui conduisent la charrette sont choisis parmi les moins bêtes, si ce n'est les plus honnêtes".

Montherlant pense-t-il à ce passage quand il écrit : "Ils prennent le point de vue de la morale par incapacité de prendre celui de l'intelligence" ?

Chez Stendhal, la lucidité est excessive ; l'aigreur affleure. Je voulais savoir pourquoi cette intelligence fermait son cœur.

Cet intérêt n'est d'ailleurs pas lié au corps que j'ai choisi à la sortie de l'École nationale d'administration. J'ai en effet retenu deux allusions à la Cour des comptes dans *Lucien Leuwen.*

La première peu glorieuse : la scène se passe dans le salon de Mme Grandet :

"Un certain M. Greslin, référendaire à la Cour des comptes, moyennant douze mille francs comptés à la cousine de la maîtresse du comte de Vaize, s'enquérait si l'épicier du coin, M. Béranville, qui avait la fourniture de l'état-major de la Garde nationale, oserait mécontenter de si bonnes paies, et voter dans le sens de son journal". (il s'agit du *National*).

La seconde, qui n'est guère plus exaltante : M. des Ramiers, député et au fond grande âme fort gredine explique à Lucien que la confiance du gouvernement pourrait l'appeler à la Cour des comptes, par exemple ; en ce cas, il faudrait sa réélection.

Mais la Cour n'est pas rancunière et pardonne ces perfidies à un membre du Conseil d'État.

L'époque que vécut Stendhal montre, à mon sens, une France trop gouvernée et pas assez gérée. Dans cet État, l'efficacité administrative était trop proche de l'efficacité politique. Ecueil, certainement, mais dont il ne faut pas prendre le contre-pied avec système, à moins de connaître les actuels déséquilibres.

Suivons le cheminement des réflexions vécu par Stendhal à travers ses péripéties administratives et politiques de 1801 à 1839.

Pourquoi ces deux dates ?

Parce que la naïveté et l'amertume, le goût de l'effort et l'attirance du plaisir se trouvent déjà dans le *Journal* dès 1801. En des maximes dont certaines font irrésistiblement penser à ce qu'écrivait, il y a peu, l'un de mes illustres collègues de la Cour, membre du dernier gouvernement de Georges Pompidou.

Le 12 juillet 1801, Stendhal écrit :

''Hâtons-nous de jouir, nos moments nous sont comptés.
L'heure que j'ai passée à m'affliger ne m'en a pas moins approché de la mort.
Travaillons, car le travail est le père du plaisir, mais ne nous affligeons jamais.
Réfléchissons sainement avant de prendre un parti ; une fois décidé, ne changeons jamais.
Avec l'opiniâtreté, on vient à bout de tout.
Donnons-nous des talents, un jour je regretterai le temps perdu.
Un grand motif de consolation, c'est qu'on ne peut pas jouir de tout à la fois''.

Stendhal, n'ayant guère réussi sa progression hiérarchique, en vient à des considérations pessimistes, plus constitutionnelles qu'administratives. Ce sont *les tristes teintes de la politique* dont il parlait déjà en 1817 dans la préface de *Rome, Naples et Florence.*

Il accepte la forme présente du régime politique comme il a, finalement accepté la forme de son demi-échec. A condition que les plus capables gouvernent.

En 1839, Beyle attribue au comte Mosca deux réflexions significatives :
— L'une qu'il adresse, en lui-même, au prince Ernest IV :

''Sachez, mon prince, qu'avoir reçu le pouvoir de la providence ne suffit plus en ce siècle-ci ; il faut beaucoup d'esprit et un grand caractère pour réussir à être despote''.

— L'autre qui est une réaction, devant la duchesse de Sanseverina, aux intrigues qui se développent après la mort d'Ernest IV :

"Avec ces propos de république, les fous nous empêcheraient de jouir de la meilleure des monarchies".

La structure de ce qui va suivre est empruntée à la petite figure géométrique que Stendhal traçait en février 1836 à Rome et que nous trouvons dans la *Vie de Henri Brulard*.

Je ne me dirigerai pas dans la route de l'art de se faire lire — Henri Beyle l'a-t-il prise à sept ans à son insu ? — ni dans celle de la folie — il a trouvé en lui-même la passion, sinon les raisons d'un réel équilibre.

Il reste trois autres routes. Accompagnons donc Stendhal entre Iéna et l'extraordinaire lucidité de rédaction de *la Chartreuse*.

La route de l'argent

Henri Brulard regrette un peu l'occasion perdue, en 1814 "Au lieu de dix, j'avais vingt mille".

"M. Roizand (1) dès l'âge de seize ans avait été placé dans la sphère d'activités de Napoléon ; il l'avait suivi à Moscou et ailleurs. Pendant qu'il courait les champs, mangeant son bien à la suite du grand homme, son père se ruinait. Ruiné lui-même personnellement en 1814, par la chute de Napoléon, il avait voyagé en philosophe. A la révolution de 1830, Roizand, qui avait vingt ans de service, était rentré dans la carrière des écritures officielles, dans le but unique d'arriver à une pension de retraite, pour laquelle il fallait trente ans de service".

En 1830, Henri Brulard "tombe donc dans l'ornière administrative, regrettant sa vie d'écrivain... les amis d'alors (MM. de Mareste, Colomb) étaient de braves gens fort prudents, qui avaient réuni 12 ou 15.000 francs d'appointement ou de rente par un travail ou une adresse assidus, et qui ne pouvaient souffrir de me voir allègre, insouciant, heureux avec un cahier de papier blanc et une plume, et vivant avec pas plus de 4 ou 5.000 francs. Ils m'auraient aimé cent fois mieux s'ils m'eussent vu attristé et malheureux de n'avoir que la moitié ou le tiers de leur revenu, moi qui les avais peut-être un peu choqués, quand j'avais un cocher, deux chevaux, une calèche et un cabriolet, car jusqu'à cette hauteur s'était élevé mon luxe du temps de l'empereur".

Faste, difficultés, gêne même de 1828 à 1830, puis moyenne à peine dorée jusqu'à sa mort. Ce n'est donc pas le service de l'État qui a enrichi Stendhal.

Et cependant son œuvre est là, qui nous montre que le service de l'État peut conduire dans cette route. A condition d'intrigue, de bassesse ou de malhonnêteté. Son œuvre est là aussi qui nous montre combien le traitement importe ; il est, avec le revenu, référence fréquente.

"M. Mazoier, le commis mon voisin, qui s'ennuyait moins de ma folie que de la stupidité des deux autres commis à 2.500 francs" (*Henri Brulard*).

"M. de Pina, maire à Grenoble de 1825 à 1830. Ultra à tout faire et oubliant la probité en faveur de ses neuf à dix enfants, il a réuni 60 à 70.000 francs de rente". (*Henri Brulard*).

"M. Dumoral voulait une direction générale à 40.000 francs et Paris" (*Lucien Leuwen*).

"Ils ont pris des airs de hauteur avec moi, même ce bon M. Bardoux des Finances, qui m'a dit gravement à la Chambre, en parlant de mes places de 1.800 francs : "Cher ami, il ne faut pas être insatiable" (M. Leuwen dans *Lucien Leuwen*).

"Si les départements voulaient à l'Intérieur six hommes de métier à 30.000 francs d'appointements et 10.000 francs de frais de bureau" (*Lucien Leuwen*).

"Huit jours après M. Coffe était sous-chef de bureau aux Finances avec 6.000 francs d'appointements et la condition expresse de ne jamais paraître au ministère" (*Lucien Leuwen*).

Lucien Leuwen, le roman, presque balzacien de l'argent et du pouvoir vaincus par l'amour, est très significatif du rôle de la fortune.

Quand il n'y a pas traitement ou rente, il y a friponnerie pour accroître ses revenus :

— friponnerie inquiète chez M. de Rênal : "Au fait, se disait-il l'administration sévère de l'empereur Napoléon reviendrait au monde, que moi je n'ai pas un sou de friponneries à me reprocher. J'ai tout au plus fermé les yeux ; mais j'ai de bonnes lettres dans mon bureau qui m'y autorisent".

— friponnerie énorme et didactique chez M. Leuwen : "Pour les trois quarts des gens de Paris, M. de Lafayette eût été un homme admirable s'il eût volé quatre millions. Si je refusais le ministère et montais ma maison de façon à dépenser cent mille écus par an, tout en achetant des terres — ce qui montrerait que je ne me ruine pas — on ajouterait foi à mon génie, et je garderais la supériorité sur tous ces demi-fripons qui vont se disputer le ministère".

En fait, pour Stendhal, le modèle du serviteur de l'État est le comte Daru, dont le père "répétait sans cesse que le général Masséna disait à tout le monde en parlant de lui : "Voilà un homme que je puis présenter à mes amis et à mes ennemis". Pourtant Masséna, de moi bien connu, était voleur comme une pie, ce qui veut dire par instinct ; et M. Daru n'a jamais volé un centime". (*Henri Brulard*).

Stendhal, quant à lui, a cherché "à achever sa vie dans une situation un peu supérieure à la pauvreté" (*Une position sociale*).

La route des bons préfets et conseillers d'État : MM. Daru, Rœderer, Français, Beugnot

Stendhal en a parcouru un bout. 1806, adjoint au commissaire des guerres, intendant des départements de l'Ocker : "Je suis, écrit-il à Pauline, le secrétaire d'une préfecture grande comme six fois celle de l'Isère", inspecteur général du mobilier de la Couronne, "commissaire dans la 7e division militaire avec le vieux sénateur comte de Saint-Vallier" (*Henri Brulard*), presque préfet du Mans.

Il a retiré, je crois, de réelles satisfactions du sérieux et de l'efficacité de ses responsabilités.

"On verra à Erfurt, en 1809, le nec plus ultra de notre travail. M. Daru et moi nous avons fait toute l'intendance générale de l'armée pendant sept ou huit jours. Il n'y avait pas même un copiste" (*Henri Brulard*).

Au moment de la retraite de Russie, où il avait été envoyé comme courrier auprès de l'Empereur, il garde la tête froide, il reste "naturel et simple" et se flatte avec un certain orgueil d'avoir fourni à l'armée la seule journée de vivres qu'elle ait reçue sur le chemin du retour.

L'ennui même, à Civitavecchia, ne l'empêchera pas d'accomplir sa tâche avec rigueur : "Je voudrais faire le métier en conscience, malheureusement il me semble qu'il faut le faire autrement". Son ambassadeur à Rome, le comte de Sainte-Aulaire, nous apprend qu'il a rempli "avec beaucoup de talent et de sagesse" la mission qui lui fut confiée lors de l'expédition française à Ancône (février 1832 à la suite de la révolte des Romagnes). Il s'agissait de diriger les services financiers de l'expédition.

On peut retrouver dans un réel amour du travail qu'il a eu — au moins dans ses premiers postes — cette haute conscience qui est une des qualités et une des traditions de notre administration.

Son modèle était d'ailleurs redoutable : "Le comte Daru se tuait de travail ; souvent il retournait le soir à son bureau ; dans le fait, tout était à réorganiser... M. le comte Daru, immédiatement supérieur à moi, et à tant d'autres, comme homme de travail" (*Henri Brulard*).

Stendhal a dû suivre son modèle, à l'image de Lucien Leuwen. "Me voici dans l'administration. Vous savez que je travaille en conscience de neuf heures du matin à quatre. J'expédie bien vingt affaires et souvent importantes. Si, à dîner, je crains d'avoir oublié quelque chose d'urgent, au lieu de rester au coin du feu avec ma mère, je reviens au bureau où je me fais maudire par le commis de garde qui ne m'attend pas à cette heure-là !"

M. Leuwen ajoute en parlant à sa femme de leur fils : "Lucien expédie autant d'affaires que trois chefs de bureau. Il ne s'est laissé gâter par aucune des bêtises de la routine que les demi-sots appellent l'usage, le tran-tran des affaires. Lucien les décide, net avec témérité, de façon à se compromettre peut-être, mais de manière aussi à ne pas y revenir. Il s'est déclaré l'ennemi du marchand de papier du ministère et veut des lettres en dix lignes".

N'est-ce pas un idéal pour le fonctionnaire d'autorité ?

Stendhal pose d'ailleurs le problème de la rectitude de l'action administrative. "Ne vous permettez jamais, en administration, la moindre action je ne dis pas douteuse aux yeux de l'honneur mais douteuse à vos propres yeux". (*Lucien Leuwen*). L'écart est ténu, peut-être. Mais Stendhal n'aima guère le douteux. Il fit de Lucien Leuwen un fils qui ne voulut pas être le haut coquin politique que souhaitait son père. Il fit s'interroger Lucien Leuwen sur la justice à "sabrer ou fusiller, plus encore à être mêlé, toute la vie, à un affreux récit d'empoisonnement".

Au fond, François Bloch-Lainé n'est pas loin qui conçoit un service public digne, décidé et juste.

Peut-être faudrait-il, de plus, s'interroger sur le fait que Stendhal fut brillant fonctionnaire dans une administration de temps de guerre, proche des structures militaires.

La route de la considération publique

Stendhal tira un jour l'épée pour l'honneur qu'il y a à servir son pays, Henri Brulard nous affirme que les choses de vanité constituent une passion secondaire chez lui. Mais l'égotiste a apprécié d'être en faveur "non pas auprès du maître, Napoléon ne parlait pas à des fous de mon espèce, mais fort bien vu du meilleur des hommes, M. le duc de Frioul" (Duroc). Cette vie de haute faveur le conduit à Moscou, le fait "intendant à Sagan" (*Henri Brulard*).

"Je dois aux dignités dont vous m'avez revêtu, écrit-il à Pierre Daru, de n'être pas un petit bourgeois plus ou moins ridicule, et d'avoir vu l'Europe et apprécié l'avantage des places".

La considération publique est parfois bien voisine de la considération de votre public. "Ah ! maître des requêtes, dit le préfet Riquebourg, étonné, à Lucien Leuwen. Et c'est toute notre ambition à nous autres, pauvres préfets de province, après avoir fait deux ou trois bonnes élections... Parler au ministre, c'est un grand avantage, une belle prérogative, monsieur le maître des requêtes".

N'y a-t-il pas un peu de déception quand Henri Brulard écrit : "Je regrette un peu l'occasion perdue ; au lieu de chevalier, je serais officier de la Légion d'honneur, mais j'aurais passé trois ou quatre heures par jour à ces platitudes d'ambition qu'on décore du nom d'ambition, j'aurais fait beaucoup de demi-bassesses, je serais préfet du Mans". Stendhal serait sans doute devenu maître des requêtes. Les bassesses auraient pu être évitées. Stendhal n'aurait jamais été un "ministériel pourri", lui qui n'a jamais "trahi ses devoirs de citoyen pour accrocher quelque argent au gouvernement".

En fait, Stendhal se rend assez exactement compte que l'avènement du règne des opinions — qu'il regrette — et que la transformation du monde par l'industrie ouvrent d'autres voies à la considération publique que le service de la patrie.

"M. de Belleyme, préfet de police, (le seul magistrat populaire du temps des Bourbons de la monarchie aînée) cherchait maladroitement à se faire élire député" (*Henri Brulard*).

"Il vaut mieux être candidat à la présidence de la République que conseiller d'État. Un conseiller d'État a douze mille francs et il en reçoit trente-six mille pour dire ce qu'il pense. D'ailleurs son nom est dans toutes les bouches" (Lucien Leuwen à propos d'Armand Carrel).

"Or l'auteur ne voudrait pour rien au monde vivre sous une démocratie semblable à celle d'Amérique, pour la raison qu'il aime mieux faire la cour au ministre de l'Intérieur qu'à l'épicier du coin de la rue" (*Lucien Leuwen*).

On a peut-être là une des raisons du fatalisme du consul de France à Civitavecchia. "Bientôt, sur le vaisseau de l'État, tout le monde voudra s'occuper de la manœuvre, car elle est bien payée" (*Le Rouge et le Noir*).

On peut trouver chez Stendhal des renseignements significatifs de l'organisation administrative ou des pratiques politiques,
— sur la ventilation du courrier au ministère de la Guerre, dans la *Vie de Henry Brulard,*
— sur le pouvoir qu'a un fonctionnaire bien placé pour faire traîner une affaire (des Ramiers contre Tourte dans *Lucien Leuwen*),
— machinations électorales sordides des préfets Riquebourg et Séranville,
— le principe réjouissant et machiavélique des mensonges excellents, bons, mauvais, exécrables dans *Lucien Leuwen.*

On voit d'ailleurs dans *Lucien Leuwen* d'autres exemples de manipulation :
"Je vous donne à peu près carte blanche en argent, places à accorder et destitutions". (M. de Vaize, ministre de l'Intérieur à Lucien Leuwen).
"M. d'Allerand, pair de France, veut détourner un chemin public qui passe dans son parc". (*Lucien Leuwen*). C'est M. de Rênal en plus noble.

"Dans le genre sale vous dirigez, vous ne faites jamais" (M. Leuwen à son fils).

Les risques ne sont pas petits et la servitude est grande.

On peut dès lors comprendre deux réflexions de Stendhal.

"Ah, que je voudrais commander un canon ou une machine à vapeur ! Que je serais heureux d'être un chimiste attaché à quelque manufacture" (*Armance*).

"Cela finira pour toi, dit cet électeur libéral, (Fouqué à Julien Sorel) par une place de gouvernement, qui t'obligera à quelque démarche qui sera vilipendée dans les journaux. C'est par ta honte que j'aurai de tes nouvelles. — Rappelle-toi que, même financièrement parlant, il vaut mieux gagner cent louis dans un bon commerce de bois dont on est le maître que de recevoir quatre mille francs d'un gouvernement, fût-il celui du roi Salomon".

Et pourtant la spéculation et le commerce n'ont guère réussi à la famille Beyle.

Stendhal est-il un exemple de la "grande dispute qui attriste le XIXe siècle : la colère du rang contre le mérite" (*Lucien Leuwen*) ? Dans une certaine mesure, le phénomène est sans doute plus sensible dans la hiérarchie administrative que dans l'organisation économique. Celle-là est héritée – malgré Napoléon – d'une société d'ordres à peine disparue. Celle-ci est le produit d'une société de classes à peine née.

Nous n'avons guère évolué. L'autoritarisme libéral, libéral souvent avec maladresse, a simplement fait place au libéralisme autoritaire, autoritaire souvent sans raison ou quand la raison est oubliée.

J'ai évoqué l'intelligence sans cœur de Stendhal. En fait non ! Ses déceptions furent en proportion de ses confiances. De ses méfiances aussi. Stendhal a certainement eu dans ses fonctions la même attitude que Lucien Leuwen : "Toi, tu crois les affaires et les hommes plus grands qu'ils ne sont, et tu fais des héros, en bien ou en mal, de tous les interlocuteurs. Tu tends tes filets trop haut, comme dit Thucydide des Béotiens". L'attitude est osée pour qui gère. Elle est dangereuse pour qui gouverne.

Je laisserai la conclusion à Henri Brulard qui juge de ses espérances déçues : "Je ne suis pas devenu colonel, comme je l'aurais été avec une puissante protection de M. le comte Daru, mon cousin, mais j'ai été, je crois, bien plus heureux".

A PROPOS DES "PAYSANS" TOURAINE ET BOURGOGNE

par Jean-Hervé Donnard

Université de Grenoble

Des articles consacrés aux *Paysans* depuis une dizaine d'années attribuent à ce roman tantôt des origines tourangelles (1) tantôt des sources bourguignonnes (2). Ces points de vue ne sont pas contradictoires. En effet, dès la première ébauche de l'œuvre, intitulée *le Grand Propriétaire* (3), Balzac a utilisé pour brosser le portrait du marquis de Grandlieu des souvenirs qui se rattachent à la fois au val de Loire et à la région de Santigny dans l'Yonne.

Rappelons d'abord le contenu de cet important fragment. L'intrigue illustre le proverbe : "Qui a Terre a Guerre". C'est l'histoire d'un vieux gentilhomme campagnard, habile à faire prospérer son magnifique domaine situé dans le département de l'Indre ; les bourgeois de la ville voisine attendent patiemment la mort du châtelain, pour se rendre, à bon compte, acquéreurs de ses biens, car ils ignorent l'existence d'un héritier en ligne directe. Ils sont fort désappointés lorsque le fils de M. de Grandlieu revient d'émigration après vingt ans d'absence. La ville engage alors une guerre sournoise contre le château. Dès le début de la Restauration, les intérêts matériels se confondent avec les passions politiques ; les bourgeois, sous prétexte d'être maîtres chez eux, veulent chasser les nobles. Ils ne tardent pas à s'apercevoir qu'ils ont affaire à rude partie. Le vieillard, leur rendant coup pour coup, sort victorieux des premières escarmouches. Mais après sa mort, les difficultés commencent pour son fils qui ne possède ni sa connaissance des affaires ni son opiniâtreté. Ici se termine le prologue de cette scène de la vie de campagne ; ici également s'achève le manuscrit.

Comme l'a signalé Mme Anne-Marie Meininger (4), M. de Berny s'était occupé en 1824 d'une société qui se proposait d'assécher le lac de Grandlieu, aux environs de Nantes. Cependant, plus que le nom, c'est la personnalité du grand propriétaire qui est révélatrice.

Le marquis de Grandlieu a vécu à la cour de Louis XV, où il exerçait la charge de Grand Fauconnier. Il y a mené une existence aussi brillante que libertine : "Comme les grands seigneurs du temps..., il n'était pas dévot". Après les "excès de sa jeunesse", las du monde et du bruit, il s'est retiré dans son domaine d'Ars ; il y a pris "des habitudes campagnardes", se montre "vêtu simplement", sort peu, vit chichement, car il est "devenu fort avare". Les bourgeois l'appellent le *bonhomme*, sans comprendre "la portée et les effets" de cette bonhomie, que Balzac qualifie de "machiavélique". Ils commencent à ouvrir les yeux, lorsque le *bonhomme*, avec une fermeté qui n'a d'égale que sa ruse, déjoue leurs premiers complots. Or, dans deux œuvres publiées en 1832, *Madame Firmiani* et *les Célibataires* (*le Curé de Tours*), apparaissait déjà un personnage que l'écrivain désigne à plusieurs reprises, avec une insistance significative, comme un "vieux propriétaire" et un "vieux malin". M. de Bourbonne (5), ancien mousquetaire, "homme de haute compagnie", a eu jadis "des bonnes fortunes..." (6). Il croit en Dieu "comme y croient les gentilshommes" de sa génération. Sur ses vieux jours, il s'est établi en Touraine où il possède "la plus jolie terre du pays, un bien qui fait l'envie de tout le département". Professant "l'indifférence en matière d'habillement", habitué "à peser ses paroles, à combiner ses actions", il cache "sa profonde circonspection sous une simplicité trompeuse" (7). Il connaît si bien "la province, les hommes, les choses, et mieux encore, les intérêts", qu'il est à l'abri des entreprises de la bourgeoisie. En toute quiétude et à peu de frais, il arrondit son domaine, dont le "seul et unique héritier" est son neveu Octave de Camps (8).

Ainsi Grandlieu et Bourbonne se ressemblent parfaitement. Comme l'a démontré Pierre-Georges Castex, Henri-Joseph de Savary, viticulteur à Vouvray, est le prototype de Bourbonne (9) ; on en déduit qu'il est également celui de Grandlieu. Pourtant, un indice permet d'affirmer que Balzac se souvenait d'un autre personnage. En effet, il a situé le château d'Ars près d'une localité imaginaire qu'il nomme La-Ville-aux-Fayes. Or dans sa jeunesse il a été invité à plusieurs reprises à l'Isle-Adam par un vieil ami de sa famille, Louis-Philippe de Villers-La-Faye. Cette similitude de nom ne saurait être attribuée au hasard. René Durr a découvert de convaincantes analogies entre Grandlieu et Pierre-Louis de Villers-La-Faye, père de l'hôte de Balzac, châtelain de Santigny, près d'Avallon (10. Tous deux portent le titre de marquis. Durant la Révolution, ils se maintiennent sur leurs terres grâce à des certificats de civisme. Ils ont un fils, dont leurs voisins n'apprennent que tardivement l'existence. Ils sont âpres au gain, procéduriers, machiavéliques, propriétaires dans l'âme, voire propriétaires abusifs. Jouissant d'une belle vitalité, ils meurent dans un âge avancé, Villers à quatre-vingt seize ans, Grandlieu à quatre-vingt sept. Deux personnages réels au moins, le Tourangeau Savary et le Bourguignon Villers-La-Faye, ont donc été les modèles d'un personnage fictif, Grandlieu ; à l'inverse, deux personnages fictifs, Bourbonne et Grandlieu, "dérivent" d'un même personnage réel, Savary. Ce phénomène de dédoublement et de contamination caractérise la création balzacienne.

Grandlieu ne figure pas dans *les Paysans*. Ce personnage étant le sosie de Bourbonne, Balzac a-t-il voulu éviter un double emploi ? Peut-être ; mais plus vraisemblablement, ce sont des considérations techniques et idéologiques qui ont été déterminantes. Le marquis de Grandlieu semble jouer un rôle important ; en fait, la perspective est faussée, parce que nous ne possédons qu'un bref fragment du *Grand Propriétaire*. Pour rétablir les proportions, supposons le roman achevé. Grandlieu n'apparaît que dans le prologue ; c'est un personnage épisodique, qui meurt dès que l'action commence. Le personnage principal, c'est son fils. Mais Grandlieu a une trop forte personnalité pour jouer les utilités. D'autre part, ce rusé vieillard a si bien défendu ses terres et maîtrisé ses ennemis, que son héritier, malgré son inexpérience, ne risque pas, dans l'immédiat, de faire face à une situation périlleuse. Au contraire, dans *les Paysans*, Montcornet se heurte dès le début à des adversaires insolents et résolus. Le précédent propriétaire, une fille d'Opéra, par insouciance, a laissé prendre aux paysans de fort mauvaises habitudes. Le conflit éclate dès que le général, poussé par la nécessité, tente de réagir. Balzac a sans doute préféré Mademoiselle Laguerre au marquis de Grandlieu pour assurer au drame un départ plus rapide. Il a voulu aussi montrer que le Premier Sujet du Chant à l'Académie royale de Musique "avait, par égoïsme, trahi la cause de ceux qui possèdent, tous en butte à la haine de ceux qui ne possèdent pas".

*　　*
*

L'action du *Grand Propriétaire* se situe aux confins de la Touraine et du Berry. En revanche, le drame des *Paysans* a pour cadre la Bourgogne, plus exactement la partie sud du département de l'Yonne, puisque du parc des Aigues on aperçoit à l'horizon le "premier gradin du magnifique amphithéâtre appelé le Morvan". En dépit de cette précision géographique, il est évident que Balzac n'a qu'une connaissance superficielle de la région. Henri Bachelin (11) et René Durr, qui ont essayé de reconstituer la topographie des *Paysans*, n'ont constaté que des contradictions et des invraisemblances. Faut-il en conclure, comme le suggère Balzac, que la géographie du roman est purement imaginaire (12) ? Il ne le semble pas. Le romancier s'inspire de choses vues, non en Bourgogne il est vrai, mais en Ile-de-France et en Touraine.

Ainsi la vallée des Aigues rappelle la vallée de Ville-d'Avray dont le romancier appréciait pleinement les charmes. "Du haut d'une de ces éminences que, nous autres Français, nous nommons assez vaniteusement une montagne", Blondet, hôte du général de Montcornet, découvre "la longue vallée des Aigues... D'immenses forêts, posées à l'horizon sur une vaste colline côtoyée par une rivière, dominent cette riche vallée, encadrée au loin par les monts d'une petite Suisse...". Dans le lointain, Blondet "aperçoit la petite ville de Soulanges, posée au bord d'un vaste étang comme une fabrique du lac de Thoune". Or, peu de temps après s'être installé aux Jardies, Balzac avait décrit en termes à peu près semblables le panorama qu'il avait sous les yeux :

"Ma maison est située sur le revers de la montagne ou colline de Saint-Cloud, adossée au parc du Roi, à mi-côte, au midi [...]. Le fond de la vallée de Ville-d'Avray a toute la fraîcheur, l'ombre, les hauteurs, la verdure d'un fond de vallée suisse, orné des plus délicieuses fabriques [...]. Des bois et des forêts partout" (13).

En outre, Pierre Barbéris a montré que "la vallée de l'Oise assiège la conscience du romancier" lorsqu'il rédige son roman "bourguignon" (14). En effet, dans les Paysans, Balzac évoque quatre domaines situés dans l'Oise : Persan, le Val, Montmorency, Cassan. De plus, un des villages qui entourent les Aigues s'appelle Ronquerolles ; or Ronquerolles existe réellement, non en Bourgogne, mais près de l'Isle-Adam.

Il n'en demeure pas moins que dans ce paysage composite c'est surtout la Touraine que l'on retrouve. Très précisément la Touraine du Lys dans la Vallée. Les Aigues sont en effet situés dans le même décor que Cloche-gourde. Lorsqu'il s'approche du château des Montcornet, Emile Blondet voit "un moulin et son barrage, sa chaussée et ses arbres, ses canards,... ses filets..., un garçon meunier" qui déjà examine le voyageur ; de même Félix de Vandenesse, arrivant près de la demeure de Mme de Mortsauf, apercevait "trois moulins posés parmi les îles... couronnées de quelques bouquets d'arbres,... des filets de pêcheurs..., [des] canards..., des garçons meuniers, le bonnet sur l'oreille...". Blondet admire "un étang couvert de nymphéas, de plantes aux larges feuilles étalées ou aux petites feuilles menues..." ; Vandenesse comparait à "une prairie d'eau" les "végétations aquatiques, si vivaces, si bien colorées, qui tapissent la rivière". Blondet, en respirant les "vigoureuses fécondations" du parc des Aigues, pense "à une robe rose", ondoyant à travers les allées tournantes ; Vandenesse, saisi "d'un étonnement voluptueux", songeait à Mme de Mortsauf, "le Lys de cette vallée où elle croissait pour le ciel, en la remplissant du parfum de ses vertus". Aux yeux émerveillés de Blondet, apparaît enfin "au sommet du perron, comme la reine des fleurs, ... une femme en blanc ..., sous une ombrelle doublée de soie blanche, mais plus blanche que la soie, plus blanche que les lys qui sont à ses pieds, plus blanche que les jasmins étoilés qui se fourrent effrontément dans les balustrades" ; Vandenesse remarquait dans les vignes, sous un hallebergier, un "point blanc" produit par la robe de Mme de Mortsauf, et "sans savoir pourquoi", ses "yeux revenaient au point blanc, à la femme qui brillait dans ce vaste jardin comme au milieu des buissons verts éclatait la clochette d'un convolvulus...".

Ainsi Balzac, une fois encore, s'inspire de lui-même, mais ne se plagie pas. L'amant de Mme de Montcornet, Parisien blasé et cynique, n'a rien de commun avec l'amoureux de Mme de Mortsauf, provincial timide et naïf ; le royal domaine des Aigues n'a pas le même aspect que l'élégant castel de Clochegourde. Est-ce pour prendre du recul par rapport au cycle tourangeau de son œuvre que le romancier a transporté l'action des *Paysans* en Bourgogne ? Sans doute. Mais pourquoi a-t-il choisi une province qui apparemment lui était peu familière ? Un passage des *Paysans* montre que ce choix, a priori inexplicable, n'a pas été fait au hasard. Quelques temps après l'assassinat de son garde, le général de Montcornet révèle au marquis de Troisville et au sous-préfet de La-Ville-aux-Fayes que "la mort de Michaud est un avis indirect ... de quitter le pays...". M. de Troisville conseille la résistance : "Moi, ... je ne quitterais point ; j'ai eu de ces difficultés-là en Normandie, mais sous une autre forme, et j'ai persisté, maintenant tout va bien". Au contraire, le sous-préfet, mieux au fait de la situation, estime qu'elle est désespérée : "... La Normandie et la Bourgogne sont deux pays bien différents, ici nous avons le sang plus chaud, nous ne connaissons pas si bien les lois, et nous sommes entourés de forêts, l'industrie ne nous a pas encore gagnés ; nous sommes sauvages...".

C'est donc de propos délibéré que Balzac a choisi la Bourgogne, et plus précisément le département de l'Yonne comme cadre de cette tragédie. Certes, le romancier, qui a des scrupules d'historien, prend soin de signaler "qu'à cette époque de la Restauration, des collisions sanglantes avaient eu lieu, sur plusieurs points du royaume, précisément à cause du pillage des bois et des droits abusifs que les paysans de quelques communes s'étaient arrogés...". L'allusion était transparente pour les contemporains, qui se souvenaient certainement des troubles graves causés par l'application du Code forestier de 1827 (15). De plus, Balzac exprime son inquiétude au sujet des conséquences de la loi sur la chasse, promulguée le 4 mai 1844, c'est-à-dire six mois avant la publication des *Paysans* : "On sacrifiera, par an, la vie de vingt ou trente hommes peut-être pour sauver celle de quelques bêtes".

Ainsi, sous la Restauration et la Monarchie de Juillet, dans diverses régions de la France, des forêts ont été incendiées, des gardes assassinés ; mais l'Yonne figure parmi les départements où de tels crimes semblent avoir été singulièrement fréquents ; les rapports de gendarmerie, conservés aux Archives Nationales, en portent témoignage. A cette époque, l'exploitation forestière était la principale ressource de la région ; Paris, tout proche, avait d'énormes besoins de bois (pour le chauffage et la construction), et, grâce au flottage, le problème du transport était résolu. Aussi les propriétaires défendaient-ils leurs forêts avec plus d'énergie que dans d'autres provinces ; comme l'a bien montré Balzac, la guerre entre gardes et paysans était, dans une large mesure, déterminée par la situation géographique et les conditions économiques. Si dans *les Paysans* le cadre naturel est essentiellement tourangeau, la réalité sociale est bourguignonne.

* *
*

"Les romanciers n'inventent jamais rien" (Postface de *la Fille aux yeux d'or*). Qu'il s'agisse du paysage, des personnages, de l'intrigue même, Balzac s'inspire d'exemples réels, de faits vrais. Mais jamais il ne s'attache à peindre un modèle unique. Historien certes, mais avant tout romancier, il anime un univers fictif, où se trouvent fondus et transposés les éléments que lui fournit la vie. Comme il le rappelle dans la préface du *Cabinet des Antiques* (en utilisant une étrange et discutable comparaison avec l'art plastique), l'imagination créatrice exerce ses droits souverains :

"La littérature se sert du procédé qu'emploie la peinture, qui, pour faire une belle figure, prend les mains de tel modèle, le pied de tel autre, la poitrine de celui-ci, les épaules de celui-là. L'affaire du peintre est de donner la vie à ces membres choisis et de la rendre probable".

(1) Nicole Célestin : "Balzac et la chronique tourangelle. *Le Lys et les Paysans". L'Année balzacienne*, 1965.

Boris Reizov : "Balzac et Paul-Louis Courier (sur les sources des *Paysans*)", *Ibid.*, 1970.

Thierry Bodin : article publié dans le présent recueil.

(2) René Durr : "La part de l'Yonne dans le roman de Balzac *les Paysans". Bulletin de la Société des Sciences historiques et naturelles de l'Yonne*, année 1963-1964.

François Jacoin : "*Les Paysans* et l'état social des campagnes de l'Yonne sous la Restauration", *L'Année balzacienne*, 1974.

(3) Ce texte a été publié pour la première fois par le vicomte de Lovenjoul dans *la Genèse d'un roman de Balzac, les Paysans* (1901), pp. 9-36. On le trouvera à l'appendice II de l'édition des Classiques Garnier (1964), établi d'après le manuscrit de Chantilly, et au tome IX de la nouvelle édition de *la Comédie humaine* dans la Pléiade. Pour la datation et la genèse, nous renvoyons à l'excellent article de Madeleine Fargeaud : "La naissance d'un sujet : Balzac et *Le Grand Propriétaire", L'Année balzacienne*, 1975.

(4) Dans sa communication au Congrès Stendhal-Balzac, en 1972, à Nantes.

(5) Dans les éditions de 1832 et 1835 de *Madame Firmiani*, ce personnage s'appelle M. le comte de Valesnes ; dans l'édition Furne (1842), il deviendra M. de Bourbonne (cf. *Notes et variantes* de la Pléiade, tome II, p. 1269).

(6) *Madame Firmiani.*

(7) *Le Curé de Tours.*

(8) *Madame Firmiani.* Avant l'édition Furne, M. de Bourbonne avouait être le père naturel d'Octave (cf. La Pléiade, variante *a* de la page 154).

(9) Introduction à *Eugénie Grandet*, éd. Garnier, p. XXXVI.

(10) R. Durr, *art., cit.*, pp. 26-27.

(11) H. Bachelin : "*Les Paysans*, critique du texte de Balzac". *Mercure de France*, 15 mars 1924.

(12) "On viendra bientôt nous prier de dire dans quelle géographie se trouvent La-Ville-aux-Fayes, l'Avonne et Soulanges. Tous ces pays [...] vivent sur le globe immense où sont la tour de Ravenswood, les Eaux de Saint-Ronan, [...] Lilliput, l'abbaye de Thélème, [...] l'île de Robin Crusoé, [...] dans un monde exempt de contributions, et où la poste se paie par ceux qui y voyagent à raison de 20 centimes le volume". Note de Balzac, parue dans *la Presse* du 13 décembre 1844.

(13) *Lettres à Madame Hanska*, tome I, p. 608, 7 août 1838. Balzac vécut aux Jardies de juillet 1838 à l'automne 1840. Il avait donc ce paysage devant lui, lorsqu'il a écrit le scénario des *Paysans*.

(14) Introduction aux *Paysans*, Garnier-Flammarion (1970), pp. 18-19.

(15) Balzac avait imprimé ce Code, qui figure dans *la Boussole du commerce des bois de chauffage*, sortie de ses presses en 1827.

L'ARCADIE N'EST PAS EN BOURGOGNE

OU

BALZAC, "LES PAYSANS" ET PAUL-LOUIS, VIGNERON

par Thierry Bodin
Paris

Ce n'est pas en iconoclaste que je suis venu à Auxerre, ni par provocation que j'ai intitulé cet exposé : "L'Arcadie n'est pas en Bourgogne", en détournant la phrase de Blondet dans la magnifique lettre qui ouvre *les Paysans* : "L'Arcadie est en Bourgogne" ; mais pour rappeler que Balzac n'est pas un écrivain régionaliste étroit, minutieux, mais un véritable romancier réaliste, au réalisme profond et du second degré, comme disait M. Castex, d'un réalisme synthétique, qui transpose des réalités multiples. P.-G. Castex a montré que les sources d'*Eugénie Grandet* sont à chercher plus à Tours qu'à Saumur ; Mad. Fargeaud, que la maison Claës de *la Recherche de l'Absolu* est à Tours, et non à Douai ; d'autres exemples sont nombreux.

En dépit - ou à cause - de la localisation des *Paysans* en Bourgogne, mes recherches m'ont montré que les réalités mises en œuvre par Balzac dans *les Paysans* sont plus générales que bourguignonnes, qu'elles viennent d'autres contrées, comme, par exemple, la Touraine. Je voudrais ici présenter le résultat d'une partie de ces recherches, et montrer que l'œuvre, le personnage et l'assassinat de Paul-Louis Courier sont une des sources principales des *Paysans*, trop longtemps négligée par la critique balzacienne. Il me faut cependant rendre hommage aux articles de Boris Reizov et de Nicole Célestin (1), qui ont signalé des rapprochements évidents, ainsi qu'à celui, fort clairvoyant, de Louis Hastier, qui, en présentant l'affaire Courier sous un nouveau jour, m'a été en quelque sorte un révélateur (2), et m'a incité à rouvrir le dossier du procès. Les travaux de Louis André et du pape des couriéristes, Louis Desternes, ont constamment guidé mes pas (3). Une grande partie des documents que je citerai est inédite ; ils proviennent des Archives d'Indre-et-Loire, Série U, Affaire Courier (4).

*   *

*

On se laisse trop prendre au cliché volontiers répandu par Courier de "Paul-Louis, Vigneron". C'est oublier que Courier était un "grand propriétaire", reconnu comme tel par le cens, et "l'un des plus imposés" de sa région (5) ; lui-même se nomme, avec une fausse modestie, "le plus petit des grands propriétaires" (6). Comment ne pas penser aux *Paysans* et aux ennuis du Comte de Montcornet en lisant cet avis du *Censeur européen* : "M. Courier [...] est depuis longtemps en butte à des tyrannies subalternes dans le département d'Indre-et-Loire où il possède des propriétés considérables" (7).

Le général de Montcornet épouse Virginie de Troisville, qui a vingt-trois ans de moins que lui ; la même différence d'âge séparait Courier d'Herminie Clavier, et, pour cette raison, M. Clavier avait un moment refusé la demande en mariage, comme le comte de Soulanges refuse de donner la main de sa fille à Montcornet.

Courier, selon Louis Desternes, est un "dilettante qui [...] n'a vu dans l'amour qu'un plaisir de pure sensualité auquel il n'a rien sacrifié [...]. Dès qu'il est blessé dans son amour-propre ou se croit lésé dans son intérêt, il devient irritable et vindicatif [... il] est capable de colères généreuses [... c'] est un irrésolu, un velléitaire qui se décide par coups de tête" (8). C'est bien le même caractère qu'a hérité Montcornet, "un homme violent [...] il n'a que le courage de l'homme sanguin, il manque d'esprit et de portée [... il est] colère et bon [...] insupportable dans un ménage, il ne connaît que l'amour de garnison, l'amour des militaires".

Montcornet achète les Aigues en 1818, l'année même où Courier achète la Chavonnière. Courier, avant la naissance de son fils, fait à sa femme une donation universelle de ses biens, et Montcornet "institua Virginie de Troisville héritière au contrat". Mais la belle Virginie ne sera guère plus fidèle qu'Herminie Courier. Courier et Montcornet sont deux maris trompés, et, après leur mort, leurs veuves se remarient bien vite.

Paul-Louis laissa longtemps le soin de l'administration de ses domaines à sa femme. En gérant la Chavonnière et la forêt de Larçay, Madame Courier avait "une tendance à laisser les gens travailler à leur guise et les choses aller leur train" (9) ; elle permettait aux paysans de rammasser les feuilles mortes et les bruyères, et de faire du bois. La propriétaire des Aigues avant Montcornet, Mlle Laguerre, avait laissé s'instaurer le même laxisme, et était ainsi très aimée, comme Mme Courier.

Quand Courier voulut reprendre en mains l'administration de son domaine, il supprima brusquement ces tolérances, et "cela a fait beaucoup de mécontents" (10). Le problème était, en réalité, plus complexe. Boris Reizov a bien noté que nombre de forêts de la contrée avaient été, sous la Révolution ou l'Empire, placées sous séquestre et non vendues (11), devenant ainsi d'immenses réserves de bois pour les paysans des alentours ; sous la Restauration, Courier devra donc lutter contre des habitudes prises dès la Révolution, et Montcornet de même.

La rigueur déployée par le garde de Courier, Pierre Clavier-Blondeau, dans la répression du ramassage de bois, va provoquer un violent ressentiment chez les paysans, selon un rapport de police :

"Monsieur Courier, depuis qu'il est propriétaire du bois de Larçay, déploie une roideur et une sévérité excessive envers les malheureux qui avaient l'habitude d'y ramasser de la bruyère et du bois mort. Sa susceptibilité à cet égard et sa rigueur outrée lui ont aliéné l'esprit des habitants des communes avoisinantes, et qui expriment très hautement combien une telle conduite leur est peu agréable et combien elle le fait détester [...]. Monsieur Courier a la réputation d'un homme très processif, vindicatif et d'un égoïsme tel que les gens de la campagne l'appellent le "rogneur de portions" [...] le dégât n'a commencé qu'au moment où le garde a usé de rigueur" (12).

Ainsi, l'intendant Sibilet mettra en garde Montcornet : "vous passerez pour processif" ; et Fourchon le menacera : "Si Michaud ne change pas, on vous forcera de le changer". L'intransigeance du garde Michaud fera croître la haine des paysans ; et, comme dans la forêt de Larçay, on coupera et on enlèvera des arbres (13). Courier proteste et se plaint de cette dégradation - que devra subir aussi Montcornet : "Enfin, écrit Courier dans le *Procès de Pierre Clavier-Blondeau*, il est notoire dans le département qu'on peut me voler, me courir sus, et chaque jour on use de cette permission [...]. Je supplie Votre Excellence d'ordonner que tous ceux qui me pillent, ou m'ont pillé, soient également poursuivis, et qu'on me laisse en paix à l'avenir [...] la chose presse, je crains que mes bois ne soient bientôt brûlés" (14). Montcornet partagera les mêmes craintes, et ira faire aussitôt établir des polices d'assurance.

Mais les paysans ne sont pas les seuls adversaires de Courier ou de Montcornet. Tous deux doivent se défendre contre les marchands de bois. Le procès opposant Montcornet aux frères Gravelot qui prétendent "que les bois présentaient une diminution d'un cinquième" rappelle celui qui dressa Courier contre Claude Bourgeau au sujet d'une diminution d'un vingtième sur les coupes (15), et qui donna lieu au *Mémoire à MM. les juges du tribunal civil à Tours*. Courier dut donc s'occuper lui-même de vendre son bois : "Je cours toujours pour ma chienne de vente" (16), écrit-il à sa femme ; Montcornet prend une semblable résolution : "la question de la vente des bois, le général se réservait de la résoudre à Paris en s'entendant avec des marchands".

69

Courier a le plus grand mal à faire valoir son droit, le maire de Véretz refuse de le servir, de faire respecter la loi, et de poursuivre les voleurs de bois : "Un maire, la seule autorité à laquelle on puisse, loin des villes, recourir contre les voleurs, se faire ouvertement leur protecteur, le facteur, le receleur, en quelque sorte, d'un vol public et manifeste, d'une suite continuelle de vols" (17) ; voilà qui fait penser à l'attitude des maires de Blangy, de Soulanges et de La Ville-aux-Fayes, favorisant et protégeant les exactions contre les Aigues. Courier tentera, auprès de Decazes même, de faire destituer le maire de Véretz ; Montcornet réussira à évincer le maire Rigou et à se faire nommer à sa place.

Paul-Louis et le général se heurteront au népotisme de leurs ennemis. "L'homme le plus méprisé, le plus vil, le plus abject de la province entière, a trouvé des amis, des parents, même parmi les magistrats de Tours, dès qu'il m'a voulu faire quelque mal" (18), écrit Courier ; et cette obsession de la conjuration annonce bien la coalition de la *médiocratie* dans la vallée des Aigues, dont Balzac fait une magistrale analyse.

* *
*

Balzac aimait beaucoup les pamphlets de Courier, qu'il considérait comme un "monument littéraire" (19). C'est là qu'il a trouvé un peu de la glaise avec laquelle il a modelé ses *Paysans*. Certes, tout opposait Paul-Louis, - qui disait : "Je serai du parti du peuple, des paysans comme moi" (20) -, à Balzac, qui veut dénoncer "cet élément insocial". Mais tous deux ont dépeint la même réalité paysanne, en l'éclairant chacun de façon différente.

Ainsi, les discussions des paysans de Balzac au sujet de l'exemption de la conscription pour Nicolas Tonsard se comprennent mieux à la lecture de la *Gazette du village*, où les jeunes paysans se cachent, se vendent, se marient ou se tuent pour échapper à l'armée : "Personne maintenant ne veut être soldat" (21).

La déchristianisation des campagnes est clairement mise en évidence chez les deux auteurs, et dans des termes à peu près identiques. Dans la *Pétition pour des villageois que l'on empêche de danser*, Paul-Louis écrit : "le nombre des communiants se trouve diminué de plus des trois quarts [...] le peuple [...] est bien moins dévot. Nous allons à la messe le dimanche à la paroisse, pour nos affaires, pour y voir nos amis ou nos débiteurs ; nous y allons ; combien reviennent (j'ai grand'honte à le dire) sans l'avoir entendue, partent, leurs affaires faites, sans être entrés dans l'église ! Le curé d'Azai [...] voulant quatre hommes pour porter le dais [...] ne les put trouver dans le village [...], tant est rare chez nous et petite la dévotion" (22).

Dans *les Paysans*, trois personnes seulement, plus Niseron le sacristain, vont à la messe à Blangy ; l'abbé Brossette se plaint : "Voici cinq ans [...] que je dis la messe sans fidèles pour l'entendre, que je prêche sans auditeurs" ; Balzac écrit encore que les paysans étaient "arrivés à un état effrayant de démoralisation. Ils allaient à la messe le dimanche, mais en dehors de l'église, car ils s'y donnaient toujours, par habitude, rendez-vous pour leurs marchés et leurs affaires".

L'antagonisme du maire Rigou et du curé Brossette se retrouve dans Courier ; lorsque le conseil municipal de Blangy refuse de voter un supplément de traitement pour le curé, pensons au curé d'Azai, dans la *Gazette du village* : "Il perd deux cents francs de la commune que le conseil assemblé lui retire cette année [...]. Le curé se mêle de tout, il veut tout gouverner, il nous fait enrager ; partant, point de traitement" (23).

De même, l'"arrangement électoral" préparé par Gaubertin et le préfet rappelle l'épisode des élections raconté par Courier dans sa *Deuxième lettre particulière* (24).

Remarquons que les paysans dont parle Balzac sont ceux mêmes que Paul-Louis met en scène dans la *Gazette du village* : "laboureurs, vignerons, bûcherons, scieurs de long et botteleurs de foin" (25). Tous sont écrasés par l'impôt : "le percepteur est là ; il faut payer et travailler pour ceux qui ne travaillent point [...] affranchis, peu s'en faut, de l'antique servitude, nous travaillons pour nous quand l'impôt est payé" (26). Le père Fourchon reprend cette plainte et déclare :

"Que ce soit pour un seigneur ou pour l'impôt, qui prend le plus clair de nos labeurs, faut toujours dépenser not'vie en sueurs".

Fourchon explique que l'armée ne peut enrichir le paysan :

"Et à quoi nous sert l'armée ? A faire vivre les colonels par le soldat [...]. Compte-t-on sur cent un colonel sorti de nos flancs ?" Il ne fait là que reprendre en écho Paul-Louis : "point d'avancement pour les soldats [...]. Personne maintenant ne veut être soldat. Ce métier, sous les nobles, sans espoir d'avancement, est une galère" (27).

*   *
*

Courier, farouche défenseur de la petite propriété, a largement débattu le problème du morcellement des domaines dans ses pamphlets. Il était lui-même un de ces sapeurs de la grande propriété dénoncés par Balzac en la personne d'un Gaubertin ou d'un Rigou. Ainsi, Paul-Louis avait acheté le domaine de Beauregard, qu'il revendit par petites parcelles (28) ; puis il inséra une annonce pour le manoir dans la *Gazette du village*, vantant le site, "un des plus beaux qu'il y ait en Touraine [...] où tout est divisé, où se trouvent à peine deux arpents d'un tenant" (29). Comme Rigou, "l'usurier des campagnes", Paul-Louis pratique le prêt usuraire (30).

On se doute que les idées de Balzac, défenseur de la grande propriété, sont à l'opposé de celles de Courier. Mais Balzac utilise certains arguments de Courier. Ainsi, il fait dire à Gaubertin : "Les nobles sont revenus, les gens titrés par l'Empereur font cause commune avec eux ; ils veulent tous écraser le peuple, rétablir les anciens droits, nous ôter nos biens ; mais nous sommes Bourguignons, il faut nous défendre" ; il reprend là une crainte fréquemment manifestée par Courier, qui avait également dénoncé l'alliance de l'ancienne noblesse avec celle de l'Empire (31) ; Courier, en effet, redoutait, que la Restauration procède à un remembrement des terres : "On va recomposer les grandes propriétés pour les gens qui ne veulent rien faire" (32).

Courier avait souhaité que la Bande Noire achetât le domaine de Chambord et le revendît à trois ou quatre mille familles (33) ; lorsque Gaubertin dit au garde Courtecuisse que "c'est voler le peuple que de consacrer à l'agrément d'un homme neuf cents arpents des meilleures terres de la vallée !", le garde répond : "Ah ! dam ! ça ferait vivre quatre cents familles".

Balzac va reprendre les thèmes de Courier en les inversant, traitant en accusation et déploration ce qui, chez Courier, était panégyrique et jubilation. Balzac fait écrire à Blondet :

"Usufruitiers égoïstes et ladres, nous rasons tout, et nous plantons des choux là où s'élevaient des merveilles. Hier, la charrue a passé sur Persan [...] le marteau a démoli Montmorency", c'est le début d'une longue plainte. Courier pousse un cri de victoire, dans la *Gazette du village* :

"La bande noire achète encore le château des Ormes, le château de Chanteloup et le château de Leugny, voulant dépecer tous ces châteaux au très grand profit du pays, et tous les biens qui en dépendent. On vendra là des matériaux à bon marché [...]. Plus de six mille arpents vont être cultivés par des propriétaires [...]. La bande noire fait beaucoup de bien" (34).

Dans la "Lettre au rédacteur du *Censeur*", Courrier décrit avec joie une terre vendue à la Bande Noire : "Elle se perd, disparaît. Château, chapelle, donjon, tout s'en va, tout s'abîme. Les avenues rasées, labourées de çà, de là, il n'en reste pas trace [...]. Adieu bosquets, parterres, gazons, allées d'arbrisseaux et de fleurs ; tout cela morcelé [...]. Le château, s'il est vieux, se fond en une douzaine de maisons" (35). Balzac s'en souvient certainement, quand il montre les Aigues morcelées à la fin du roman : "Le pays n'était plus reconnaissable. Les bois mystérieux, les avenues du parc, tout avait été défriché ; la campagne ressemblait à la carte d'échantillons d'un tailleur", de "misérables" maisonettes remplacent le château.

Amusons-nous un moment avec une anecdote, directement empruntée par Balzac à la correspondance de Courier, publiée chez Sautelet, dès 1828. Voici cette petite perle d'humour au second degré, glanée dans une lettre de Courier à sa femme :

"J'allai l'autre jour chez M. Précontais de la Renardière, qui est un de nos débiteurs [...]. Il n'avait point d'argent, me dit-il : ce sont les paysans qui ont tout [...]. Ces gens-là mangent de la viande, boivent du vin, ont des souliers : cela se peut-il souffrir ? J'abondai dans son sens, et je le fis frémir en lui racontant une chose dont je venais d'être témoin [...]. Jean Coudray, le vigneron [...] me devait quelque argent [...]. Sa femme m'a voulu donner à déjeuner. Mais elle, que pensez-vous qu'elle prenne à déjeuner ? du café à la crème. Cela leur fit dresser les cheveux à la tête. Du café à la crème ! Nous convînmes que les choses ne pouvaient durer ainsi" (36).

Dans les Paysans, quand Montcornet va constater l'incurie de son garde Courtecuisse qui se laisse vivre tranquillement, "madame Courtecuisse récurait un poêlon dans lequel elle venait de faire du café au lait".

*   *
*

Paul-Louis Courier fut assassiné dans ses bois le 10 avril 1825. L'homme qui avait tiré le coup de fusil était son garde Frémont, mais les frères Dubois, journaliers, et amants de Mme Courier, ainsi que quelques autres comparses, sont fortement soupçonnés de complicité, et d'instigation au meurtre. Deux procès, en 1825 et en 1830, ne suffiront pas à éclaircir totalement cette affaire.

Balzac donne, au détour d'une page des Paysans, sa version des faits : l' "intérêt de grappillage fut, hélas ! la raison de l'assassinat de Paul-Louis Courier, qui fit la faute d'annoncer la vente de sa terre et son projet d'emmener sa femme dont vivaient plusieurs Tonsards de Touraine". Remarquons que Balzac ne nie pas ici le crime domestique, version la plus évidente et la plus communément admise de l'assassinat : Courier tué par les amants de sa femme avec l'aide d'un garde. Mais il donne à ce crime une autre dimension : une conspiration de paysans, "acte infâme de paysans gênés dans leurs passions et lésés dans leurs intérêts" (37). C'est cette thèse qu'a développée M. Louis Hastier dans son article ; elle s'appuie, en particulier, sur un témoignage postérieur au procès, mais de première importance, puisqu'il émane de la fille de l'aubergiste chez qui s'est tramé le complot ; M. Louis Hastier fait également remarquer la conjuration du silence respectée par les paysans pendant l'enquête, et met en évidence la disparition brutale - par empoisonnement ou dans de graves accidents - de quelques témoins ou acteurs du crime. A sa suite, nous avons repris l'enquête, aux sources mêmes, c'est-à-dire dans les dossiers d'instruction et de procédure partiellement conservés aux Archives départementales d'Indre-et-Loire à Tours.

Une remarque s'impose : Balzac n'a pas cherché à reproduire un crime que tous les lecteurs de l'époque eussent facilement reconnu. Il en a utilisé divers éléments, dissociés puis mêlés dans une riche matière documentaire et romanesque. Ainsi, ce n'est pas le propriétaire qui est tué dans *les Paysans*, mais son garde, et l'assassinat a valeur d'avertissement et de menace - d'ailleurs, le paysan Bonnébault a trois fois tenu Montcornet au bout de son fusil, et aurait pu facilement le tuer.

Avant de remuer la fange de cette sinistre affaire, il est temps de justifier notre enquête. Non seulement Balzac admirait Paul-Louis Courier, mais il avait toutes les raisons d'être remarquablement renseigné sur l'assassinat du pamphlétaire. En effet - et cela n'avait encore jamais été souligné - l'avocat de l'assassin de Courier, le garde Frémont, n'était autre qu'un des meilleurs amis tourangeaux de Balzac, Amédée Faucheux, à qui Honoré avait souvent recours, soit pour commander du vin de Vouvray, soit pour lui chercher une maison en Touraine, ou encore pour soutenir sa candidature à la députation de Tours. Faucheux qui, en 1825, était à peine âgé d'une trentaine d'années, avait "un charme de parole et une force de persuasion" remarquables ; il connaissait Courier et lui avait rendu visite (38). L'éloquence de sa plaidoirie fut un des grands moments du procès de 1825. Le *Journal d'Indre-et-Loire* la relate en ces termes : "La tâche de Me Faucheux, chargé de cette défense, paraissait facile, mais il restait de grands soupçons à dissiper [...] ces circonstances donnaient à l'éloquent et habile défenseur un vaste champ à parcourir. L'attente de l'auditoire n'a pas été trompée : l'admirable talent et l'extrême facilité de l'avocat n'ont rien laissé à désirer" (39).

Balzac séjourna en Touraine en septembre et octobre 1825 ; qui ne lui a pas parlé du procès qui s'était déroulé du 31 août au 3 septembre ? Il passa encore en Touraine l'été 1830, de juin à septembre, et le second procès eut lieu du 9 au 14 juin ; Balzac y a peut-être assisté. Son ami Faucheux dut entrouvrir ses dossiers, et Balzac vint le revoir à chacun de ses séjours en Touraine. Il y a aussi les amis des Balzac, les Landriève des Bordes, qui habitaient le château de Méré, ancien fief du père de Paul-

Louis (40). Latouche put également compléter l'information de Balzac ; auteur d'une notice sur le pamphlétaire (41), il avait été chargé par Stendhal de remettre à Courier, prisonnier à Sainte-Pélagie, un exemplaire dédicacé de l'*Histoire de la peinture en Italie*.

Passons maintenant aux petits faits vrais. Les menaces des paysans de Balzac contre le propriétaire ne sont pas des paroles en l'air : "si vous êtes des amis à taire vos becs, je me charge d'ajuster le Tapissier, moi ! ... Qué plaisir de loger un pruneau dans son bocal", dit Bonnébault, qui, par trois fois, pointa son fusil vers Montcornet. On retrouve de semblables propos violents dans le dossier du procès de 1825. Frémont déclare "que M. Courier était un scélérat qui ne valait qu'un coup de fusil et qu'il était certain qu'il l'aurait bientôt et plutôt qu'il le croyait" (42). Un inconnu accoste Martin Brisson et lui dit que "M. Courier est un voleur, un brigand, il mériterait qu'on mit le feu aux quatre coins de son bois ou bien un coup de fusil dans la tête. Son garde ne vaut pas mieux que le maître" (43).

C'est sur le garde Michaud que va s'exercer la haine des paysans de Balzac : "on descendra Michaud !". Le garde se sent menacé ; Courtecuisse, avant d'être renvoyé, explique à Montcornet : "Un homme qui voudrait garder vos bois comme il faut, attraperait pour gages une balle dans la tête au coin de votre forêt...". Le garde de Courier, Frémont, avait lui aussi reçu des menaces :

"plusieurs vignerons [...] mont dit à plusieurs fois, si cétait moi je ne me rendrais pas si tard de la forèst, ou je nirais pas de si grand matin parce que l'on ne sait pas ce qui peut arriver" (44).

Une menace proférée par le père Fourchon devant Montcornet est un souvenir à peine caché de l'affaire Courier : "La malédiction des pauvres, monseigneur, ça pousse ! et ça devient plus grand que les plus grands *ed* vos chênes, et le chêne fournit la potence". Or, c'est au cabaret du "Chêne-des-Pendus" ou "Chêne-Pendu" que s'est tramé l'assassinat de Courier. Balzac a peut-être vu ce cabaret, car, en 1830, dans un petit texte paru dans *la Silhouette*, il décrit une auberge de campagne en ces termes : "La porte était décorée d'une grosse couronne de chêne, suspendue à un bâton noueux par un cordon de cuir. Cette couronne de branches naturelles et fraîchement coupées servait d'enseigne" (45) ; comme un souvenir, on voit à l'entrée de l'auberge des *Paysans*, le Grand-I-Vert, une perche avec "un bouquet flétri, composé de trois branches de pin et d'un feuillage de chêne réunis par un chiffon". Le Chêne-Pendu était tenu par André Tricot, au nom aussi évocateur que celui du cabaretier du Grand-I-Vert, François Tonsard. La clientèle de ces deux établissements est à peu près exclusivement formée de fagoteurs, de paysans et de vignerons (46). Le cabaret de Tricot est un mauvais lieu, comme celui de Tonsard, puisque déjà quelques années avant la mort de Courier, "des assassins y avaient comploté la mort d'un riche propriétaire" (47).

Lorsque, après l'assassinat du garde Michaud, le maréchal-des-logis déclare : "Il est impossible que ce ne soit pas un coup monté entre les gens du pays", il ne fait que reprendre les soupçons qui ont couru après la mort de Courier. Latouche disait volontiers : "On a dû se cotiser pour acheter le fusil [...] c'est un assassinat par souscription" (48). Le juge d'instruction du dossier Courier déclarait même à Frémont :

"Vous ne voulez pas convenir que le complot d'assassiner M. Courier avait été formé quelques temps d'avance entre vous les Dubois et peut être plusieurs autres, que cela résultait des entretiens particuliers que vous aviez eus avec eux tant chez Tricot que dans la forêt" (49). Un propriétaire de Véretz, Dutillet, pense que "le crime aurait pu être commis par quelques ennemis que M. Courier se serait fait en défendant qu'on commît quelques dommages sur ses propriétés" (50).

C'est au Grand-I-Vert comme au Chêne-Pendu que les complots ont été organisés, entre deux beuveries qui servent d'alibis. Frémont dit ainsi à des compagnons de boisson : "Nous voilà à boire ensemble, s'il arrivait quelque événement vous direz bien que j'étais à boire avec vous" (51). La veille de leur forfait, les assassins de Courier se réunissent au Chêne-Pendu pour "un grand repas, une orgie de paysans" (52). La nuit de l'assassinat de Michaud, les coupables sont au Grand-I-Vert et passent "la nuit à godailler" ; le meunier Langlumé ne les verra même pas quitter la pièce pour accomplir le meurtre.

Certaines circonstances de l'assassinat de Courier se retrouvent dans celui de Michaud. Les deux corps sont retrouvés le lendemain du crime. Les deux victimes ont été tuées dans le dos, Courier à bout portant, Michaud "comme un lapin, à cinq pas". Lors de l'autopsie, on retire cinq morceaux de bourre du corps de Courier, et des "débris de la bourre" de celui de Michaud. La balle qui a tué Michaud "était une balle de fusil de munition, tirée avec un fusil de munition" ; or le fusil de Pierre Dubois, que les magistrats finissent par retrouver - et à la suite de quoi ils arrêtent Dubois -, est un fusil de munition (53).

"Le garde est tué, point de coupables", notait Balzac dans son calepin, lors de la conception de son sujet (54). Dans le roman, l'enquête ne donnera aucun résultat ; dans l'affaire Courier, le mutisme est quasi général, et il faudra attendre quatre ans avant de recueillir un témoignage significatif et, en quelque sorte, provoqué. Et même à la suite de ce témoignage, la nouvelle enquête ne fera guère avancer la vérité ; un rapport de la gendarmerie de Tours (8 mars 1830) avoue que "tout ce qu'elle a pu recueillir s'est trouvé vague et ceux qui paraissaient être instruits sont restés dans des dénégations" (55).

Pour nous, et après l'examen attentif des dossiers de l'instruction, l'hypothèse du complot paysan contre Courier est évidente, et l'on a l'impression que les magistrats, pour des raisons politiques et de tranquilité publique, ont refusé de l'envisager sérieusement. Les dossiers sont d'ailleurs très lacunaires, de nombreuses pièces manquent ; on dit même que des magistrats ont épuré les dossiers. C'est ainsi que nous avons eu bien du mal à retrouver la trace de Coupeau. Qui est Coupeau ?

C'était un des problèmes que je me posais en commençant à travailler sur *les Paysans*. Dans son garde-manger, le fameux carnet *Pensées, sujets, fragmens*, Balzac a noté, vers 1834, la première idée de son sujet ; en voici la lecture, vérifiée sur une photo communiquée par M Bardèche :

"Pour les Scènes de la vie de Campagne [*le Garde rayé*]. Qui a terre a guerre - la lutte entre les paysans de la circonscription et un grand propriétaire dont ils dévastent les bois - le garde est tué, point de coupables - un mendiant comme *Coupeaux* des vieilles femmes l'air canaille, [*le bagne rayé*] jalouses, etc... bon caractère du garde de sa femme le seigneur".

C'est en poursuivant nos investigations sur l'affaire Courier que nous avons découvert notre Coupeaux. Mais la moisson est pauvre ; alors qu'il apparaît comme un témoin de premier plan, les dossiers sont pratiquement muets à cet égard : il n'y a aucun interrogatoire ; son nom ne figure sur aucune des listes des témoins à interroger lors de l'instruction, ni sur celles des témoins cités devant les tribunaux aux procès de 1825 et de 1830... et pourtant, nous avons pu trouver, grâce à un compte rendu dans la *Gazette des tribunaux* (56), qu'il a témoigné en 1830.

Coupeau était le garde de Courier, qui l'avait renvoyé en 1824 à la suite d'altercations (57), exactement comme Montcornet renvoie Courtecuisse. Sa rancune dut être tenace, puisqu'après l'assassinat de son mari, Mme Courier déclare :

"J'ai d'abord pensé que ce crime avait pu être commis par Coupeau qui autrefois était garde à la Chavonnière, par suite de nouvelles altercations qu'il aurait pu avoir avec M. Courier" (58).

François Sauvineau a entendu le coup qui a tué Courier, "coup de fusil dont le bruit était parti du côté de la logette ou se metait Coupeau ancien garde de la forest" (59). Frémont, le garde assassin, est allé chez Arrault, l'un des complices, "accompagné du nommé Coupeau" (60). Le matin du crime, les Dubois sont au Chêne-Pendu, mangeant des sardines avec du beurre frais et buvant une chopine de vin blanc :

"Sur les 10 heures du matin, est survenu Charles Coupeau fermier à la Gaillerie, commune d'Evres qui s'est mis à boire avec eux" (61). Quelques minces renseignements sont encore donnés par Tricot, à qui l'on demande :

"S'il y avait longtemps qu'il avait vu l'ancien garde de M. Courier et comment il se nommait a répondu qu'il ne le connaissait que sous le nom de *Coupeau* et qu'il ne l'avait point vu depuis environ deux mois, lui avons demandé s'il savait où il résidait ; a répondu que non [...]. Le dit *Coupeau* ancien garde, se nomme Landré (veritable nom)" (62).

Le lendemain de l'assassinat, René Saget entre au Chêne-Pendu, après avoir appris la découverte du corps de Courier :

"J'entrai chez Tricot où Pierre Dubois et son père et un nommé Coupeau étaient à boire. Ils me trouvèrent l'air triste, je leur en appris la cause, ils m'en parurent étonnés ; j'ai refusé de boire avec eux" (63). La femme de Tricot relate que le père Dubois craint alors que son fils ne soit inquiété : "Dubois fils, ayant repliqué, pourquoi donc je serais inquiété ? Le nommé Coupeau qui venait d'entrer à la maison, sur l'invitation du Père Dubois, qui l'avait vu passer, dit à Dubois fils, "Parce que tu as servi dans la maison et que tu passais pour le bon ami de madame" (64). Voici enfin comment Coupeau dépose au procès de 1830 : "La nouvelle de la mort de M. Courier, dit-il, me tomba là, sur les bras, comme un grand coup, et je ne pus m'empêcher de dire à Pierre Dubois : *Tiens-toi bien, mon garçon, car tu vas être soupçonné*" (65).

Il semble donc bien que Coupeau a joué un rôle important dans l'assassinat de Courier, et Balzac le savait vraisemblablement, grâce à Faucheux. Il s'en est sûrement inspiré pour le personnage de Courtecuisse, le garde renvoyé qui s'épuise à exploiter une petite ferme, la Bâchelerie, et qui participe à l'assassinat de Michaud.

Pourquoi l'instruction et la justice ont-elles gardé les yeux et les oreilles bouchés, sans se soucier de Coupeau ? C'est bien, semble-t-il, la conséquence d'un refus d'approfondir l'enquête et d'envisager l'existence d'un complot de paysans qui a conduit à cet aveuglement, proprement stupéfiant quand on compulse les dossiers conservés. Et c'est là, pensons-nous, que la politique a joué, non tant dans l'assassinat lui-même, que dans un procès intentionnellement mal instruit et mal jugé.

D'autres éléments des *Paysans* viennent encore de l'affaire Courier. Si Courtecuisse tient de Coupeau, il tient également de Frémont, à qui Courier reprochait de s'enivrer et de négliger la surveillance de ses propriétés (66). Il est également vrai, comme le dit Balzac, que Courier avait annoncé la vente de sa terre ; il avait même promis au garde champêtre Pierre Moreau, de le recommander au futur acquéreur - au détriment de Frémont (67).

Feuilletons la *Gazette des tribunaux*, et voyons comment elle décrit les témoins : la fille Gauthier, bergère, ''son teint brûlé par le soleil, ses mains calleuses et ses habits misérables [...] une laide fille de basse-cour'' (68) ; ''Sauvineau est une de ces têtes qu'a devinées le burin de Callot. Sa laideur, son air idiot, le sourire niais de sa large bouche [...] se dandinant sur ses longues jambes'' (69). On a cependant taxé Balzac d'exagération dans cette admirable page de la moisson, où il décrit les paysans en évoquant ''les plus hideuses conceptions [...] les figures de Callot, ce prince de la fantaisie des misères [...] leurs haillons si cruellement déchiquetés, leurs jambes de bronze, leurs têtes pelées [...] les expressions avides, inquiètes, hébétées, idiotes, sauvages''.

Sylvine Grivault, dont le témoignage fut capital dans le procès de 1830, avait assisté, tapie dans la bruyère avec son amant, à l'assassinat de Courier. Balzac a pu s'en souvenir en créant les filles Tonsard : Marie se cache ainsi avec Bonnébault pour épier la comtesse de Montcornet et Blondet. Les deux filles du cabaretier Tonsard se donnent ou se vendent à toute la vallée des Aigues, exactement comme Sylvine Grivault, selon les témoins, ''La Grivault, c'est une grivoise... Elle attaquait tout le monde, parce que, voyez-vous, la Grivault aime bien les garçons [...]. Elle n'est bonne qu'à agacer les garçons [...]. Elle m'a dit qu'elle avait eu des choses... là... des choses... avec le grand Veillaut, et que toutes les fois qu'il allait avec elle dans le bois, il lui donnait cinq sous'' (70).

Revenons à la Bourgogne. De récents travaux ont montré que le choix par Balzac de l'Yonne pour situer *les Paysans*, était un souvenir de son vieil ami Villers-la-Faye, dont le nom se retrouve aisément dans La Ville-aux-Fayes ; mais on n'oubliera pas qu'un petit bourg près de la Chavonnière, porte le nom de La-Ville-aux-Dames, et est cité dans la *Gazette du village* (71). Signalons enfin que le grand-père et l'arrière-grand-père de Courier étaient originaires du sud de l'Aube, à la limite de la Champagne et de l'Yonne, et qu'ils s'occupaient du flottage et du marché des bois, qui tiennent une grande place dans *les Paysans*. Enfin, le père de Paul-Louis, Jean-Paul Courier, est né en 1732 au Plessis-Gâtebled (72), dont le nom fait penser au garde-général des eaux-et-forêts de Soulanges, le vieux Gendrin-Vattebled.

* *
*

Il n'en faut pas douter : Balzac connaissait fort bien les dessous de l'affaire Courier, et a abondamment utilisé cette matière pour écrire *les Paysans*. Mais, s'il a éprouvé une grande curiosité pour cette affaire, il ne l'a pas transposée dans son roman. Quelques éléments lui ont permis de construire son intrigue romanesque ; de nombreux détails l'ont aidé à faire vivre ses personnages ; ce qui est important, c'est que grâce à eux, il a pu poser les problèmes essentiels qu'il espérait débattre.

Nous disions que ''l'Arcadie n'est pas en Bourgogne''. Les Aigues ne sont pas non plus en Touraine ; l'œuvre de Courier et son assassinat ne forment qu'une partie de l'information de Balzac sur la vie de campagne. L'enquête que nous avons suivie pour la nouvelle édition des *Paysans* dans la Bibliothèque de la Pléiade nous a mené également dans d'autres contrées. Ce que Balzac a situé dans l'Yonne, c'est un problème qui se posait dans la campagne française entière, celui de la division de la propriété. Ce que Balzac a mis en scène dans *les Paysans*, au-delà d'une scène de la vie de campagne, c'est une situation qui est celle de la France entière, c'est la gangrène bourgeoise qui s'étale sur la France, et, sous cette croûte, ''le Communisme, cette logique vivante et agissante de la Démocratie'', qui, tel un ''Samson populaire'', sape infatigablement les fondements de la Société. Balzac annonçait dans sa dédicace que le prolétariat, ''cet élément insocial créé par la Révolution absorbera quelque jour la Bourgeoisie, comme la Bourgeoisie a dévoré la Noblesse'' ; c'est cela, le véritable réalisme de Balzac.

(1) Nicole Célestin, "Balzac et la chronique tourangelle", in *L'Année balzacienne 1965*.
Boris Reizov, "Balzac et Paul-Louis Courier", in *L'Année balzacienne 1970*.
(2) Louis Hastier, "Auteur de Paul-Louis Courier", in *Revue des Deux-Mondes,* 1er février 1963.
(3) Louis André, *L'Assassinat de Paul-Louis Courier*, Plon, 1913.
Louis Desternes, *Paul-Louis Courier et les Bourbons*, Ed. des Cahiers Bourbonnais, Moulins, 1962.
(4) Nous utiliserons le sigle Arch. I. L. ; trois dossiers : Procès Frémont, Procédure, Procès Dubois.
(5) Desternes, p. 74.
(6) P.-L. Courier, *Oeuvres complètes*, Bibl. de la Pléiade, p. 63.
(7) Id., n. 1 de la page 10.
(8) Desternes, p. 16-21.
(9) André, p. 42.
(10) Témoignage de Pierre Dubois, cité par Desternes, p. 339.
(11) Reizov, p. 245.
(12) 10 mai 1819 ; Arch. I. L., 4 M344, pièce 12 ; cit. par Desternes, p. 83-84, et par Célestin, p. 127-128.
(13) Desternes, p. 83.
(14) Courier, p. 231.
(15) Desternes, p. 80-82.
(16) Courier, p. 879.
(17) Courier, p. 239-240.
(18) Id., p. 234.
(19) *Monographie de la presse parisienne*, Club de l'Honnête Homme, t. 24, p. 412.
(20) Courier, p. 152.
(21) Id., p. 183.
(22) Id., p. 142.
(23) Id., p. 179 et 181.
(24) Id., p. 62-66.
(25) Id., p. 176.
(26) Id., p. 137.
(27) Id., p. 175 et 183.
(28) Desternes, p. 73.
(29) Courier, p. 185-186.
(30) Desternes, p. 74.
(31) Courier, p. 45.
(32) Id., p. 24 ; cf. également p. 85-86.
(33) Id., p. 85.
(34) Id., p. 183.
(35) Id., p. 18.
(36) Id., p. 878.
(37) M. Marchadier, cit. par Desternes, p. 358.
(38) Armand Rivière, "Documents inédits sur Paul-Louis Courier", in *La Loire illustrée*, 20 septembre 1863 - 24 janvier 1864.
(39) *Journal d'Indre-et-Loire*, 5 septembre 1825.
(40) Célestin, p. 124-126.
(41) André, p. 151-152 ; Desternes, p. 359-361.
(42) Arch. I. L., procès Frémont, pièce 85.
(43) Id., pièce 78.

(44) Id., pièce 23.

(45) *Le Charlatan*, Club de l'Honnête Homme, t. 22, p. 236-241.

(46) Arch. I. L., procès Frémont, pièce non cotée, "Liste de témoins".

(47) Rivière.

(48) André, p. 151-152.

(49) Arch. I. L., procédure, pièce 54.

(50) Id., procès Frémont, pièce 69.

(51) Id., pièce 62.

(52) Témoignage de la fille Tricot, cité par Rivière.

(53) Arch. I. L., procès Frémont, pièce 47.

(54) *Pensée, sujets, fragmens*, Club de l'Honnête Homme, t. 24, p. 697.

(55) Archives Nationales, F7 4026, pièce 307.

(56) *Gazette des tribunaux*, 13 juin 1830.

(57) André, p. 49.

(58) Arch. I. L., procès Frémont, pièce 47.

(59) Id., pièce 23.

(60) Ibid.

(61) Id., pièce 24.

(62) Ibid.

(63) Id., procédure, pièce 54.

(64) Id., procès Frémont, pièce 33.

(65) *Gazette des tribunaux*, 13 juin 1830.

(66) André, p. 71.

(67) Ibid.

(68) *Gazette des tribunaux*, 11 juin 1830.

(69) Id., 13 juin 1830.

(70) Témoignages cités par André, p. 249-250 et 257.

(71) Courier, p. 177.

(72) Cf. Lelarge, *Paul-Louis Courier parisien*, Les Presses universitaires de France, 1925, p. 47-82.

A PROPOS DE L'YONNE DANS "LES PAYSANS" DE BALZAC

par René Durr

Auxerre

La publication des *Paysans* dans l'excellente édition de M. J-H. Donnard (1) vint, en 1964, raviver, en le réactualisant, l'intérêt des chercheurs autochtones pour les énigmes nées des rapports du roman avec l'Yonne, département expressément visé dans la géographie de l'écrivain, énigmes étendues à l'historicité des faits mis en œuvre, à la transparence des personnalités, à l'identité des protagonistes.

En participant aux recherches préalables à l'édition dont il s'agit, plusieurs des membres de la Société des Sciences historiques et naturelles de l'Yonne avaient, à la mesure de leurs possibilités, aidé à réunir les éléments significatifs dont s'éclaire la présentation de l'ouvrage et se nourrit la formulation des hypothèses reconnues comme possibles, sinon comme probables.

Un sentiment d'insatisfaction persistait cependant, qu'entretenait, en dépit d'une obligatoire méfiance pour les entraînements de la sensibilité, une sorte de conviction instinctive que les efforts achoppaient sur une réalité principale sous-jacente, mais rebelle. Il semblait peu vraisemblable que Balzac, qui était étranger à l'Yonne, ait, sans motifs sérieux, élu à la fois ce département et à titre principal sa région avallonnaise, pour point d'appui géographique du roman. D'où et de qui Balzac avait-il reçu des informations précises, déterminantes sinon totales ? Qui l'avait effectivement renseigné puisque, poussées du côté de ses informateurs connus ou possibles, les interrogations n'avaient été suivies que de réponses partielles.

Conjectures élaborées en 1965

Un rapprochement des *Paysans* avec l'*Histoire de Santigny, village auxo-avallonnais*, de M. Henri Paulien, ouvrage que la Société des Sciences de l'Yonne venait de publier (2), faisait office, pour les XVIIIe et XIXe siècles, de grille décodante du roman.

Du toponyme balzacien de La Ville-aux-Fayes, qui paraît désigner Avallon, M. Donnard écrit pertinemment, en effet : "sans doute Balzac a-t-il fabriqué ce nom d'après celui du vieil ami de son père, Louis-Philippe de Villers La Faye, dont il fut l'hôte, dans sa jeunesse, à l'Isle-Adam" (3). Cette double et successive ouverture du champ des investigations en direction de Santigny (arr. d'Avallon) et de l'Isle-Adam (arr. de Pontoise, Val-d'Oise) apparut, eu égard aux difficultés patrimoniales, aux tribulations de Villers-La-Faye, ci-après résumées, sinon comme exclusive, du moins comme essentielle à la perméabilité des *Paysans*.

Issu d'une famille qui prit le nom du village côte-dorien de Villers-La-Faye (arr. de Beaune), dont elle est originaire, ce qui peut encore expliquer les références proprement bourguignonnes du roman, la Révolution provoqua le retour de l'abbé Louis-Philippe de Villers-La-Faye, chanoine-comte de Mâcon, au château familial et seigneurial de Santigny dont il devint propriétaire en 1803, à la mort de son père.

Des conflits agraires et forestiers avec les habitants, un procès avec la commune où il succomba, des violences paysannes, amenèrent le nouveau châtelain à vendre, en 1810, château et domaine pour se retirer à l'Isle-Adam, dont il devint maire, et où il mourut en 1822.

L'acquéreur des propriétés de Villers-La-Faye fut un soldat, le général de Candras, personnage réel qui, dans le comportement local, la carrière des armes et la fin glorieuse, se trouve, avec une saisissante exactitude, figurer le prototype même du général de Montcornet en qui Balzac va rassembler et fondre, dans l'attitude à la Révolution et l'âpreté terrienne, à la fois les doubles figures de Mlle Laguerre et de Villers la Faye ; dans les conflits paysans, celles de Villers la Faye et de Candras.

Tel a paru se présenter le support historique possible et cohérent des *Paysans*.

Les hésitations se sont faites beaucoup plus nettes en ce qui touche l'Yonne géographique.

L'implication avallonnaise ne paraît pas douteuse, mais elle est floue, diffuse, composite. Elle amalgame des éléments hétérogènes voire imaginaires. Les articulations se situent constamment en retrait de la recherche.

Balzac, vraisemblablement, n'est pas venu à Santigny. Il n'ignorait cependant pas les caractéristiques de la région pour y avoir passé à l'occasion de ses divers voyages. Là encore, l'abbé de Villers, ainsi qu'on l'appelait à Santigny, en rapportant sa propre histoire, en a figuré le cadre.

Quoi qu'il en soit, les éléments conjecturels dégagés ont fait souhaiter qu'il en soit gardé témoignage, d'où une étude appropriée, émanant de l'auteur de la présente note, publiée, en 1965, au Bulletin de la Société des Sciences historiques et naturelles de l'Yonne (4).

Il convient, en outre, de préciser :

- qu'émanant d'un profane des Lettres, la proposition ainsi faite à titre historique n'a été présentée qu'à titre de présomption et d'hypothèse justiciables des critique et censure tant du spécialiste de *la Comédie humaine* que de l'examen de l'historien des Lettres ;

- que, du point de vue topo-géographique, le souci majeur a été à la fois de constituer, pour l'Yonne, une sorte d'inventaire des sources, indices, présomptions et potentialités susceptibles d'exploitation ultérieure, et de prévenir une inutile répétition des recherches.

Éléments complémentaires

Les choses étant restées en l'état, divers éléments d'appréciation corroborants ou infirmatifs ont été recueillis, dont il peut être opportun, aujourd'hui, de faire état.

Château de Cassan (Val-d'Oise)

La place que L'Isle-Adam a tenu dans la vie et l'œuvre de Balzac est bien connue, de même que les nombreuses références descriptives et d'atmosphère de l'écrivain au parc du proche château de Cassan. "Tu sais que L'Isle-Adam est mon paradis terrestre" écrit-il à sa sœur Laure Surville. Faisant état de cet attachement à propos des voyages de Balzac à L'Isle-Adam, rappelant les rapports qu'il y eut avec Villers la Faye, les rapports de ce dernier avec l'œuvre balzacienne, deux érudits adamois ont apporté d'intéressantes précisions sur les emprunts faits au Val-d'Oise et à Cassan pour la description du château des Aigues, dans *les Paysans* (5). Appartiendraient ainsi au parc de Cassan : l'obélisque de pierre, la chartreuse bâtie sur une île, certaines des dispositions, des paysages forestiers des Aigues (6). Le prototype du financier Bouret fait, dans le roman, restaurateur des Aigues, serait, au vrai, Pierre-Jacques-Onésyme Bergeret, receveur général des Finances, embellisseur de Cassan, et non le père de ce dernier, qui fut fermier général (7). Le village de Ronquerolles, dont Balzac fait, dans l'Yonne, un nom de lieu et un toponyme (8), appartient encore à la région de L'Isle-Adam.

L'Yonne, Santigny et Villers la Faye

Pour en revenir à l'Yonne, il est à préciser que le château de Villers la Faye à Santigny, mentionné, tel celui des Aigues, comme étant du XVIe siècle, est antérieur à cette époque. Les murs des tours étaient percées d'archères dont les traces d'oblitération restent visibles (9). Le XIVe siècle est, dans ce cas, probable.

Le comportement de Villers la Faye à Santigny est celui d'un propriétaire d'Ancien Régime, vigilant et sans doute exigeant. Il commissionne, fait assermenter des gardes pour la surveillance de ses propriétés, chargeant chacun d'eux "de faire des rapports de tous les délits qu'il verra commettre". Les services de ces gardes sont rétribués au salaire annuel constant de trente francs (10). Il est également constant qu'au début du XIXe siècle, la justice de paix de Guillon dont relève Santigny, a fort à faire avec les délits agraires et forestiers, moins à Santigny même que, d'une manière générale, dans la région où l'action publique est exercée, en simple police, pour la répression des délits les plus divers. A Anstrude (Bierry-les-Belles-Fontaines), à cinq kilomètres, la municipalité, particulièrement répressive ou assaillie, exerce de permanentes poursuites (11). Les nominations de gardes-champêtres communaux sont, dans la région, fréquentes et fréquemment renouvelées : désaffection, difficultés de l'emploi, rotations rendues nécessaires du fait de pressions, laxisme ou collusions ? Les motivations précises échappent.

Certes, les actes incriminés sont peu graves, mais répétés. Ils traduisent apparemment, un sans-gêne campagnard assez surprenant eu égard à l'observation des coutumes, des pratiques, aux mutuelles tolérances habituelles au monde paysan. Il est tentant de voir là les signes évolutifs d'une agressivité collective s'emparant des paysans dépendants, assoiffés de "parcelles". Il serait intéressant d'examiner cette question plus à fond, comparativement selon les catégories intéressées, et à une échelle territoriale convenable. Les oppositions caractérisées de Villers la Faye et des paysans de Santigny débutent en 1806 et, pendant trois ans, s'entretiennent des péripéties d'un procès avec la commune, procès auquel un arrêt d'appel met fin, en 1809, déboutant Villers la Faye de ses prétentions. Le coup de force de la population, abattant un mur d'interdiction jugé dolosif, n'interviendra qu'in extremis, et par exaspération (12). Il est à noter que l'action judiciaire, portée à ses débuts devant la justice de paix cantonale de Guillon, n'a pas été invoqué dans les considérants, mais à titre privé, par deux propriétaires de Santigny, Claude et Louis Goureau, et un propriétaire de Pizy, commune voisine, Louis Goureau, pour préjudices causés à leurs propriétés santiniaciennes. La résolution des caractères est d'ordre familial. Les plaignants "exposent que, de temps immémorial, existe un chemin audit Santigny appelé le "Santier de l'Isle" (L'Isle-sur-Serein)" qui sert de communication pour arriver à plusieurs communes, et indispensable pour l'exploitation des terres qu'il traverse ; que sa suppression grèverait singulièrement le public, les propriétaires et particulièrement les exposants ; que M. Louis-Philippe Villers la Faye s'est permis de fermer depuis quelque temps ce chemin ; pourquoi les exposants sont dans l'intention de traduire le sieur la Faye devant les tribunaux pour ouir dire qu'il sera tenu d'ouvrir et rendre libre ledit chemin dans vingt quatre heures ; qu'il sera en outre condamné à cinq cents francs de dommages-intérêts et aux dépens... Mais au préalable

ils désirent employer notre médiation ; qu'à cet effet ils ont... fait citer
ledit Louis Villers la Faye... pour être concilié avec eux... si faire se peut...".
Villers la Faye, qui se dit "indisposé, qui a de la fièvre et mal à une jambe"
délègue à l'audience Louis-Philippe Déthy, son beau-frère (13) et "fondé
de pouvoir verbal". Le mandataire n'ayant pas reçu le pouvoir de transiger,
défaut est prononcé contre Villers la Faye, qui est renvoyé dans la juridiction
supérieure (Avallon) (14).

Devant la montée des esprits et la violence populaire, Villers la Faye
se résout à vendre château et domaine. Aurait-il, alors, trouvé en Candras
un acquéreur inattendu, car en juillet 1810, on l'a vu, c'est-à-dire dans les
mois mêmes de la vente, il faisait encore acte d'administration en provoquant
l'assermentation d'un garde ?

Incidemment, notons encore, dans un autre ordre d'idées, que l'explication avancée du surnom de "Tapissier" donné par Balzac à Montcornet-
Candras, peut se voir infirmée. Il peut s'agir d'une réminiscence. Ce surnom
avait été donné, par ses contemporains, à Napoléon 1er, allusion critique
au remeublement qu'à grands frais, l'empereur effectuait au château de
Fontainebleau (15).

Observations d'ordre externe

Balzac, pour appuyer sa thèse des *Paysans*, a-t-il grossi les choses,
noirci les mentalités, les intentions, exagéré les effets des conspirations
privées ou cabaretières ?

Si l'on doit faire la part de ce que, pour se faire entendre, l'écrivain,
comme l'artiste, est tenu de satisfaire à deux tendances apparemment contraires : exagérer, atténuer, tendre les lignes de force, estomper l'accessoire,
on ne saurait perdre de vue que les prémisses du triple drame des *Paysans* :
déclin de l'aristocratie, volonté de puissance relayante de la bourgeoisie,
paysannerie attentive à sa victoire finale, sont bien antérieures à l'action,
et latentes sous les contradictions grippantes de l'Ancien Régime.

Vauban connaît bien l'Yonne et le Nivernais. En 1696, il note dans
sa *Description de l'élection de Vézelay* les effets de la misère sur les esprits.
Elle rend "les hommes fainéants et découragez, comme gens persuadez que,
du fruit de leur travail, il n'y aura que la moindre et la plus mauvaise partie
qui tourne à leur profit... menteurs, larrons, gens de mauvaise foi, toujours
prests à jurer faux pourveu qu'on les paie, et à s'ennivrer sitôtst qu'ils
peuvent avoir de quoi..." (16). "Le monde rural de la fin du XVIIIe siècle
n'a pas fini de révéler aux historiens ses tensions et ses luttes" écrit
M. Goubert (17). Dès qu'un maître est lointain, vieilli ou négligent, on
oublie de payer, on feint de ne plus savoir à qui payer, et combien... On va
jusqu'à plaider : en Bourgogne, contre le seigneur... si besoin est,...l'on agit :
en Bourgogne, on détruit les clôtures du seigneur, et on reprend les communs

qu'il s'est adjugés... (18). Des chiffres ont leur éloquence. Les délits poursuivis dans la forêt de Rambouillet, de 1752 à 1761, concernent : le pâturage en forêt, 38% ; le bois coupé aux arbres, 34% ; le braconnage, 11% ; le ramassage d'herbe, 3% ; celui des glands, 2%. Les auteurs de délits se répartissent ainsi (sur 60 cas) : laboureurs, 10 ; journaliers et manouvriers, 33 ; ouvriers forestiers, 7 ; femmes veuves, 4 ; divers, 6. En 1756, on note à Grosrouvre (Yvelines) : "Un de nos huissiers a pensé y être assassiné en allant lire ... une sentence..." et, en 1765 "il faudrait que l'huissier fût assisté d'une brigade de maréchaussée" (19).

Ce sont là des circonstances, non identiques mais similaires, presque les événements des *Paysans*. Lorsque, inquiet des menaces dont la grande propriété est l'objet, Balzac jette son cri d'alarme, l'évolution qu'il synthétise se rattache à un passé dans l'ensemble séculaire.

Les problèmes contemporains ont toujours un prologue.

N.B. - Un tiré à part de l'étude de 1965 est ci-joint.

(1) *Les Paysans,* Paris, Garnier, 1964, 1 vol. LXXV+478 p., ill.
(2) *Bin Soc. des Sciences hist. et nat. de l'Yonne* (B.S.S.Y.), tome 98 (1959-60), p. 161-239.
(3) *Garnier*, p. V.
(4) René Durr, *La part de l'Yonne dans le roman de Balzac "Les Paysans". La fiction et la réalité. Essai d'une voie nouvelle.* B.S.S.Y., tome 100 (1963-64), p. 187-220.
(5) Pierre Laverny et Dr. Terver, *Il y a 150 ans... Balzac arrivait à L'Isle-Adam.* Rev. Touring Club de France, n° 787, oct. 1967, p. 804-807, ill.
(6) *Garnier*, p. 11, 18, 148.
(7) *Ibid.*, p. 18, 21 n. 2.
(8) *Ibid.*, p. 106, 315. Cf. B.S.S.Y., tome 100, n. 24 et 99.
(9) *Garnier*, p. 13 ; B.S.S.Y., tome 100, n. 78. Renseignements communiqués par l'actuel propriétaire.
(10) Assermentations des 17 juillet 1806, 21 août 1807 et 28 juillet 1810. Just. Paix Guillon-Arch. dép. Yonne 71 U 12, 13 et 16.
(11) *Ibid.*
(12) B.S.S.Y., tome 100, p. 193 et n. 33.
(13) *Ibid.*, et n. 29.
(14) Non-conciliation du 16 juin 1806. Arch. Y. 71 U 12.
(15) J. Quéguiner, *Fontainebleau*, notice Ville et Synd. Init. Fontainebleau, 1975. B.S.S.Y., tome 100, p. 196 et n. 41.
(16) Vauban, *Projet d'une Dixme Royale*, Paris, Alcan, 1933, p. 279-281.
(17) Pierre Goubert, *L'Ancien Régime*, Paris, Colin, coll. U, 1973, II, p. 213.
(18) *Ibid.*
(19) *Ibid.*, documents, p. 221-222.

EFFET DE RÉEL ET VRAISEMBLABLE PSYCHOLOGIQUE

DANS "LA CHARTREUSE DE PARME"

par Elisabeth Ravoux

Université de Provence

Au désir chez Stendhal d'être fin connaisseur de l'homme et de ses sentiments, fait écho chez les lecteurs et chez les critiques l' "effet de réel" de la psychologie stendhalienne. C'est dire sans doute que l'auteur a su imposer un vraisemblable psychologique au lecteur de 1835 comme à celui de 1976. Mais quelle est la nature de ce vraisemblable ? Y a-t-il des variations du critère qui permet d'en décider selon les époques, et Stendhal s'est-il garanti lui-même des "écarts" possibles par rapport au vraisemblable de son temps ?

Seront tenues pour vraisemblables les analyses psychologiques qui répondent comme applications ou cas particuliers à un corps de maximes reçues pour vraies par le public auquel il s'adresse, maximes qui restent la plupart du temps implicites. Comprendre la conduite de tel ou tel héros stendhalien, c'est pouvoir la référer à une maxime admise ; si on ne peut s'y référer, alors la conduite sera jugée absurde, insolite, extravagante, invraisemblable et même, pourquoi pas ? folle.

G. Genette dans "vraisemblance et motivation" (*Figures II*) (1) situe Stendhal "à l'extrême opposé de cet état de vraisemblance" et ses œuvres "les plus émancipées de toute allégeance à l'opinion du public". De citer justement "le silence dédaigneux dont s'entoure la tentative de meurtre de Julien contre Mme de Rênal dans *le Rouge et le Noir* ou dans *Vanina Vanini* le mariage final de Vanina avec le prince Savelli et de conclure : "l'accent de vérité, à mille lieues de toute espèce de réalisme, ne se sépare pas ici du sentiment violent d'un arbitraire pleinement assumé et qui néglige de se justifier".

Il n'en est pas de même dans toutes les œuvres, tant s'en faut, et *la Chartreuse* offre un champ de réflexion fort riche sur l'attitude stendhalienne consistant à expliquer les conduites, et de quelle façon, afin de les rendre vraisemblables.

Le domaine du narrateur est posé comme un lieu défini : "le cœur des personnages" (2) et des événements particuliers, psychologiques. Le narrateur de *la Chartreuse* interviendra donc directement lorsqu'il s'agira de ces événements et de ce domaine.

Une première façon d'intervenir est, comme on l'a déjà montré, de référer la conduite du héros à un corps de maximes établies afin de la comprendre ou de la rendre vraisemblable - *pour le lecteur.*

Ainsi, le narrateur de *la Chartreuse* commente la conduite de Fabrice :

"Mais il n'y avait pas encore de place pour l'imitation des autres dans cette âme naïve et ferme et il ne se fit pas d'amis dans la société du gros bourg de Romagnan. Sa simplicité passait pour de la hauteur on ne savait pas que dire de ce caractère : "c'est un cadet mécontent de n'être pas aîné" dit le curé" (3).

Ce passage est instructif à plus d'un titre. Pour le moment, nous dirons seulement qu'il montre l'embarras de l'entourage de Fabrice, et décrit parfaitement le mécanisme du jugement psychologique. Comprendre la conduite de quelqu'un - dans le roman comme dans la vie, Stendhal le montre avec une perspicacité extraordinaire - c'est pouvoir la référer à une maxime admise. Le curé sera satisfait lorsqu'il pourra "expliquer" de façon vraisemblable l'attitude du jeune homme, par une sorte de référence à une conduite plus générale qui par là-même ôte sa *singularité* à l'attitude en question. Une fois ramenée à une conduite déjà observée, cette façon d'être n'échappe plus au langage commun - on sait *quoi dire* de ce caractère - ni à la classification. La conduite du jeune homme est devenue vraisemblable ou (je montrerai que dans *la Chartreuse* ces deux termes sont, pour la psychologie, interchangeables) d'une certaine façon, *normale.*

A l'embarras des autres personnages du roman, succède l'embarras du narrateur lui-même. Il intervient toujours à propos de Fabrice :

"L'objet de cette course et les sentiments qui agitèrent notre héros pendant les cinquante heures qu'elle dura sont tellement absurdes que, dans l'intérêt du récit, il eût mieux valu les supprimer. Je crains que la crédulité de Fabrice ne le prive de la sympathie du lecteur...".

On notera une sorte de contradiction entre les deux phrases du texte : le narrateur parle d'abord de "l'intérêt du récit" puis de l'intérêt du héros. En fait, ce qu'il semble craindre d'abord, c'est l'invraisemblance psychologique qui jette le discrédit sur son récit tout entier, et, dans un deuxième temps, et de façon habituelle chez Stendhal - le jugement du lecteur.

Le narrateur apparemment diffère du curé de Romagnan en ce qu'il ne possède pas une explication de type psychologique pour montrer au lecteur que Fabrice n'est pas un être "singulier" (dans toutes les acceptions du terme, original, ou fou). Il va donc trouver autre chose. Quelques lignes plus loin, on peut lire :

"Fabrice avait un cœur italien, j'en demande pardon pour lui : ce défaut, qui le rendra moins aimable, consistait surtout en ceci..." (4).

Dès lors, le narrateur possède un moyen de rendre vraisemblable, d'une autre façon, la conduite psychologique de ses personnages. On pourrait multiplier les exemples, il suffira de citer cette intrusion de l'auteur, à propos de Mosca :

"C'est là une des choses sur lesquelles je suis obligé de revenir souvent, parce qu'elles sont improbables hors de l'Italie".

D'ores et déjà, nous pourrons constater que le vraisemblable des conduites est relativisé : vérité en-deçà des Alpes, erreur au-delà !

Déplaçant la conduite de ses héros dans un autre pays, ou même dans un autre temps - le XVIe siècle italien - le narrateur se tire d'affaire et renvoie le lecteur incrédule à un autre corps de maximes que les siennes propres et implicites, corps de maximes en général non défini, mais parfois entrevu, qui permet à défaut d'admettre les conduites, tout au moins de les reconnaître comme vraisemblables par rapport à un autre code.

Ainsi, par exemple, le lecteur pourra apprendre que :

"Les cœurs italiens sont, beaucoup plus que les nôtres, tourmentés par les soupçons et par les idées folles que leur présente une imagination brûlante, mais en revanche leurs joies sont bien plus intenses et durent plus longtemps..." (5).

ou encore que les gens d'esprit peuvent être, en Italie, "tourmentés par leur imagination" (6).

On pourrait dire alors que le problème du vraisemblable psychologique est résolu pour le narrateur ; cette affirmation mérite d'être nuancée, car l'analyse de *toutes* les interventions du narrateur à ce sujet ne laisse pas de poser quelques questions.

1/ Tout d'abord, à regarder les choses de près, on s'aperçoit que les héros de *la Chartreuse* paraissent aux autres personnages du roman transgresser le code du vraisemblable - "italien" par définition -. On repense bien sûr au paragraphe cité sur les habitants de Romagnan et à l'attitude de leur curé. De même l'attitude des habitants de Parme montre qu'ils ne comprennent pas les sentiments de Gina et de Mosca, après l'annonce de la condamnation à mort de Fabrice, et ceux-ci jouent la comédie pour la bonne société sachant parfaitement qu'ils sont incompris. Dès lors, l'argument d'italianité qui suffit sans doute à tirer d'embarras le narrateur vis-à-vis du lecteur, ne suffit plus à expliquer à ce même lecteur la distance entre les caractères des héros et ceux des autres personnages. Intervient alors un autre type d'explication : pour sauvegarder la vraisemblance psychologique, le narrateur fait intervenir la notion d' "âme rare" ou de "fabrique fine" :

"Mais il (Mosca) avait une de ces âmes rares qui se font un remords éternel d'une action généreuse qu'elles pouvaient faire et qu'elles n'ont pas faite..." (7).

"C'était un homme (Mosca) aimable, et d'un cœur bien rare" (8).

puis d'être "unique" ou "singulier".

On n'oppose plus alors le code de l'Italie, à celui du lecteur français, on laisse entendre qu'au-delà des conduites communes il y a des conduites exceptionnelles qu'il faut peut-être admettre sans vouloir les référer à un corps de maximes mais que le narrateur situe toujours au-delà de ces maximes et non en-deçà, c'est-à-dire dans un domaine qui n'est plus tout à fait celui de la psychologie, mais déjà celui de la morale.

2/ Si on considère plus précisément la façon qu'a le narrateur d'opposer le "code italien des âmes de fabrique fine" à celui du lecteur français, on s'aperçoit aisément que ce dernier est toujours dévalorisé. Les cœurs italiens ont le bonheur d'éprouver des joies intenses, ils éprouvent des passions que le narrateur déplore ne point éprouver (9), ils peuvent regretter une action généreuse qu'ils n'ont pas faite alors que les Français sont "élevés au milieu des traits d'intérêt personnel et de l'ironie de Paris" (10) et vivent dans un pays "où l'unique passion survivante à toutes les autres est l'argent, moyen de vanité" (11).

L'entreprise du narrateur, qui pouvait paraître au départ un effort pour rendre vraisemblable la conduite de ses héros, peut apparaître comme une action polémique et subversive contre précisément le code du vraisemblable des Français de son temps. A la France étriquée, conformiste, intéressée, incapable de grandes actions correspond un monde italien plus "libre" mais lui aussi victime des événements politiques et de son temps. A ces deux mondes s'opposent quelques individus exceptionnels qui échappent à la norme : ils ont gardé intacte la *virtù* de l'ancienne Italie et possèdent de manière hyperbolique les qualités que l'on rencontre encore çà et là en Italie : désintéressement, générosité, naturel, simplicité, possibilité de faire passer l'amour avant le goût du pouvoir ou de l'argent..: autrement dit, sous couvert d'expliquer une conduite invraisemblable au lecteur, le narrateur ridiculise le corps de maximes auxquelles se réfère le lecteur.

3/ Mais terminer sur cette idée semble encore ne pas rendre compte totalement de l'attitude du narrateur - et partant de Stendhal - face au problème du vraisemblable psychologique. Il reste à rendre compte de cette volonté perceptible çà et là d'excuser le héros, de le protéger, de le faire aimer par le lecteur. Il est certain que le narrateur prend des risques en dépassant le corps de maximes du lecteur, et en le remettant en question. Il attaque le lecteur et s'impose évidemment à ne pas en être compris, c'est-à-dire pratiquement à priver ses personnages de "l'affection" du lecteur. A ceci le narrateur répond de deux façons : d'une part, en dédiant son livre à ceux qui seront de son bord et qui comprendront à demi mot ce qu'il veut dire - *the happy few* - d'autre part, en adoptant une attitude presque toujours ambiguë vis-à-vis de ses personnages, valorisant d'un côté, mais critiquant de l'autre, de façon à brouiller les pistes et peut-être à ne pas mécontenter tout à fait les autres lecteurs.

On comprend pourquoi le narrateur choisit d'intervenir dans *la Chartreuse*. En effet, si seuls les lecteurs privilégiés étaient pris en compte, dès lors les interventions du narrateur seraient inutiles ; on reviendrait à l'attitude que décrit Genette, de cet "arbitraire qui néglige de se justifier" puisque par définition il n'est pas un arbitraire pour un certain type de lecteur, partageant les mêmes règles que l'auteur.

4/ On a remarqué plusieurs fois l'assimilation qui pouvait être faite entre "invraisemblance psychologique" et "singularité/originalité" au sens de transgression d'une norme. On a vu aussi ce qui inquiète souvent les protagonistes de *la Chartreuse* : c'est de ne savoir "quoi dire" du caractère des héros ; ce qui, pour le lecteur, peut être condamné comme invraisemblance - le lecteur peut refermer le livre en refusant au roman le critère de vraisemblance, qui semble faire le départ tout au moins pour les œuvres classiques, entre roman réaliste ou crédible, et fantaisie littéraire ou œuvre de divertissement (pensons bien sûr à la querelle du vraisemblable autour de *la Princesse de Clèves*) - peut être à *l'intérieur du monde romanesque de la Chartreuse*, condamné comme déraison. On ne peut taxer de l'extérieur de fous les personnages du roman - le jugement sur la santé mentale est réservé à la vie réelle - on ne peut que marquer la peinture des caractères au coin de l'invraisemblance. Ce qui pour le narrateur est le signe d'une âme rare - et il l'explique au lecteur - est pour les autres personnages du roman (ceux qui, bien sûr, n'ont pas le privilège de cette âme rare) signe de folie chez les héros. Mais souvent, le narrateur reprend à son compte le terme même de folie : cela aussi s'explique de deux façons. Le narrateur est censé raconter une histoire vraie : il est donc autorisé - alors que le lecteur ne l'est pas - à traiter ses personnages comme des êtres "réels" ; d'autre part, lorsqu'il utilise le terme de folie, c'est en le revalorisant (12). Seuls les héros de son histoire sont capables de folies, et seules les folies et la folie haussent les autres personnages à la hauteur des héros à de certains moments.

Il ne peut être question, ici, de revoir la question de la Folie dans *la Chartreuse* (13) ; on voudrait simplement montrer ici que la folie, la singularité, l'extravagance résoud pour Stendhal le problème du vraisemblable psychologique. Cette question est d'ailleurs fondamentale pour beaucoup de romanciers : pensons par exemple au subterfuge dont use un Radiguet dans *le Diable au Corps* où la Guerre justifie l'aventure sentimentale hors du commun de son adolescent ; et dans *le Bal du Comte d'Orgel*, on peut lire :

"Les mouvements d'un cœur comme celui de la Comtesse d'Orgel sont-ils surannés ? Un tel mélange du devoir et de la mollesse semblera peut-être de nos jours incroyable, même chez une personne de race et une créole" (14).

Entre autres fonctions, la folie chez Stendhal comme la race chez Radiguet, assume celle d'une justification *a priori* de toutes les conduites jugées par le romancier comme "moralement belles" mais hors des normes du commun, et qu'il veut imposer au lecteur : cela ne rejoint-il pas la question du *héros*, ne faut-il pas justement que le personnage sorte de la grisaille d'un homme sans qualités ?

L'horizon de la Folie n'est autre chez Stendhal que celui de l'héroïsme, de la grandeur des belles âmes.

(1) G. Genette *Figures II*, ed. du Seuil.
(2) p. 419, éd. Folio.
(3) p. 119.
(4) p. 275.
(5) p. 108.
(6) p. 212.
(7) p. 173.
(8) p. 267.
(9) p. 135.
(10) p. 223.
(11) p. 135.
(12) Cf. S. Felman *La folie dans l'œuvre romanesque de Stendhal*, Corti, 1971.
(13) S. Felman, *op. cit.*, p. 239.
    "Stendhal réhabilite la folie. Il la revendique comme profondeur originaire comme liberté, vérité de l'être...".
(14) *Le Bal du Comte d'Orgel*, Livre de Poche, p. 13.

PROCÉDÉS DE TYPISATION RÉALISTE CHEZ STENDHAL

Psychologie décadente ou réaliste ?

par Jan O. Fischer
Université de Prague

Les conflits des héros stendhaliens se reflètent dans leur vie intérieure, dans leur "cœur". Saisir la vérité des mouvements du cœur, voilà le but suprême de l'art pour Stendhal. De la renaissance stendhalienne à la fin du siècle, personne n'a jamais douté que Stendhal fût le maître du roman psychologique. Mais dans quel sens, en partant de quelles positions cette psychologie a-t-elle été interprétée ?

Pau Bourget a écrit, dans les *Essais de psychologie contemporaine* :

"La haute société contemporaine, j'entends par là celle qui se recrute parmi les représentants les plus raffinés de la délicate culture, est parvenue à cette heure, sans lendemain, où le dilettantisme remplace l'action ; heure de curiosité volontiers stérile ; heure d'échanges d'idées et d'échanges de mœurs... C'est encore ici une des formes de ce qu'il faut nommer la décadence. Stendhal fut un des apôtres de cette forme, et, par suite, malgré sa virilité, un des ouvriers de la décadence".

Toute une ligne d'interprétation *décadente* a été fondée sur ce malentendu. Stendhal "décadent", ouvrier d'un dilettantisme qui "remplace l'action" ! Peu de choses peuvent être plus contraires à la conception stendhalienne. Pour lui et ses héros, il s'agit toujours, et avant tout, de l'action, c'est par l'action que doit se manifester "l'énergie". La psychologie stendhalienne est opposée au roman psychologique "décadent" qui plonge exclusivement dans la subjectivité des héros, en se détournant avec dédain de toutes les traces d'un monde "extérieur".

Le "cœur humain" ne représente jamais, pour Stendhal, un monde fermé en lui-même, isolé des autres, de la société, de l'Histoire. Pour Stendhal, matérialiste dans sa philosophie, le cœur humain est un des éléments du monde objectif, réel, c'est dans le cœur humain que se reflètent les lois et les rapports de ce monde. L'introspection des héros stendhaliens n'est pas celle d'un Narcisse ; c'est celle d'un homme vivant dans un entourage ennemi, se gardant contre toute imprudence possible, s'analysant lui-même non pas pour *éviter* l'action, mais, au contraire, pour exactement définir sa position et pour *préparer* l'action telle qu'il la faut. La solitude ne satisfait pas les héros stendhaliens. Dans la solitude, ils réfléchissent comment conquérir le monde, comment gagner l'amour, comment se défendre contre la saleté régnante.

On trouverait, chez Stendhal, beaucoup de scènes, pour ainsi dire, ''balzaciennes'', de critique sociale ''directe'' : les scènes et les portraits ministériels, les manœuvres électorales dans *Lucien Leuwen*, les scènes de Verrières, du séminaire, des salons ou bien de la ''note secrète'' dans *le Rouge*, les intrigues et toute l'atmosphère de la cour de Parme dans *la Chartreuse*, etc. Mais pour donner une scène ''stendhalienne'' typique, ce serait celle où les rapports du monde extérieur sont reflétés dans la psychologie, dans les efforts et les contradictions d'un personnage. Par exemple la scène fameuse de Julien Sorel invité par Mathilde pour venir la visiter, la nuit, dans sa chambre. Une scène d'embarras amoureux, de contradictions dans son âme. Mais ce n'est pas un ''amour pur'' qui est en jeu pour Julien. C'est son ambition, c'est toute sa position qui entre dans son dilemme. Conquérir Mathilde signifierait pour lui, plébéïen dédaigné, pénétrer dans le monde aristocratique. Mais, en même temps, il craint que le dangereux rendez-vous proposé ne soit un piège tendu par le monde aristocratique : il pourrait être attaqué ou, encore pis, ridiculisé ! Dans la scène amoureuse, racontée avec humour, se reflètent tous les problèmes essentiels de la psychologie de Julien, donnée par sa position sociale, ses ambitions et ses craintes.

La psychologie stendhalienne, celle du roman psychologique réaliste, découle des rapports humains et sociaux qui sont mis en jeu. Le caractère des héros se forme, se déforme, se développe, se forge, s'affaiblit dans l'enchevêtrement réciproque des autres caractères dans le cadre donné d'une organisation sociale. La crainte de l'opinion de la société intervient toujours comme l'obstacle décisif dans les rapports amoureux. Pour Julien Sorel, c'est sa position sociale qui le jette dans tous ses plans et aventures. Et même les riches intrigues de *la Chartreuse* ne sont pas l'affaire arbitraire d'un jeu de l'auteur, mais naissent des rapports représentés. On ne peut rien faire, aucun pas, aucun mouvement, on ne peut dire ou ne pas dire une chose sans réfléchir, d'avance, à ce qu'en dira celui-là, comment celui-ci va réagir, si je gagne celui-ci et répudie celui-là, si je vais humilier l'un et réconcilier l'autre, sans balancer si cela va m'aider ou me nuire, sans faire un plan, avant la lettre, pour prévoir quels autres pas seraient nécessaires après le premier. Balzac, seul à son époque, a su apprécier cet art de peinture stendhalienne des mœurs, dans son compte rendu de *la Chartreuse* :

"Quand on vient à songer que l'auteur a tout inventé, tout brouillé, tout débrouillé, comme les choses se brouillent et se débrouillent dans une cour, l'esprit le plus intrépide, et à qui les conceptions sont familières, reste étourdi, stupide devant un pareil travail...

"Enfin, remarquons-le bien, ces crises, ces terribles scènes sont cousues dans la trame du livre : les fleurs ne sont pas rapportées, elles font corps avec l'étoffe".

Le "milieu"

De l'autre côté, et avant l'abus "décadent", la renaissance stendhalienne venait de Taine et de l'école naturaliste. Zola se réclamait de Stendhal et de Balzac comme des précurseurs et fondateurs du roman "naturaliste". Mais, avec toute son admiration, il prenait ses distances, bien graves, dans son étude sur Stendhal dans *les Romanciers naturalistes* :

"Stendhal est avant tout un psychologue. M Taine a fort bien défini son domaine, en disant qu'il s'intéressait uniquement à la vie de l'âme. Pour Stendhal, l'homme est uniquement composé d'un cerveau, les autres organes ne comptent pas. Je place bien entendu les sentiments, les passions, les caractères, dans le cerveau, dans la matière pensante et agissante... En outre, il tient rarement compte du milieu, j'entends de l'air dans lequel trempe son personnage. Le monde extérieur existe à peine ; il ne se soucie ni de la maison où son héros a grandi, ni de l'horizon où il a vécu. Voilà donc, en résumé, toute sa formule : l'étude du mécanisme de l'âme pour la curiosité de ce mécanisme, une étude purement philosophique et morale de l'homme, considéré simplement dans ses facultés intellectuelles et passionnelles, et pris à part dans la nature.
"... Mais ce que je veux surtout retenir, c'est son dédain du corps, son silence sur les éléments physiologiques de l'homme et sur le rôle des milieux ambiants... seulement, jamais le paysage, le climat, l'heure de la journée, le temps qu'il fait, la nature en un mot n'interviendra et n'agira sur les personnages. La science moderne n'a évidemment point encore passé par là ! Il reste dans une abstraction voulue, il met l'être humain à part dans la nature...".

L'interprétation naturaliste ne contredit pas, en principe, l'abus "décadent". Ce que Zola critique et refuse, Bourget l'accepte volontiers : "l'âme seule a droit de cité en littérature"...

Chez Zola, il y a le contraste et le dilemme entre "l'abstraction" et le conditionnement *physiologique* de la psychologie. C'est le point de vue naturaliste. Mais, par un art réaliste, ne s'agit-il pas plutôt d'un conditionnement *social*, historique du caractère ? D'ailleurs, Zola le sent bien, d'autres

de ses reproches contredisent nettement ceux qu'il vient de prononcer. D'une part, il reprochait à Stendhal cette "psychologie pure", "abstraite", mais, de l'autre, il le critique, parce que, en évoquant le monde, "il le soumet à ses théories et le peint au travers de ses propres conceptions sociales". En analysant le personnage de Julien Sorel, Zola dit bien que "Julien devient un symbole. Au fond, il y a une conception sociale...".

Comment, alors, peut-on avoir affirmé que Stendhal "s'intéressait uniquement à la vie de l'âme" ? C'est que, pour Zola, il n'y a que le contraste de "l'âme" et des "autres organes". Comment peut-on parler d' "une étude purement philosophique et morale de l'homme", si, au contraire, "au fond, il y a une conception sociale" ? C'est que Zola, au moins dans sa théorie, n'envisage le caractère "scientifique" moderne du roman que du point de vue des sciences naturelles de son époque, qu'il n'envisage l'homme qu'en tant qu'un être biologique.

Parlant de "milieu", Zola concrétise tout de suite : "j'entends de l'air dans lequel trempe son personnage", il ne se soucie ni de la maison..., ni de l'horizon où il a vécu", "jamais le paysage, l'heure de la journée, le temps qu'il fait, la nature en un mot n'interviendra et n'agira sur les personnages". On pourrait répondre avec les mots que Stendhal a écrits dans son essai sur *Walter Scott et la Princesse de Clèves* : "Faut-il décrire les habits des personnages, le paysage au milieu duquel ils se trouvent, les formes de leur visage ? ou bien fera-t-on mieux de peindre les passions et les divers sentiments qui agitent sur leurs âmes ?".

Pour Zola, le "milieu" n'est que "nature", paysage, climat, maison que le protagoniste habite, etc. De ce point de vue, il n'y a, en fait, guère de descriptions de "milieu", chez Stendhal, et de "physiologie" dans ses personnages. Si l'on conçoit, cependant, "milieu" non pas dans le sens "physiologique", mais social, le problème est tout à fait différent. Le choix même du "milieu" est de première importance dans les romans stendhaliens. Julien Sorel devait nécessairement être un paysan ambitieux pour vivre ce conflit du "rouge" et du "noir", représentés pour lui par l'époque napoléonienne où un homme sans naissance avait pu se faire valoir, et, en contraste, par celle où, pour arriver, il ne reste que l'hypocrisie ; il devait être un paysan révolté pour que la déception puisse le conduire à ces mots de révolte ouverte jetés en face des jurés bourgeois. Lucien Leuwen a dû passer par la vie militaire et par l'école des intrigues ministérielles de la monarchie de Juillet, pour apprendre que la voie d'une vie digne de ses idéaux n'est pas libre non plus pour un fils de banquier à qui toutes les portes sont ouvertes. Et Fabrice devait être un Italien venant de l'Italie du Nord pour avoir éprouvé la domination autrichienne et les illusions françaises, pour vivre dans le milieu obscurantiste des petites cours et pour éprouver, ainsi, de la manière la plus intense, le conflit des idéaux "italiens" de Stendhal avec la réalité du despotisme des cours italiennes, plus "noir" encore, peut-être, qu'ailleurs.

Le réalisme stendhalien donne une leçon importante pour toute théorie du "réalisme", la défendant contre toute sorte de récidives positivistes-naturalistes, d'ailleurs assez fréquentes. Engels disait, parlant du réalisme balzacien : "Le réalisme, à mon avis, suppose, outre l'exactitude des détails, la représentation exacte des caractères typiques dans des circonstances typiques". Ceux qui reprendraient les leçons naturalistes diraient, ou sous-entendraient, un "et" au lieu d'un "dans". Mais, dans l'art réaliste, il s'agit vraiment des "caractères typiques *dans* des circonstances typiques", mais point du tout des "caractères typiques *et* des circonstances typiques" dans le sens d'une description explicite du "milieu" physiologique. Les circonstances, le milieu, sans être ainsi décrits, peuvent être présents dans les caractères qui agissent *dans* un milieu dont les rapports se reflètent en eux. C'est justement le cas de la psychologie stendhalienne.

"Incarnation de la possibilité cachée dans la réalité elle-même"

Stendhal, en créant ses héros, leur donne une bonne partie de soi-même. Ses héros sont formés par un procédé "biographique" ou même "autobiographique". Leurs antécédents et les descriptions peuvent être réduits au minimum, ce procédé stendhalien les rendant presque superflus. Le rôle qu'aurait, dans un roman blazacien, une histoire intercalée résumant les antécédents du personnage qui l'avaient formé, est rempli, chez Stendhal, par des parties entières du roman.

Très instructifs sont quelques reproches faits par Balzac dans son compte rendu enthousiaste de *la Chartreuse*. Je pense à cette idée exprimée par Balzac concernant une organisation différente du roman. Balzac trouve inutile toute la partie racontant la jeunesse, les idéaux et les destinées juvéniles de Fabrice. D'ailleurs, il préférerait que le personnage de Fabrice fût moins accentué et que ses différentes aventures ne fussent pas racontées. Pour lui, l'essentiel, c'est la vie à la cour de Parme dont le récit lui paraîtrait plus objectif sans les traits "biographiques" et "autobiographiques" de la mise en scène stendhalienne. On a bien pu dire que pour Balzac, il s'agirait de la "cour de Parme", et point du tout de la "chartreuse de Parme" - ce motif qui ne peut être compris que dans sa valeur symbolique, interprétant la désillusion par la retraite finale de Fabrice du monde. La manière Balzacienne aurait l'ambition de montrer, surtout, la vie de la cour de Parme, mais ce qui serait perdu, ou au moins affaibli, c'est justement le trait essentiel stendhalien, cette confrontation du "rouge" et du "noir", ce conflit fatal du héros et de ses idéaux avec son milieu, avec sa société.

Pour le procédé de typisation balzacienne reste valable l'idée "classique" qu'on se fait d'un "type" réaliste dans lequel se concentrent les traits des centaines de caractères et de destinées analogues. Bien sûr, les expériences et souvenirs de l'auteur ne peuvent être exclus de la méthode balzacienne, en y jouant leur rôle dans la connaissance et la représentation du milieu et de la psychologie du protagoniste, mais même si Balzac vit, d'une manière intense, les souffrances de ses héros, ceux-ci ou bien ne sont pas doués de ses propres idéaux, ou bien, s'ils le sont, ces idéaux se heurtent vite à la réalité telle qu'elle est, et changent sous le poids de ce choc. Le tableau grandiose balzacien de la société contemporaine la représente dans des images et caractères typiques, tels que la société les forme et les déforme chaque jour.

On voit bien que les héros stendhaliens sont faits autrement. Ce caractère "autobiographique" reflète dans ses personnages la meilleure partie du Moi de l'auteur, ses idées, ses points de vue, ses idéaux de l'énergie, de l'amour, de la haine et de la lutte, son refus de l'obscurantisme et de la tyrannie, etc.

On pourrait poser la question : "peut-on parler de *types* et de *typisation* chez Stendhal*"*, si on limitait cette notion à celle de résumer les traits de centaines de personnes, de toute une classe, et si l'on excluait du domaine de la typisation *le typique des conflits*, même des conflits en état de cristallisation, si l'on excluait ce que déjà Biélinski, le père du grand réalisme russe, avait nommé "l'incarnation de la possibilité cachée dans la réalité elle-même".

Combien pouvait-il y avoir de Julien Sorel ? Des milliers, en ce qui concerne les ambitions des jeunes paysans qui auraient voulu parvenir dans la nouvelle société, en ce qui concerne l'hypocrisie à laquelle ils ont été forcés, les barrières sociales contre lesquelles ils se cassaient la tête ou que la dissimulation aidait à franchir. Mais combien y en avait-il qui ont fini par pénétrer et démasquer la société jusqu'à cesser de s'intéresser à leur carrière et à se faire exécuter volontairement ? Combien y avait-il de Lucien Leuwen, fils de banquiers qui n'ont pas suivi la carrière que leur père leur avait imposée, pour être conduit à un désenchantement et à un refus de leur société ?

Dans ces efforts, dans leur vie intime qu'ils se soucient de garder pour eux-mêmes, les héros stendhaliens incarnent les meilleurs idéaux et traditions que l'âme de l'auteur leur a soufflés. Ce n'est pas la société régnante qui les a formés ainsi, ce sont les idéaux de l'auteur représentant plutôt de beaux rêves, sans avoir sur quoi s'appuyer dans leur milieu réel. De là la nécessité pour les héros stendhaliens de cacher leurs sentiments, de jouer, biaiser et dissimuler sans cesse, de ne pas dévoiler leurs pensées les plus intimes ; de là-même, le rôle de l'amour dont ils rêvent qu'il pourrait être leur seul refuge.

Si un Rastignac est vu par les yeux d'un excellent observateur qui a su pénétrer dans son intimité, les jeunes héros stendhaliens sont une partie de l'auteur lui-même. Eux aussi s'adaptent, se déforment, deviennent des hypocrites encore plus raffinés dans leur société, mais en gardant leur vie intérieure intacte de la saleté régnante dans laquelle ils ont appris à se mouvoir avec une adresse extraordinaire, mais dont ils n'ont accepté les règles que par dissimulation, extérieurement, pour les exposer à la vue. Il y a de l'élément romantique dans cette scission forcée en monde intérieur et extérieur - un principe qui n'était guère propre à Balzac. Les héros stendhaliens se heurtent à la réalité sociale de leur époque par tout leur caractère, par leur désir de la vérité, par leur enthousiasme, par leur volonté de suivre un idéal.

Stendhal semble poser, à lui-même, à ses héros et à ses lecteurs la question suivante : Est-ce qu'il y a une fatalité déterministe qui force tous et tout à succomber aux relations régnantes ? Est-ce qu'on ne pourrait pas rester fidèle aux idéaux, échapper à la saleté, rester ce qu'on voulait être, parvenir avec ses armes qui ne soient pas ignobles ? C'est ainsi qu'il conçoit ses héros et les laisse confronter la réalité telle qu'elle est. Rien à faire, la collision est dure et tragique. Là est le problème de la rupture apparemment "illogique" de Julien abandonnant sa carrière et se jetant vers sa perte volontaire. C'est seulement la compréhension du conflit fatal stendhalien du "rouge" et du "noir" qui permet de comprendre cette évolution - illogique si l'on ne voyait, en Julien, qu'un arriviste hypocrite. Mais c'est là que le héros stendhalien, doué des idéaux propres à l'auteur, ne peut plus continuer, rejette tout et refuse de racheter, au prix donné, l'illusion d'une vie valable.

La collision fatale n'a pas besoin de descriptions "physiologiques" exigées par les naturalistes, elle est définie très exactement par le conflit des idéaux de l'auteur et de ses héros avec le "milieu" dont les rapports sont saisis et localisés sans équivoque. C'est dans cette collision, représentée dans tous ses détails psychologiques (mais d'une psychologie où se reflètent les lois et les rapports sociaux) que les personnages stendhaliens deviennent des types par excellence, incarnant ce conflit fatal de l'individu libre et de la société de l'époque, un conflit pensé jusqu'au bout, des idéaux et de la réalité donnée, du "rouge" stendhalien et du "noir" de la société régnante. Chez Stendhal, comme chez Balzac, il n'y a pas encore cette rupture, cette scission de "l'historique" et de "l'individuel" qu'on va trouver dès Flaubert, puis dans le naturalisme et la "décadence". C'est à travers les destinées et les conflits éminemment individuels que toute l'époque historique est représentée. C'est aussi, comme celui de Balzac, un art réaliste, un art qui sait montrer l'homme, même dans son intimité, dans sa psychologie, comme un être social.*

* Tiré de la monographie de l'auteur : *Époque romantique et réalisme. Problèmes méthodologiques,* à paraître, en français, dans les Écrits de l'Université Charle IV de Prague.

DÉBAT

P.-G. CASTEX

Monsieur le Ministre, l'autorité des paroles que vous venez de prononcer vous vaudra de la part des stendhaliens les plus exigeants une adhésion sans réserves. Je suis heureux, d'autre part, que votre propos vous ait amené à parler de *Lucien Leuwen*, dont il n'avait guère été question jusqu'à maintenant, puisque, ce matin, il s'est surtout agi du *Rouge et du Noir*, et, tout à l'heure, de *la Chartreuse de Parme*. En vous écoutant, j'ai été frappé par quelques-unes de vos formules. Notamment au début de votre propos, vous avez dit qu'on avait le sentiment que, pour Stendhal, la France était trop gouvernée et pas assez gérée : je crois que ces mots résument parfaitement sa pensée. Puisqu'il s'agit, dans ce colloque, de confronter la réflexion de Balzac et celle de Stendhal, je me suis interrogé sur ce point : je me suis dit qu'il n'était pas sûr que Balzac eût accepté l'idée d'une France trop gouvernée, car il disait très volontiers, au contraire, que ce pays était trop faiblement gouverné, ou gouverné d'une façon incohérente, anarchique. Mais, à coup sûr, Balzac est d'accord avec Stendhal pour penser qu'elle n'est pas assez gérée. Je songe à une confrontation possible entre le texte de *Lucien Leuwen* et celui des *Employés*, où Balzac a si profondément médité sur le problème de la réforme administrative ; à cet égard il a eu l'occasion d'aller plus loin que Stendhal, dans la description du plan Rabourdin au début des *Employés*. Vous avez insisté d'autre part sur une chose que nous savions, mais qu'il faut redire : Stendhal a laissé une telle réputation de dilettante à travers l'étude de son œuvre littéraire, que certains le soupçonneraient volontiers de n'avoir jamais été un esprit sérieux. Or, il a été effectivement un fonctionnaire sérieux ; il a voulu l'être ; il prenait très au sérieux ses fonctions, et peut-être a-t-il été plus désireux de s'acquérir une réputation comme grand commis de l'État, qu'une renommée comme grand écrivain. Vous avez fait allusion à la Légion d'honneur, mais lorsqu'il a reçu cette distinction il a été désolé de la recevoir au titre d'homme de lettres ; il aurait mieux aimé la recevoir comme homme public. Aujourd'hui, nous la lui donnerions plus volontiers comme homme de lettres, et bien au-delà du grade de chevalier !

Malgré tout, il faut bien dire que, tout en ayant pris très au sérieux le service public, Stendhal a toujours préféré sa propre liberté. Il a eu des conflits, notamment sous la monarchie de Juillet, avec tel ou tel de ses supérieurs immédiats, et il a pu se féliciter de trouver au-dessus de lui un ministre compréhensif, comme il apparaît dans un article classique de François Michel (dont la femme nous fait l'honneur d'assister à notre congrès aujourd'hui) sur les rapports entre Stendhal, de Broglie et le comte Molé. On s'aperçoit

alors que, quand il avait une occasion de prendre sa liberté, il la saisissait aux cheveux !
J'ai pensé aussi à votre phrase de conclusion sur le rêve qu'il aurait pu avoir de devenir
colonel, ou d'acquérir telle autre dignité au sein du service public. Je ne pense pas qu'il
eût celui de son propre bonheur. Dans la *Vie d'Henry Brulard*, il croyait pouvoir se
féliciter d'avoir considéré, une fois pour toutes, que la grande affaire de sa vie était
l'amour. En fait, il a toujours existé chez Stendhal une tension entre sa conscience du
service public et cet individualisme qui a toujours été si profond chez lui.

Jean-Pierre SOISSON

Je voudrais dire aux uns et aux autres, si vous le permettez, qu'il a été extraordinairement intéressant pour moi de bâtir cette communication : je retrouvai, notamment
à partir d'œuvres comme *Henri Brulard* ou *Lucien Leuwen*, quelques aspects de la vie
administrative et politique moderne. C'est tout à fait extraordinaire et je ne le croyais
pas. *Lucien Leuwen* est, je l'avoue, un des livres que je préfère. Mais je ne pensais pas
alors que je trouverais autant de notations justes et actuelles : comme magistrat de la
Cour des comptes, ayant eu en charge pendant plusieurs années le contrôle de départements ministériels ou le contrôle de collectivités locales, comme ancien membre d'un
cabinet ministériel, puis membre du Gouvernement, je ne pensais pas trouver dans une
incidence, dans une phrase, une connaissance aussi précise et extraordinairement actuelle,
des rouages de l'administration et de la vie politique.

P.-G. CASTEX

Je crois qu'il faut faire ici état, non seulement de l'expérience personnelle de
Stendhal, qui tout de même était assez limitée, mais aussi de la qualité et de la personnalité de ses informateurs. Je songe en particulier à cet extraordinaire Joseph Lingay qui
a vécu dans les coulisses du pouvoir, non seulement sous la Restauration, mais sous
la monarchie de Juillet, et qui d'ailleurs était à la fois l'ami de Stendhal et l'ami de
Balzac.

Gérald RANNAUD

Monsieur le Ministre, ma question nous ramène au sujet de notre colloque. Vous
nous avez dit tout à l'heure : "J'ai été surpris, en lisant Stendhal, de constater sa pertinence actuelle". Alors je vais vous demander si cette constatation venait du fait qu'au
fond vous mettiez en doute cette extraordinaire perspicacité de Stendhal ou alors si
vous aviez l'illusion que les régimes politiques avaient si fondamentalement changé
depuis la monarchie de Juillet.

Jean-Pierre SOISSON

Toute ma vie, j'ai au fond voulu être un légiste. Mes parents, grands-parents avaient
fait l'École des hautes études commerciales et embrassaient des carrières commerciales.
Mais, quand l'École nationale d'administration a été créée après la guerre et que j'étais
tout jeune élève au lycée d'Auxerre, puis quand je suis devenu étudiant, jamais je n'ai
hésité : je me suis toujours dit que je tenterais de me présenter au concours d'entrée à
l'École nationale d'administration. J'avais du service public une conception tout à fait
idéaliste, la conception de l'ancien régime, telle qu'elle apparaît dans les œuvres et les
mémoires des grands légistes du temps. C'est à peu près à l'époque où je me suis plongé
avec délices dans l'œuvre de Stendhal, que j'ai découvert que la vie politique - et donc la
vie administrative - pouvaient être tout autre chose dans leur mécanisme. Pour répondre

très franchement, je ne crois pas qu'il y ait dans la pratique administrative - je ne parle pas d'autre chose - de très profonds changements depuis cent-cinquante ans. Je ne le crois pas : on a remplacé la plume par le téléphone et c'est le bouleversement le plus important. Bien sûr, l'administration est devenue dix fois plus présente dans ce pays. Mais dans le comportement des hommes, comme j'ai pu le constater à différents niveaux dans un ministère, il n'y a pas de changement fondamental. Je pensais, au départ, qu'il devrait y en avoir et ma conclusion rejoint votre impertinence.

P.-G. CASTEX

Ceci d'ailleurs ressort de la constatation que vous avez faite tout à l'heure : vous étiez frappé de voir qu'au XXe siècle certaines descriptions éveillaient encore des résonances. Est-ce l'écho d'un pessimisme que vous auriez acquis dans l'exercice même de l'activité politique et du pouvoir ?

V. DEL LITTO

Il ne faut jamais perdre de vue l'aspect fondamental, à mon sens, de la personnalité de Stendhal : il avait indiscutablement l'étoffe d'un haut fonctionnaire, d'un préfet, d'un ministre même. Ce qui lui faisait défaut, c'était la persévérance. La misanthropie, toujours présente au fond de lui-même, prenait vite le dessus et tuait en lui toute possibilité d'action. Ce comportement est surtout sensible dans *Lucien Leuwen*. Ce frère cadet de Henri Beyle, est un "raté", parce qu'il ne peut s'abaisser à faire siennes les compromissions quotidiennes inhérentes à la fonction publique, et, d'une manière plus générale, à la condition humaine. C'est pourquoi j'approuve entièrement ce que vient de dire M. Soisson dans son exposé si clair et si équilibré.

P.-G. CASTEX

Puisque nous disposons encore de quelques minutes, M. Bodin pourrait être appelé à conclure.

Thierry BODIN

Oui, j'en serai très heureux, d'autant que je voulais à l'origine faire une communication beaucoup plus générale et que, pris par le temps, je n'ai pu la développer. Vous avez parlé de l'Yonne tout à l'heure ; effectivement, Balzac situe toujours ses romans, et il ne les situe jamais à la légère. Le problème des grandes forêts (c'est d'ailleurs M. Durr qui m'a mis sur la piste) se situe beaucoup plus dans la Nièvre que dans l'Yonne qui a peu de grandes forêts d'ailleurs. Balzac s'est servi, comme vous l'avez rappelé, de la *Boussole du Commerce des bois* qu'il a imprimée ; mais il y a aussi un livre qu'il a lu et qu'il a médité : celui du baron Cherles Dupin sur les *Forces productives et commerciales de la France* ; au chapitre de la Nièvre, il décrit le commerce des bois dans les termes que Balzac a copiés à peu près littéralement, disant que Clamecy est le grand réservoir de l'approvisionnement de bois de Paris. Dans les archives de la Nièvre, on trouve énormément de traces d'assassinats de gardes et de luttes de propriétaires pour conserver leurs bois. Mais cela reste très ponctuel. Ce qui est plus important (vous l'avez souligné à propos de la discussion sur les lois de la chasse), la situation que décrit Balzac est une situation générale. Mais il y a une loi qui est beaucoup plus importante pour la genèse des *Paysans*, c'est le code forestier de 1827, que Balzac a imprimé dans la *Boussole du commerce des bois* ; loi absolument draconienne, instaurée par la Restauration pour essayer de reprendre en main le grand gaspillage de la richesse forestière de la France, qui, par suite du droit d'usage acquis pendant la Révolution, était en train de se perdre complètement ; une des grandes volontés de la Restauration à cette époque-là était d'une part de renforcer la propriété, d'autre part d'éviter le gaspillage du patrimoine forestier de la France ; or, le vote de cette loi et son application ont donné lieu à des événements très sanglants et très durs, à une suite continuelle de procès et d'émeutes, et c'est cette situation qu'on retrouve dans *les Paysans*.

Contrairement à ce qu'avait écrit le vicomte de Lovenjoul quand il en avait fait la genèse, *les Paysans* ne sont pas sortis d'une nouvelle avortée, qui s'appelait *le Grand propriétaire*. Effectivement, *le Grand propriétaire* reprend exactement l'aventure de Villers-La-Faye à Santigny ; c'est l'histoire d'un propriétaire qui provoque les bourgeois et les petits propriétaires de l'endroit, en barrant un chemin, en faisant détourner de l'eau ; c'est la lutte d'un grand seigneur contre des petits bourgeois, mais c'est lui qui lutte, qui provoque pour affirmer ses droits. En fait, le problème est différent. Balzac a eu deux sujets en tête : l'un, qui apparaît dans *Pensées sujets, fragments*, et que je vous ai lu, devait s'intituler *"le Garde"* : des paysans ravagent les bois d'un propriétaire et tuent le garde ; c'était une nouvelle sanglante, dure : la lutte des prolétaires contre un propriétaire ; l'autre un peu plus tard, issue du *Monde comme il est* du marquis de Custine, d'où sortit cette nouvelle très légitimiste (puisque c'était pour une revue qui s'appelait *le Nouveau conservateur*) et qui est justement l'histoire de ce propriétaire qui cherche des noises aux bourgeois qui l'entourent, pour s'établir un peu mieux. Si Balzac l'abandonne, c'est pour des raisons bassement matérielles (Le *Conservateur* s'est arrêté au 3ème numéro). Mais s'il n'a pas jugé bon de continuer son texte, il y a une raison plus profonde ; c'est que Balzac s'est aperçu finalement qu'il avait ébauché deux scènes de la vie de campagne qui, toutes les deux, allaient s'engager dans une direction, comment dirais-je, mineure, et qu'il a eu le coup de génie, et c'est là où l'on mesure ce qu'est vraiment le réalisme balzacien, de prendre conscience que dans les campagnes, les paysans n'étaient pas libres, étaient tenus par les usuriers, par les bourgeois, par les maires, par les notables de l'endroit, qui les exploitaient dans leur lutte pour prendre possession du pays, pour arracher la terre et le pouvoir, pour étendre leurs tentacules sur le système social entier, et l'enlever à l'aristocratie. Et c'est au moment où Balzac a eu l'idée de réunir ces deux sujets différents que sont *Qui a terre a guerre* et *le Grand propriétaire*, que finalement est né le grand sujet des *Paysans*, qui n'est pas, comme on l'a dit, un roman contre le peuple, mais avant tout, et c'est très clair, un roman dirigé contre la bourgeoisie.

TROISIEME PARTIE

ROUGE, NOIR ET BLANC, OU LES POUVOIRS
DE L'INVRAISEMBLANCE

par Raymond Mahieu
Université d'Anvers

Imaginons une scène romanesque dont les éléments marquants pourraient se ramener à peu près à ceci : dans un lieu public, rempli d'une foule nombreuse, un jeune homme solitaire se livre, par derrière, à une agression sur une jeune femme (par ailleurs mère de famille) qu'il ne connaît pas (ou ne reconnaît pas) - ce geste impliquant ou suscitant entre celui qui l'accomplit et celle qui le subit une relation passionnelle.

On aura dans doute reconnu dans cette mise en forme abstraite, mais assez honnête, la scène fameuse du *Rouge et Noir* où Julien Sorel, dans l'église de Verrières, tire sur Madame de Rênal (1). Mais il n'est pas moins possible de retrouver dans ce schéma narratif une autre scène non moins célèbre, balzacienne celle-là, l'épisode du *Lys dans la vallée* où, au bal de Tours, Félix de Vandenesse couvre impétueusement de baisers les belles épaules d'Henriette de Mortsauf. Curieuse superposition, à partir de laquelle on pourrait sans doute gloser longuement. A la vérité, elle n'est ici proposée que comme point de départ : si l'on avance que Balzac, en somme, commence par où Stendhal finissait, ce n'est assurément pas pour appuyer sur cette donnée une quelconque hypothèse de filiation, mais pour définir un champ problématique. Il se fait que la scène du roman *rouge* et *noir* et celle de ce roman *blanc* qu'est le *Lys*, également remarquables, peuvent être considérées aussi comme également improbables. L'une et l'autre mettent en jeu, de manière en quelque sorte provocante, la question de la vraisemblance, c'est-à-dire un concept apparemment inséparable de celui de réalisme.

Il faut ici se reporter aux fécondes réflexions que conduit G. Genette dans *Figures II* (chap. "Vraisemblance et motivation"). Sans pouvoir en reprendre tout le développement, il suffit d'évoquer les lignes où le critique oppose deux types de vraisemblable non motivé explicitement : le premier par saturation de motivation implicite (le vraisemblable des genres strictement codés comme le roman policier, ou d'aventures) ; le second par défi conscient, par un refus d'explication générateur de cette "*individualité sauvage qui fait l'imprévisible des grandes actions - et des grandes œuvres''* (p. 77) - l'exemple-type de cette espèce de provocation étant précisément la scène de l'église de Verrières. On se souviendra aussi qu'au ''silence dédaigneux'' qu'affiche Stendhal, Genette fait correspondre le souci balzacien de cautionner les comportements et actions que rapporte le roman à la fois par la rigueur des enchaînements d'événements - rigueur apparemment évidente et à l'examen on ne peut plus suspecte - et par le recours à des règles générales dont tout balzacien sait qu'elles sont le plus souvent fabriquées pour les besoins de la cause. Sans se laisser prendre à l'illusion balzacienne, et croire tout uniment que le système des actions dans *la Comédie Humaine* obéit à une stricte logique, il convient donc de s'aviser que la narration s'y emploie, moyennant de nombreuses interventions d'auteur, un envahissement du récit par le discours, à donner le sentiment, fallacieux, d'impitoyables concaténations. On voit l'enjeu de cette pratique dans la perspective réaliste : il s'agit pour le roman de mimer dans l'agencement des séquences qui le constituent le cours contraignant des événements de la vraie vie.

C'est ici qu'il s'impose de s'attarder sur la scène du bal dans le *Lys*. On ne peut certes nier que le comportement inattendu et inconvenant de Félix à l'égard d'Henriette de Mortsauf ne s'y trouve d'une certaine manière justifié. Ce que le narrateur a exposé de son passé d'enfant frustré d'affection maternelle, mûri intellectuellement dans l'étude mais resté ignorant du monde, peut fournir aux amateurs de psychologie, de quelque obédience qu'ils soient, le prétexte à de plus ou moins subtiles considérations. On peut au demeurant noter que la première de ces psychologues potentiels est la destinatrice du récit de Félix, Natalie de Manerville, que le narrateur, interrompant son évocation, interpelle au passage : ''Si vous avez bien compris ma vie antérieure, vous devinerez les sentiments qui sourdirent en mon cœur''.

En un sens non plus régressif, mais prospectif, cette fois, les gestes de Félix sont donnés aussi comme liés *nécessairement* à des états d'âme et des comportements, chez celle qui en a été la victime, ou la bénéficiaire : dans sa lettre posthume au jeune homme, Henriette confessera que ses baisers ''ont dominé (sa) vie, qu'ils ont sillonné (son) âme'' (il faut souligner ce *sillonné*, qui mérite qu'on y revienne un peu plus loin). Bien entendu, ce type de connexion, s'il contribue à garantir l'impression de cohésion du code proaïrétique du roman (auquel on pourrait proposer comme loi la formule ''rien ne se crée, rien ne se perd'') ouvre des perspectives troublantes ; la liaison permet en effet de soupçonner, comme l'a bien démontré Genette (2), que dans l'économie romanesque le·sens normal des enchaînements de causes et d'effets doit être inversé, et que les causes n'y sont jamais énoncées qu'en fonction d'effets posés d'avance, dès le départ.

Tout ceci concédé, il reste ce qui dans cette scène du bal échappe ouvertement à l'espèce de terreur logique ou pseudo-logique que Balzac fait régner dans ses romans, tout ce qui, dans ce passage, est reçu comme invraisemblable, ou, plus exactement, comme mal "vraisemblabilisé" : tout ce qui n'est pas pris en charge par les dispositifs usuels de fabrication du vraisemblable, ou s'y soustrait (3). On peut avancer - et c'est là l'essentiel de notre propos - que ces éléments rebelles à une intégration de type vérisimiliste sont les plus riches de sens, à divers niveaux de lecture, *et notamment à ceux où se joue le plus décisivement le rapport du texte au réel.* Le travail qui s'impose ici doit s'opérer au ras de l'énoncé narratif : cette exigence, et la profusion étonnante de connexions de sens qui se révèle dans la page en cause, font qu'il sera nécessaire de s'en tenir à de trop schématiques et partielles suggestions. Il serait sans nul doute d'un intérêt considérable d'examiner, par exemple, comment la description du dos d'Henriette permet une superposition, terme à terme, avec celle, développée quelques pages plus loin, de la vallée de l'Indre à Clochegourde. Continuité thématique que signalait d'ailleurs déjà G. Jacques dans son étude sur le *Lys* (4), et dont les implications se ramifient quasi à l'infini ; qu'on se souvienne simplement du sillon creusé par les baisers de Félix dans l'âme d'Henriette.

Mais il faut sur ce point s'en tenir aux prétéritions, et ne considérer, quitte à trop sacrifier à la linéarité, que ce qui entre dans le droit fil de notre propos. Ce qui frappe irrésistiblement dans ces lignes à bien des égards surprenantes, c'est ce qu'on pourrait appeler une dialectique du recto et du verso. Pour faire bref : la "face arrière" d'Henriette est offerte à Félix, et traitée par lui, comme un substitut d'une inaccessible face avant. "Épaules rebondies" comme des seins, ces seins qui fascineront d'ailleurs leur contemplateur furtif avant qu'il revienne, par force, à sa vision première ; épaules "partagées par une raie, le long de laquelle (coule un) regard, plus hardi que (la) main", sillon qui s'impose métonymiquement comme image d'un sexe refoulé, comme on sait, d'un bout à l'autre du livre... De ce jeu de déplacements, le principe est d'ailleurs énoncé explicitement : "je me plongeai dans ce dos comme un enfant qui se jette dans le sein de sa mère". Ainsi, le dos d'Henriette ne vaut pas pour lui-même, mais en tant que pris pour (confondu avec) la face opposée du corps désiré. Que le bon sens le plus naïf vienne ici nous souffler qu'un jeune homme timide et inexpérimenté ne pouvait s'y prendre autrement, qu'il ne pouvait prétendre qu'à cette forme relativement prudente d'audace n'y change rien. Il subsiste ce fait que, dans l'expérience amoureuse la plus décisive de sa vie, Félix de Vandenesse se trouve conduit à s'adresser au verso en rêvant du recto, *à égarer son désir de l'avant sur l'arrière.*

En un mot, à prendre les choses à l'envers. Or, il est remarquable que l'on retrouve là le principe même de la construction du roman - et au-delà, sans doute, de toute *la Comédie Humaine.* Histoire d'un amour manqué, dont le héros découvrira, mais rétrospectivement, dans la lettre posthume d'Henriette, qu'il aurait pu prendre un tout autre cours : "Ah ! si dans ces moments où je redoublais de froideur, vous m'eussiez prise dans vos bras, je serais morte de bonheur. J'ai parfois désiré de vous quelque violence (...)" (5). Histoire du trop tard, elle-même enchâssée dans une autre histoire du trop tard, celle qu'écrivent la lettre inaugurale de Félix à Natalie de Manerville et la réponse conclusive de cette dernière : "Il est trop tard maintenant pour commencer vos études (...)". Mais cette première, et cette seconde histoire d'amour, et d'amours manquées, doivent à leur tour se lire dans leur relation à l'Histoire, dans l'éclairage qu'elles en reçoivent et qu'elles lui apportent. Comme l'écrivait récemment P. Barbéris, chez Balzac, "le roman d'amour est savoir" (6). Ce qui est à apprendre ici, c'est que ces récits, en tant qu'ils articulent la fiction au réel, ne peuvent se recevoir que comme émanant d'un espace, d'un temps, où ce qu'ils proposent comme avenir (la face avant) n'est déjà plus qu'un passé irrévocablement révolu, une face arrière qui ne s'avoue pas. Après tout, il est difficile d'accepter sans réflexion que ce roman, écrit sous, inscrit dans, et lu pendant, ou après la monarchie de Juillet se donne non seulement pour présent mais pour futur de référence une Restauration qui ne pourra plus être restaurée ; que "l'adorable voix" qui s'élève dans la grande lettre d'Henriette, et sous laquelle semble affleurer sans cesse le discours de l'instance narratrice première, ne puisse être entendue que comme une voix d'outre-tombe, déjà ; que le "vrai chemin" que cet ange tutélaire indique à Félix, le sens - dans l'acception signifiante et dans l'acception vectorielle du terme - qu'elle entend donner à sa vie travestisse *lisiblement* un passé en avenir, se pose *à l'envers* de l'Histoire.

On débouche ainsi sur le fondamental décalage de l'œuvre balzacienne, et ce qui serait à dire maintenant a déjà été assez bien analysé (il suffit de citer Barbéris, ou Macherey) pour qu'il soit superflu d'y revenir. Plus généralement encore, cette inversion si bien thématisée du rapport des destins individuels à celui d'une société pourrait conduire à toute la théorie du roman à héros problématique : qu'on rapproche simplement du sort de ces héros au futur dévoré par le passé la célèbre formule de Lukacs, "le chemin est commencé, le voyage est terminé". Mais pareilles extensions seraient ici hors de propos ; et il sera plus conforme à notre projet d'opérer ici un retour, malheureusement trop rapide, à Stendhal.

Après avoir constaté que, de tout le roman de Balzac, ce qui le fait le mieux parler du réel est peut-être ce qui le dénonce comme le moins semblable, dans son apparente immédiateté, à ce réel, il conviendrait de se demander si le passage de Stendhal évoqué plus haut ne peut pas engager à de semblables observations. La scène de l'église de Verrières, considérée en elle-même, a, si l'on veut, la "vérité", fondée sur l'arbitraire et l'incohérence, du fait-divers passionnel. Mais elle reste, en tant qu'insérée dans une suite de comportements, en tant que rapportée à la continuité supposée d'une psychologie, un événement mal intégrable. D'où les interminables controverses qu'elle a pu susciter. C'est qu'elle est, à bien l'examiner, inextricablement contradictoire : à la fois logique et délirante. G. Mouillaud l'a bien vu, et à bien montré la nécessité du retournement dialectique qu'elle apportait dans le récit (7). En renvoyant à son analyse, nous dirons simplement que ce que l'épisode inscrit avec le plus de force, c'est une figure de contradiction, présentée sous la forme tout ensemble familière et irrecevable d'un crime-par-amour. Elle thématise, en somme, une autre contra-

110

diction majeure du roman, théorique celle-là : nous songeons bien sûr à la page fameuse sur le roman qui, à la fois, est et ne peut pas être reflet du réel - tour à tour simple image renvoyée par le miroir que le romancier porte dans sa hotte et produit exclusif de l'imagination de l'auteur (II, 19). De même, le geste de Julien pourra passer à la fois pour relevant des supposées lois de la psychologie (auxquelles le romancier "réaliste" ne peut songer à se dérober) ou pour tributaire de la seule volonté, voire du seul caprice du narrateur. Bien entendu, cette contradiction est, dans le roman de Stendhal, ce qu'il y a de plus lié au réel : que le roman se découvre simultanément dans l'obligation de se référer à la réalité et dans l'incapacité de la parler directement, cela revient à dire qu'il donne à lire en soi sa situation intenable de production idéologique, et atteste par là même la faillite de l'axiomatique de toute une société.

Ainsi, entre le projet d'un récit appliqué à la tâche impossible d'écrire simultanément le rouge et le noir (ce rouge et ce noir en qui l'on peut désigner, sommairement, la rupture et la conformité, dans leur nécessaire liaison) et l'entreprise tout aussi contradictoire, et tout aussi démonstrative, d'un roman où la positivité du blanc ne cesse de se nier, ne s'énonce qu'en s'excluant, l'écart est donc moins grand qu'on ne veut souvent le croire. Les deux démarches ne s'investissent de sens que saisies dans leur rapport - déceptif, sans doute - à l'Histoire. Mais il faut observer que, dans l'un et l'autre cas, l'implication du réel n'atteint son plus haut degré d'intensité qu'au prix d'un sacrifice de la vraisemblance. Dès lors, si, dans l'état présent des choses, le concept de réalisme est doué - et c'est à discuter - d'une quelconque valeur opératoire, il faudrait sans doute songer à le libérer de l'hypothèque du vraisemblable.

(1) A qui s'insurgerait contre l'affirmation d'une ignorance relative de la victime par l'agresseur, il faudrait rappeler cette notation du récit, qui ne peut se réduire à un simple effet de réalisme psychologique :
   "Mme de Rênal baissa la tête qui un instant se trouva presque entièrement cachée par les plis de son châle. *Julien ne la reconnaissait plus aussi bien* ; il tira sur elle un coup de pistolet (...), (II, 35).
(2) *Op. cit.*, pp. 91 sq.
(3) Cette émergence de l'improbable se manifeste à tous les échelons du texte. Pour ne citer qu'un exemple : le bizarre "*toutes* ces épaules" ["(...) et je baisai toutes ces épaules (...)"] que Balzac, significativement, a maintenu dans l'édition des *Oeuvres Complètes* alors même qu'il modifiait la phrase en cause. Il n'est sans doute pas très difficile de justifier ce *toutes*, mais il faudra toujours compter avec l'effet perturbateur que détermine cet adjectif.
(4) "Le Lys dans la Vallée, Roman éducatif et ésotérique", *Les Lettres Romanes*, 1971 (XXV, 4) et 1972 (XXVI, 1).
(5) A cet égard, il faut relever la rigoureuse correspondance structurale de la scène du bal avec la lettre d'Henriette, qui y fait d'ailleurs écho, on l'a vu. Si l'on considère les

quatre lettres que le roman met en évidence, et notamment typographiquement, on observe que trois d'entre elles se disposent avec un équilibre parfait (les deux extrêmes, de Félix à Natalie, et de Natalie à Félix, et la centrale, d'Henriette à Félix), alors que la quatrième, la lettre posthume d'Henriette, ne possède pas de correspondant. Architecturalement, cependant, la scène du bal occupe exactement la case vide où devrait figurer l'élément symétrique.

(6) "Roman historique et roman d'amour. Lecture du "Dernier chouan", *Revue d'Histoire littéraire de la France*, mai-juin 1975.

(7) *Le Rouge et le Noir de Stendhal. Le roman possible*, Larousse, 1973 ; voir pp. 143 sq.

JÉSUITISME ET CONGRÉGATION DANS LES OEUVRES DE BALZAC ET DE STENDHAL : MYTHE, LÉGENDE ET HISTOIRE

par Jacques Binberg
Monash University (Australie)

La préférence accordée dans l'enseignement universitaire à Balzac et à Stendhal parmi les romanciers de la première moitié du XIXe siècle tient à des causes multiples. La notion de réalisme, sous le signe de laquelle le présent congrès est placé, les résumerait-elle ? Cette notion a donné lieu à tant d'abus que d'aucuns rayent volontiers le mot de leur vocabulaire. Nous pensons qu'il faut tout au moins préciser ce que l'on met sous ce mot, si l'on est amené à s'en servir. Nous envisageons le réalisme romanesque dans les œuvres les plus représentatives de cette esthétique comme une tension, plus ou moins consciemment perçue par les auteurs, entre la mise en œuvre des procédés du genre romanesque - lequel implique non seulement le caractère fictif du récit, mais combine mimétisme et déformation, tire forme et substance de la réincarnation des mythes - et la volonté affichée par ces auteurs de faire œuvre d'historiens des mœurs de leur temps. Cette définition ne prétend d'ailleurs pas être originale, elle est dans la ligne de celle donnée jadis par Georges Blin (1).

C'est dans le cadre de l'étude d'un thème particulier que nous tentons de préciser la nature et les rapports de quelques linéaments du réalisme romanesque, les formes sous lesquelles se manifeste la tension entre le mythe et l'histoire. Ce thème s'est présenté de manière contingente. En l'occurrence, au moment où nous nous intéressions à la présence d'une société secrète, nommée par ses adversaires ''la Congrégation'' dans la France de la Restauration et dans les œuvres des romanciers-historiens de cette période, la relecture des pages que Francine Marill avait consacrées, en 1956, dans *Stendhal et le sentiment religieux* (2) à ce qu'elle y appelle ''le mythe du jésuitisme'' a déclenché la tentative de redéfinition de ce mythe et de son fonctionnement dans les œuvres de Balzac et de Stendhal.

André Lalande donne du mythe quatre définitions dont la seconde, platonicienne, semble, en partie, correspondre à la signification que lui donne Francine Marill : ''Exposition d'une idée ou d'une doctrine sous une forme volontairement poétique et narrative, où l'imagination se donne carrière, et mêle ses fantaisies aux vérités sous-jacentes (3).

Nous retrouvons le même mot chez l'abbé Bertier de Sauvigny, qui a apporté une documentation décisive sur le nom, le fonctionnement et le rayonnement de la société des Chevaliers de la Foi ; celle-ci agissait sous le paravent des activités pieuses et charitables d'une Association de Charité ; ses chefs, les principaux leaders du parti ultra, étaient aussi membres d'une congrégation mariale, fondée en 1801 et dont la rumeur publique a fait la Congrégation en 1825. L'abbé Bertier emploie le terme de mythe pour désigner la légende qui se constitue autour de cette franc-maçonnerie catholique (4).

Bertier de Sauvigny se place sur le plan de l'histoire ; Francine Marill sur celui de l'éthique :

" (...) Stendhal montre que sa position n'est point un simple anti-cléricalisme, mais une position purement morale : c'est donc en un sens plus mythique que précis qu'il va exprimer son opposition au jésuitisme" (5).

Si nous donnons volontiers acte à l'auteur cité de ce qu'il ne s'agit pas chez Stendhal d'un simple anticléricalisme, nous ne pouvons souscrire de même à la suite de son raisonnement, qui limiterait "l'antijésuitisme stendhalien (...) à des proportions éthiques". Non seulement les agents dudit jésuitisme (Francine Marill écrit aussi "mythe stendhalien des jésui-tes") - membres ou non de l'ordre fondé par Saint Ignace - font partie de la société de la Restauration et leurs activités n'y affectent pas le seul domaine moral, ni dans l'histoire, ni dans l'œuvre de Stendhal, mais le mythe lui-même fonctionne aussi dans cette œuvre en tant que catégorie esthétique. C'est donc la polysémie du mot qui engendre des confusions qu'il nous semble opportun de dissiper, dans l'étude des lettres comme dans celle de l'histoire.

Par mythe, Bertier de Sauvigny entend, au départ, " (...) cette erreur fondamentale qui consiste à attribuer à la Congrégation l'activité politique exercée par les Chevaliers de la Foi" (6). Le savant abbé démontre en même temps qu'une bonne partie des accusations de l'opposition contre lesdites activités politiques étaient fondées. Le mythe se développerait ensuite, selon cet auteur, dans les écrits des historiens qui ont brodé sur les erreurs commises par les polémistes de 1825-26. Par mythe, l'historien dénote donc un écart par rapport aux réalités historiques ; c'est dans la mesure où ces réalités sont faussement représentées qu'il y a mythe. A la limite, le mythe devient cette part de la description d'une réalité qui altère celle-ci, qui en constitue la déformation, l'inexactitude. Sur un autre plan, Francine Marill applique la même équation : dans la mesure où Stendhal s'écarte dans les emplois de vocables "jésuites", "jésuitisme" des réalités historiques que ceux-ci dénotent, il forge un mythe qui lui serait personnel. Le mythe ne traduirait pas en ce cas des "vérités sous-jacentes" ; il naîtrait d'une représentation erronée ou abusive d'une réalité historique et à chaque fois serait basé sur l'impropriété du vocable dont cette réalité historique cons-titue "le référent" : la Congrégation, les Jésuites. Francis Bacon nommait cette représentation erronée une *idole*, vocable plus précis peut-être pour n'avoir pas fait fortune comme le mythe ; il désignait par ce mot "de très profondes déceptions de l'entendement humain" et en distinguait quatre espèces. En tant qu'impropriétés, "jésuitisme" et "Congrégation" constitueraient des *idoles du marché*, " (...) en ce qu'elles se sont insinuées dans l'entendement, par le moyen du pacte tacite fait entre les hommes touchant les paroles et les noms imposés" ; en tant que représentations partisanes, ces mêmes termes relèvent du quatrième genre, celui des *idoles du théâtre*, lesquelles proviennent "(...) des mauvaises Théories, ou Philosophies, et des perverses lois des démonstrations (...)" (7).

Les définitions de Bacon ont entre autres mérites celui de faire valoir le caractère collectif des représentations erronées. Or, qu'il soit question de jésuitisme ou de Congrégation, de pareils mots acquièrent par la tradition aussi bien que par leur vogue à un moment donné une telle richesse sémantique que de faire de l'un d'eux le "mythe personnel" d'un écrivain apparaît comme une gageure, sinon comme une espèce de paradoxe ; nous constaterons par la suite que le cas de ce que Charles Mauron a appelé une "métaphore obsédante" ne s'applique pas à Balzac, ni à Stendhal.

Mythe ou idole, les deux vocables mettent l'accent sur l'erreur, la fausseté des représentations en question. Or, il nous semble impossible que ces représentations doublement collectives (par la tradition et par la vogue) ne dénotent dans aucune mesure des réalités historiques. Les travaux des historiens ne laissent guère de doute à ce sujet. L'histoire des Jésuites est, de ce point de vue, moins bien servie que celle de la Congrégation, par suite des passions partisanes que l'existence de la Société de Jésus continue à soulever. Si le travail bien connu de Boehmer, préfacé par Gabriel Monod (8), peut, en dépit de sa volonté proclamée d'objectivité, être récusé par les amis de la Société, il n'en va pas de même du récent ouvrage de l'historien catholique Christopher Hollis, lequel établit assez clairement le caractère réactionnaire de la politique de la Société au XIXe siècle. Hollis condamne même la politique rétrograde du cardinal Consalvi, que Stendhal, lui, juge de manière nuancée et même, par endroits, approuve avec enthousiasme (9). Ces termes, mythe, idole, ne sont-ils pas dès lors inadéquats pour dénoter le caractère de la franc-maçonnerie cléricale dans les œuvres de Balzac et de Stendhal ? Il nous faut tenir compte notamment de la présence des Jésuites et de la Congrégation dans cette importante partie des œuvres des deux romanciers, qui ne relève pas de la fiction, ni, par conséquent, des procédés mythiques qu'elle comporte. En même temps, l'œuvre de Stendhal forme un tout, à l'intérieur duquel il y a symbiose entre écrits de fiction, écrits autobiographiques et essais de tout ordre (10). Il n'y a pas non plus de cloisonnement étanche entre les divers genres de textes de Balzac, bien que l'organisation de *la Comédie humaine* crée un ensemble plus nettement séparé des autres écrits. Les Jésuites et la Congrégation des romans tiennent du caractère qu'ils ont acquis dans les essais antérieurs des deux écrivains.

Ces essais témoignent de la volonté de leurs auteurs de faire œuvre d'historiens ou du moins de chroniqueurs. Une apologie de la Société de Jésus telle l'*Histoire impartiale des Jésuites*, que Balzac publie sous l'anonymat, en 1824 (11), ou les articles d'inspiration anticléricale que Stendhal destine aux revues comportent à la fois une documentation non négligeable et des qualités spécifiques d'interprétation, différentes chez chacun d'eux. Dans son apologie, Balzac va tellement à contre-courant du raz-de-marée antijésuitique de ces années-là que d'aucuns ont pu le soupçonner de s'être livré à une pseudo-défense de la Société dans une intention satirique. Bernard Guyon, qui a fait justice de ce raisonnement dans sa thèse, met en évidence dans le texte balzacien, publié à des fins de propagande, des tendances qui mûrissent par la suite chez l'auteur de *la Comédie humaine* et ne prennent consistance que bien des années après, mais "qui correspondent profondément à sa philosophie générale" (12).

On pourrait nous objecter que pour que ces textes aient valeur mythique, il suffit qu'ils s'écartent dans une certaine mesure des réalités qu'ils prétendent décrire et que le texte de Balzac, notamment, ne s'intitule ainsi que par le goût du paradoxe propre à l'auteur. Une telle objection nous ramène derechef aux théories du mythe. Les historiens, qui travaillent dans le domaine de l'histoire contemporaine, sans intentions polémiques ou apologétiques, sont non moins exposés à commettre des déformations ou des inexactitudes que les auteurs que de telles intentions animent. Ils font partie au même titre des totalités qu'ils décrivent (13) ; leur subjectivité, les limites de l'état des connaissances à une époque donnée, constituent autant de facteurs d'erreurs et de distorsions. Toute description historique, ainsi conditionnée, se compose d'un amalgame de données fidèles à la réalité et de déformations de diverses espèces, - amalgame faussement parallèle à celui des éléments mimétiques et mythiques dans la fiction. L'analogie, amenée par l'emploi du vocable mythe dans le domaine de l'histoire comme dans celui de la fiction, est fausse : la déformation a une fonction négative dans le progrès de la connaissance historique, alors que les procédés mythiques ont des fonctions positives dans la création romanesque et cela sur le plan de l'esthétique mais aussi sur celui où le roman réaliste contribue au développement de la connaissance historique.

Raison de plus pour mieux délimiter l'emploi des termes mythe, mythique dans les domaines différents de l'histoire et de la fiction. Quelle signification serait-il efficace d'attribuer à ces termes dans chacun de ces domaines ? Pour répondre à cette question, il convient de recenser les principales définitions conceptuelles du mythe dans les sciences humaines. Dans le cadre des sciences de la communication, Roland Barthes définit le mythe comme "système sémiologique second" et explique que dans n'importe quel mode de communication (parole, gravure, spectacle, etc...), le mythe est un système composé d'un signifiant au deuxième degré ; ce signifiant constitue lui-même le signe ou le rapport signifiant/signifié (ou encore le "total associatif d'un concept et d'une image") d'une autre chaîne sémiologique (14). Dans une telle perspective, le mot "jésuite", du fait de sa seule origine, serait d'usage exclusivement mythique. S'il faut en croire un historien de la Compagnie, ce mot aurait eu, en effet, le sens d'un homme de conduite pharisaïque, hypocrite, avant même la fondation de la Société de Jésus et les membres de cette Société auraient été affublés par leurs adversaires de ce nom comme d'un sobriquet (15). De même, les congrégations au sens d'associations ecclésiales constituent un signe, dont le signifiant nouveau de "la Congrégation" hérite et ce dans l'acception péjorative l'identifiant à l'ordre des Jésuites (16).

Mais lorsqu'on passe du terrain de la sémiologie à celui de l'histoire des idées, qui est le nôtre, la définition donnée par Barthes s'avère insuffisamment discriminatoire, puisqu'elle est indifférente à la valeur des contenus (17). Du point de vue sémiologique, il n'importe pas que la parole mythique serve à diffuser une erreur ou à révéler une réalité cachée.

En anthropologie, ethnologie, sociologie, le mythe fonctionne d'abord dans la première des acceptions données par Lalande :

"Récit fabuleux d'origine populaire et non réfléchie, dans lequel des agents impersonnels, le plus souvent des forces de la nature, sont représentés sous forme d'êtres personnels, dont les actions ou les aventures ont un sens symbolique" (18).

Les travaux de Claude Lévi-Strauss portent sur des récits allégoriques de ce genre. Toutefois, celui-ci donne une définition du mythe en tant que mode du discours, - définition d'ordre linguistique, parallèle à la définition sémiologique de Barthes, en ce qu'elle fait du mythe un langage au second degré (19). Mais l'approche est tout autre et la valeur des contenus n'est plus indifférente : "la substance du mythe ne se trouve ni dans le style, ni dans le mode de narration, ni dans la syntaxe, mais dans *l'histoire* qui y est racontée". Et cette histoire est toujours ancienne :

"Un mythe se rapporte toujours à des événements passés : "avant la création du monde" ou "pendant les premiers âges", en tout cas "il y a longtemps" " (20).

Par conséquent, il semble, à première vue, n'y avoir rien de commun entre les mythes qui intéressent les ethnologues et ce qu'on a appelé le mythe du jésuite. Pourtant, Lévi-Strauss constate de profondes affinités entre la pensée mythique ancienne et l'idéologie politique contemporaine, les produits de l'une et de l'autre (les structures, selon Lévi-Strauss) fonctionnent comme séquence d'événements qui se rapportent simultanément au passé, au présent et au futur. Dans ce cadre, toutefois, la question de la réalité des référents ne se trouve pas davantage posée et n'a même pas de sens. Bien au contraire, pensée mythique et pensée scientifique se situent aux antipodes l'une de l'autre, bien que l'auteur de *Mythologiques* insiste sur la validité de la démarche de chacun de ces modes de connaissance. On voit pourquoi le point de vue conceptuel adopté par Lévi-Strauss ne saurait convenir à l'étude des rapports de récits portant sur les Jésuites ou sur la Congrégation avec la réalité historique. Dans la mesure où le fonctionnement de la pensée mythique est incompatible avec celui de la pensée moderne qui véhicule de tels récits, dans la mesure où Barthes a raison d'affirmer que "le rapport qui unit le concept du mythe au sens est essentiellement un rapport de déformation" (21), le vocable de mythe semble une fois de plus inadéquat à rendre compte de la valeur référentielle de ces récits. Et, pourtant, sur un plan au moins, Jésuites et Congrégation relèvent du mythe dans l'imaginaire. Dans une de ses acceptions les plus récentes, le mythe constitue un des éléments indispensables de la fiction, conférant au récit d'imagination intérêt et force, même, par exemple, chez le romancier le plus fougueusement doctrinaire du réalisme romanesque, à savoir Emile Zola (22). Il s'agit du mythe, apparenté au symbole, fondé sur un récit symbolique d'une part et de l'autre, du mythe, lié aux archétypes et aux obsessions ; dans les deux cas, le mythe ainsi conçu procède du travail de l'imaginaire et de l'imagination sur des données fournies par le monde, par le rêve ou par le langage (23).

L'imagination mythique, dont la critique a étudié le fonctionnement chez les poètes (24), se manifeste plus discrètement chez nos romanciers, où elle s'exerce en corrélation avec l'esprit d'analyse et d'observation. Le rouge, couleur du sang, et le noir, couleur des soutanes, - dont les qualités symboliques constituent des lieux communs de l'exégèse du roman de Stendhal -, certains motifs du *Curé de Tours*, telle cette flamme qui paraît s'échapper des paupières de l'abbé Troubert, - "(...) paupières presque toujours abaissées sur deux yeux orangés dont le regard devenait, à son gré, clair et perçant. Des cheveux roux complétaient cette sombre physionomie sans cesse obscurcie (...)" (25), - acquièrent par leur accumulation, par leur incongruité ou par leur exagération un pouvoir de hantise et fonctionnent de manière similaire à celle des éléments terrifiants dans le monde hostile des anciens récits mythiques.

Dans la mesure où les Jésuites jouent dans la fiction le rôle d'obstacles, ils empruntent aux dragons, aux ogres, aux monstres des récits mythiques la fiction, sinon l'apparence (26). Stendhal fait de l'abbé Castanède un personnage mystérieux, redoutable, propre à susciter chez le lecteur un sentiment de malaise ; ce sous-directeur de séminaire, courtisé par les séminaristes mieux informés que Julien, soupçonné par celui-ci de lui avoir subtilisé la carte compromettante portant le nom d'Amanda Binet, carte pourtant cachée au fond d'une malle dont Julien gardait la clé (les dons du magicien pervers), le lecteur le quitte au moment où le sous-directeur triomphe au séminaire, où il s'est débarrassé de son ennemi Pirard, pour le retrouver "chef de la police de la Congrégation, sur toute la frontière du nord". Comme dans les contes, il faut que les dons extraordinaires du héros (mémoire, courage, adresse, etc...) reçoivent plus ou moins une contrepartie dans ceux des êtres maléfiques placés sur sa route, pour que la mission de ce héros ait quelque prix.

Procédés mythiques, donc, mais sans la consistance du mythe personnel chez Nerval ou de la mythologie cosmique de Hugo. Dans certaines scènes balzaciennes, faisant partie généralement des *Etudes philosophiques* - scènes, où le sujet est allégorique -, les mythes exercent des fonctions plus importantes. Ainsi, Marcel Reboussin a pu étudier le mythe de Foedora dans *la Peau de chagrin*, sans toutefois opérer de distinction entre la fonction esthétique et les fonctions idéologiques de ce mythe (27). Cette distinction s'impose, lorsqu'on tente d'analyser la motivation de la présence des Jésuites et de la Congrégation dans les fictions balzacienne et stendhalienne. Les œuvres maîtresses des deux romanciers se distinguent par une qualité précise grâce à laquelle la tension réaliste se manifeste : elles rendent compte de la complexité des données significatives de l'histoire, celles qui sont entérinées par la conscience collective comme vraies (modes de vie, rapports de force, institutions, etc.). C'est ainsi qu'elles créent ce plaisir de l'illusion de la réalité et autorisent en même temps le lecteur à trouver en elles un enseignement d'ordre historique.

Tant d'auteurs fourrent dans leurs romans ce que Baudelaire traite à juste titre d' "accessoires", sans conférer à ces œuvres ladite qualité. Les données qu'on trouve dans d'innombrables œuvres mineures sont simplifiées, falsifiées par suite de l'inculture ou de l'inintelligence des auteurs, des abus qu'ils font des procédés mythiques, notamment par suite du caractère outré des mythes symboles ou des mythes obsessionnels que ces auteurs mettent en jeu. Combien de romans, en effet, sont anémiés par le ou les mythes qu'ils comportent - ceux, notamment, que Stendhal qualifie de romans pour les femmes de chambre et ceux que Flaubert raille à son tour dans *Madame Bovary* (28). La majeure partie des romans populaires du XIXe siècle, classés dans ce qu'on appelle de nos jours la paralittérature (29), souffrent probablement de ces lacunes. Cette littérature-là colporte effectivement un mythe du Jésuite, qui hérite à la fois des traditions du roman noir et de l'énorme production de pamphlets, à partir de laquelle, depuis le XVIe siècle, se tisse la légende des Jésuites.

Le Juif errant qu'Eugène Sue publie en feuilleton dans *le Constitutionnel* en 1844-1845 fournit l'exemple d'un des romans les plus populaires, dans lequel le mythe transgresse le code de la vraisemblance historique et aboutit à en faire une œuvre satirique, où le réalisme est réduit à la portion congrue. L'intrigue est constituée par les tentatives de captation par les Jésuites d'une fortune qui ne leur appartient pas et qui en fin de compte leur échappe, mais pour l'obtention de laquelle ils n'hésitent pas à recourir à l'assassinat, au rapt, sans négliger les ruses, les mensonges, la duplicité, se servant de la religion et de la piété comme d'armes pour parvenir aux fins matérielles qu'ils poursuivent.

Sur deux points, les transgressions du code de la vraisemblance nous semblent particulièrement significatives, dans le contraste qui en résulte entre ce roman et ceux de Balzac et de Stendhal. Le premier est sinon le manque, du moins la faiblesse des motivations des personnages, particulièrement des Jésuites, chez lesquels le fanatisme de l'esprit de corps et la poursuite d'ambitions personnelles créent un ballet de pantins ; non pas que de telles contradictions ne soient plausibles, mais parce que Sue ne se soucie guère de dépasser le déterminisme le plus cru dans les intentions, actions et interactions de ses personnages - ce devraient être des hypocrites raffinés, ce ne sont que de plats gangsters.

La seconde transgression commise par Sue est plus significative encore : il situe le point culminant de l'action, la crise au cours de laquelle les Jésuites mettent en œuvre leur formidable puissance au lendemain des Trois glorieuses, dans un Paris en pleine effervescence révolutionnaire et frappé par l'épidémie du choléra ; s'il y a des troubles sociaux, c'est qu'ils sont fomentés en sous-main par les Jésuites. Sue se met ainsi en contradiction flagrante avec les données généralement connues de l'histoire des premières années de la monarchie de Juillet, la flambée de l'anticléricalisme, l'effacement de l'épiscopat et des ordres compromis par leur alliance avec les Bourbons (30).

Il est vrai que les Jésuites reconstituaient peu à peu les établissements d'enseignement fermés par le ministère Martignac, en 1828 et regagnaient une certaine influence qui se manifestera au début des années 40, mais non dans le Paris révolutionnaire des années 1830-34 (31). C'est alors que Stendhal écrit, probablement à Alberthe de Rubempré : ”(...) Le mot *jésuite* est un croquemitaine dont le peuple aura toujours peur...”. Dans son œuvre, les ecclésiastiques dominateurs, insolents, agents actifs d'une politique du pouvoir sous la Restauration, cèdent la place, au début du règne orléaniste, aux prêtres timorés, conspirateurs dans l'ombre des sacristies, où Lucien Leuwen va les chercher comme éventuelle force d'appoint pour le candidat gouvernemental (32). Du Poirier, chef de fait des légitimistes de Nancy et qui exige le rappel des Jésuites (il est donc conscient de leur absence) est caractérisé par la lâcheté autant que par l'énergie et par la ruse (33). Dans l'œuvre de Balzac, les prêtres jouent également un rôle notoirement plus discret sous la monarchie de Juillet que sous la Restauration. Ce ne sont peut-être pas les seules vicissitudes du travail créateur qui ont empêché Balzac de rendre à Mgr Hyacinthe dans *le Député d'Arcis* la formidable stature qu'il avait acquise dans *le Curé de Tours* ; l'Eglise de 1839 n'est plus celle de 1826.

Si Eugène Sue n'a cure des aléas de l'histoire de l'Eglise, ce n'est pas par volonté d'exercer la liberté superbe du créateur d'œuvres de fiction. Sue, lui aussi, prétend peindre des milieux sociaux de son temps et tenir compte des faits. Critiques et historiens ont d'ailleurs noté qu'on peut glaner dans ses feuilletons nombre d'informations correctes sur les conditions de vie des classes laborieuses et surtout des classes dangereuses sous la monarchie de Juillet (34). Pourtant, l'accumulation de tels détails ne sert pas l'œuvre et n'en fait pas l'équivalent d'une scène balzacienne ou d'un récit stendhalien, sans doute parce que les personnages et les situations simplistes n'exigent pas et ne profitent pas de ces notations d'ordre historique.

Sue se croit tenu de citer ses sources ou, du moins, l'une d'entre elles, au chapitre II de la deuxième partie du premier livre, où il se réfère dans une note à des *Lettres sur le clergé* de Libri (35). Mais le texte même des informations dudit Libri présente un caractère nettement pamphlétaire, outrancier et se situe dans la mouvance de ce qu'Alexandre Brou qualifie de manière heureuse "les jésuites de la légende". Cette légende dépasse de beaucoup la littérature de fiction. Elle englobe le mythe, mais ne s'identifie pas à lui.

La polysémie de *mythe* nous oblige à préciser le plan sur lequel nous nous plaçons lorsque nous employons ce terme. Le mythe, catégorie esthétique, n'est pas le même que le mythe politique auquel nous avons affaire dans le domaine de l'histoire des idées et plus précisément de l'histoire des mentalités, bien que le mythe politique puisse fonctionner quelquefois comme catégorie esthétique dans des œuvres d'imagination.

Sur le plan de l'histoire des mentalités, la distinction que nous voulons faire entre mythe et légende relève du critère du vrai et du faux. Pour la rendre précise, nous prenons comme point de départ quelques données historiques fondamentales, en rapport avec notre sujet. La Société de Jésus a une existence attestée depuis sa fondation par Ignace de Loyola, le 15 août 1534 (36). L'Association des Chevaliers de la Foi, désignée dans sa légende sous le nom de Congrégation, s'est manifestée au cours d'une période assez exactement délimitée entre 1810 et 1826 (37). Ces sociétés, du fait du secret dont elles s'entourent (38), suscitent à la fois connaissance et erreur. Mais la part d'erreur serait dominante, même sans le secret, parce que ce sont des sociétés engagées dans les conflits religieux, sociaux et politiques de leur temps. La littérature partisane a tendance à déformer les données qu'elle est amenée à utiliser dans un sens favorable ou défavorable à la cause qu'elle sert ou qu'elle combat. La littérature sur les Jésuites, plus que toute autre, a souffert de cette loi. Le mythe du Jésuite se nourrit de tout ce qui s'écarte de la vérité du sujet ; la légende, par contre, se nourrit, elle, de la vérité comme de l'erreur, de tout ce qui valorise son sujet. En tant que légendes, Société de Jésus et Congrégation sont des phénomènes de mentalité (39). La présence de ces phénomènes dans les œuvres de Balzac et de Stendhal nous amène à employer le terme lui-même trop polyvalent de *thème*, plus commode toutefois que la périphrase et qui a du moins l'avantage - contrairement à *mythe* - de ne pas préjuger de la question de sa véracité.

Si c'est bien le mythe politique qui prévaut dans les chansons de Béranger, et même dans le cours sur les Jésuites professé par Michelet et par Quinet, en 1843 (40), il n'en va pas ainsi dans les œuvres des deux romanciers, alors que chacun d'eux procède d'un état d'esprit fort différent. Une sorte de décantation de leurs opinions s'opère dans les œuvres romanesques, en respect de la complexité du réel, par suite aussi des avantages que leur donne un esprit pénétrant dans l'investigation des arcanes de la société de leur temps.

hantise, n'acquièrent la valeur d'un mythe obsédant. Le lecteur de ses relations de voyages en Italie sera plutôt frappé par le caractère nuancé et le ton plus objectif qu'hostile de celles qui y apparaissent (46). Même aux heures chaudes, quand la polémique sur les activités de la Congrégation relance la campagne anti jésuite, Stendhal participe à cette campagne, mais ne se laisse pas entraîner par elle à des visions apocalyptiques. Il lui arrive de croire que les Jésuites cherchent à fanatiser le clergé et à préparer, le cas échéant, une nouvelle Vendée. Rendant compte en octobre 1825 du roman de Ducange et Mortonval, *le Tartuffe moderne*, il affirme :

"C'est une peinture fidèle de ce que font, loin de Paris, vingt-cinq mille jeunes paysans sans instruction, que, depuis six ans, l'on a métamorphosés en curés de campagne. On leur apprend, surtout dans les séminaires, *à faire des armes*, le fait est historique. Si jamais les jésuites étaient chassés de France et qu'ils trouvassent de leur intérêt de faire naître la guerre civile, les jeunes curés faits depuis 1817 pourraient y briller consilio manuque (...)" (47).

Le péril jésuite prend rarement le degré de consistance qu'il lui a attribué dans le passage cité. En mai 1826, Stendhal va jusqu'à affirmer que la tyrannie jésuite valait en fin de compte mieux que celle qu'aurait exercé un Napoléon vainqueur à Waterloo, car la première serait forcément de plus courte durée. Sur ce point, Stendhal voit les choses comme Delécluze, qui, lui, redoute les réactions populaires que provoqueront les outrances cléricales plus que ces outrances elles-mêmes (48).

Ceci dit, Stendhal reste convaincu que les Jésuites sont responsables de l'envahissement du cléricalisme, que ce sont eux précisément qui animent la faction cléricale du parti ultra. Un texte, daté d'octobre 1826 et paru dans le *New Monthly Magazine* est, à cet égard, des plus explicites ; Stendhal y décrit trois congrégations, lesquelles sont selon lui toutes trois des congrégations de Jésuites (49).

Sans avoir nécessairement le caractère systématique que les généralisations de Stendhal impliquent, la présence et l'activité de pères jésuites en tant que fondateurs et animateurs d'un réseau de sociétés pieuses, au milieu desquelles celles à desseins politiques évoluaient comme le poisson dans l'eau, - si nous pouvons nous permettre cette métaphore de notre époque -, sont attestées par des historiens sérieux. Après que l'ordre eût été dissous par le bref de Clément XIV, en 1773, - certains de ses membres fondent de nouvelles organisations pour perpétuer ses activités, telles la Société du Sacré-Cœur, les Frères de la Foi (50). Pour les mêmes motifs, le père Delpuits crée une congrégation mariale et ce sont encore des Jésuites qui font naître des congrégations parallèles à Bordeaux, à Lyon (51). Lorsque Ferdinand de Bertier forme l'Association de Charité, dont les Chevaliers de la Foi constituent le groupe dirigeant, l'abbé Perreau, qui devient par la suite vicaire-général de la Grande-Aumônerie, y joue "un rôle capital" (52).

Un indicateur de police, de Brivazac-Beaumont, précise, dans le premier rapport sur l'Association, qui soit resté de lui, en date du 2 décembre 1815 :

Un premier état des études de ce double thème des Jésuites et de la Congrégation chez les deux romanciers avait été effectué par Keith Mc Watters, au Congrès de Tours de 1969 (41), où il notait avec précision les termes dans lesquels ce thème se manifeste dans les romans de chaque auteur, les rapports que chacun d'eux établit entre Jésuites et Congrégation, enfin les qualités de l'information et de véracité historique chez l'un comme chez l'autre. Keith Mc Watters met l'accent sur l'essentiel :

"(...) Balzac et Stendhal, tous deux, ont cru *avec raison* à une entreprise clérico-politique qui se manifestait par la direction d'une majorité compacte à la Chambre, par la conquête des places, par des intrigues électorales, par l'établissement de réseaux d'espionnage, par une tentative de prise en charge des classes populaires, etc..." (42).

L'histoire des Jésuites comporte bien des aspects sur lesquels les travaux des historiens sont inconciliables et sur lesquels la lumière est loin d'être faite. Mais l'histoire de la montée du cléricalisme sous la Restauration ne suscite pas de pareilles controverses. Les historiens de différents bords se rencontrent pour en décrire les manifestations et pour en attester la virulence : un clergé ignorant à l'assaut de l'enseignement, l'action intempestive des missions, le contrôle gênant exercé par certains curés et vicaires sur leurs paroissiens et surtout la collusion entre les autorités ecclésiastiques et le pouvoir exécutif de l'Etat. Mc Watters s'est basé sur l'ouvrage de Bertier de Sauvigny. En 1970, Robert Casanova, dans un ouvrage consacré à Montlosier, corroborait sur tous ces points les manifestations du cléricalisme et citait, lui aussi, des auteurs favorables aux activités de l'Eglise, tel l'abbé Sevrin, historien des missions.

Casanova écrit notamment :

"Le spectacle de la mission, aussi déplaisant fût-il à ceux qui ne l'aimaient pas, n'aurait pas suffi à dresser contre lui tant de libéraux si les missionnaires ne s'étaient partout présentés comme des alliés naturels de la légitimité (...). Tout au long des cérémonies religieuses, retentissait le cantique : Vive la France, vive le Roi ! Toujours en France, les Bourbons et la Foi !

"Il ne semble pas qu'il se soit trouvé beaucoup d'ecclésiastiques pour estimer maladroit d'accréditer ainsi l'idée qu'être catholique, c'était obligatoirement être un ultra" (43).

Il cite Tocqueville, qui, d'Amérique, en 1831, avait abondé dans le même sens (44). Casanova rend également hommage à la "lucidité coutumière de Stendhal", dans les articles du *Courrier anglais*.

Le lecteur des essais de Stendhal se gardera peut-être de lui attribuer une impassibilité qui ne fut pas la sienne. Il peut constater que notre Grenoblois a tendance à dénoncer les activités occultes des Jésuites, à attribuer implicitement à cet ordre une solidarité sans failles et explicitement une pédagogie immorale (45). Pourtant, ni par leur nombre, ni par leur formulation, les mentions que Stendhal fait des Jésuites ne représentent une

"Elle compte beaucoup d'ecclésiastiques. C'est une espèce de société jésuitique qui pense à rétablir cet ordre" (53). Enfin, le comte de Gobineau, lui-même Chevalier de la Foi, écrit dans ses *Mémoires* :

> "Une division acheva de nous épuiser en nous scindant en deux ; les uns ne voyaient dans l'Ordre qu'une association pour soutenir les jésuites. Nos premiers chefs (...) étaient dans de trop hauts emplois pour s'en occuper. Le duc de Fitz-James, M. de Chateaubriand se retirèrent avec la plupart des politiques. Adrien de Rougé les remplaça et devint sous-chef dans l'intérêt jésuitique. Franchet, directeur de la police sous Villèle eut le talent de se servir des débris de l'association pour être informé de beaucoup de choses, mais lorsqu'il quitta avec M. de Villèle, l'Ordre ne fut plus utile à rien et serait mort en 1830" (54).

Il ne peut donc être question de négliger ou de sous-estimer la présence de pères jésuites ou de membres du haut clergé dans des associations et des combinaisons à caractère politique. Les identifications commises par Stendhal correspondent à une certaine réalité, même si celle-ci est appréhendée à partir d'une prise de position polémique et partisane. Mc Watters était en droit d'écrire qu'il "trouve bien peu d'apocalypses chez Stendhal" ; nous verrons qu'il a raison d'ajouter : "comme Balzac, (Stendhal) est arrivé à distinguer jésuites et Congrégation" (55).

Par contre, il est plus hasardeux d'affirmer que Montlosier soit à l'origine d'une sorte d'obsession des jésuites chez Stendhal. Primo, "jésuites" et "jésuitisme" font partie du vocabulaire stendhalien, tant dans les textes d'Italie que dans ceux, bien antérieurs de ses cahiers de théâtre, à propos de Geoffroy, dans *Letellier* (56). Secundo, Montlosier n'avait lui-même pas cédé aveuglément au mythe de jésuite, que la politique cléricale du gouvernement bien plus que les écrits du comte avait contribué à ranimer, comme le démontre Casanova. Les fureurs antijésuites de Montlosier ne l'empêchent pas de distinguer dans le *Mémoire à consulter*, de février 1826, trois partis dans la Congrégation même : le parti jésuitique, le parti ultramontain, le parti prêtre, lesquels "ne marchent pas toujours ensemble. Le parti royaliste lui-même n'ayant pas les mêmes couleurs, la congrégation est sujette à perdre de grandes forces (...) si (...) elle vient se jeter dans quelque voie aventureuse, le parti jésuitique, qui, par dessus tout, ne veut pas se compromettre, l'abandonnera" (57). Stendhal fait la différence entre les nombreux pamphlets antijésuites qu'il qualifie d'absurdes et les écrits de Montlosier auxquels, mises à part les lubies aristocratiques du comte, il accorde la valeur d'un témoignage historique clairvoyant sur les agissements des factions cléricales, - témoignage qu'il croit dicté par l'hostilité traditionnelle entre les deux anciens ordres privilégiés (58).

Si nous acceptons la description des contradictions entre divers membres et diverses forces du parti ultraroyaliste donnée par Bertier de Sauvigny, comme conforme à la réalité historique et si nous jugeons d'autres descriptions à l'aune de celle-là, celles données par Stendhal, tant dans ses essais des six dernières années de la Restauration que dans les chapitres consacrés à la Note secrète dans *le Rouge et le Noir* paraissent avoir rendu dans sa complexité le jeu politique auquel ces hommes et ces forces se livraient. Comme Stendhal se sert dans *le Rouge* de procédés esthétiques : camouflage, redondance, ambiguïté des situations et des dialogues ; il restaure à cette trame tirée de l'histoire une dimension qui en rend la prise de connaissance à la fois plus captivante et plus exacte que dans ses autres écrits ou dans des narrations de chroniqueurs et d'historiens : le lecteur du *Rouge* participe à des machinations secrètes dont le roman peut reconstituer l'atmosphère, alors que l'analyse historique, elle, se contente d'en démonter le mécanisme, d'en dévoiler les ficelles.

Que révèle en substance Bertier de Sauvigny ? Le groupe de députés ultraroyalistes qui, dès janvier 1816, se réunit chez le député Piet comprend une majorité de Chevaliers de la Foi. Villèle figure dès le début parmi les leaders du groupe. Le fondateur de l'Association écrit dans ses *Souvenirs* :

> "J'avais fait admettre aux honneurs de la chevalerie, à la fin de 1813, M. de Villèle (...) mais l'âme de M. de Villèle n'était pas à la hauteur de cette noble institution et il n'en comprit pas toutes les obligations ; il n'y avait vu pour lui qu'un appui, des entours puissants et des moyens de s'élever. (Quand fut établie la bannière de la Chambre), M. de Villèle, naturellement en faisait partie et se trouvait appuyé et soutenu par elle ; simple député, il marchait avec elle, proclamait (...) ses principes et ses vues. Il dépassait même nos intentions, dans ses plaintes exagérées contre l'administration (...) et contre les ministres, même M. de Vaublanc, dont nous ne pouvions que louer les sentiments monarchiques, mais dont M. de Villèle convoitait dès lors la place" (59).

L'homme politique avait trouvé le parti qui allait le porter au pouvoir. Dès l'origine se manifestent les différences non seulement de tempérament mais de conceptions politiques. Les plus réactionnaires, celles du fondateur, sont assez bien résumées dans les notes qu'il a prises des avis qu'il donnait, en qualité de conseiller secret, au futur Charles X, à l'époque des ministères modérés qui suivirent la dissolution de la Chambre introuvable.

Ferdinand de Bertier "détaille le moyen de préparer le retour des royalistes au pouvoir. En bon congréganiste, il place au premier rang ceux qui visent à se concilier le ciel : que l'héritier du trône promette, par exemple "de révoquer les articles de la Charte (si elle existe encore) qui renferment quelque chose de contraire à la religion" (...). Il est nécessaire d'avoir des notes sur toutes les personnes en place pour savoir sur qui l'on pourra compter en cas de besoin ; d'avoir une contre-police pour surveiller les libéraux".

Ferdinand de Bertier prévoit la préparation d'un coup d'Etat : "quels sont les événements qui pourraient donner lieu de la part de Monsieur à une grande résolution ? En général, tout ce qui pourrait faire présager immédiatement une chute du Trône, ainsi, une révolution à Paris, une attaque directe contre l'héritier du Trône, la convocation d'une Chambre, composée de jacobins et de quelques régicides, une démarche des Puissances menaçant d'intervenir si le système du gouvernement n'était pas changé" (60).

Villèle, arrivé au pouvoir, a besoin des voix de la bannière pour ne pas être mis en minorité. Il lui faut pour les obtenir exécuter le programme des Chevaliers de la Foi et appliquer une politique qui ne lui convient pas, parce qu'elle lui aliène les fractions plus modérées de la Chambre. Bertier de Sauvigny décrit en détails les manifestations de l'hostilité de Villèle à l'égard de Ferdinand de Bertier, au cours de la session parlementaire de 1824-25 (61). Dans la bannière même, Rougé avait su conquérir une influence aux dépens de Bertier et qu'il mettait au service de Villèle ; cette influence, il la devait aux moyens que le pouvoir mettait à sa disposition.

"Les membres de la *bannière* de la Chambre ne demandaient rien pour eux-mêmes, mais ils ne s'en trouvaient que plus libres pour recommander leurs amis (...). Les éternelles tendances de la nature humaine conspiraient donc avec la politique de Villèle, qui consistait à se créer une clientèle intéressée, pour transformer la chevaleresque institution rêvée par Bertier en société du type le plus vulgaire où la conquête des places devient une fin au lieu d'un moyen, où la défense des intérêts privés prend le pas sur la défense d'un idéal" (62).

Si, d'une part, Villèle bénéficiait du soutien de la majorité des députés chevaliers de la Foi, corruptibles ou non, il allait d'autre part attaquer ce que l'historien appelle "la fraction congréganiste" (63) de l'organisation, en faisant publier ou du moins en autorisant en sous-main la parution des articles de Montlosier, en octobre 1825, lesquels dénonçaient les méfaits de la Congrégation dans le journal ministériel *le Drapeau blanc*. L'objectif de Villèle semble avoir été de compromettre l'opposition de droite dans sa propre faction et de lever l'hypothèque cléricale qu'elle faisait peser sur son gouvernement.

Sur la composition de la bannière de la Chambre, Stendhal était mieux informé que Montlosier, comme le constate Robert Casanova (64). Stendhal n'ignore pas que le chef désigné des Chevaliers de la Foi, qu'il nomme constamment des "jésuites de robe courte", est le duc Mathieu de Montmorency et le répète maintes fois à ses lecteurs anglais. Dans certaines pages, Stendhal se montre conscient des contradictions qui déchirent le parti ultra et les descriptions qu'il en donne relèvent fort peu d'un mythe ; elles annoncent plutôt les pages citées ci-dessus des historiens de nos jours. Ainsi, dans le fragment consacré à la politique de Villèle et qu'il date du 1er novembre 1825. On y lit cette phrase :

"M. de Villèle, de plus en plus irrité contre M. Franchet, directeur général de la police, qui lui est imposé par les jésuites, et qui, loin de lui obéir comme les ministres, commence la guerre contre la toute puissante *congrégation*" (65).

126

En fait, comme l'indique le contexte, c'est M de Villèle, qui, dans l'esprit de l'auteur, commence cette guerre. Stendhal en donne comme preuve l'attaque de Montlosier dans *le Drapeau blanc*, journal ministériel. Il répète :

> "On peut donc espérer que la guerre est commencée entre M. de Villèle et la *Congrégation des Jésuites* (...). M. de Villèle chercherait en cas de dissolution de la Chambre à faire élire beaucoup de banquiers et de négociants. S'il ne se jette pas dans les industriels, les jésuites auront assez de pouvoir pous faire élire des jésuites à robe courte. M. Ferdinand de Bertier a avoué à la dernière session qu'il y avait cent huit jésuites (à robe courte) dans la Chambre élective, qui compte quatre cent vingt membres" (66).

Un an plus tard, dans une lettre à Sutton Sharpe, il fait prévaloir cette idée que Villèle est en butte à la faction cléricale et qu'il désire "couper les ailes aux Jésuites" (67).

Les chapitres de la Note secrète dans *le Rouge et le Noir* ont donné naissance à de nombreux travaux d'exégèse. Pour n'en citer que quelques-uns, à tour de rôle, Claude Liprandi, Louis Aragon, Henri François Imbert, Kosei Kurisu, Robert Casanova ont apporté de plus en plus de précisions sur les correspondances entre les éléments du roman et ceux de certaines crises historiques, datées de 1818 et de 1830. Kurisu a plus particulièrement étudié les emprunts faits par le romancier à la presse de l'opposition libérale, laquelle, en 1830, dénonçait des complots ourdis ou projetés par les ultras (68). La plupart de ces commentateurs ont été conscients de ce qu'il n'y a pas identité mais tout au plus analogie entre les faits historiques et les données de la fiction. Ils admettent plus difficilement, sauf Robert Casanova, qu'il n'existe pas de prototypes historiques uniques pour les personnages du *Rouge* et ont du mal à renoncer à voir dans telle ou telle personnalité historique l'essentiel d'un personnage du roman : Liprandi identifie le marquis de La Mole à Montlosier ; ses successeurs récusent ce prototype, mais sont convaincus que de Nerval n'est nul autre que Jules de Polignac. Ces identifications nous semblent à la fois hasardeuses et accessoires en tant qu'un des aspects possibles du réalisme romanesque.

Nous tenons à privilégier les données et les procédés, grâce auxquels la complexité du réel, en l'occurrence celle d'actions politiques, est rendue dans la fiction. La mission de Julien est une tangente projetée par des forces et des personnages, momentanément alliés, mais qui s'opposent et se haïssent tout autant qu'ils redoutent les classes sociales auxquelles ils veulent imposer leur joug. Sur l'ennemi commun des conspirateurs, les "jacobins", la jeunesse, la presse, nous n'avons rien à ajouter à ce qui a déjà été écrit à ce sujet. Les oppositions entre les conspirateurs eux-mêmes, les uns, hommes de gouvernement, dévoués à la restauration des pouvoirs d'une monarchie, au service de laquelle ils continueraient à jouer les premiers rôles, d'autres, membres du parti aristocratique, celui de M. de La Mole, les troisièmes constituant la faction cléricale, la plus influente des trois, ces oppositions ont été relevées, notamment par Kurisu. Il y a peut-être intérêt à pousser l'analyse de cette réunion plus loin que ce dernier ne l'a fait.

Julien compte douze personnes réunies autour du tapis vert ; comme lui-même est assis à une table de jeu, il ne s'inclut pas dans ce nombre (69). Les conspirateurs, Julien compris, sont donc treize, chiffre fatidique et sacré, celui de Jésus et des apôtres. Le seul homme qui va agir pour les conspirateurs jusqu'à mettre sa vie en danger est le seul aussi qui appartienne tout entier, par ses antécédents comme par sa façon de penser, au camp ennemi. Il y a là un symbole discret de cette "nécessité de type socio-historique" que Geneviève Mouillaud évoque (70), puisque, comme M. de La Mole en est conscient, il n'y a pas dans sa maison ni à son service personne qui puisse remplacer le jeune plébéien, sur la fidélité duquel le marquis peut miser, mais sans qu'elle aille de soi (71).

Sur les douze personnages, Stendhal en décrit dix. Ils se répartissent assez inégalement entre les trois factions mentionnées ci-dessus. Le parti ministériel se compose de M. de Nerval et du général transfuge, lequel s'efforce de gagner les bonnes grâces du ministre et d'obtenir de lui le cordon bleu ; ce général se désintéresse de la conspiration et quitte la réunion dès après le départ de M. de Nerval. De Nerval refuse de démissionner, comme l'y invite le cardinal, chef de la faction cléricale. Il se dit persuadé qu'il réussira à restituer les institutions de la monarchie de Louis XIV, au service de laquelle, lui, commis de l'Etat, jouerait sans doute le rôle d'un Colbert. L'auteur, par une intervention dans laquelle il qualifie de naïveté le jugement que Julien porte sur le ministre, attribue à celui-ci courage et manque de sens (72). Ce n'est pas le jugement que Stendhal porte sur Villèle, en qui il voit un politicien consommé et un ministre qui a affermi son pouvoir par la corruption (73). Mais la situation de de Nerval, qui a travaillé avec les factions ultraroyaliste et ultramontaine, comme le dit l'évêque aux gilets (74), et se trouve en tant que ministre en conflits d'intérêts avec elles, présente plus d'analogie avec celle de Villèle en 1825, qu'avec celle de Polignac en 1830. En identifiant purement et simplement Nerval avec Polignac, les commentateurs s'exposent à deux reproches : celui de ne pas avoir fait la preuve d'une opposition entre Congrégation et de Polignac, celui d'oublier que la présence de la Congrégation dans la fiction ne correspond pas à ce que la Chevalerie de la Foi dissoute en janvier 1826 et les Jésuites, renvoyés en 1828, étaient devenus dans la France de 1830 (75).

En face du ministre se dresse la faction cléricale, nettement majoritaire et la plus influente. Elle se compose du président de la séance, lequel prétend, avec l'approbation du cardinal (76), imposer aux ministres les volontés de la faction ; de l'évêque aux gilets, rapporteur à "l'indulgente philosophie" et néanmoins partisan de l'assassinat d'un gêneur comme Bonaparte ; cet évêque présente la thèse, chère à Stendhal, selon laquelle l'Angleterre n'a pas les fonds et les puissances européennes n'ont pas les moyens nécessaires pour subjuguer la plèbe révolutionnaire française, thèse dont M. Kurisu a attesté la présence dans la presse d'opposition de 1830 (77) ; cette faction se compose encore de l'évêque d'Agde, qui, lui aussi, approuve l'assassinat et envisage d'immoler Paris ; du cardinal, enfin, qui présente une motion fort claire : restituer au clergé ses biens afin qu'il s'en serve pour s'armer et pour faire marcher le peuple fanatisé par lui.

Le marquis de La Mole avait proposé, lui, la solution du parti aristocratique, celle d'équiper des compagnies placées sous les ordres des hommes de la haute noblesse, qui paieraient les frais, étant donné qu'ils sont généreusement dotés par le budget. L'intervention du cardinal constitue une réplique et un refus déguisé de l'action proposée par le marquis.

Le péril dans lequel se trouve Julien reçoit ainsi une explication plausible. On peut conjecturer que dans l'esprit du marquis, les puissances étrangères, Angleterre, Prusse, Russie, dont aucune n'est catholique, - l'Autriche exceptée, mais celle-ci non plus n'est pas tendre pour les Jésuites (78) - soutiendront plus volontiers la réaction nobiliaire ; c'est toutefois ce qu'il ne faut pas dire, puisque la politique du parti ultra a favorisé la mainmise de la Congrégation sur la police et l'administration du royaume. Le marquis prend un luxe de précautions : il présente son secrétaire comme *l'abbé* Sorel (79), passeport indispensable dans cette réunion. Il demande à Julien de ne pas révéler "les excès de zèle" qui pourraient faire mauvais effet auprès de "notre ami de l'étranger" (80) et il redoute, à juste titre, les "faux frères" (81). La faction cléricale, au cours de cette séance, n'a-t-elle pas prouvé que dans l'état actuel des choses, l'intervention étrangère pourrait provoquer la guerre qui "affamerait les Jésuites" - ce sont les propres termes du cardinal - et que la petite bourgeoisie française pourrait sortir victorieuse de l'épreuve (82) ? Le cardinal veut bien de l'intervention étrangère, à condition qu'un parti armé constitué par le clergé soit en place pour l'accueillir. Puisque ce n'est pas encore le cas, l'envoi de la note doit en bonne logique lui sembler prématuré ; que la Congrégation essaie de subtiliser une note à la mise au point de laquelle elle a contribué n'a donc rien d'aberrant dans la logique des données du récit.

Que pour cet épisode, Stendhal se soit documenté dans la presse, comme l'a montré Kurisu, c'est d'autant plus vraisemblable que Stendhal procède souvent ainsi. *Lucien Leuwen*, plus encore que le *Rouge* tire une bonne partie de sa substance de la presse de l'époque. Le danger serait de faire du roman un récit documentaire, ce qu'il n'est pas. L'historicité du récit repose sur sa représentation de la duplicité des mœurs politiques, sur l'idée vraie qu'il donne de la complexité des relations sociales, de l'engrenage dans lequel le héros est pris : un plébéien vaguement déiste et bonapartiste pouvait bien être amené autant par ambition de se prouver à soi-même que par générosité d'âme à servir d'agent de liaison à une conspiration antinationale de cliques réactionnaires et dans cette situation archifausse risquer sa vie par suite des contradictions entre les cliques elles-mêmes. Les procédés esthétiques que Stendhal pouvait mettre à l'œuvre dans le roman, les révélations en trompe-l'œil, les allusions, les phrases à double sens, les sous-entendus, les interventions camouflées, tous concourent à créer ce climat de duplicité et d'ambiguïté qui caractérise les rapports sociaux depuis la Révolution, par suite du décalage entre les idéaux nouveaux et les intérêts des possédants. L'hypocrisie était le trait dominant déjà chez les suppôts du tyran Napoléon et ensuite, lors de "la halte dans la boue", trait que Stendhal avait longuement cherché et échoué à rendre au théâtre et qui, ici, enfin prenait vie, d'abord dans *Armance*, "roman de l'indicible" et enfin dans *le Rouge*, chronique non pas de 1830, mais bien du XIXe siècle.

Le réalisme, défini comme tension, ne consiste pas dans le recours à l'épisode d'une note secrète, qui n'était peut-être pas grand-chose de plus que des ragots de journaux, mais dans la restitution par des procédés non mimétiques déjà mentionnés (ironie, camouflage, etc.) d'une réunion de conspirateurs, telle que les francs-maçonneries politiques d'hier et d'aujourd'hui ont dû en tenir d'innombrables ; il ne consiste pas en un prototype possible de M. de Nerval, ni même en la reproduction plus ou moins fidèle des rouages de la Congrégation, mais dans le tracé de la carrière qu'un Valenod a pu faire en tant qu'associé favorisé par la faction qui dispose des places ; il résulte de l'enchaînement par lequel Julien a lui-même contribué à favoriser l'élévation de l'ennemi qui lui fera couper la tête (83).

Balzac est allé plus loin encore que Stendhal dans sa dénonciation du mal que la Congrégation pouvait faire au service d'ambitions et de passions individuelles, dans la France de la Restauration (84). La pensée de Balzac ne saurait être confinée à l'espace de l'idéologie cléricale qu'il a prônée et de laquelle l'abbé Philippe Bertault a donné des citations caractéristiques, dans la partie de sa thèse consacrée à Balzac apologiste du catholicisme (85). L'abbé Bertault le sait bien d'ailleurs, qui dénonce "les insuffisances de l'apologétique balzacienne". Il subsiste aussi chez Balzac un anticléricalisme, qui se développe bien au-delà de ce que son exégète appelle "la brève période de son voltairianisme agressif"(86). L'abbé Bertault passe un peu rapidement, par exemple, sur les personnages de prélat mondain et de l'ambitieux abbé de Rastignac, du *Curé de village*, œuvre de 1839, fort éloignée de la jeunesse de Balzac et apologie d'une forme de catholicisme social (87).

Si Balzac prône bien des fois par la bouche de ses personnages ou dans ses interventions d'auteur le catholicisme romain, dans lequel il voit un instrument d'ordre social, une force de conservation, combien de fois n'emploie-t-il pas comme ressort de l'action l'influence néfaste qu'exercent certains prêtres, lorsqu'ils interviennent dans les familles, précisément en tant qu'agents de l'Eglise ! Il ne s'agit là nullement des œuvres de jeunesse de Balzac, ni du seul *Curé de Tours*, mais d'*Une double famille*, datant, il est vrai, du début des années trente, des *Employés*, scène de 1837, d'*Une fille d'Eve* publiée à la fin de l'année suivante, de *Pierrette,* parue en 1840, toutes œuvres où la dévotion mal entendue fait des victimes et rend inhumaines les femmes qui la pratiquent ou ajoute à leur inhumanité (88). Or, cette dévotion, celle d'une Mme de Granville, comme celle d'une Sylvie Rogron est inspirée par des prêtres aux ambitions mondaines, le chanoine Fontanon, le vicaire Habert. Ce dernier, nous apprend l'auteur, est ''un homme qui passait pour appartenir à la Congrégation, très zélé pour les intérêts de l'Eglise, très redouté dans Provins, et qui cachait une grande ambition sous une sévérité de principes absolue'' (89). En une phrase, nous avons le portrait robot du congréganiste de Balzac comme du congréganiste de Stendhal. Il y a une différence majeure entre ce genre de congréganistes et les jésuites mythiques de Sue et autres auteurs populaires. l'ambition du congréganiste balzacien ou stendhalien s'insère dans le jeu des passions, des émotions, des préjugés qui animent les autres personnages.

Dans le cas du vicaire Habert, les liens avec la Congrégation sont ténus, l'auteur n'est pas allé au-delà de la constatation d'une rumeur publique, non d'un état de fait. Le vicaire se fait traiter de jésuite, mais c'est davantage l'opinion des protagonistes du roman que celle de l'auteur (90). C'est que Balzac, auteur anticlérical dans la mesure où il s'oppose à ce que le clergé se serve de la religion à des fins personnelles, ne cède jamais au mythe antijésuitique.

Bernard Guyon, dans sa thèse, avait opposé l'anticléricalisme de la jeunesse de Balzac à l'*Histoire impartiale des Jésuites*. Mais il avait noté en même temps que l'antijésuitisme du *Centenaire*, œuvre de 1822, était déjà fort mitigé (91). Le père de Lunada, confesseur de la famille dans ce roman, apparaît d'abord comme un ''(...) Jésuite ambitieux, descendant direct du type immortel de Molière''. Mais dans la suite du roman, le personnage évolue du tout au tout. S'il commence par caresser l'idée de s'emparer des biens de la famille, il abandonne bientôt ce rôle pour devenir le pon père, le bon Jésuite. D'autres œuvres de jeunesse ne manifestent pas davantage d'antijésuitisme. On trouve, par exemple, dans *Sténie*, le premier roman de Balzac, daté de 1821, à la fin de la deuxième lettre de Vanehrs à Del-Ryès, ce passage :

> ''(...) on ne réfléchit pas qu'en nous, là où il n'y avait rien, quelque chose naît, grandit et ravage le monde moral, même le monde physique. Cette anomalie de l'homme restera sans être comprise, tant qu'il ne sera pas libre aux philosophes de dire toutes leurs pensées (...). N'est-il pas pitoyable de penser que des théories lues par quelques hommes dans chaque empire peuvent le renverser ? Qui de Spinoza, de Hobbes, etc... ou des jésuites ont le plus bouleversé le monde ? Où trouve-t-on plus de criminels, dans les rangs des savants ou des inquisiteurs ?'' (92).

La question est rhétorique et la réponse n'est pas celle que formulerait un anticlérical extrémiste. Le Balzac quadragénaire condamne tout autant que celui de vingt-deux ans le jésuitisme, si celui-ci signifie soif de domination et indifférence quant au moyens employés pour arriver à une fin. A propos de la monarchie de Juillet, il met dans la bouche de Z. Marcas cette répartie contre un ministre juste-milieu : "Les jésuites ont passé, mais le jésuitisme est éternel" (93). Il n'empêche que Balzac n'aime guère attaquer les Jésuites proprement dit, et même en tant que terme de comparaison. Un exemple assez caractéristique est fourni par les variantes du texte de *Gobseck*. On lit dans *l'Usurier*, première version de ce texte, paru dans *la Mode* du 6 mars 1830 :

> "Nous sommes (c'est Gobseck qui parle) les casuistes de la Bourse. Comme moi, tous sont arrivés à n'aimer, à l'instar des jésuites, le pouvoir et l'argent que pour le pouvoir et l'argent même" (94).

Dans *les Dangers de l'inconduite*, deuxième mouture de ce récit, publié en 1832, dans la deuxième édition des *Scènes de la Vie privée*, ce passage est resté inchangé. Mais dans la version finale, Gobseck dit :

> "Casuistes de la Bourse, nous formons un Saint-Office, où se jugent et s'analysent les actions les plus indifférentes de tous les gens qui possèdent une fortune quelconque, et nous devinons toujours vrai" (95).

Balzac a résisté aux facilités du mythe du Jésuite. Il est d'autant plus frappant de constater qu'il se montre tout aussi hostile que Stendhal à l'activité et aux buts de la Congrégation. Il a maintenu non édulcoré dans l'édition Furne corrigée le texte du *Curé de Tours* de 1832, lequel contient bien autre chose que des allusions aux Jésuites (96). C'est une attaque en règle contre la Congrégation, dans la mesure où celle-ci a servi des ambitions particulières dans la société de la Restauration et non le bien public. Cette attaque ne semble pas avoir été comprise ainsi par les critiques, à peu d'exceptions près.

L'épilogue que Balzac développe à partir de la première édition oppose l'égoïsme, "vice capital" du prêtre dans la situation présente, aux "grands dévouements historiques" des chefs temporels et au "sublime" des chefs spirituels des temps passés. Cet épilogue contient des conclusions ambiguës, - la variante de la dernière phrase témoigne des hésitations de Balzac - mais pour l'essentiel réprouve, en ce qui concerne Troubert, la manière de laquelle une "immense pensée" a été dévoyée par le déterminisme des mœurs contemporaines, qui coupent tout élan. "L'Eglise n'est plus une puissance politique", dans un tel contexte, signifie qu'elle n'a plus le pouvoir de servir temporellement l'idéal religieux, ni de grands projets que des êtres d'exception pouvaient autrefois mener à bien. Troubert, exemple d'un de ces êtres d'élite, met ses ressources au service de sa propre carrière. Certains critiques en ont conclu abusivement à la médiocrité des ambitions du chanoine, dans un sens purement matériel.

L'abbé Bertault, notamment, dans sa thèse fort bien informée, s'empêtre dans les difficultés du texte. "Troubert, écrit-il, convoite l'appartement de Birotteau, plus confortable que le sien, richement meublé (...)". Pourtant, "c'est un homme bilieux, modéré dans ses appétits". En fin de compte, cet homme "(...) triomphe sur toute la ligne (... et est promu à) un destin brillant" (97). Bertault révoque en doute "la vraisemblance des faits imaginé", se référant pour cela à une série de commentateurs que *le Curé de Tours* mettait également mal à l'aise. Il se base sur les conclusions de Geoffroy de Grandmaison, historien de la Congrégation, selon lequel celle-ci n'était autre chose qu'une association de charité (98) et sur un passage des *Employés* (99), pour affirmer que Balzac y "lave la Congrégation de toutes les accusations échafaudées sur sa soi-disant prédominance politique". Bertault confère à une intervention de Balzac, lequel se moque effectivement dans ce passage de l'image fantaisiste que l'opposition se faisait de la toute-puissance de l'Eglise, la force d'une conviction que contredisent les données de plusieurs romans. Il est amené à négliger du coup les machinations de l'abbé Gaudron, de l'abbé Fontanon et d'autres ecclésiastiques, machinations par lesquelles le romancier illustre, dans *les Employés* même, l'action politique du clergé et de la Congrégation sous la Restauration (100).

Dans une telle optique, la trame du *Curé de Tours* devient en effet invraisemblable, car ce ne sont pas les ouï-dire de divers protagonistes, mais des preuves concrètes du réseau d'influences que la Congrégation pouvait faire jouer en faveur de l'abbé Troubert que Balzac y donne.

Maurice Bardèche, dans son *Balzac romancier*, s'est attaché à analyser l'apport du texte de 1832 au développement des procédés de composition mis en œuvre par le romancier (101). Il y reproche à Balzac de faire trop intervenir le destin dans *le Curé de Tours*, de pencher vers le mélodrame. Mais, ajoute-t-il, "le mélodrame faux dans sa réalisation, peut être vrai dans ses contrastes" (102). Un tel point de vue aurait pu mener le critique à mettre en valeur la tension entre la médiocrité délibérée des "accessoires" et la valorisation du sujet par des procédés esthétiques mythifiants. Ce n'est pas le cas et dans *Une lecture de Balzac*, Bardèche revient, lui aussi, aux dimensions mesquines de la vie de province, comme s'il y voyait le sujet essentiel.

"(...) quelque personnalité vigoureuse éclate par hasard parmi ces provinciaux, ajoute-t-il, ou tombe parmi eux : c'est le Troubert du *Curé de Tours*. Mais ce sont presque des aérolithes. La province ne porte pas naturellement de pareils produits" (103).

Une telle lecture demande à être complétée, sinon contredite. D'une part, la lenteur, l'énergie accumulée, Troubert l'incarne tout aussi bien que d'autres personnages de province dont Bardèche cite les noms par la suite : Grandet à Saumur, Vinet à Provins, Gaubertin en Champagne. D'autre part, tous ces personnages ont une fonction commune : ils disséminent "le poison qui menace toute notre vie nationale", celui de l'égoïste intérêt de caste ou de classe.

Le Curé de Tours, dans l'optique du catholicisme social que Balzac préconise dans les scènes du *Médecin de campagne*, du *Curé de village*, de *l'Envers de l'histoire contemporaine* et duquel d'Arthez se fait le porte-parole dans *les Illusions perdues*, *le Curé de Tours* porte la condamnation du clergé congréganiste, des prêtres pour lesquels la religion est un moyen, non une fin. Balzac a beau mépriser la victime et admirer le bourreau, c'est l'inhumanité du futur évêque de Troyes que toute la scène sert à exposer. En outre, si l'abbé Troubert triomphe, c'est grâce au fonctionnement efficace de la Congrégation. Ses victimes ne doivent pas forcément être des "cirons" comme Birotteau. Le neveu de Mme de Listomère aurait, lui aussi, succombé, s'il n'avait capitulé et cédé d'emblée à toutes les exigences du congréganiste. "Les infortunes des Birotteau, le prêtre et le parfumeur, sont pour moi celles de l'humanité", déclare, en 1842, dans son *Avant-propos*, l'auteur de *la Comédie humaine* (104).

Sans la Congrégation, Troubert n'était pas de force vis-à-vis de l'aristocratie de Tours. Remarquable leçon d'histoire et illustration de tant de passages du *Courrier anglais* de Stendhal que ce tableau de la société dévote organisée dans Tours et qui s'appuie, par l'intermédiaire du réseau établi à l'intérieur d'une association de piété et de charité, sur les gens qui font la pluie et le beau temps à Paris.

La leçon n'a pas été entendue pourtant, même jusqu'à nos jours. Nicole Mozet écrit, par exemple, en conclusion d'un article fort bien documenté pourtant : "(le) Troubert du roman, dont toute la haute politique, qui ne lui sert finalement qu'à se venger d'un mort en l'emportant sur un imbécile, apparaît comme un peu dérisoire" (105). Si Orgon semble naïf, Tartuffe est-il pour autant dérisoire ? Les persécuteurs de Molière n'en ont pas jugé ainsi. Tenons compte aussi d'un important phénomène de mentalité, si bien mis en valeur dans *le Rouge et le Noir* : devenir évêque en France, sous la Restauration, c'est entrer dans le corps le plus prestigieux pour qui n'est pas né noble. Pour réussir, Troubert devait s'imposer à l'aristocratie de la ville, des salons de laquelle l'abbé Chapeloud avait réussi à lui interdire l'entrée. Le sacrifice de Birotteau acquiert alors une signification symbolique, que révèlent les pensées de Mme de Listomère, dans son entretien avec Troubert.

Balzac, dans l'élévation graduelle de Troubert aux plus hautes fonctions ecclésiastiques, lui a fait parcourir la carrière à laquelle aspirait Julien Sorel. Pour réussir, Troubert, comme Julien, doit surtout dissimuler son ambition et ses pensées, à quoi, ce personnage, dépourvu du cœur généreux du héros stendhalien, est bien plus habile. L'exécution de Birotteau est non moins féroce que celle d'une victime de Vautrin (et tout aussi nécessaire : la carrière de l'évêque ne doit pas laisser de traces), mais Troubert est supérieur au bandit, en ce qu'il y procède en pleine légalité, bénéficiant de l'appui de l'opinion publique et sauvegardant sa réputation de sainteté. Les dimensions mythiques de ce "Louis XI en soutane" de la fiction balzacienne exposent l'inhumanité d'un système politico-clérical, lequel possède, lui, un référent dans celui, historiquement attesté, de la Restauration.

(1) Cf. G. Blin, *Stendhal et les problèmes du roman*, J. Corti, 1953, p. 19 et tout le chapitre sur l'esthétique du miroir ; sur la dynamique de l'évolution des procédés mythiques et des procédés mimétiques dans la fiction, cf. Northrop Frye, *Anatomy of Criticism - Four Essays*, Princeton University Press, New Jersey, 1957, p.52, sqq. ; en ce qui concerne la pertinence du débat sur le réalisme, voir appendice n°1.

(2) Nizet, p. 42, sqq.

(3) *Vocabulaire technique et critique de la philosophie*, P.U.F., 1972, p. 665.

(4) G. Bertier de Sauvigny, *Le Comte Ferdinand de Bertier et l'énigme de la Congrégation*, Les Presses Continentales, Paris, 1948, p. 54 ; p. 369, sqq., titres de pages ; p. 372, dans le texte.

(5) *Stendhal et le sentiment religieux*, op. cit., p. 43.

(6) Op. cit., p. 369.

(7) *Neuf Livres de la Dignité et de l'Accroissement des Sciences*, Paris, 1632, p. 370-373 ; également *Novum Organum*, Book I, art. LIX, LXI, Londres, W. Pickering, 1850, p. 27-29.

(8) *Les Jésuites*, A. Colin, 1910, p. LXXXIV. Même les travaux les plus récents continuent à manifester un état d'esprit partisan et passionné ; voir, par exemple, ceux de Pierre Dominique (*La Politique des Jésuites*, Paris, 1965) et d'Edmond Paris (*Histoire secrète des Jésuites*, Editions I.P-B, Paris, 1970).

(9) *Histoire des Jésuites*, Fayard, 1969, p. 219-223 ; Stendhal, *Voyages en Italie*, éd. V. Del Litto, Pléiade, 1973, p. 24, 61, 363, 397, 421, 451, 671, 716, 869, 1001, etc.

(10) Gérard Genette en a fait une démonstration convaincante, in *Figures*, tome II, Seuil, 1969, p. 171-176.

(11) Paris, Delongchamps, cote de la B.N. Ld. 39 611.

(12) *La Pensée politique et sociale de Balzac*, A. Colin, 1967, p. 200.

(13) Cf. Lucien Goldmann, *Sciences humaines et philosophie*, P.U.F., 1952, sa polémique avec la méthodologie de Durkheim, p. 23, 34, 80. Nous n'endossons pas les conclusions positives de l'essai.

(14) *Mythologies*, Seuil, 1957, p. 221-222.

(15) Alexandre Brou, *Les Jésuites de la légende*, Paris, Victor Retaux, 1906, tome I, p.25. C'est fréquemment le cas : le mot *intellectuel* est né de cet emploi par dérision, lors de l'Affaire Dreyfus.

(16) Sur le passage de "congrégations" à "Congrégation", cf. Bertier de Sauvigny, op. cit., p. 371-373.

(17) Cf. R. Barthes, op. cit., p. 221.

(18) Référence : voir note 3.

(19) *Anthropologie structurale*, Plon, 1958, p. 232.

(20) Ibid., p. 231.

(21) *Mythologies*, op. cit., p. 229.

(22) Voir, par exemple, Jean Borie, *Zola et les mythes ou de la nausée au salut*, Seuil, 1972 ; Philip Walker, "Prophetic Myths in Zola", in *Myth and Literature*, University of Nebraska Press, 1966, p. 369-376.

(23) Voir la synthèse donnée par Gilbert Durand, in *L'Imagination symbolique*, P.U.F., 1964, - qui résume les travaux des psychanalystes, des structuralistes, des phénoménologistes et dénonce leurs tendances réductrices ; pour l'acception du mythe, cf. p. 9 et 35. Nous renvoyons aussi à l'Avant-propos donné par Pierre Albouy à *Mythes et mythologies dans la littérature française*, A. Colin, 1969.

(24) Voir, par exemple, M. J. Durry, *Gérard de Nerval et le Mythe*, Flammarion, 1956 (définitions p. 73, 150) ; Charles Mauron, *Des Métaphores obsédantes au mythe personnel*, J. Corti, 1962.

(25) *Le Curé de Tours - Pierrette*, éd. M. Allem, Garnier, 1966, p. 28-44.

(26) Cf. Gilbert Durand, *Le Décor mythique de la Chartreuse de Parme*, J. Corti, 1970, les pages sur "l'adversaire thériomorphe (...) toujours ténébreux", p. 75, sqq.

(27) *Balzac et le mythe de Foedora*, Nizet, 1966, cf. p. 24-25, 34-35.

(28) Cf. Stendhal, *Esquisse d'article sur "le Rouge et le Noir"*, in *Mélanges*, tome V, Cercle du Bibliophile, Genève, 1972, p. 29 ; Flaubert, *Oeuvres complètes*, Club de l'honnête homme, tome I, 1971, p. 80-81.
Voilà ce que nous tenterions de répondre à la demande faite par Shoshana Felman à Pierre Barbéris, au Congrès de Tours, de donner un exemple de roman non réaliste (*Stendhal et Balzac*, Actes du VIIe Congrès international stendhalien, Ed. du Grand Chêne, Aran, 1972, p. 201) : à partir de notre définition du réalisme, de tels romans ne sont pas réalistes.

(29) Cf. Jean Tortel, "Qu'est-ce que la paralittérature" et "le roman populaire", in *Entretiens sur la paralittérature*, Plon, 1970, p. 9-31, 55-75.

(30) Cf. André Latreille et René Rémond, *Histoire du catholicisme en France*, tome III, *La Période contemporaine*, Spes, 1962, p. 277-281 ; René Rémond, *L'Anticléricalisme en France de 1830 à nos jours*, A. Fayard, 1976, p. 64.

(31) H. Boehmer, op. cit., p. 291 ; J. Burnichon, s.j., *La Compagnie de Jésus en France - Histoire d'un siècle 1814-1914*, tome II, *1830-1845*, Gabriel Beauchesne, Paris, 1916, p. 2.

(32) *Correspondance*, éd. H. Martineau et V. Del Litto, tome II, Pléiade, 1967, lettre n° 1.026. *Lucien Leuwen*, Fernand Hazan, 1950, chap. LII & LIII.

(33) Ibid., p. 86, 92, 532-533.

(34) Cf. Yves Olivier-Martin, "Sociologie du roman populaire", in *Entretiens sur la paralittérature*, op. cit., p. 179-200 ; Jean-Louis Bory, *Eugène Sue, dandy mais socialiste*, Hachette, 1962, p. 259, sqq.

(35) *Le Juif errant*, Paris, A l'Administration de la Librairie, 1854, 2ème partie, chap. II, p. 71, note ; sur Libri, cf. *Catalogue des Imprimés de la Bibliothèque Nationale*, tome XCVII, Paris, 1929, p. 994.

(36) H. Boehmer, op. cit., p. 40.

(37) G. Bertier de Sauvigny, op. cit., p. 379.

(38) Ce secret est tantôt justifié par les apologistes de la Société de Jésus : à propos, par exemple, des rapports de la Société avec Lamennais, cf. J. Burnichon, op. cit., p. 30-31, tantôt nié : à propos des Constitutions, cf. Balzac, *Histoire impartiale des Jésuites*, op. cit., p. 122 ; Alexandre Brou, sur le même point, est moins affirmatif, cf. op. cit., p. 293 ; Gabriel Monod affirme que les archives étaient restées secrètes jusqu'à une époque récente (H. Boehmer, op. cit., p. 7), mais nie les Constitutions occultes (ibid., p. LVII-LVIII). Quant à la Congrégation, la décision prise par Ferdinand de Bertier de maintenir dans la clandestinité sous la Restauration l'association des Chevaliers de la Foi, est à la fois constatée et critiquée par Bertier de Sauvigny (op. cit., p. 57).

(39) Voir à ce sujet Jean-Baptiste Duroselle, "Opinion, attitude, mentalité, mythe, idéologie, essai de clarification", *Relations internationales*, Genève- Paris, n° 2, 1974, p. 3-23.

(40) *Des Jésuites*, Hachette - Paulin, Paris, 1843. Voir la critique qu'en fait Monod, in H. Boehmer, op. cit., p. IX-XVII.

(41) *Stendhal et Balzac*, op. cit., p. 125-133.

(42) Ibid., p. 128.

(43) *Montlosier et le parti prêtre*, R. Laffont, 1970, p. 46-47 ; sur les activités politiques des Chevaliers de la Foi, Casanova se réfère à l'ouvrage de Bertier de Sauvigny (p. 113, note 1).

(44) Ibid., p. 50 ; citation tirée de *De la Démocratie en Amérique*, Gallimard, tome I, p. 304 et 314.

(45) La propriété dans la liste des chefs d'accusation que Stendhal dresse contre les Jésuites revient sans conteste à leur pédagogie. Voir à ce sujet V. Del Litto, *La Vie intellectuelle de Stendhal - Genèse et évolution de ses idées (1802-1821)*, P.U.F., 1962, p. 109.

(46) Cf. *Voyages en Italie*, op. cit., p. 20-21, 75, 268-269, 345, 389-390, 434, 467, 474, etc. Même dans une de ses explosions d'anticléricalisme, Beyle apparaît accuser les prêtres d'imposture, nullement les redouter, cf. Delécluze, *Journal*, éd. R. Baschet, Grasset, 1948, p. 418-420.

(47) *Mélanges*, tome II, Cercle du Bibliophile, Genève, 1972, p. 148.

(48) Cf. *Courrier anglais*, éd. H. Martineau, tome III, Le Divan, Paris, 1935, p. 52-53, 211-212 ; cf. La lettre de Stendhal à Sutton Sharpe, en date du 11 juillet 1827, dans laquelle il prophétise la révolution, *Correspondance*, tome II, op. cit., p. 122-123 ; Delécluze, *Journal*, op. cit., p. 81-82, 91.

(49) *Courrier anglais*, tome III, op. cit., p. 195-196.

(50) H. Boehmer, op. cit., p. 280.

(51) Bertier de Sauvigny, op. cit., p. 39.

(52) Ibid., p. 59 et note, p. 282 et 379 ; Bertier de Sauvigny ne confère pas à l'abbé la qualité de Jésuite.

(53) Ibid., p. 200-201.

(54) *Revue des études napoléoniennes*, tome XXXII, 1931, p. 38, cité par Bertier de Sauvigny, op. cit., p. 379. La dissolution officielle aurait eu lieu en janvier 1826 ; cf. ibid., p. 378, n° 69.

(55) *Stendhal et Balzac*, op. cit., p. 128.

(56) Cf. *Théâtre*, éd. V. Del Litto, Cercle du Bibliophile, Genève, 1971, tome II, p. 43, 44, 48, 51, 70, etc...

(57) Cf. *Montlosier et le parti prêtre*, op. cit., p. 96, 97, 126, 178, 179.

(58) *Courrier anglais*, tome III, op. cit., p. 8, sqq. ; 200-201 ; voir aussi tome II, p. 230.

(59) Cité par Bertier de Sauvigny, op. cit., p. 188.

(60) Ibid., p. 300-301.

(61) Ibid., p. 358, sqq.

(62) Ibid., p. 369.

(63) Ibid., p. 374.

(64) Op. cit., p. 120, note 1, dans laquelle il se réfère au *Courrier anglais*, tome II, p. 389 et tome V, p. 261 ; cf. aussi tome III, p. 45 et 195.

(65) *Mélanges*, tome I, Cercle du Bibliophile, 1971, p. 267.

(66) Ibid., p. 267-268.

(67) *Correspondance*, tome II, Pléiade, op. cit., p. 92-93.

(68) Claude Liprandi, *Stendhal, Le "Bord de l'eau" et la "Note secrète"*, Maison Abanel Père, Avignon, 1949 (conclusions faisant de Montlosier un modèle de marquis de La Mole : p. 117, 118) ; Louis Aragon, *La Lumière de Stendhal*, Denoël, 1954 (identification de Nerval avec Polignac, p. 41) ; Henri-François Imbert, *Les Métamorphoses de la liberté*, J. Corti, 1967, livre II, chap. III ; Kosei Kurisu, "La Note secrète du *Rouge*", *Stendhal Club*, 10ème année, n° 40, p. 331-340 et 11ème année, n° 41, p. 27-42.

(69) *Le Rouge et le Noir*, Classiques Garnier, 1965, p. 375.

(70) *Le Rouge et le Noir de Stendhal*, coll. "thèmes et textes", Librairie Larousse, 1972, p. 66.

(71) *Le Rouge et le Noir*, op. cit., p. 371.

(72) Ibid., p. 384.

(73) Cf. *Courrier anglais*, tome III, op. cit., p. 20-21 ; *Lucien Leuwen*, éd. Henri Debraye, tome I, *Oeuvres complètes*, Cercle du Bibliophile, Genève, tome IX, s.d., p. 83 et tome IV, *Oeuvres complètes*, tome XII, p. 245 ; *Romes, Naples et Florence*, tome I, *Oeuvres complètes*, même édition, tome XIII, 1974, p. 155 ; *Mémoires d'un Touriste*, tome II, id., tome XVI, 1968, p. 291.

(74) *Le Rouge et le Noir*, op. cit., p. 384.

(75) Le décalage chronologique bien connu permet à Geneviève Mouillaud de dissocier le monde réel et le monde fictif : cf. *Le Rouge et le Noir de Stendhal*, op. cit., p. 59, sqq. Mais qu'est-ce que cela prouve ? Ce qui compte, c'est que l'univers du *Rouge* dénote des structures significatives de la France de la Restauration : les conduites culturelles et éthiques, les conflits sociaux, les luttes politiques. D'où la contradiction des postulats : "faire abstraction de tout savoir extérieur" et tenir compte d' "une multitude de savoirs implicites" aboutit à négliger une valeur spécifique du roman réaliste.

(76) *Le Rouge et le Noir*, op. cit., p. 385.

(77) *Stendhal Club*, n° 41, p. 36-37.

(78) Voir, par exemple, *Voyages en Italie*, op. cit., p. 140, 220, 256, 344-345, 760.

(79) *Le Rouge et le Noir*, op. cit., p. 374.

(80) Ibid., p. 385.

(81) Ibid., p. 386.

(82) Ibid., p. 382-383.

(83) Ibid., p. 278-279 et 405.

(84) Voir l'argumentation de Keith Mc Watters, in *Stendhal et Balzac*, op. cit., p. 129-133.

(85) *Balzac et la religion*, Paris, Boivin, 1942, 3ème partie.

(86) Op. cit., p.

(87) Op. cit., p. 122 ; pour la date, nous nous référons à H. J. Hunt, *Balzac's Comédie humaine*, The Athlone Press, Londres, 1964, p. 245-246.

(88) Ibid., p. 176, 184, 208, 458 ; cf. aussi M. Allem, Sommaire biographique, *Le Curé de Tours - Pierrette*, op. cit., p. XIX-XXIII.

(89) Ibid., p. 185.

(90) Ibid., p. 186 et 203.

(91) *La Pensée politique et sociale de Balzac*, Armand Colin, 1967, p. 128.

(92) Cf. *Romans et Contes*, éd. J. Ducourneau, tome XXIV, Paris, 1972, p. 107.

(93) *La Comédie humaine*, éd. M. Bouteron, Pléiade, tome VII, p. 757.

(94) *La Mode*, Revue des modes, Galerie de Mœurs, Album des Salons, tome II, p. 231 ; la date est donnée par A. Lalande, dans "Les états successifs d'une nouvelle de Balzac, *Gobseck*", in *Revue d'histoire littéraire de la France*, 1939, p. 180 ; *Scènes de la vie privée*, tome I, Paris, Mame-Delaunay, 1832, p. 192.

(95) *La Comédie humaine*, Pléiade, tome II, p. 636.

(96) Certaines variantes ajoutées dans les éditions qui ont suivi celle de 1832 accentuent la dénonciation des mœurs cléricales : voir, par exemple, éd. Allem, op. cit., p. 82 et notes 470, 471, p. 321.

(97) *Balzac et la religion*, op. cit., p. 250-251.

(98) Pour la thèse de de Grandmaison, voir Bertier de Sauvigny, op. cit., p. 404-407.

(99) *La Comédie humaine*, Pléiade, tome VI, p. 1056-1057.

(100) Ibid., p. 996, sqq. Cf. aussi K. G. Mc Watters, *Stendhal et Balzac*, op. cit., p. 130-132 ; P. Bertault, op. cit., p. 250, note 4.

(101) Armand Colin, 1967, p. 395, 397-399, 409.
(102) Ibid., p. 409.
(103) Paris, Les Sept Couleurs, 1965, p. 345-347.
(104) *Avant-propos* de *la Comédie humaine, Oeuvres complètes illustrées*, les Bibliophiles de l'Originale, p. 26.
(105) *L'Année balzacienne*, 1970, p. 154.

LE ROLE DU PORTRAIT DANS LES ROMANS DE STENDHAL

par David Wakefield

Londres

On a souvent dit que la description joue un rôle presque insignifiant dans les romans de Stendhal. A cet égard, on l'oppose à Balzac avec son amour bien connu de détails physiques. On sait bien que c'était Balzac, dans une lettre souvent citée, qui a conseillé à Stendhal d' ''étoffer'' *la Chartreuse* - conseil qu'heureusement il n'a pas suivi. Pour préciser le contraste entre les deux écrivains, Stendhal serait l'écrivain psychologique par excellence, qui n'aurait pas besoin de données concrètes pour peindre ses personnages, leur milieu et leur décor. Dans une certaine mesure cette interprétation de Stendhal reste valable. Il ne s'intéresse pas, comme les romantiques au paysage pour lui-même, mais seulement pour l'émotion qu'il lui procure. Par exemple, dans les *Mémoires d'un Touriste*, il dit : ''L'intérêt du paysage ne suffit pas, à la longue, il faut un intérêt moral ou historique...'' - une conception du paysage purement classique. Pourtant, en regardant ses romans de plus près, on s'aperçoit que la description est loin d'en être absente, bien qu'elle y joue un rôle restreint et précis. On trouve même plusieurs notations d'intérieurs de chambres. Dans *la Chartreuse*, le palais Crescenzi est minutieusement décrit, avec ses tentures d'après des dessins de Pallagi, des sculptures de Tenerani, Marchesi et Fogelberg et ses fresques attribuées à Hayez. Dans *le Rouge et le Noir* on constate aussi que Stendhal se plaît à évoquer un grand hôtel aristocratique, l'hôtel de La Mole, tel qu'il paraît à Julien Sorel quand il y entre pour la première fois : ''Julien remarqua qu'il n'y avait pas de meubles. Il regardait une magnifique pendule dorée représentant un sujet très indécent selon lui, lorsqu'un monsieur fort élégant s'approcha d'un air riant...''. S'il est assez difficile de se faire une idée très complète de l'hôtel de La Môle, c'est que nous le voyons constamment à travers les yeux de Julien. Stendhal veut surtout faire sentir que son héros n'est point impressionné par tant de magnificence, et pour montrer son dédain, Julien fait de grands efforts pour ne pas se comporter comme un provincial ébloui. Pourtant, il lui échappe parfois des cris d'admiration : ''Quelle architecture magnifique ! dit-il a son ami''. Stendhal commente sèchement : ''Il s'agissait d'un de ces hôtels à façade si plate du faubourg Saint-Germain, bâtis vers le temps de la mort de Voltaire. Jamais la mode et le beau n'ont été si loin l'un de l'autre". Toutes ces petites scènes, ou plutôt esquisses, dans lesquelles Stendhal évoque rapidement son milieu, sont évidemment très loin des descriptions détaillées de Balzac, qui - par exemple dans *le Cousin Pons* - prise les objets pour leur valeur intrinsèque et les caresse avec l'œil d'un connaisseur.

Le milieu, pour Stendhal, n'est que le hors-d'œuvre pour ainsi dire, la mise en scène où il brosse son canevas aussi rapidement que possible. C'est surtout dans la description des personnages que la différence de technique entre les deux écrivains se fait sentir le plus nettement. Les personnages de Stendhal sont caractérisés par quelques traits vifs et saillants, mais il insiste peu sur l'apparence physique. De M. de Rênal, par exemple, nous apprenons que "ses cheveux sont grisonnants et il est vêtu de gris", qu'il a "un nez aquilin", mais, à part ces quelques détails, le lecteur n'emporte pas une vision très distincte du maire de Verrières. Stendhal passe si rapidement du physique au moral qu'on ne voit que le caractère peu sympathique de M. de Rênal, son "air de contentement de soi et de suffisance mêlé à je ne sais quoi de borné et de peu inventif". En somme, le pauvre M. de Rênal est condamné d'avance par Stendhal ; tout chez lui trahit l'homme à préjugés, le provincial enrichi avec ses prétentions nobiliaires. Les personnages de Stendhal se rangent facilement en deux groupes - ceux qu'il aime et ceux qu'il n'aime pas ; les premiers sont habituellement beaux, et les deuxièmes sont laids. La beauté, pour Stendhal, c'est la prérogative des êtres privilégiés, *the happy few*, tandis que le camp ennemi - les Rênal, les Valenod, les Rassi, les marquis del Dongo - sont presque infailliblement couperosés, laids, bouffis ou excessivement maigres, et sans grâce (et la *grâce*, ne l'oublions pas, c'est la qualité primordiale du peintre préféré de Stendhal, le Corrège). Avec une belle allure et un air prévenant, le pire scélérat se fait pardonner toutes sortes de péchés par Stendhal. Le meilleur exemple du personnage antipathique dans tout le répertoire stendhalien est un personnage réel, le fameux abbé Raillane dans la *Vie de Henry Brulard*, le tyran de sa jeunesse - "un noir coquin... petit, maigre, très pincé, le teint vert, l'œil faux avec un sourire abominable" - un personnage réel, mais traité par Stendhal d'une manière romanesque qui frise la caricature. Un simple prêtre de Provence était-il vraiment si rébarbatif ? J'en doute. Mais pour Stendhal, l'abbé Raillane devient la bête noire de son enfance, le symbole de tout ce qu'il détestait dans la soutane : son esprit réactionnaire, son défaut d'imagination, et, surtout, le côté désagréable de la religion chrétienne. Le moyen qu'emploie Stendhal le plus souvent pour se défaire d'un personnage qu'il n'aime pas, c'est la satire, et Raillane est essentiellement satirique. Nous trouvons une réplique de ce prêtre malveillant dans l'abbé Pirard, mais, lui - malgré son air répugnant et ses manières obséquieuses - est foncièrement bon et généreux. Quand il offre de partager sa cure avec Julien Sorel, celui-ci ne peut s'empêcher de s'attendrir : "J'ai retrouvé un père en vous, monsieur". Pourquoi cette générosité inattendue ? Nous trouvons l'explication plus loin dans *le Rouge et le Noir*. Car Raillane était jésuite, tandis que l'abbé Pirard est janséniste : "Julien fut étonné ; l'idée de la religion était invinciblement liée, dans son esprit, à celle d'hypocrisie et d'espoir de gagner de l'argent. Il admira ces hommes pieux et sévères qui ne songent pas au budget". L'abbé Pirard, donc, fait exception à la règle dans l'œuvre stendhalienne en ce que sa laideur n'est point le signe extérieur de son caractère. A cet égard, il rappelle la célèbre page de Marcel Proust - je crois, entre parenthèses qu'il y a beaucoup plus d'affinités entre Stendhal et Proust qu'on ne l'a signalé jusqu'ici - où celui-ci fait une longue comparaison entre la fille de cuisine de Combray et la *Charité* de Giotto - "cette Charité sans charité", et à la fin de laquelle il pense aux religieuses qu'il a vues dans certains couvents avec "le visage antipathique et sublime de la vraie bonté". Sans vouloir trop insister sur ce parellèle, il me semble indiquer pourtant que Stendhal, aussi bien que Proust, reconnaît souvent mais, pas toujours, dans l'apparence physique, une indication du caractère. Tous les deux voient le "revers de la médaille", pour ainsi dire, le côté inattendu d'une personne. Le mot *physionomie* revient si fréquemment dans les romans de Stendhal que nous pensons tout de suite au phrénologiste allemand, Lavater. Bien qu'il l'eut assidûment lu, Stendhal paraît ne pas croire entièrement à la valeur de sa science, fondée sur une relation étroite entre la physionomie et le caractère d'une personne.

Voilà pour les personnages antipathiques. Quant aux autres, les héros et les héroïnes de ses romans, tous se conforment plus ou moins au modèle défini par Stendhal dans l'*Histoire de la peinture en Italie* sous le titre du *beau idéal moderne*, composé des éléments suivants : "Un esprit extrêmement vif, beaucoup de grâce dans les traits. L'œil étincelant... beaucoup de gaieté. Un fond de sensibilité. Une taille svelte, et surtout l'air agile de la jeunesse". Ce sont ces qualités-là qui distinguent le prototype du jeune-homme du XIXe siècle, et qui reparaissent dans les héros stendhaliens, surtout Julien Sorel et Fabrice del Dongo. Moralement ils se distinguent par une absence, non pas d'égoïsme - car ils sont souverainement égoïstes - mais de calcul, par une espèce de candeur et de naïveté qui se lit sur leur visage. Car Stendhal avait déjà conçu leurs portraits longtemps avant d'écrire ses romans ; ils étaient, pour ainsi dire, déjà en germe dans son esprit. Il y a un autre passage dans l'*Histoire de la peinture* où il s'agit d'un jeune provincial nouvellement arrivé à Paris, frais et dispos, mais qui a vite perdu ses joues rouges de bonne santé - comme Julien devient pâle et sombre après quelques mois de séjour dans la capitale. Le charme, l'intelligence, la sensibilité et, bien qu'il n'en fît pas mention ici, le pouvoir de séduction, telles sont les qualités estimées par Stendhal par-dessus tout, les qualités qu'il aurait voulu posséder lui-même au plus haut degré. On a dit, avec raison je crois, que le héros stendhalien est un portrait idéalisé de l'auteur, et il nous rappelle souvent dans sa critique d'art que c'était la pratique parmi les grands peintres d'Italie, surtout de Raphaël, de transposer la femme qu'ils aimaient (la *Fornarina*, dans son cas) en un genre de portrait idéal. Dans quelle mesure un écrivain peut imiter la méthode créatrice d'un peintre est une question très discutée, mais il est indéniable que, dans la conception de ses héros, Stendhal s'est inspiré souvent des arts visuels. Il partage aussi leur prédilection pour des contrastes frappants. Comme les peintres qui aiment le *clair-obscur*, Stendhal se plait à opposer les scélérats, dessinés avec un crayon satirique, et les personnages aimables qu'il nous présente avec tous les traits possibles de perfection.

J'ai déjà dit que, pour Stendhal, la beauté est un don de la nature accordé aux êtres privilégiés. Cela vaut surtout pour ses héroïnes, présentées souvent par Stendhal par deux, contrastées par leurs qualités physiques et morales. C'est ici que les œuvres d'art jouent un rôle important puisque, comme Balzac et Proust, c'est en se référant aux modèles picturaux que Stendhal rehausse la valeur de ses personnages et, en même temps, les place dans une sphère plus élevée et plus mystérieuse que celle de tous les jours. On pense, par exemple, à cette figure énigmatique de la *Diane chasseresse* par le Corrège dans la Camera di San Paolo à Parme, qui, comme l'a prouvé M. Benedetto, a fourni quelques traits pour Clélia Conti dans la *Chartreuse*. Mais Stendhal se garde bien d'abuser d'allusions picturales, tandis que Balzac en est prodigue. Comme Proust, quelquefois Stendhal compare une attitude, un geste, à un tableau bien connu : par exemple, après le bal dans l'hôtel de La Mole, à l'aspect de Julien encore enfiévré par sa conversation avec le comte révolutionnaire Altamira, Mathilde s'exclame : "Qu'est-ce qui a pu faire de vous, ordinairement si froid, un être inspiré, une espèce de prophète de Michel-Ange ?" (Stendhal pense sûrement au prophète *Isaïe*, dans la chapelle Sixtine, auquel il consacre un long commentaire dans sa *Vie de Michel-Ange*). Mais cet usage est rare dans les romans de Stendhal. Il introduit les œuvres d'art surtout comme des portraits idéaux auxquels ses personnages ressemblent. L'héroïne de *l'Abbesse de Castro*, par exemple, Hélène de Campireali, enfermée dans un couvent en punition d'avoir aimé le brigand Jules de Branciforte, paraît d'abord dans la nouvelle sous la forme d'un portrait anonyme de la collection Farnèse. Stendhal nous la décrit ainsi : "La forme de la tête est un ovale allongé, le front est très grand, les cheveux sont d'un blond foncé... Considérée au milieu des portraits qui l'entourent, elle a l'air d'une reine". Au début de l'histoire des *Cenci*, Stendhal emploie la même technique. Il prend comme point de départ une série de portraits dans le palais Barberini à Rome, qu'il aurait vus pendant une visite à cette galerie en 1823. Deux tableaux surtout l'avaient frappé : le soi-disant *portrait de Béatrix Cenci* attribué au Guide (notons que ce même tableau paraît à plusieurs reprises dans les romans de Balzac), et un portrait anonyme de Lucrèce Petroni, la belle-mère de Béatrix, toutes les deux exécutées pour l'assassinat de François Cenci (le père de Béatrix). C'est après avoir vu ces deux portraits que Stendhal s'est intéressé à cette histoire bizarre et cruelle ; ils ont remué son esprit créateur. Ces deux femmes, Stendhal les regarde comme des types nettement contrastés et il les présente en termes picturaux. D'abord Béatrix telle qu'elle paraît dans le portrait de Reni : "La tête est douce et belle, le regard très doux et les yeux fort grands ; ils ont l'air étonné d'une personne qui vient d'être surprise au moment où elle pleurait à chaudes larmes". Tandis que Béatrix est toute douceur et tendresse, sa belle-mère, Lucrèce est "le type de la matrone romaine dans sa beauté et sa fierté naturelles".

Ce contraste entre la femme tendre et la femme autoritaire nous mène directement aux deux héroïnes de la *Chartreuse*, Clélia Conti et la duchesse Sanseverina, que Stendhal présente d'une manière presque pareille. L'expression douce et un peu rêveuse de Clélia lui rappelle "les belles figures du Guide" ; avec sa figure svelte, et, on se l'imagine assez arrondie, et ses lèvres fortes et marquées, Clélia est l'antithèse de la beauté classique. Stendhal parle de ses "grâces naïves et l'empreinte céleste de l'âme la plus noble", qualités qu'il admirait surtout dans *l'Aurore* et l'*Enlèvement d'Europe* de Reni. C'est un genre de beauté spirituelle plutôt que physique - l'attribut des civilisations modernes et plus avancées. La duchesse Sanseverina, par contre, tant par son caractère que par son apparence, appartient pleinement à la Renaissance (c'est-à-dire la Renaissance vue à travers les yeux de Stendhal, une époque de passion, de violence et de grands artistes, la Renaissance des Mémoires de Benvenuto Cellini). Avec son grand front et son expression légèrement moqueuse, elle ressemble à un archétype de la beauté lombarde ; elle rappelait, écrit Stendhal, le sourire voluptueux et la tendre mélancolie des belles Hérodiades de Léonard de Vinci (ce tableau est en réalité la *Salomé et la tête de St-Jean le Baptiste* par Bernardino Luini aux Offices de Florence). (je ne peux, évidemment ici, qu'illustrer par quelques exemples ce procédé...).

Pour replacer tout ceci dans son contexte romanesque, il faut dire qu'à l'opposé des descriptions minutieuses de Balzac et de Proust, ces portraits de personnages stendhaliens n'occupent que quelques lignes dans son roman. Ce sont plutôt des esquisses, des allusions rapides à des modèles bien connus du lecteur cultivé, qui servent à dessiner d'avance le genre de personnage dont il s'agit. Une fois le type établi, l'action remplace la description. Ces portraits, Stendhal les réduit au minimum nécessaire, il choisit quelques traits saillants et oublie le reste. Son souci principal n'est pas de dessiner le caractère dans tout son volume corporel - comme Balzac - mais de créer une impression, favorable ou non, que le lecteur emportera dans son souvenir. Ici encore, par ce besoin de choix et cette opération d'une sélection mentale, Stendhal reste fidèle à la pratique des peintres de la Renaissance qui, selon une formule de l'*Histoire de la peinture* (chap. XXX), s'efforcent de "rendre l'imitation plus intelligible que la nature par l'élimination du détail". Cette vision rapide et synthétique est très différente de celle de Balzac, qui souvent multiplie les allusions visuelles et fait appel à tant de sources différentes pour peindre une seule image (le portrait de Mme de Mortsauf dans *le Lys dans la vallée*) qu'il finit par confondre l'esprit du lecteur. Cette sobriété de Stendhal en matière de description ne provient pas d'un défaut d'imagination, mais de sa conscience de la faiblesse des moyens de l'écrivain en face d'un idéal insaisissable. Tout ce qu'il aime le plus, les paysages, les femmes, les œuvres d'art, il en parle peu, par crainte de les gâter. Comme Fabrice del Dongo, Stendhal aurait pu dire : "Je me compare toujours à un modèle parfait et qui ne peut exister", puisque l'idéal - le personnage parfait - n'existe qu'en imagination.

UN ASPECT DU "RÉALISME" CHEZ STENDHAL :
ÉCRITURE ROMANESQUE ET PERCEPTION ÉCONOMIQUE

par Gérald Rannaud
Université de Grenoble

A s'en tenir à la visite des seuls chefs-d'œuvre, toute réflexion critique sur le réalisme risque bien de n'en rester, pour chacun d'entre eux, qu'à une introduction à un discours sur son trop ou trop peu de réalité. Quelle que puisse être sa volonté de perspicacité, le visiteur ne peut pas ne pas se laisser prendre aux sollicitations d'une architecture totale et l'évidente ordonnance des arbres finit toujours par cacher peu ou prou la forêt première. Ainsi de Stendhal dont les romans nous tracent une si claire avenue qu'il semble bien que tout se résume dans cette percée romanesque dont la rigoureuse rectitude s'ouvre de place en place sur quelque carrefour où nous sont offertes de surcroît de plus larges perspectives. L'œuvre finie, telle que l'a recueillie la lecture de la postérité, désigne le roman comme son alpha et son omega. Déplacée de son aléatoire avancée, elle organise autour de ce massif des ensembles secondaires dont la définition et la localisation n'échappent pas à une vision téléologique et organisée dans laquelle la production romanesque est donnée simultanément comme fin dernière et moyen provisoire. Une fois posé le roman comme moteur de cette histoire d'une écriture, le reste ne peut plus s'organiser que comme activités d'apprentissage ou travaux d'expérimentation. L'écriture romanesque, par le jeu de son succès, confisque la totalité du projet d'écriture, Stendhal n'est plus que roman.

Or on peut se demander, au seuil d'une interrogation sur le réalisme stendhalien, s'il ne convient pas de renverser, de subvertir une telle perspective, dans laquelle le problème pourrait bien se réduire à la question, finalement oiseuse, de savoir quelle place il convient de reconnaître à la "réalité" dans le roman stendhalien, pour laisser apparaître cette autre question plus requérante de savoir quel rapport au réel se manifeste chez Stendhal à travers un projet d'écriture continu dont l'écriture romanesque représente l'aboutissement et l'accomplissement.

Au bénéfice de ce renversement, le projet d'écriture de Stendhal, ou plutôt de celui qui n'est encore que le jeune Henri Beyle semble pouvoir s'organiser selon une autre cohérence que la simple juxtaposition des territoires divers où s'exerce sa curiosité. Dans la multiple diversité de ses tentatives et de ses curiosités, il est remarquable que se laissent lire deux écritures dont l'expérience dramatique pourrait bien être une première tentative de synthèse. Si l'on excède le temps des lectures, des notes, des projets, des rêveries scripturaires du journal, force est de constater que l'œuvre, telle qu'elle se manifeste dès les premières publications, s'organise entre deux écritures extrêmes que désignent les deux premiers textes. A côté d'une écriture qui se veut écriture du réel et dont *Rome, Naples et Florence* porte témoignage par sa prétention à assumer dans un texte le réel tel qu'il est, se constitue une écriture parallèle de l'art qui dans l'*Histoire de la Peinture en Italie* désigne comme son objet un autre "réel" au statut particulier.

C'est dans cette perspective, plutôt que dans un souci de connaissances encyclopédiques qu'il convient sans doute de situer l'intérêt pour les questions d'ordre politique et surtout économique dont la pertinence aux méditations d'un futur poète dramatique n'est pas évidente. Très tôt, dès les années 1800, apparaît le souci de se munir d'un certain nombre d'outils, d'instruments d'analyse dont la finalité est moins de culture générale que de pénétration, d'élucidation d'un réel dont les assises se révèlent très vite tout autant sociales et économiques que psychologiques et individuelles. Si l'élève des idéologues, formé à la lecture de Tracy et de Condillac, ne nous surprend pas dans son goût pour une méthode d'analyse qui en décomposant le réel dans sa complexité en déduit des unités signifiantes, claires et lisibles, il nous surprend par sa pratique, non sa rencontre, mais bien sa pratique de l'économie politique. La référence au mouvement idéologique ou les provisoires préoccupations d'ordre professionnel ne suffisent pas plus à expliquer la précocité de cet intérêt que sa permanence. Toujours est-il que, sans pour autant chercher à devenir un économiste, Stendhal va se mettre à parcourir la bibliothèque économique disponible à l'époque avec une opiniâtreté et une continuité dont Fernand Rude a démontré l'ampleur et que ne cesseront pas de réactiver jusque très tard dans sa vie les aléas de sa carrière. Du commissariat aux guerres jusqu'à la charge consulaire de Civita vecchia Stendhal n'a cessé d'avoir d'assez bonnes raisons de se convaincre de la justesse de ses intuitions et l'on peut se demander par exemple si l'importance des données économiques dans sa correspondance consulaire ne témoigne que de l'accomplissement consciencieux d'une obligation ou de la rencontre heureuse d'une tâche d'office et d'une curiosité personnelle.

Mais plus que ces données d'ordre quantitatif il est intéressant de voir comment cet intérêt va évoluer, se transformer. Les traces figurent dans le *Journal* et la *Correspondance* d'une telle transformation. Au pur intérêt de consommation des premières années à l'intérêt plus soutenu des années 1810 qui ira jusqu'à susciter le projet semi-utopique d'écrire à son tour un traité d'économie politique le chemin parcouru est déjà remarquable. Mais plus significatif est le changement qualitatif qui se dessine dans les années 1825 et dont l'intérêt outre celui, supplémentaire, de coïncider avec la naissance de l'écriture romanesque, est d'aboutir pour la première fois à une écriture de l'économie qui, pour discutable qu'elle soit, n'en existe pas moins et pour se prolonger avec plus ou moins de continuité et de rigueur. Le *Nouveau Complot* ouvre dans l'écriture de Stendhal une veine qui, parallèlement à la romanesque, se poursuivra plus ou moins souterrainement, nous y reviendrons, pour ressurgir dans les *Mémoires d'un Touriste*. Or l'intérêt est justement de noter ce parallélisme, ce contre-point de deux écritures qui naissent, en tant que telles, au même moment, et, de romans en textes théoriques où l'économique affleure plus ou moins explicitement, poursuivront jusqu'au bout leur marche parallèle et para-doxalement croisée.

Car si l'on considère, fût-ce d'un coup d'œil rapide un roman de Stendhal, on constate qu'il inclut, qu'il revendique comme son objet l'écono-mique, c'est-à-dire le réel dans son incidence économique. Sans doute la citation est-elle moins nette que chez Balzac et *Lucien Leuwen* mis à part, les faits invoqués moins typés, mais peut-être est-ce parce que, nous y reviendrons, Stendhal est moins préoccupé de l'économique comme signe, figure de la mutation sociale que comme interrogation de l'économie elle-même dans son propre discours. Il n'en n'est pas moins vrai que là-même où nous nous en croyons le plus éloigné l'économie fait retour dans le roman et que le début du *Rouge* par exemple nous propose de la matière romanesque une organisation proprement économique, même si elle doit être, et ceci est peut-être tout le sens du roman, de l'ordre de l'implicite. Ainsi donc le roman s'incorpore cette perspective et à un premier niveau de lecture lui assigne un rôle : l'économie figure dans le texte comme figure du réel et comme discours à dévoiler.

Ce dévoilement il apparaît, en première analyse, qu'il revient à *Lucien Leuwen* de le réaliser. Et sans doute le passage à l'explicite dont l'économie y est l'objet pourrait nous laisser penser que l'objectif du roman est, pour une partie, de dénoncer, sorte d'illustration d'une position théorique, le jeu de l'économie sous le masque de la politique. Tableau quelque peu noirci, mais amplement justifié par les compromissions du libéralisme Louis-Philippard, sur lequel, a contrario, l'aventure héroïque trace sa trajectoire lumineuse et incertaine. En fait il convient, au-delà d'une antithèse aussi grossièrement rhétorique et au demeurant figée, de noter qu'à l'économique dans *Lucien* est assigné un tout autre rôle que celui de décor répulsif. L'écriture de l'économique, l'écriture économique intervient dans le roman en tant que telle pour en fixer le pôle de référence. Plus que par les contenus qu'elle met en œuvre c'est par son propre discours que l'économie signifie dans le roman comme mode d'inscription de ce réel, désenchanté par le recours à l'analyse, que Stendhal nommera le "trivial". C'est par rapport à ce réel dépouillé par avance par la sécheresse d'une analyse implicite de tous les prestiges de l'illusion, de la représentation de la stylisation, par rapport donc à un pur procès d'écriture, susceptible de revêtir ici ou là telle forme stylistique particulière, que toute la courbe narrative aura à définir une trajectoire dont l'issue n'est pas donnée mais restera aléatoire jusqu'au risque d'inachèvement. Tout roman stendhalien représente toujours cette lutte de l'écriture avec elle-même. L'écriture romanesque est ici profondément conflictuelle, dialectique, tendant à se renverser d'écriture du réel en écriture de l'art, à tenter le dépassement du réel dans l'art et la fondation de l'art comme nouveau réel, à dégager de la résignation économique une insoumission que valide le recours à "l'esthétique". Si, comme l'écrivait René Crevel "Un Julien Sorel, qui n'a point trouvé son salut dans la froide ambition, par son crime nous montre comment un fait divers devient un fait lyrique" (*l'Esprit contre la Raison*), c'est que le roman stendhalien entend bien, et de diverses façons, figurer une telle insoumission, c'est aussi que cette volonté ou ce désir d'insoumission prétend affecter au roman un statut, une signification.

Le problème posé, que pouvons-nous constater ? D'abord que l'expérience de l'économie politique s'est appuyée sur une masse assez importante de lectures, de méditations dont témoignerait aisément un relevé systématique de telles occurrences tout au long de son œuvre. Quelle que soit la marge d'erreur, probablement assez large, que comporte une telle connaissance faite de lectures épisodiques, de méditations d'amateur plus ou moins éclairé, l'essentiel est que cette expérience, cette pratique de l'économie politique réponde chez lui plus qu'à un désir curieux, à une volonté de savoir. C'est ce que confirmeraient, s'il en était besoin, ces *Notes Préparatoires à un Traité d'Économie Politique* de 1811 qui à quelques années de distance répondent aux affirmations convergentes de la lettre à Mounier de février 1804, qui désigne dans "l'économie publique la base de la politique", ou de la lettre de Crozet du 15 juin 1806, qui donne comme indispensable de "savoir un peu d'économie politique pour entendre l'histoire des nations modernes. "Le plus passionnant de ces notes de 1811 est bien d'y voir ce passage d'une lecture d'information à une pratique réflexive où l'économie politique est déjà saisie dans sa pertinence mais aussi dans ses limites. Limites à la fois de son projet de s'en tenir à une analyse de la richesse, fût-elle des nations, sans chercher à dépasser la sécheresse statique de l'analyse des mécanismes, dans une analyse plus dynamique plus prospective du jeu de l'économique dans le tissu social. C'est déjà tout le projet tel qu'il s'inscrit dans le titre envisagé pour ce fameux traité : *Influence de la Richesse sur la Population et le Bonheur.*

Il s'agit donc bien de comprendre l'histoire contemporaine mais à cette seule réserve que, et bien avant la prise de conscience claire qu'il en fera lors du *Nouveau Complot*, l'économie politique lui apparaît déjà comme indispensable mais insuffisante. Il s'agit bien dès lors pour lui de dépasser l'économie politique, comme elle s'écrit alors, comme forme d'analyse, comme forme provisoire d'un discours à venir sur les sociétés. Il ne s'agit pas pour lui d'en renier les données et les acquis mais d'en refuser, et c'est peut-être le sens de sa sortie spectaculaire rapportée par Delécluze, d'en dénoncer deux limites. La gratuité d'abord, dont à sa façon le pamphlet fera le procès, d'un discours systématique que sa dimension purement spéculative ne peut qu'enfermer dans une schématique abstraite où l'inépuisable complexité du réel se simplifie jusqu'à la caricature. La "platitude" aussi au sens très stendhalien d'abord de petitesse réductrice mais platitude aussi dans ce sens que l'économie politique, telle qu'elle se présente alors, manque encore de cette dimension qu'elle conquerra bientôt, la dimension dialectique. L'actuelle articulation linéaire des faits et de la théorie, des hypothèses et des déductions, l'absence de toute ouverture sur les causalités réciproques en jeu dans la vie des sociétés, sont autant de causes d'insatisfaction à l'égard d'un discours qui le fascine et le déçoit. De là, au moment même où pour d'autres raisons s'esquissent les premiers essais cohérents d'écriture romanesque, l'actualisation, l'approfondissement d'une recherche déjà ancienne et qu'annonçait déjà telle note de 1811 :

"Observations sur la manière de faire le *book* :

"Prendre la forme et le style historique pour faire sentir les choses de fait, comme Smith le fait pour la Banque d'Amsterdam, III, 113. *La forme historique a une partie de l'intérêt de la forme dramatique*". (C'est moi qui souligne).

Ce que vise donc Stendhal dès ce moment là c'est une sorte d'économie politique dramatisée dans laquelle l'analyse ne se constituerait pas en un simple système théorique froid, abstrait, mais s'organiserait en une analyse dialectique qui permettrait, en faisant apparaître les liaisons d'interrelation, comme le suggère l'image du dialogue dramatique, de saisir les faits dans leur nature, leur localisation, leurs interactions.

Sans vouloir ici opérer à notre tour une interprétation réductrice et plate, on peut légitimement se demander si dans un certain sens l'écriture romanesque ne s'offre pas comme une réponse à ce besoin. Historique, ou du moins narrative et dramatique elle va fournir une forme où couler, après tant de tentatives avortées d'écriture théorique, ce projet de théorie descriptive. L'intérêt sans cesse manifesté à l'égard du jeu social et le désir d'une analyse profonde et dialectique trouvent ici à se satisfaire, dans les ressources du narratif et des jeux de sens qu'il autorise. Bien loin de se construire comme Flaubert en vue du roman, il semble bien que Stendhal "invente" le roman comme forme pertinente à des préoccupations plus anciennes et plus importantes. Notre question liminaire peut trouver ici un fragment de réponse mais qu'il reste à vérifier. Pour Stendhal, le roman c'est l'analyse dramatisée.

Or cette capacité d'analyse et de dramatisation que le roman lui offre Stendhal la met en œuvre dans sa pratique même de production romanesque. On a toujours remarqué que Stendhal n'a jamais inventé ses romans, qu'il les a toujours fabriqués à partir d'un récit préalable et étranger. Manque d'imagination ? Peut-être. Mais aussi indice que le sens du roman est à chercher ailleurs que dans la construction d'une fiction, peut-être même hors de la fable sur laquelle elle se construit. Car si l'on prête attention à ces récits "étrangers" on se rend vite compte qu'ils apparaissent comme des récits inclus dans un roman dans le dessein d'opérer, par le jeu réciproque du roman sur le récit et du récit dans le roman, un effet de décentrement dans la perspective narrative. Ainsi dans *Armance*, la reprise du "thème" d'*Olivier* va jouer comme une sorte de révélateur critique dénonçant un certain romanesque aristocratique et avec lui les valeurs sociales qu'il véhicule. L'impuissance d'Octave se donne comme la faille secrète d'une certaine image du héros, tout comme le roman brode sur le thème de l'impuissance individuelle celui de la chute historique de l'aristocratie. Le récit du crime de Berthet, contaminé ou non avec celui de Lafargue, s'introduit dans le texte du *Rouge* comme un récit aberrant, le récit d'une aberration, dont le rôle est de dénoncer la fausse cohérence du discours que la société de 1830 produit sur elle-même, en même temps que son exploitation romanesque conduit ce récit aberrant à une "rectification" dont la fin du roman apparaît comme la mise en scène spectaculaire et explicite. On pourrait tenter la même analyse pour *Lucien Leuwen*, la *Chartreuse*, sans oublier *Mina de Vanghel* cet essai exemplaire d'une telle pratique d'écriture tenté par Stendhal dès l'ouverture de sa carrière romanesque. Ainsi par cette technique de production romanesque un effet de cassure, de brisure s'introduit dans la cohérence du récit. Les lieux de l'invraisemblable, y deviennent licites. Le récit se décentre et, se décentrant, met à jour ses contradictions, ses incohérences, ses propres *invraisemblances*.

A faire ainsi jouer les différents plans narratifs les uns contre les autres se déduit une non-cohérence qui jouera à tous les niveaux. Ainsi de la psychologie qui loin de référer au réel ne se constitue en fait que comme un discours explicatif de référence dont use une société donnée pour localiser et apprécier les comportements individuels. Or dans ce répertoire lui aussi cohérent, l'acte de Julien par exemple, déduit du récit du meurtre de Brangues, introduit une distorsion qui aboutit à rendre caduc le discours commun de la psychologie. N'en n'est-il pas de même dans *Lucien Leuwen* des discours politiques et économiques, complètement démontés par l'intervention à leur point précis d'articulation, donc de moindre résistance, du discours amoureux qui, en soulignant comme insolite cette évidente articulation, les renvoie l'un et l'autre à leurs contradictions que seule leur liaison pouvait dissimuler.

Que ces contradictions soient perçues n'interdit pas que demeure la nostalgie d'une impossible cohérence. Car dénoncer les contradictions c'est encore les vivre, les subir. Le roman peut bien les dénoncer, il s'y enferme, et le romancier avec lui, et il ne reste plus, à partir de ce travail de démontage, qu'à errer circulairement et non sans incertitude entre ce réel extérieur au livre mais auquel, *incontournable et irréductible*, le livre et l'écrivain ne cessent de se heurter, et ces efforts pour l'oublier que sont la nostalgie des temps heureusement reconstruits ou l'utopie, cet ailleurs du réel, tous lieux de l'ailleurs que Stendhal ne cesse de chercher à atteindre à travers diverses figures.

Errance, nostalgie, réel, utopie, autant d'itinéraires et de lieux qui dessinent le territoire obligé que l'on cherche délibérément à fuir mais qu'on ne peut pas de toute façon déserter parce que s'y joue une question essentielle à l'esprit de Stendhal, celle de la liberté économique, véritable soubassement de la liberté politique. Il n'est pas étonnant de ce fait que depuis le *Nouveau Complot* la littérature stendhalienne ne revienne pour les sonder sur les ambiguïtés du libéralisme, autant dire sur les ambiguïtés de l'économie politique. Ce ne sont en effet ni les aristocrates, figures ici de la nostalgie, ni les rares révolutionnaires, figures ponctuelles de l'utopie, qui sont les plus maltraités par le roman stendhalien mais bien les libéraux enfermés dans cette contradiction, qui en les dénonçant dénonce leur discours, entre leur affirmation du libéralisme politique et leur refus de la liberté économique. C'est ce sur quoi reviendront les *Mémoires d'un Touriste*. C'est déjà ce que dit dans le *Rouge* l'itinéraire de Julien qui de Verrières à Paris souligne le sens de la mutation en train de s'accomplir, les enjeux économiques, et donc politiques qui y sont en cause et les ambiguïtés insurmontables qui s'y esquissent.

Ainsi cette introduction de l'économie entraîne deux conséquences. Il s'agit d'abord d'introduire dans le roman un certain nombre d'indices précis, repérables qui, désignant cette réalité économique, la soumettent à cette analyse dialectique qu'y pratique l'écriture romanesque. Mais si le roman se révèle ainsi comme une critique de l'économie, l'économie à son tour se révèle dans le texte comme une critique du roman, d'une écriture romanesque qui, pour la critiquer, n'échappe pas pour autant au jeu insidieux de l'économie.

Que la "vanité" soit une catégorie essentielle de l'univers stendhalien c'est une évidence, mais est-on sûr de ne pas réduire à une simple catégorie morale une notion qu'en la recueillant chez Tracy Stendhal conserve dans toute sa force de "passion la plus anti-sociale de toutes" (*Traité de la Volonté et de ses Effets*) et qui ne signifie pleinement chez lui qu'à l'intérieur du couple conceptuel qui la fonde en l'opposant, dans une vision socio-économique, à cette autre notion non moins stendhalienne, "l'énergie". A l'énergie, productrice et pourtant tenue en mésestime, sinon en lisière, s'oppose victorieusement la vanité, stérile, oisive, et de cette situation paradoxale se déduit pour Stendhal une défiance qui frappe aussi bien de nullité les illusions de l'économie que celles du roman.

Stendhal a été probablement le premier à dénoter dans le jeu même de son écriture romanesque ce passage à une économie du signe et par là-même à une culture du signe dans une époque où, par l'extension définitive du capitalisme financier et de ses pratiques, les valeurs sociales, au moment où le signe tient lieu de valeur, ne peuvent plus que s'inverser en signes. Or il est remarquable de le voir pousser cette méditation sur le signe jusqu'à s'interroger, sans le dire peut-être clairement, sur l'écriture et la symbolisation littéraires comme possibles figures de la médiation fiduciaire, d'une économie de paiement différé. Et par le jeu de cette différence qu'il désigne en lui-même, le roman, outre sa critique économique de la société et sa critique romanesque de l'économie, se charge aussi d'une critique économique de lui-même.

153

Or une telle attitude critique ne peut que déchirer Stendhal en un impossible choix entre ces deux pôles de sa pensée que sont le "sentir" et le "connaître". Or ce double projet de connaissance et de traversée va mal avec le besoin ou le désir de sentir. L'analyse économique, si elle exige et postule le besoin de clarté, se concilie mal avec le désir de plaisir et sur ce plan le roman stendhalien est tout entier tissé de contradictions entre cette nécessité de retrait et cette volonté d'adhésion. Aussi Stendhal tente-t-il de trouver une échappatoire dans une dialectique, qu'il a lui-même soulignée à propos de ses romans, du "trivial" et du "romanesque". Opposer aux masses de trivialité disséminées dans le roman, des masses équivalentes ou supérieures de "romanesque", d'espagnolisme, c'est tenter d'opérer un rééquilibrage, ou mieux, d'ouvrir dans le texte des issues salutaires. Mais non sans être conscient des pièges de la trivialité. La trivialité s'avoue sans doute le plus souvent sous son masque le plus sordide ; les procédés pour la dénoncer ne manquent pas. Mais elle sait se masquer aussi plus subtilement, plus dangereusement, et combien de procédés qui sembleraient devoir la refouler hors du texte romanesque se révèlent à l'analyse comme des moyens de l'exalter. Ainsi du pittoresque, du goût de la description dont le rôle dans un texte romanesque est apparemment de fonder ce réel esthétique sur lequel fonder le romanesque. Toute la critique de Stendhal n'aura de cesse dans ses dénonciations théoriques comme dans ses mises à l'épreuve pratiques, qu'elle ne fasse apparaître le pittoresque comme une assomption du trivial. Quoi de plus clair à cet égard que la première page du *Rouge* où la juxtaposition brutale du code pittoresque du premier paragraphe et du code économique dans le second fait éclater la cohérence du premier ? La colline, les arbres, les petites maisons blanches, les toits rouges sont-ils autre chose que les signes de l'industrie de la toile et des clous ? Tout ce qui fait signe, même dans l'ordre de l'esthétique, est frappé de suspicion. La beauté elle-même, sauf cas extrême, n'ira pas sans quelque inquiétude.

C'est la même critique qui s'exerce, et pour les mêmes raisons, sur le romanesque et sa forme privilégiée, l'amour. Premier refuge envisagé contre la trivialité, le romanesque amoureux, qui n'a rien à voir avec l'amour total, aberrant vers lequel tend toujours tout roman stendhalien, ne se révèle souvent que comme la transcription "idéaliste" de vulgaires mécanismes socio-économiques. Dans ce jeu des signes et de l'équivalence généralisée, toute conquête en vaut une autre. Ce sera, provisoirement du moins, et en attendant le coup de pistolet salutaire, le drame de Julien qui, dans la conquête de Mme de Rênal avant celle de Mathilde, cherchera à réaliser, prenant ainsi le signe pour la valeur, un processus de conquête de statut social. Comme il le dira lui-même, avec une justesse prophétique, au terme de ces conquêtes illusoires : "Mon roman est fini". La conquête de la femme est un signe de la conquête du pouvoir, la possession de l'objet féminin se donne comme le signe différé et différent de celle du pouvoir, de la force. Julien, lisant *le Mémorial* y a assez rêvé. Il ne faudra rien moins qu'un coup de pistolet dans une église, pour que s'écroulent les prestiges de la trivialité, pour que se réalise le nécessaire renversement, l'accès à un autre réel mais celui-ci poétique, irréductible, totalement étranger. "Jamais cette tête n'avait été aussi poétique qu'au moment où elle allait tomber".

Restent alors et uniquement ces ailleurs de tout discours, l'imagination, mais sans contenu, donnée comme limite, le désir mais comme point de repère d'un au-delà que jamais les mots ne parviennent à circonscrire ; la folie, mais surtout l'amour. L'amour, cet anti-discours, cet ailleurs le plus extrême, ce lieu de cohérence totale où toutes les contradictions, autrement insolubles, s'abolissent dans le silence, la nuit ou la mort, ne peut être chez Stendhal que proprement "infâme", en deçà ou au-delà de tout discours, ne peut conduire les amants qu'à la rature sociale. Faute d'une solution historique, et collective prévisible à une situation dont la sécheresse de la perspective économique a souligné dans le roman les insolubles contradictions, il ne reste à chercher d'issue que dans cette totale mais individuelle révolution que l'amour figure au terme de tout roman stendhalien. Assumant jusqu'au bout l'épreuve de ce réel qui l'assaille et le fascine, le roman stendhalien en vient toujours, pour finir, pour se finir, aux images de l'insoumission heureuse. Par d'autres voies, d'autres discours, Stendhal ne cesse de méditer sur la question qu'il entendait poser dès 1811 dans un traité *De la Richesse, de la Population et du Bonheur*. Le réalisme de Stendhal, comme tout grand réalisme, est une écriture de la lucidité désenchantée.

Il aurait fallu, pour conclure avec plus d'exactitude, s'interroger aussi sur la liaison d'une telle volonté d'analyse avec la pratique de l'écriture comme activité de désir dans ses rapports avec le réel. Je n'ai pu que l'esquisser en passant. Je n'insisterai pas faute de temps. Je ne voudrais cependant pas conclure sans souligner, façon de revenir à des préoccupations d'ordre sociologiques sinon économiques, que cette attitude que nous venons d'évoquer désigne très curieusement Stendhal comme l'une des premières figures d'un type social en train de naître à son époque et que les développements ultérieurs de l'économie, avec leurs répercussions sur le tissu social, multiplieront jusqu'à en faire un groupe social symptomatique des sociétés industrielles. Bien avant Flaubert, à qui l'on reconnaît habituellement ce rôle exemplaire, Stendhal dessine la première figure de ces gens qu'on appellera plus tard les "intellectuels" mais qu'il désigne peut-être explicitement lui-même dans cette "classe pensante" dont il se fait en 1825 le porte-parole véhément. Bien des images de la vie comme de l'œuvre de Stendhal pourraient nous en convaincre. Les jeux de l'impuissance et de l'héroïsme, les images de l'altitude solitaire, le refus ou l'esquisse de toute détermination sociale, une certaine façon aussi de rêver indéfiniment son enfance, autant de signes convergents que l'on retrouve chez le romancier comme chez ces jeunes gens qui, d'un roman à l'autre, poursuivent le même rêve d'impossible souveraineté et d'impossible cohérence avec un même souci de détachement et de hauteur, fût-elle celle, suicidaire, du condamné à mort. Pour qui se prend, dans un souci de gloire pour soi-même et de bonheur pour les autres, à rêver la mort d'une histoire qui prend de plus en plus le visage de l'économie, "la condamnation à mort est (sans doute) la seule décoration *qui ne s'achète pas*".

155

DÉBAT

Ernest ABRAVANEL

Je remercie vivement M. Rannaud qui nous a apporté une pleine corbeille de faits, de remarques, d'hypothèses, de vues, de rapprochements. Je regrette d'avoir dû interrompre leur déversement. Il nous a ouvert un grand nombre d'avenues dont quelques-unes sont nouvelles. J'ouvre le débat maintenant sur l'ensemble des communications que vous avez entendues. Avez-vous des questions à poser à M. Fischer ?

V. DEL LITTO

La question que je pose à M. Fischer est la suivante : comment réussit-il à concilier les procédés qu'il a indiqués avec le franchissement du réel ?

Jan O. FISCHER

Si je comprends bien la question posée, il s'agit, pour ainsi dire, du problème classique de l'interprétation du réalisme : c'est-à-dire si le "réalisme" doit transcrire la réalité telle qu'elle est visible dans sa surface, ou bien si le réalisme peut se servir aussi, disons, de procédés de symbolisation, de concentration de couleurs, en *représentant* la réalité dans des formes qui ne doivent pas correspondre tout à fait à la réalité quotidienne pour saisir son sens. Je répondrais non pas en stendhalien, mais plutôt, et très brièvement, en balzacien : Est-ce que *la Peau de chagrin* peut être conciliée avec la notion de "réalisme" ? Ou bien le personnage de Vautrin que le naturaliste Zola considérait comme une "fantasmagorie" balzacienne ? Et, quand même, il s'agit d'un des personnages les plus "balzaciens". De tels procédés sont bien possibles dans un "réalisme", car il ne s'agit pas de transcrire la réalité, à tout prix, d'après les phénomènes visibles au premier coup d'œil, de la transcrire telle comme on la voit, mais il s'agit de saisir la réalité dans ce qu'elle représente, dans ses fondements : il ne s'agit pas purement d'une coïncidence avec la réalité, mais de sa compréhension et représentation adéquate. Et quelquefois même des procédés symboliques ou fantastiques comme celui de la peau de chagrin peuvent saisir et représenter les lois profondes de la réalité.

V. DEL LITTO

Vous ne voyez pas d'incompatibilité entre le réalisme et ce que Stendhal a nommé "sublimation".

156

Jan O. FISCHER

Je crois que même ce problème n'est pas aussi différent de celui dont je viens de parler. Il me semble que même le problème du rêve est plus ou moins analogue avec ce que je viens de dire sur les procédés : même le rêve peut être basé sur la réalité, reproduire, représenter la réalité, ou bien la fuir. Un roman "onirique", un rêve, peut bien avoir - ou ne pas avoir - une assise historique. Il peut bien s'agir d'un rêve dans lequel se reproduit, représentée la réalité, et dans ce cas-là il est bien conciliable avec la conception de "réalisme".

Ernest ABRAVANEL

Y a-t-il des questions à poser à M. Mahieu ? J'ai déjà relevé quelques remarques sur la signification du mot "vraisemblable", mais je ne veux pas y revenir. Est-ce que M. Mahieu lui-même désire prendre la parole ?

Raymond MAHIEU

Ce que je voudrais, c'est répondre à la remarque que vous m'avez faite tout à l'heure et qui met en jeu l'opposition qu'il y aurait éventuellement entre improbable et impossible. Quand j'ai mis en rapport (d'une façon un peu ludique, j'en conviens) les deux scènes de Balzac et de Stendhal, j'ai parlé non pas de scènes impossibles, mais de scènes rendues improbables ou mal vraisemblables au niveau de l'écriture. Je crois donc qu'il y a une grande différence entre ce qui est impossible d'une part, et ce qui est improbable, ressenti ou donné comme improbable d'autre part. Ce qui fait la probabilité ou non à la réception d'un événement tel qu'il est raconté dans un récit, c'est uniquement le respect ou l'infraction à un certain nombre de procédures d'écriture ; c'est uniquement au niveau, disons, des codes, que se joue le phénomène. Je crois que dans le cas de Balzac, c'est évident : il y a une espèce de disfonctionnement de toute une série de codes. Bien sûr, je n'ai fait qu'ébaucher la question, il faudrait vraiment prendre le texte à bras le corps pour vérifier cela : j'ai donné un seul indice, qui peut toujours se justifier d'une manière ou d'une autre ; d'ailleurs, on trouvera toujours une explication. Le fait est simplement qu'il y a une convergence de ce qu'on peut appeler des ratés, des parasites, dans le texte, et qui, à mon sens, quel que soit le texte que l'on examine, qu'il s'agisse de Stendhal, de Balzac ou de Gide - car on pourrait tout aussi bien se livrer avec tous à ce genre d'expérience - est toujours le révélateur de quelque chose qui se passe dans le texte, de quelque chose, je crois, d'important en ce qui concerne son rapport au réel. Ce n'est pas un postulat, c'est une hypothèse.

Ernest ABRAVANAL

Je vous remercie. Passons à l'exposé de M. Birnberg. Qui demande la parole ?

Jacques BIRNBERG

Je n'ai pas eu l'occasion de mentionner une différence entre congréganistes balzaciens et congréganistes stendhaliens. Je me permets de vous lire à ce sujet quelques lignes d'un exposé que j'avais fait autrefois sur la galerie des "sots de Stendhal". Voici ce que je disais précisément à propos de congréganistes : "Inspiré par l'exemple qu'il avait eu sous les yeux dans la personne de son précepteur, l'abbé Raillane, Stendhal entreprend dès 1803, dans son projet de comédie *les Deux hommes* la création d'un type que Jean Prévost définit avec bonheur le bigot scélérat. Dans *les Deux hommes*, c'eût été Delmare. Dans *le Rouge*, c'est l'abbé de Frilair ; dans *Lucien Leuwen*, ce sont le docteur du Poirier à Nancy et l'abbé Le Canu à Caen ; dans *la Chartreuse*, c'est le fiscal général Rassi ; dans *Lamiel* enfin, c'est le curé Du Saillard.

"Si différents que ces personnages soient entre eux et si variés les prototypes auxquels Stendhal se réfère dans ses "pilotis", ils ont un trait commun (et c'est par ce trait qu'ils sont différents des congréganistes de Balzac) : ils sont bouffons. L'ambition ou la vanité ou les deux les poussent tous à des activités qui les ridiculisent aux yeux du héros ou aux yeux du lecteur".

Le portrait du congréganiste dans *le Curé de Tours* est plus accusé qu'ailleurs. Rigidité de Troubert d'une part, frivolité de l'abbé de Frilair de l'autre : le terrible chef de la congrégation bisontine, qui faisait trembler juges, préfets et officiers généraux dans le chef-lieu du Doubs et que nous voyons occupé à ôter les arêtes du poisson destiné à son évêque, il est imité en cela par un être plus insignifiant, mais non moins intelligent, le cousin de Lucien Leuwen, Ernest Dévelroy, autre bouffon par ambition. C'est Du Poirier, le docteur de Nancy, "cet âme sans repos", qui bouffonne consciemment, d'abord pour amuser Lucien Leuwen par sa vulgarité et le gagner ainsi à la cause légitimiste, etc. Rien de semblable chez les congréganistes de Balzac.

V. DEL LITTO

Je pose une question à M. Wakefield qui s'est spécialisé dans l'étude des rapports de Stendhal avec les beaux arts. Il vient de parler de la manière dont Stendhal esquisse les portraits de certains personnages. D'une manière générale, Stendhal a-t-il recours à la couleur ou bien fait-il du blanc et noir ?

David WAKEFIELD

C'est-à-dire quand il décrit ces personnages, il n'y a pas de mention de couleurs ; il les voit, je pense surtout en lignes, volumes, mais si vous parlez de sa critique d'art, il fait souvent allusion au coloris, on a dit qu'il n'apprécie pas la couleur, mais dans sa critique d'art il en parle beaucoup.

V. DEL LITTO

Les structures ou bien les couleurs ?

David WAKEFIELD

Je crois que Stendhal a donné la réponse lui-même dans sa lettre à Balzac, où il dit qu'en créant le personnage de la duchesse Sanseverina il a voulu reproduire l'effet que produit le Corrège sur son art. Je ne sais pas si cela répond à votre question. Quant aux autres passagés je crois qu'il y a très peu de mention de couleurs. Dans *la Chartreuse de Parme,* la chapelle où Célia rencontre Fabrice est tout en noir et blanc.

Alain CHANTREAU

Au sujet du portrait de l'abbé Raillane, M. Wakefield a parlé de caricature. Or, l'iconographie nous a conservé un portrait de l'abbé Raillane en tout point comparable au portrait littéraire qu'a fait Stendhal dans la *Vie de Henry Brulard*. Ce qui m'amène à faire la suggestion suivante : le jeune Beyle s'est fait une idée morale de l'abbé Raillane, puis il a esquissé son portrait physique d'après l'impression que ce personnage lui a faite. On en a une confirmation à propos des Jacobins qu'il a aperçus dans l'église Saint-André où il était allé assister à la réunion de la Société des Jacobins. L'on sait évidemment l'estime qu'il avait pour les Jacobins, il était attiré vers eux. Or, la laideur de ces personnages a failli faire basculer son jacobinisme. Il a constaté qu'ils étaient laids et vulgaires, et donc que leurs sentiments ne seraient pas estimables. Ce n'est qu'à la réflexion qu'il est revenu sur cette impression.

Ernest ABRAVANEL

La perception des deux émotions chez Stendhal n'est pas la même et n'est pas ressentie au même degré.

Alain CHANTREAU

Dans les romans, le procédé est inversé. Les gens qu'il méprise, il les présente comme laids et vulgaires.

Ernest ABRAVANEL

Je passe à la dernière communication et là au fond nous pourrions ouvrir un débat non pas de plusieurs heures, mais de plusieurs jours. Vous n'allez pas me faire croire que l'exposé de Rannaud vous a laissés totalement insensibles, comme il l'a dit lui-même. Son exposé est provocateur, et je l'ai ressenti à bien des moments comme tel. Je ne suis probablement pas le seul et je serais heureux d'avoir quelques avis.

Andrée MANSAU

Monsieur Rannaud peut-il préciser les rapports entre trivial et romanesque ?

Gérald RANNAUD

Ces deux termes n'ont pas pour objet chez Stendhal de désigner des éléments formels ou des niveaux stylistiques particuliers mais des modes très généraux de penser ou dire le monde. Je n'insisterai guère sur ce qu'il nomme "romanesque" sinon pour rappeler l'ambiguïté de ce terme tantôt pleinement positif tantôt frappé de suspicion pour les raisons que j'évoquais tout à l'heure. Le "trivial", c'est pour lui globalement tout ce qui dans le texte est présence du réel, de ses contraintes économiques, sociales, politiques, tout ceci étant ressenti comme un bloc incontournable et indépassable mais qu'il prétend assumer dans son roman puisque celui-ci travaille précisément sur cette réalité qu'il nommait, dès ses *Remarques sur l'Économie politique*, "la trivialité". Il reste que dans la façon dont il va la traiter cette trivialité varie, prenant à tel ou tel moment, telle ou telle figure de la trivialité littéraire, donnant naissance à diverses écritures du trivial qui vont de la platitude volontaire ou de l'absence de style à la stylisation grotesque par exemple.

Le trivial sans doute n'est pas le "réel", inépuisable, morcelé en données fragmentaires éparses, en sensations difficilement cumulables dans une écriture. Le trivial est de l'ordre du discours tenu sur le monde, en l'occurence du discours le plus commun dont le romancier pour les utiliser, a à reprendre à son compte les figures, qu'il s'agisse d'y trouver les données élémentaires du "vraisemblable" ou de les travailler comme formes signifiantes à l'intérieur de l'ensemble textuel. Ce qui n'est pas sans mettre en difficulté, voire en péril l'écriture romanesque. Ainsi de *Féder* où cet enfermement de l'écriture dans le trivial, jusqu'à y trivialiser le romanesque, conduit à tarir l'écriture. Faute d'issue, elle ne peut que s'interrompre. N'en sera-t-il pas de même pour Flaubert avec *Bouvard* ? Si du moins vous voulez bien en admettre cette extrapolation je dirais que les remarques de Batkine restent valables dans le cas aussi de Stendhal, condamné, comme tout romancier, à ne travailler jamais que sur des figures, des bribes de discours, des figures de réalité. Même lorsqu'il utilise comme matériaux ses propres souvenirs, dispose-t-il d'autre chose que de discours déjà organisés, situés. Un souvenir n'est pas un objet.

Le trivial, évidemment pas le réel, ce réel, ne peut se morceler qu'en données individuelles, qu'en données éparses qu'en sensations inaccessibles, et surtout non cumulables dans une écriture : donc l'écran entre le monde, le livre et l'écriture passe par cet instant ce qu'il a appelé le trivial et qui est une sorte d'écriture avec tous ces arrière-plans idéologiques, éthiques, esthétiques et autres qui collent le plus étroitement possible avec le discours commun, le discours commun d'une société, dont il reprend les figures à son compte,enfin à son compte pour le utiliser, il reprend les figures, les schémas ; les stéréotypes, c'est dans ce jeu des stéréotypes, du discours commun qu'on utilise de temps en temps pour le vraisemblable d'autres fois pour désigner simplement une instance de discours. Un texte qui est très clair à ce sujet, sur cette utilisation, parce que c'est un texte qui beaucoup plus que *Lucien Leuwen*, a essayé de travailler absolument à l'intérieur du trivial sans en sortir, en essayant de ne pas aller plus loin que le romanesque le plus trivialisé c'est *Féder* ; c'est même plus trivial que *Bouvard et Pécuchet*. Il ne peut arriver au bout enfin, l'écriture ne trouve plus d'issue, mais il est évident qu'on passe là à travers quantité de stéréotypes : les gardes nationaux faisant faire leur portrait, le discours de la garde nationale, etc. On se réfère toujours et je crois qu'il faut reprendre là les positions qui sont celles de Batkine ou autre, sur le roman polyphonique, c'est-à-dire le roman qui travaille toujours sur des emmêlements de discours tout prêts, de textes tout prêts qui sont là et sur lesquels le romancier travaille. En fin de compte le romancier travaille sur des figures, travaille toujours sur des discours, il travaille toujours sur des figures discursives, de réalité même quand c'est ses propres souvenirs. Un souvenir n'est pas un objet, c'est un discours qui est situé et le romancier travaille sur lui ; pour quels objectifs c'est son problème.

Guy WEILL GOUDCHAUD

Vous avez employé le mot *intellectuel* pour définir Stendhal. C'est un terme qui mparaît dangereux quand il s'agit de Beyle et j'ai été quelque peu choqué dans la mesure où, apparaissant à la fin de l'exposé, il pouvait tenir lieu de conclusion. Peut-être n'avez-vous pas voulu lui donner une telle importance ? Je ne crois pas que Stendhal ait été un intellectuel, ni même qu'il soit l'ancêtre des intellectuels, au sens où nous l'entendons d'habitude, c'est-à-dire, hélas ! conformiste de "gauche". Car l'intellectuel aujourd'hui est un animal grégaire et Stendhal n'était absolument pas un animal grégaire et vous le savez, M. Rannaud. L'intellectuel attache actuellement de l'importance à la spéculation philosophique en tant que telle, la *virtù* stendhalienne ne l'intéresse pas : elle l'obligerait à prendre des responsabilités. L'intellectuel utilise désormais la morale en fonction de ses craintes et de ses snobismes : je pense que ce n'était pas le cas de Stendhal. Enfin, lintellectuel, ajourd'hui, vit le plus confortablement qu'il le peut dans une société masochiste qui l'entretient. Stendhal n'a pas été entretenu *comme intellectuel* par la société de son temps, il dépendait d'un État qu'il n'aimait pas et d'un gouvernement qui l'entretenait non comme intellectuel, mais comme fonctionnaire.

Gérald RANNAUD

Je vais tenter, Monsieur, de vous répondre à cette seule réserve que je ne peux absolument pas reprendre à mon compte les définitions que vous donnez car elles vous sont personnelles ; elles n'engagent que vous. Je vous les laisse donc. Vous ne nous donnez en effet pas des définitions de statut social, vous nous proposez des définitions de contenus de ce qui serait la psyché des intellectuels. Je ne sais pas quelle est la psyché des intellectuels. Je pense qu'elle est extrêmement variable mais je voudrais vous rappeler que si les intellectuels ont fort mauvaise presse à l'heure actuelle dans une certaine presse, nous sommes tous ici des intellectuels, ou du moins des gens qui essayons de jouer aux intellectuels. Autrement nous serions ailleurs. "L'intellectuel" c'est d'abord une donnée sociale sur laquelle je voudrais revenir si vous le permettez, faute de quoi nous ne pourrions qu'entretenir une ridicule et stérile polémique. Parler "d'intellectuels" c'est, en termes de sociologie, désigner un certain groupe social qui se constitue progressivement au cours du XIXe et dont un certain nombre de traits et de comportements caractéristiques sont éminement repérables. Dans le cadre du système productif global "l'intellectuel" se définit déjà par son rattachement exclusif au système de production des objets symboliques ou par sa relation prioritaire à de tels objets. D'autre part dans le jeu social cette position représente pour un certain nombre de gens la recherche d'une troisième voie qui leur permette de déplacer ou de neutraliser les processus de déclassement ou de sécession qui se font jour dans les liens qu'ils entretiennent avec leur classe d'origine à savoir la bourgeoisie. Or si ces processus s'intensifient et se clarifient autour des années 1850 pour devenir déterminants dans les décennies suivantes, il n'est pas inintéressant de faire remarquer que ce sont ces traits et ces caractéristiques qui organisent structurellement le roman stendhalien et qui permettent de lire une certaine cohérence dans les incohérences de la vie d'Henri Beyle. Sa perpétuelle inadéquation aux activités sociales, le jeu régulateur et directeur qu'il assigne au discours esthétique et à ses porte-parole, la relation ambiguë de désir et de répulsion qui le lie au monde de l'argent (au sens de capital) son goût systématique pour la rupture, la sécession (familiale ou professionnelle), tous traits et situations qui structurent aussi bien ses "héros" que ses romans, sont avant la lettre les traits qui caractérisent chez Flaubert et au-delà ces individus représentatifs d'un groupe qu'on désignera du qualificatif d' "artiste" avant de lui accoler celui d'intellectuel. Il y aurait beaucoup à dire sur ces phénomènes sociaux complexes que je n'ai pas le temps de développer ici à propos de Stendhal mais sur lesquels vous trouverez dans les études de P. Bourdien toutes les indications souhaitables, même s'il limite ces phénomènes à la période suivante. L'intérêt de Stendhal en ce domaine est de montrer sinon la préhistoire, du moins la naissance de ces phénomènes dans les années 1825-1840 et de témoigner comme individu et comme écrivain de la validité de ces mouvements profonds dont on ne saurait faire l'économie si l'on veut interpréter sans bévues l'évolution de l'art et de la littérature au XIXe siècle. Qu'on les voie "en chaise longue", qu'on les situe "de gauche", ou qu'on les traite de "salopards", toutes images lisibles par transparence dans votre discours, il est de fait que les "intellectuels" au sens où j'en parlais tout à l'heure, se définissent bien par cette démarche qui, pour des raisons historiques et sociales précises, les conduit à rechercher dans une situation individuelle paradoxale la solution des contradictions qu'ils éprouvent dans leur situation sociale. Ce renversement des contradictions subies au paradoxe revendiqué comme moyen de se donner dans le jeu social une situation "autonome" n'est-il pas la structure même du roman stendhalien ? N'est-il pas le mouvement le plus constant dans la vie d'Henri Beyle que ses émoluments de "fonctionnaire" n'ont pas empêché de fourbir contre une "société" qu'il n'aimait pas", avant Flaubert ou d'autres, ces armes idéologiques admirables que sont, pour ne citer que celles-là, *Lucien Leuwen, la Chartreuse,* ou *Lamiel* ? Deux mots enfin pour conclure sur cette liaison organique qu'il y a entre Stendhal et ces "intellectuels" qu'apparemment vous n'aimez pas. Qui, dès 1825, dans le *Nouveau Complot* définira à l'avance dans ce qu'il dit de la "classe pensante" et du rôle auquel elle peut prétendre dans la société ces futurs mouvements de la société française ? Stendhal. A qui à partir des années 1880, comme il l'avait prévu, Stendhal devra-t-il sa réhabilitation et, depuis, une gloire posthume toujours plus grande sinon à ces gens qui, à la même époque et avec toutes les connotations péjoratives qu'y glisseront les anti-freyfusards, et que vous reprenez, on appellera les "intellectuels" ?

161

QUATRIEME PARTIE

STENDHAL ET LA NOTION DE MIMESIS
L'évolution du réalisme dans les romans stendhaliens

par Hans Boll-Johansen
Université de Copenhague

Il n'est guère possible de faire entrer dans un cadre bien déterminé la notion de réalisme. Les critiques évoquant le réalisme d'un texte littéraire s'intéressent en effet à des phénomènes fort différents. La façon la plus claire de cerner cette notion serait probablement de définir le réalisme toujours par opposition à une notion contraire. Ainsi *le réalisme de la Mimesis* s'oppose à la conception qui considère l'œuvre littéraire comme un *discours autonome*. De même le réalisme qui consiste à privilégier *l'époque contemporaine* dénonce la recherche nostalgique de *la dimension historique* : "M. de Stendhal, ennuyé de tout ce moyen âge, de l'*ogive* et de l'habillement du XVe siècle, osa raconter une aventure qui eut lieu en 1830" (1). On pourrait encore citer le réalisme de *la littérature engagée* par opposition à *l'art pur*.

Pour aborder le problème du réalisme stendhalien, on peut s'appuyer sur les réflexions formulées par Stendhal lui-même : l'aspect théorique de la création artistique n'a jamais cessé de le préoccuper. L'opposition entre *Mimesis* et *discours autonome* se retrouve chez Stendhal qui semble cependant opter tantôt pour l'un tantôt pour l'autre. On pourrait, de prime abord, être tenté de ranger Stendhal parmi ceux qui pensent que la littérature s'assigne comme objectif de refléter aussi fidèlement que possible la réalité quotidienne. Combien de faits vécus n'a-t-il pas intégrés dans ses œuvres de fiction et combien de fois n'a-t-il pas souligné l'intention de faire de son roman "un miroir qu'on promène le long d'un chemin ?" (2).

Ailleurs il mesure cependant la distance qui sépare la création artistique de la réalité. Dans la *Vie de Henry Brulard*, Stendhal essaie de se rappeler les détails de la première représentation du *Mariage secret* de Cimarosa à laquelle il assista pendant son premier séjour en Italie :

"L'actrice qui jouait Caroline avait une dent de moins sur le devant. Voilà tout ce qui me reste d'un bonheur divin. Je mentirais et je ferais du roman si j'entreprenais de le détailler" (3).

Nous pouvons déduire de cette citation une première constatation :

le mode d'existence de l'œuvre littéraire se situe au-delà de la réalité, Stendhal identifie *mensonge* et *roman*. Un roman ne renferme pas la vérité tout court mais la vérité recréée, restructurée. L'œuvre artistique existe par elle-même. Pour illustrer cette idée, on peut citer un autre passage de la *Vie de Henry Brulard* où Stendhal compare ses propres souvenirs du franchissement des Alpes avec une gravure qui évoque cette expédition :

"Voilà un danger de mensonge que j'ai aperçu depuis trois mois que je pense à ce véridique journal.

"Par exemple je me figure fort bien la descente. Mais je ne veux pas dissimuler que cinq ou six ans après j'en vis une gravure que je trouvai fort ressemblante, et mon souvenir n'*est plus* que la gravure... Bientôt la gravure forme tout le souvenir, et détruit le souvenir réel" (4).

La deuxième constatation que nous pouvons faire est donc que l'œuvre d'art remplace la réalité, le choix qu'elle a fait est en quelque sorte définitif. De là aussi la très grande ressemblance entre les romans et les œuvres auto-biographiques : une fois relatés il est extrêmement malaisé de retracer la façon dont les événements se sont déroulés en réalité. Les interprétations précédentes constituent dorénavant un filtre interceptant le regard qui cherche à sonder les événements une deuxième fois.

Ce caractère impératif de l'interprétation d'un événement par le texte écrit amène Stendhal à formuler cette opinion, paradoxale au premier abord, que *le roman est plus vrai que la réalité* :

"Rome, 24 mai 1834. J'ai écrit dans ma jeunesse des Biographies (Mozart, Michel-Ange) qui sont une espèce d'histoire. Je m'en repens. Le vrai sur les plus grandes comme sur les plus petites choses me semble presque impossible à atteindre, du moins un vrai un peu détaillé. - M. de Tracy me disait : on ne peut plus atteindre au vrai (il n'y a plus de vérité), que dans le roman. Je vois tous les jours davantage que partout ailleurs c'est une prétention" (5).

Nous croyons que cette distinction établie par Stendhal entre réel et vrai est capitale pour la clarté de la discussion.

Pour aboutir à la *vérité* romanesque, Stendhal a toujours transposé dans ses œuvres de fiction de nombreux épisodes de la vie *réelle* d'Henri Beyle ; il recommande à Mme Jules Gaulthier de prendre toujours comme modèle pour des écrits littéraires, une personne, un endroit existant réellement : "En décrivant un homme, une femme, un site, pensez toujours à quelqu'un, à quelque chose de réel" (6).

Cependant il ne faut pas se tromper sur ses intentions : Stendhal ne reprenait pas ces détails dans ses romans pour immortaliser dans la littérature des figures de la vie réelle ; il avait une ambition littéraire authentique et adoptait cette méthode de travail pour assurer la véracité de la fiction, et ne pas voir le roman sombrer dans les abstractions. Le roman devient plus vrai que la réalité parce que la volonté créatrice de l'auteur rassemble tous les faits vécus en une synthèse qui a un caractère de totalité et par conséquent de vérité, que n'avaient pas les éléments considérés séparément.

Nous trouvons dans les marges du roman inachevé *le Rose et le Vert* une remarque essentielle qui détermine l'ambition et les limites du réalisme stendhalien :

"Mon ballon qui promène mon imagination... va trop haut... Je n'ai plus qu'une vue cavalière des objets et non une vue pittoresque ; de là, grande difficulté à écrire" (7).

On pourrait définir le caractère particulier du réalisme stendhalien à partir de cette représentation métaphorique du fonctionnement de son imagination. Stendhal avait horreur des abstractions et cherchait toujours une certaine forme du concret, ce qu'il appelle *la vue pittoresque*. Pour aboutir au vrai il faut fournir suffisamment de détails pour créer l'illusion de fait réellement vécu.

Le réalisme du pittoresque peut se définir comme un équilibre harmonieux entre le concret et l'abstrait, un *juste milieu*, si l'on veut. Le ballon ne doit pas voler trop bas, ce qui se traduirait par une surabondance de détails, ni trop haut, ce qui ferait planer le récit dans les nuées de l'abstraction.

Nous essayerons d'illustrer cette idée de l'équilibre entre l'abstrait et le concret dans quatre domaines : les relations entre la psychologie et les "petits faits vrais", le paysage, le lieu de l'action et la politique.

L'analyse psychologique est, de par sa nature, abstraite, alors que le monde des objets est concret. Pour aboutir au *vrai*, on peut pallier l'abstraction de la vie intérieure, en utilisant le monde extérieur pour évoquer le monde intérieur.

Stendhal donne lui-même un exemple charmant de ce qu'il entend par "les petits faits vrais, lorsqu'il se félicite dans la marge du *Rose et le Vert*, "bravo les petites things", à propos de ce portrait :

"Génie étrange, se dit à lui-même le vieux maître de littérature, elle se lève doucement pour aller observer deux moineaux qui viennent manger sur le balcon les miettes de pain qu'elle y a placées et elle comprend La Bruyère" (8).

L'auteur trace donc le portrait intérieur de cette jeune fille à l'aide du comportement qu'elle adopte à l'égard du monde extérieur. La petite scène des moineaux est une manière ravissante de concrétiser l'impression d'une certaine innocence végétative. Pour que le lecteur n'ait pas l'impression de s'être fourvoyé dans un manuel de psychologie, le romancier souhaite intégrer son analyse psychologique dans les choses qui entourent les personnages.

Les choses auront ainsi une signification qui dépasse leur sens primaire. Or, cette valeur symbolique peut être plus ou moins prédominante. Il existe une transition graduelle entre l'élément essentiellement symbolique, citons les paysages, les platanes taillés de Verrières ou la bourse enterrée par Octave, jusqu'aux éléments qui n'ont qu'une très faible résonance au niveau de la psychologie des personnages et qu'on pourrait qualifier d'*indépendants*. Pensons par exemple aux clochettes fixées sur les lignes des pêcheurs du lac de Côme dans la *Chartreuse*.

Armance est certainement le roman le plus dépouillé d'éléments gratuits, tandis que la *Chartreuse* qui se déroule à l'étranger en est le plus riche. *Lucien Leuwen*, le roman le plus sévèrement structuré, n'est pourtant pas particulièrement abondant dans ce domaine. Les caprices structuraux se trouvent au niveau des personnages, la description de la réalité extérieure ne prend pas de dimensions exorbitantes.

Pour donner un exemple du progrès parcouru entre *Armance* et le *Rouge*, on peut citer les arbres taillés qui apparaissent dans les deux romans. Dans *Armance*, la description est abstraite, elle passe directement au niveau symbolique, sans se donner la peine ni le temps de s'arrêter aux petits faits vrais : "Une rangée de tilleuls taillés régulièrement trois fois par an, en garnissait le fond, et leurs formes immobiles semblaient une image vivante de la vie morale de cette famille" (9). Dans le *Rouge*, au contraire, Stendhal nous fournit davantage de détails. Il commence d'une manière assez abstraite, puis élabore son thème en l'assaisonnant de son ironie la plus subtile :

"Ce que je reprochais au Cours de la Fidélité, c'est la manière barbare dont l'autorité fait tailler et tondre jusqu'au vif ces vigoureux platanes. Au lieu de ressembler par leurs têtes basses, rondes et aplaties, à la plus vulgaire des plantes potagères, ils ne demanderaient pas mieux que d'avoir ces formes magnifiques qu'on leur voit en Angleterre. Mais la volonté de M. le maire est despotique, et deux fois par an tous les arbres appartenant à la commune sont impitoyablement amputés. Les libéraux de l'endroit prétendent, mais ils exagèrent, que la main du jardinier officiel est devenue bien plus sévère depuis que M. le vicaire Maslon a pris l'habitude de s'emparer des produits de la tonte" (10).

Ici Stendhal évoque, par le biais du petit fait vrai, le jeu des forces sociales dans une société miniature. Il individualise dans le *Rouge*, alors qu'il généralise dans *Armance*. Par ce symbole de l'arbre taillé, Stendhal nous révèle une conception un peu différente du réalisme dans ces deux romans.

Le paysage stendhalien n'est pas réaliste dans le sens : peinture exacte de tel ou tel site. Il l'est au sens que nous venons de définir : *vue pittoresque* qui inscrit l'abstrait dans le concret. Le paysage a toujours une fonction dans l'analyse psychologique.

Georges Blin parle du "caractère intellectuel de sa vision" (11). Balzac note dans son article sur la *Chartreuse* : "Il s'attache à un arbre, au coin où il se trouve, il vous montre les lignes des Alpes qui de tous côtés environnent le théâtre de l'action, et le paysage est achevé" (12). Et Zola déplore la pauvreté des descriptions du *Rouge* : "Nous pourrions être n'importe où, et dans n'importe quelles conditions, la scène resterait la même pourvu qu'il fît noir" (13). Pierre Jourda se joint à ces illustres prédécesseurs en affirmant que "nulle part en ces pages on ne trouve une description au sens plein du mot" (14).

Toute cette discrétion stendhalienne est volontaire. Stendhal en formule, négativement, le principe esthétique à propos de l'évocation du "lac sublime" de Côme : "Un moderne eût noyé tout ceci dans le paysage, dans un plat d'épinards infini, et de plus eût mis quatre dièzes à tous les sentiments" (15).

On ne peut pas étudier le paysage des romans stendhaliens sans procéder à la comparaison avec l'évolution des sentiments. Les paysages apparaissent à certains moments de l'intrigue amoureuse, leur évocation accompagne par exemple presque toujours le paroxysme de l'amour. Il y a également un paysage derrière l'ambition amoureuse de Julien dans la première partie du *Rouge*, et les premiers signes de passion entre Fabrice et Gina se révèlent dans le cadre magnifique du lac de Côme lors de la baignade involontaire.

Les éléments des paysages varient selon le caractère de la passion qui s'y déroule. Mais certains sentiments sont dénués de paysage, par exemple aucun paysage n'est décrit au cours de l'intrigue entre Julien et Mathilde. Même dans *Lucien Leuwen*, Stendhal trouve le moyen de déplacer l'action dans un cadre idyllique capable de soutenir la passion qui naît entre Lucien et Mme de Chasteller, bien que Nancy soit situé, d'après Stendhal, dans "la plaine la plus triste du monde".

Le paysage a toujours une valeur relationnelle, c'est un cadre vide que Stendhal remplit selon les besoins de chaque roman. Non-figuratif, il se conforme parfaitement au réalisme qui consiste à équilibrer l'abstrait et le concret.

Les *lieux géographiques* choisis par Stendhal pour l'action de ses romans marquent également un équilibre entre le concret et l'abstrait. Ils sont concrets parce qu'ils désignent en général une ville ou un lieu qui existent réellement. Dans *Armance*, Paris, Andilly ; dans le *Rouge*, Paris, Besançon ; dans *Lucien Leuwen*, Paris, Nancy ; dans la *Chartreuse*, Waterloo, Milan, Parme. Tous ces noms géographiques, apparemment, se rapportent à une réalité bien précise. Ils peuvent donc contribuer à la véracité du récit. Pourtant un nom géographique est en soi assez abstrait et exige un grand nombre de précisions pour refléter la réalité topographique.

Balzac reproche à Stendhal, au nom du réalisme, de nommer Parme : d'après lui Stendhal a commis "une faute énorme en posant Parme" parce qu'il aurait fallu donner la possibilité à l'imagination d'évoquer n'importe quelle tyrannie italienne : "Laissez tout indécis comme réalité, tout devient réel ; en disant Parme aucun esprit ne donne son consentement" (16). Cependant les lieux stendhaliens laissent beaucoup de liberté à l'imagination. Le fait de nommer Parme n'empêche personne de penser à Modène, à

Ferrare, ou à n'importe quel autre petit État totalitaire. Comme le souligne Georges Blin : "on n'a jamais fini d'admirer que sa Parme soit située si loin en pays d'Utopie" (17).

La facilité avec laquelle Stendhal demande à l'éditeur de changer le nom du lieu principal de *Lucien Leuwen* est un signe révélateur du peu d'importance qu'il accorde au lieu réel : "Remplacer *Montvallier* par *Nancy*. *Nancy* partout au lieu de *Montvallier*" (18).

Le lieu a une double fonction, comme les petits faits vrais. Il désigne à la fois un endroit réel et a en même temps une valeur dans le domaine psychologique. Stendhal explique dans *la Duchesse de Palliano* comment différents lieux sont prédestinés à telle ou telle intrigue amoureuse : "Ne sommes-nous pas convenus que les passions varient toutes les fois qu'on s'avance de cent lieues vers le Nord ? L'amour est-il le même à Marseille et à Paris ?" (19). Le choix du lieu intervient donc toujours en fonction du caractère de l'intrigue.

Structuralement, les lieux des romans stendhaliens se groupent de manière assez analogues dans tous les romans. Il existe une dialectique entre deux lieux qui définissent les cadres de deux attitudes opposées. Dans *Armance* entre Paris et Andilly, dans le *Rouge* entre Verrières et Vergy, dans *Lucien Leuwen* entre Nancy et le Chasseur Vert. Dans la *Chartreuse*, le milieu négatif représenté par la cour de Parme est équilibré par un endroit qui se trouve à l'intérieur et au-dessus de la ville : la prison.

Les lieux des romans stendhaliens ne reflètent pas principalement une réalité géographique quelconque, leur fonction est avant tout structurale.

Tous les romans brossent des tableaux de la vie sociale et politique de l'époque où ils se déroulent. Les exemples abondent dans les romans stendhaliens. Ce n'est pas ici le lieu d'entrer dans les détails. Nous voudrions tout simplement situer la politique par rapport aux notions que nous avons choisies pour cerner le réalisme stendhalien, c'est-à-dire l'équilibre entre l'abstrait et le concret. Stendhal rappelle volontiers que la présence de la politique dans un roman est comme "un coup de pistolet au milieu d'un concert". Mais la politique lui est nécessaire pour le réalisme du récit. Stendhal prétend que son éditeur lui a fait cette remarque : "Si vos personnages ne parlent pas politique... ce ne sont plus des Français de 1830, et votre livre n'est plus un miroir, comme vous en avez la prétention..." (20).

La politique représente une autre incarnation du concret. Elle apparaît souvent, dans les histoires de la littérature, comme un élément révélateur du réalisme littéraire. Mais dans le roman stendhalien, la politique s'intègre parfaitement dans le jeu *abstrait* des forces psychologiques, dans la mesure où la politique constitue une valeur *négative* qui s'oppose presque automatiquement aux sentiments, parce que le pouvoir - comme l'argent - corrompt les âmes. "La tyrannie me révoltait et je n'aimais pas le pouvoir", constatait déjà le petit Henry Brulard. Cette attitude oriente le système des valeurs

168

de tous les romans. Il y a antinomie entre le pouvoir et les valeurs positives, notamment les sentiments. Stendhal utilise les forces politiques dans le domaine psychologique, mais comme adversaires de l'amour. Cela est à l'opposé de l'utilisation qu'il fait des paysages, des lieux et des petits faits vrais qui accompagnent et soutiennent et même remplacent les analyses psychologiques.

La politique telle qu'elle apparaît dans les romans stendhaliens est presque toujours une politique réactionnaire. Le vent de liberté qui souffle au début de la *Chartreuse* ne résiste pas longtemps au contrecoup des puissances moroses.

Le rôle fonctionnel de la politique dans le roman stendhalien consiste à fournir des forces négatives qui puissent équilibrer le jeu positif des sentiments. Cela se produit au niveau de l'abstrait ; au niveau du concret, Stendhal prodigue bon nombre de détails de la politique *réelle* de l'époque.

Dans le roman stendhalien le *réel* devient du *vrai* romanesque quand le réel se cristallise sur une branche effeuillée de la vie intérieure. Le *vrai* garde ainsi une double référence : d'abord il renvoie au système des valeurs intérieures et ensuite au *réel*, extérieur à l'œuvre.

Les différences entre les romans sont considérables dans ce domaine. Dans *Armance*, le ballon de Stendhal vole certainement très haut, dans *Lucien Leuwen*, il vole peut-être de temps en temps un peu bas, dans le *Rouge* et la *Chartreuse* l'équilibre entre concret et abstrait devrait satisfaire parfaitement Stendhal.

(1) *Mélanges V, Littérature*, tome XLIX de l'édition Cercle du Bibliophile, établie par V. Del Litto et Ernest Abravanel, p. 30-31, esquisse d'article sur *le Rouge et le Noir* adressée à Vincenzo Salvagnoli en octobre 1832. Sauf indication contraire, nos références renvoient à cette édition des *Oeuvres complètes* de Stendhal.
(2) Par exemple, *le Rouge*, I, p. 133 l'épigraphe du chapitre XIII, attribuée à Saint-Réal.
(3) *Vie de Henry Brulard*, tome II, p. 361.
(4) *Ibid.*, p. 345.
(5) *Le Rouge*, tome I, p. 389, note sur l'exemplaire Bucci.
(6) Lettre de Civita-Vecchia datée du 4 mai 1834, *Correspondance*, Bibliothèque de la Pléiade, tome II, p. 644, éd.

(7) *Le Rose et le Vert,* Bibliothèque de la Pléiade, tome II, p. 1470. Ce commentaire a été omis dans l'édition du Cercle du Bibliophile.

(8) *Le Rose et le Vert*, tome XXXVIII des Oeuvres complètes, p. 271.

(9) *Armance*, p. 12.

(10) *Le Rouge*, p. 13.

(11) Georges Blin, *Stendhal et les problèmes du roman*, p. 46.

(12) Balzac, *Études sur M. Beyle*, éd. Skira, p. 72.

(13) Emile Zola, *Les romanciers naturalistes*, p. 89.

(14) Pierre Jourda, *Le paysage dans "la Chartreuse de Parme"*, "Ausonia", janvier-juin 1941, p. 15.

(15) Note sur l'exemplaire Lingay de *la Chartreuse de Parme*, Garnier, p. 554.

(16) Lettre de Balzac à Stendhal du 5 avril 1839, citée par F. Benedetto, *La Parma di Stendhal*, p. 3.

(17) Georges Blin, *Stendhal et les problèmes du roman*, p. 37, qui cite P. Martino, *La Parme de Stendhal*, "Le Divan", avril-juin 1942, "où se trouve évalué, avec beaucoup de tact tout ce qui de cette Parme, tenait de pure fantaisie".

(18) *Lucien Leuwen*, tome I, p. 331.

(19) *La Duchesse de Palliano*, p. 89.

(20) *Le Rouge*, tome II, p. 258.

LIRE BALZAC EN PENSANT A STENDHAL

par Maurice Muller

Zurich

La présence du terme de "réalisme" dans le sujet proposé par le Congrès stendhalien d'Auxerre me laissa quelque peu perplexe. Non que ce terme me parût entièrement rayé du vocabulaire critique, où il fait encore figure d'utilité, mais parce que, dans la perspective de la littérature romanesque, il ne peut guère subsister, me semblait-il, que par un appel toujours contestable au sens commun. Un certain "réalisme" peut se trouver dans le décor, dans le cadre de l'action romanesque, dans des emprunts à l'état social et juridique d'une époque, celle du roman ou celle du romancier, ou dans l'observation dite psychologique, plus ou moins superficielle et conventionnelle, en d'autres termes dans des *emprunts* à une réalité, c'est-à-dire dans des emprunts aux informations qui sont conventionnellement réputées constituer le "réel". Ces réflexions, toutes banales qu'elles soient, m'ont incité à aborder d'une autre manière le sujet que je m'étais proposé, en enfermant le domaine de la *Critique* à l'intérieur de deux frontières. Je ne me poserai aucune question sur l'existence ou la non-existence du sujet "psychologique" du discours ; je m'abstiendrai en principe de tout jugement de valeur, me bornant à quelques constatations très sommaires.

La première frontière, la plus difficile à déterminer, est celle du sens direct de l'œuvre romanesque, lequel suppose le sens des phrases parfaitement fixé, sans équivoque (ce qui semble partiellement illusoire), à la fois par un dictionnaire idéal et par une syntaxe entièrement assimilée. C'est le cas limite de l'auditeur enfantin n'ayant pas encore appris à lire, qui demande qu'une "histoire", un récit, lui soit conté pour la troisième ou la quatrième fois, et qui exige que le récit lui sont conté exactement de la même manière que la première fois - protestant s'il le faut -, toute modification de quelque importance lui paraissant une atteinte à la réalité (1) du conte. Et sans doute a-t-il raison, si l'on songe que même le simple passage d'une forme active à une forme passive est souvent une atteinte au sens. Toute proportion gardée, analogue à l'auditeur enfantin est le lecteur qualifié faute de mieux de *naïf* - sans nuance péjorative, la lecture naïve étant l'un des plaisirs de la lecture, peut-être le seul -, le lecteur "naïf" qui lit *Jésus-Christ en Flandre* et qui, la durée de la lecture, objective le récit, mettant entre parenthèses ses propres croyances.

La lecture naïve porte en soi un rudiment de critique. Ce qui est au-delà de l'autre frontière est d'une autre nature : c'est le formalisme des mathématiciens, qui agit comme un pôle d'attraction, notamment sur certaines recherches linguistiques. Il n'est donc pas sans enseignements d'essayer de caractériser très brièvement ce formalisme, lequel trouve une expression dans l'ouvrage sur la *Théorie des ensembles* du groupe de mathématiciens qui s'est donné le nom de Bourbaki. L'édition de l'ouvrage dont j'utilise principalement l'introduction en langage courant, date de l'année 1970. Bourbaki rappelle le principe de la méthode axiomatique (c'est-à-dire de l'art de rédiger des textes mathématiques), avec ses définitions, axiomes et théorèmes, principe conforme à l'impulsion donnée par les Grecs aux mathématiques. Un texte peut être dit formalisé si la langue conventionnelle qu'il utilise ne comporte qu'un certain nombre de "mots" invariables, suivant une syntaxe consistant en un certain nombre de règles inviolables. Il n'importe pas que l'on attache aux mots ou signes de ce texte telle ou telle signification ou qu'on ne lui en attache aucune ; seule compte l'observation des règles de la syntaxe. Sans entrer dans le détail, ajoutons que Bourbaki donne les raisons, à la fois techniques et psychologiques, selon lesquelles l'idéal du texte strictement formalisé est pratiquement irréalisable. On fera appel au besoin à l'intuition du lecteur, écrit-il aussi, pour rendre plus claire la marche des idées. Bourbaki ne pense pas que le passage mécanique du langage effectivement utilisé au langage strictement formalisé, quoique la possibilité en soit présumée, soit rigoureusement assuré. Au sujet de la notion de structure, il déclare dans une note, vers la fin du volume sur les Ensembles (2), qu'il "ne semble guère possible d'énoncer des définitions générales et précises concernant les structures, en dehors du cadre de la Mathématique formelle". La notion de structure, pourrait-on cependant dire sans grande précision, dépend de celle d'axiomatique.

Les linguistiques sont en général, à des degrés divers, sensibles à l'exemple donné par les mathématiciens, et il n'est pas rare que des linguistes soient mentionnés par les critiques (ainsi dans le volume collectif sur *Les chemins actuels de la critique* où les noms de Hjelmslev, Jakobson, Chomsky, Greimas, Benveniste et Guiraud sont cités), ou qu'un critique, même thématicien, emprunte aux linguistes une partie de leur langage (ainsi M. Jean-Pierre Richard dans un texte (3) consacré à trois alinéas de *La Sorcière* de Michelet). Quant aux mots et à leur usage, celui de structure peut prendre un sens mathématique ou paramathématique, ou un sens dont on userait en cristallographie ou en stéréochimie ; pour celui de formalisme, si l'on se souvient que pour Bourbaki la description d'une partie d'échecs au moyen de la notation usuelle est déjà un texte formalisé, on pourra penser que, par exemple, l'usage de graphiques peut répondre à une première approche de formalisation.

Si j'ai écarté la notion de réalisme, c'est *aussi* parce que la notion d'*emprunt à la réalité* est plus conforme à l'impulsion donnée à ma communication. De toute façon la notion d'emprunt à la réalité répond à une ou à des intentions et intuitions plus évidentes, ne se limitant pas à un courant littéraire. On peut songer par exemple aux emprunts probables de Stendhal à des ''faits divers'', se souvenir surtout des romans où Balzac met tant de soins à fixer un cadre matériel (une chambre, une maison, une ville), ou certaines contraintes juridiques ou sociales qui influenceront le comportement de ses personnages et s'intègreront au roman non seulement d'une manière extérieure mais aux personnages eux-mêmes, à leur aspect physique, à leurs vêtements, à leur manière d'être. Balzac semble puiser dans un immense fichier mental qu'il complète, s'il y a lieu, au fur et à mesure des besoins.

Mais le fichier mental du romancier tel que nous l'imaginons ne contient pas seulement des informations dites réalistes. Il contiendra aussi des images, des idées, philosophiques ou non, des souvenirs de rêves pourquoi pas, des souvenirs aussi d'émotions et de sentiments éprouvés, donc une part d'information (ce terme étant alors pris dans un sens très général) d'origine soit consciente, soit inconsciente ou peu consciente. D'ailleurs - nous en prolongeons l'image - le fichier n'est pas informel ; il est classé dans un ordre sans doute mal discernable, mais tout au moins de manière à répondre à des liaisons, positives ou négatives, à des relations entre les éléments qui le composent, ces relations pouvant avoir une origine sociale ou psychologique, trahir par exemple une obsession. Cette image d'un fichier possède apparemment un caractère cybernétique. Dans ma pensée, elle aurait plutôt un caractère cartésien, le *cogito* étant toutefois laissé ''entre parenthèses''.

L'oeuvre littéraire, qui répond à des sollicitations intérieures et extérieures à l'écrivain, est donc objet d'analyse avec, le cas échéant, tout ce qu'on peut connaître de l'écrivain et du milieu dans lequel il a vécu. Mais du fichier mental de l'écrivain nous ne savons qu'imparfaitement ce qui a passé dans ses écrits. Sont déjà suspectes les opinions de l'écrivain sur son œuvre - l'écrivain n'est pas conscient de toutes ses motivations -, à aussi forte raison les opinions de ses témoins. La signification de l'œuvre a de plus varié au cours des âges. Seuls les feux croisés des différentes critiques (y compris les patientes recherches de la critique historique, celles de la critique sociologique et de la psychocritique) pourront être des chemins d'approche de l'œuvre littéraire (ici de l'œuvre romanesque), en déceler les contraintes et les invariants. Peut-on rechercher des structures assez générales pour être applicables aussi à des objets différents des faits littéraires ? Le fait que le fichier mental est nécessairement classé, entraînant la prise en considération de relations entre les éléments du fichier, qu'il est donc théoriquement structuré, on peut supposer ou même admettre que l'usage aussi du fichier peut être ''créatif'' de telles structures générales, prêter à formalisation.

Une philosophie mystique ou même magique occupait également la pensée de Balzac. Pour Stendhal, un rôle analogue, mais allant en s'atténuant, est occupé par l'Idéologie de Tracy. Revenons alors à la lettre du jeune Beyle à sa sœur, du 1er janvier 1805. Dans sa lettre à Pauline il essaie d'enseigner à sa sœur comment apprendre à bien raisonner, "comme nous apprenons à bien marcher, en nous regardant faire". Il illustre cette idée par des exemples : "Tu dis, écrit-il : *Je pense à notre promenade d'hier au Belvédère*", c'est *"sentir* un souvenir". Tu ne dis pas : "*Je pense que je voudrais voir mon frère*, mais plus brièvement : *Je voudrais voir mon frère*. Tu éprouves une impression interne qu'on appelle *désir*", ou encore "Quand tu te brûles le doigt, du dis : Je souffre... Penser, dans ce cas, est donc tout bonnement *sentir une sensation* ou *sentir*". Stendhal écrit aussi : "toutes les actions qui forment un raisonnement tel que *ce papier blanc* se passent entre les idées, ici entre les idées de papier et celle de blancheur". C'est l'époque de son enthousiasme pour Tracy, et il essaie, en s'inspirant des *Éléments d'Idéologie*, de se faire, ainsi qu'à sa sœur, le récit de ce qui se passe en lui, en se "regardant faire", ou qu'il imagine se passer en lui ou en sa sœur, dans un comportement plus intérieur qu'extérieur ; des sensations, des idées, des liens entre elles, les sentiments qu'il pense éprouver. A la lecture de Tracy il semble ressentir un plaisir comparable au plaisir que trouve un enfant à la lecture d'*Alice au Pays des Merveilles*. Il y a sans doute une grande distance entre le petit spectacle idéologique que Stendhal offre à sa sœur et les recherches sémantiques des linguistes modernes. On peut cependant observer que M. Greimas, dans sa *Sémantique structurale*, prend en considération les recherches de Propp sur la morphologie du conte populaire russe, et choisit, pour donner un échantillon de description, ce qu'il appelle l'Univers de Bernanos. M. François Rastier, qui emprunte à M. Greimas ses "notations conventionnelles", a eu, dans un ouvrage encore récent sur les Éléments d'Idéologie de Tracy (4) l'originalité de décrire en même temps, selon ses termes, l'Idéologie comme "science" (le mot science entre guillemets), et l'Idéologie comme *Récit*, ceci résultant, écrit-il, de la découverte et de la constitution "de deux réseaux sémiologiques superposés", le premier qu'il nomme le niveau scientifique, le second qu'il nomme le niveau mythique, l'analyse étant ainsi menée sur deux plans parallèles. Le récit établi par M. Rastier contient des personnages (disons "symboliques" pour simplifier), et il remarque lui-même que des dénominations comme celles de héros ou de lutte dans un tel récit paraissent étranges. Mais Stendhal n'écrivait-il pas à sa sœur, fin juin 1804 : "Le corps et la tête sont les valets de l'âme, et l'âme obéit elle-même au *moi*, qui est le désir du bonheur" ? Ce qui serait aussi, Beyle pris au mot, parallèlement réduire le "moi" à une seule idée-sensation. De toute façon je n'analyserai pas ici cette tentative de M. Rastier, en soi intéressante ; on ne s'étonnera cependant pas qu'elle se termine par un constat d'échec de l'Idéologie et par des disqualifications, notamment du "Héros-esprit" du récit.

L'Idéologie de Tracy est un cas privilégié de récit en ce sens qu'on peut lire Tracy en se préoccupant fort peu de son appartenance à un style de pensée du XVIIIe siècle et qu'il n'y a pas de "complexe" au sens psychanalytique dans les souterrains de son discours. Il y a eu peut-être un complexe chez Stendhal, pour qui le "bon raisonnement" est une arme contre Tartufe et les charlatans, mais cela paraît exclu chez Tracy.

D'une manière générale la position du critique par rapport au texte littéraire n'est pas aussi simple que dans le cas des Éléments de Tracy. Le critique littéraire aborde des textes écrits dont les sources sont diverses, au moyen et à travers lesquels il essayera de pénétrer les dessous d'un jeu, disons pour simplifier les dessous d'un jeu "intellectuel". Entre un texte partiellement privé de ses arrières, et un critique pourvu d'un fichier mental lui-même muni de ses arrières conscientes et inconscientes, le *match* est de toute façon inégal, car le texte littéraire devra se plier à un fichier mental qui n'est pas le sien. Dans un certain sens, la tentative de M. Rastier est *aussi* le récit d'un tel match.

Encore un mot sur le titre de cette communication, qui prête à autant d'interprétations que l'on voudra. Ma première interprétation est la suivante, suggérée par le contexte : il est bien, même légitime, d'écrire sur Balzac et sur Stendhal en pensant à Hjelmslev, ou à Jakobson, ou à Chomsky, mais l'on pourrait tout aussi bien écrire sur Balzac en pensant à Stendhal ou sur Stendhal en pensant à Balzac, c'est-à-dire au moyen des connaissances ou pseudo-connaissances acquises à leur époque. Quant à mes réflexions selon l'axe paradigmatique, il me paraît sans intérêt d'en faire état.

(1) Le sens du terme de "réalité" dans "réalité du conte" ne recouvre visiblement pas celui de "réalité" dans "emprunts à une réalité". Intuitivement, c'est l'usage qui en est fait qui opère la distinction.

(2) Cette note se trouve dans la partie du volume intitulée *fascicule de résultats*, page E.R.36. Précisons encore que, dans notre texte, nous nous sommes efforcés d'utiliser les termes mêmes du langage courant employés par Bourbaki.

(3) Il est fait ici allusion au texte intitulé *La fiancée du vent*, paru dans la revue *Poétique*, année 1974, n° 20.

(4) François Rastier, *Idéologie et théorie des signes*, Analyse structurale des Éléments d'Idéologie d'A.-L.-C. Destutt de Tracy, éd. Mouton, La Hague, Paris 1972.

STENDHAL ET BALZAC A L'ÉCOLE DE MOLIERE, OU
LES ORIGINES CLASSIQUES DU RÉALISME

par Jean-Pierre Collinet
Université de Dijon

Stendhal et Balzac ont admiré Molière, l'un surtout dans sa jeunesse, l'autre toute sa vie. On peut donc se demander ce que doit à sa leçon leur conception du vrai dans l'art du romancier. Pour répondre à cette question, il faut examiner d'abord comment ils ont jugé Molière, puis comment ils s'en sont inspirés.

La réflexion de Stendhal sur Molière s'achève avec *Racine et Shakespeare* à peu près au moment où commence celle de Balzac. L'une prend le relais de l'autre. Voyons-les successivement.

Pour Stendhal, les années décisives se placent en 1804 et 1805. Jusque-là, il n'établissait encore aucun lien entre la littérature et la réalité du vécu. Il associera bien "les détails bourgeois et bas qui ont servi à Molière pour faire connaître sa pensée" (1) avec ceux de son enfance grenobloise, mais rétrospectivement, la cinquantaine passée, dans la *Vie de Henry Brulard*. Avant 1804, il ne cherche guère dans Molière qu'une évasion : quand il le lit, de même que Racine ou Voltaire, Virgile ou l'Arioste, il "oublie le reste du monde", ainsi qu'il l'écrit à sa sœur Pauline (2).

Tout change au contraire lorsque Stendhal, cette année-là, parle dans son *Journal* de "délaharpiser et dégagnoniser *son* goût" (3) en reprenant Molière et tous les dramaturges d'un esprit non prévenu. Il découvre alors, jusque dans le somptueux divertissement des *Amants magnifiques*, "la meilleure peinture de la bonne société" (4). L'heure n'est pas encore venue où il soutiendra que Molière n'a écrit que pour son temps. Il pense, au rebours, que les mœurs "se sont perfectionnées depuis Louis XIV" de sorte que "ce qui n'était qu'à la cour est actuellement dans deux mille maisons de Paris" (5). L'équation fondamentale de la fiction théâtrale à la vie réelle est dès lors posée. Aussi Stendhal recommande-t-il à sa sœur de se mettre à la lecture de Molière moins pour sa distraction que pour son profit : "voilà, lui explique-t-il, le monde où tu vivras un jour ; on y parlera un français un peu différent, et voilà toute la différence" (6). Molière reste si vrai qu'il n'existe pas de meilleur guide pour préparer à l'entrée dans la vie.

Stendhal lui emprunte son regard pour débusquer le ridicule chez ses contemporains : "Ces gens-là, observe-t-il, ont bien besoin d'un Molière" (7). Il caressera donc l'ambition de le devenir. Mais alors qu'il cherchait naguère dans Molière de quoi suppléer à l'inexpérience du monde, sa connaissance des hommes lui permet bientôt de mesurer pleinement la profonde vérité du théâtre moliéresque : "C'est l'homme qui fait le mieux connaître le cœur humain, répète-t-il à Pauline, mais il faut en avoir la clef. Je comprends tous les jours, par ce que je vois, des traits sur lesquels je glissais en lisant ce grand peintre" (8). Il se met à son école. Partant de Molière pour revenir à lui, il se donne ce double programme : "Me figurer le monde infatué du ridicule des Précieuses ridicules et des Femmes savantes, et examiner la manière dont Molière a su tirer ses comédies" (9). Il apprend la déclamation. Étudiant le rôle d'Alceste, il exulte qu'un "blanc-bec de vingt-deux ans", comme lui, parvienne à y trouver "des choses plus profondes que Molière" (10). La réalité n'a pas seulement rejoint la fiction au point de se confondre avec elle : elle la féconde en la dépassant.

En 1805, Stendhal se prend d'enthousiasme pour les iédologues. Sous leur influence, il attribue à Molière non moins qu'à Montesquieu ou Mme de Staël, "la connaissance des lois de la société (dans un salon) et l'art d'en montrer la cause et l'effet, leur naissance et leur vie" (11). Ses raisonneurs devancent les disciplines de Tracy et les lecteurs de sa *Logique* : "Si Cléante avait trouvé Tartufe dans un salon devant vingt personnes, c'en était fait de Tartufe" (12). Pour s'entraîner à l'analyse, Stendhal rédige alors des caractères, mais il les soumet en pensée à un aréopage idéal formé de ceux qu'il considère comme ses maîtres dans la science de l'homme : "Suppose, dit-il à Pauline en lui suggérant de pratiquer cet exercice, qu'un tribunal composé de Shakespeare, Helvétius, Montaigne, Molière et Jean-Jacques te demande une description de M. X... Que lui répondras-tu ?" (13). En 1811, ce jury quelque peu composite ne comprendra plus que trois membres : "Molière, Helvétius et Shakespeare" (14). A Marseille, Stendhal s'amuse à observer "le Vaniteux, plus parfait dans son caractère que Shakespeare ni Molière n'auraient pu le peindre" (15). Rendu "bien plus voyant de nouvelles circonstances" par la *Logique* de Tracy, il voit "de nouvelles choses dans *l'Avare*", qui fait sur lui "le même effet qu'un nouvel ouvrage" (16).

L'action des idéologues semble donc être venue s'ajouter à celle de Molière pour la renforcer en s'exerçant dans le même sens. Dans la mesure cependant où ils fournissaient à Stendhal des instruments d'investigation mieux adaptés et plus précis, ils lui ont rendu Molière moins utile entraînant à son égard, une désaffection dont les origines latentes remontent loin et dont *Racine et Shakespeare* marquera l'aboutissement. Il relève dans les "liv[res] de ce grand homme" tous les "détails" qui ont cessé d'être "ressemblants" (17). Il entend, surtout, ne plus juger que par lui-même : Molière en personne, écrit-il, "m'apparaîtrait et me dirait : "Madame une telle est coquette", que je le prierais de m'en dire les preuves" (18). A la vérité de Molière il préfère la sienne, qui en dérive au demeurant pour une large part. Son émancipation, toutefois, ne s'achèvera, la chenille ne deviendra vraiment papillon, que lorsqu'il aura renoncé au théâtre pour le roman. Il lui faudra de longues années avant qu'il ne regarde "le Roman comme la Comédie du XIXe siècle" (19), et il ne comprendra qu'en 1836 "Pourquoi la Comédie est impossible" (20).

En 1813 encore, les deux genres lui paraissent antinomiques, comme en témoigne, dans une formule capitale, son "Principe de Moscou" : "En comédie on ne peut pas dessiner avec un trait noir comme dans le Roman [...] on ne peut faire voir de contour que par l'opposition de deux couleurs" (21). Alceste, à la scène, appelle un Philinte, mais le romancier se passe de tels repoussoirs ; il diffère autant du dramaturge que le dessinateur du peintre. Son art, plus austère mais plus rigoureux, serre de plus près le réel sans exiger tant d'artifice, et l'emporte par l'économie des moyens. Stendhal cependant s'obstine à se tromper sur sa vocation : à peine revenu de Russie, il se prépare à "comiquer" (22) de plus belle en soumettant quelques pièces de Molière à un examen critique sur lequel nous reviendrons.

Le moment où Stendhal tend à se séparer de Molière coïncide avec celui où Balzac commence à s'en emparer. A la fin de 1821, dans *Une heure de ma vie*, moins intéressé par l'histoire des nations que par celle "qui sert à dévoiler l'*intus* de l'homme" (23), Balzac cite Molière en première ligne de ceux qui ont travaillé à cette *"histoire secrète du genre humain"* (24) et qui comptent parmi eux, pêle-mêle, Tacite, Sterne, Richardson, Cervantès, Rabelais, Montaigne, Rousseau, La Rochefoucauld, Locke : version élargie de l'aréopage stendhalien. En 1825, tandis que Stendhal se désolidarise de Molière dans le second *Racine et Shakespeare*, Balzac lui consacre une notice biographique où, dressant un bref "tableau des vices qu'attaqua Molière sans jamais cesser d'être plaisant, naturel et varié" (25), il présente son théâtre comme un raccourci de *Comédie humaine* avant la lettre. Contre *Hernani*, Balzac invoque conjointement Molière et Corneille, négligeant l'antinomie que Stendhal voulait voir entre eux : "Ces deux grands hommes, déclare-t-il, tout en commettant la faute de substituer la parole à l'action, n'ont jamais manqué de ne faire discourir leurs personnages que sur des intérêts, sur leurs passions, sur les faits, et d'une manière si profonde, que d'un seul mot ils peignaient la passion et couvraient le dénuement d'action sous le *pallium* du génie" (26).

La *Théorie de la démarche*, en 1833, poursuit la métamorphose de Molière en créateur balzacien : "Ceux qui ont su formuler la nature, y lit-on, comme le fit Molière, devinèrent vrai, sur simple échantillon" (27). L'idée reparaîtra dans *Splendeurs et misères des courtisanes*, où sont mis en parallèle Vautrin, qui "devinait vrai dans sa sphère de crime" (28), Molière, doué de la même faculté dans le domaine de la poésie dramatique, et Cuvier, pour celui des créations disparues. A l'écrivain de génie, la même *Théorie de la démarche* assigne pour mission de "se faire le secrétaire de son époque" (29). Dans la liste de ceux qui ont rempli ce rôle, Molière figure à son rang, avec Voltaire, après Homère et Tacite, l'Arétin et Machiavel, Shakespeare et Bacon. Né au XIXe siècle, il eût pris pour champ de son observation les milieux qu'étudie Balzac. Si Molière vivait aujourd'hui, demande Balzac en 1833 dans la *Quotidienne*, "aurait-il manqué l'industrie, le journalisme, le républicanisme ?" (30). La dédicace d'*Illusions perdues* reprendra le thème : "Les journalistes n'eussent-ils donc pas appartenu comme les marquis, les financiers, les médecins et les procureurs, à Molière et à son Théâtre ?" (31). Dans cette faune, ajoute la *Préface*, Turcaret et Figaro coudoient le Philinte de Molière, son Tartuffe et "le Scapin du vieux théâtre", "agrandis de la grandeur de notre siècle" (32).

Le roman lui-même abonde en références à Molière, attestant combien, à cette époque, son spectre obsède Balzac. Si Lucien, en poète, admire Alceste comme une de ces "créatures dont la vie devient plus authentique que celle des êtres qui ont véritablement vécu" (33), si d'Arthez étudie "le monde écrit et le monde vivant, la pensée et le fait" parce qu'il estime qu'il faut, "comme Molière, être un profond philosophe avant d'écrire des comédies" (34), Fulgence Rigal doit son scepticisme au pli qu'il a pris, "comme Molière et Rabelais, de considérer toute chose à l'endroit du Pour et à l'envers du Contre" (35) ; et, à son tour, Blondet professera que tout "est bilatéral dans le domaine de la pensée" : "Janus, proclame-t-il, est le mythe de la critique et le symbole du génie [...]. Ce qui met Molière et Corneille hors ligne, n'est-ce pas la faculté de faire dire *oui* à Alceste, *non* à Philinte, à Octave et à Cinna ?" (36). Balzac applique en 1846 la théorie à son diptyque des *Parents pauvres* : "Tout est double, affirme-t-il, même la vertu. Aussi Molière présente-t-il toujours les deux côtés de tout problème humain" (37). On reconnaît ici le "Principe de Moscou". Mais, alors que Stendhal n'y voyait qu'une loi particulière à l'optique du théâtre, Balzac lui donne une portée plus générale, qui permet au romancier d'annexer à son profit le processus dialectique de composition hérité de Molière. Entre la comédie et le roman, plus de dilemme. La comédie se continue dans le roman, qui la transcende. Balzac prête à Blondet cette profession de foi, écho d'idées exposées par Stendhal en 1836 : "Le roman, qui veut le sentiment, le style et l'image est la création moderne la plus immense. Il succède à la comédie, qui, dans les mœurs modernes, n'est plus possible avec ses vieilles lois. Il embrasse le fait et l'idée dans ses inventions qui exigent l'esprit de La Bruyère et sa morale incisive, les caractères traités comme l'entendait Molière, les grandes machines de Shakespeare et la peinture délicate des nuances de la passion, unique trésor que nous aient laissé nos devanciers" (38). Balzac peut donc se poser en légitime héritier de Molière, titre que revendique pour lui en 1847 l'*Avant-propos* du *Provincial à Paris, alias les Comédiens sans le savoir* : "nous ne voyons qu'un seul nom auprès duquel nous placerions volontiers M. de Balzac, et ce nom c'est Molière. Qu'est-ce donc que Molière sinon le poète qui a peint avec le plus de vérité la société du XVIIe siècle ? Qu'est-ce donc que M. de Balzac, sinon le moraliste, le philosophe qui a le mieux compris, le plus fidèlement peint le XIXe siècle ? Si M. de Balzac avait vécu sous Louis XIV il eût fait les femmes savantes, Tartuffe, George Dandin, le Misanthrope, si Molière vivait de nos jours, il écrirait la Comédie humaine" (39). L'un a fini par absorber l'autre, par l'englober. L'assimilation est terminée.

Pendant que Balzac, pour mieux s'identifier avec Molière, l'identifiait à soi, Stendhal rompait les amarres et prenait définitivement ses distances. Alceste, pour l'auteur de *Racine et Shakespeare*, appartient à un monde révolu, et la Restauration n'a rendu à Tartuffe qu'une actualité de circonstance. Pour Balzac, au contraire, Célimène demeure "la femme du monde du temps de Louis XIV comme celle de notre temps, enfin la femme du monde de toutes les époques" (40), de même que "Monsieur Jourdain, Chrysale, etc., sont les patrons éternels du Bourgeois, que chaque temps habille à sa manière" (41). Stendhal met l'accent sur la mutabilité des mœurs, Balzac sur la permanence foncière des structures sociales. Où le premier voit rupture, le second pense continuité. Il en découle que Balzac pouvait intégrer à sa *Comédie humaine* des matériaux moliéresques, après les avoir diversement élaborés, tandis qu'il n'existe guère, entre l'œuvre de Molière et les romans stendhaliens, de filiation visible. Ne nous laissons pas, cependant, abuser par les apparences. Celui des deux qui abandonne Molière en cours de route pour devenir tout simplement lui-même reste peut-être plus fidèle à son esprit, au bout du compte, que celui qui s'enrichit parfois indûment de ses dépouilles. Examinons de plus près ce que chacun lui doit.

Pour Stendhal, c'est le commentaire entrepris à la fin de 1813 qui montre le mieux quel genre de suggestions il tire de Molière. Non content de louer et de blâmer suivant ses impressions, il corrige, ajoute, transpose, imagine de nouvelles scènes ou propose d'autres prolongements : émulation féconde, où se pressent le romancier futur. En 1809 déjà, il pensait que, des *Précieuses ridicules*, on "pourrait faire une espèce de traduction [...] dans les mœurs et dans les termes d'à présent qui étonnerait bien du monde" (42). Il songe, en 1813, à moderniser et perfectionner *Pourceaugnac* : "Un jeune homme de la haute société voyant son rival près d'épouser la fille d'un ministre homme de beaucoup d'esprit (et auprès duquel les ruses de Sbrigani de Pourceaugnac ne prendraient pas parce qu'outre son esprit il est ministre de la police), imagine de développer les vices de son rival et de faire manquer le mariage par les actions auxquelles ces vices engagent le rival" (43). A la farce de Molière, Stendhal substitue un scénario de comédie qui contient le germe d'un roman et qui sacrifie la force du comique à la finesse de la psychologie.

Les *femmes savantes*, que Stendhal juge "bien froides", lui donnent, par anticipation sur *De l'amour*, l'idée de peindre en contrepartie "une femme voulant plaire à son amant à force de savoir pédantesque" (44), dont il indique ainsi la trajectoire sentimentale : "Elle n'est pas mal, cet homme l'aimait, mais à force de l'accabler de pédanterie, elle parvient à le dégoûter" (45). Ajoutons-y "le goujon que ces sortes de filets prennent naturellement, un très jeune poète provincial, très enthousiaste" (46), et, pour compléter l'étude des mœurs, quelques "rognures" d'une comédie sur le journalisme, "comme les femmes savantes faisant un article à leur guise, dictant de quelque manière ridicule les jugements du journaliste" (47), avec un ou deux emprunts à "l'homme de lettres", tels que "les femmes savantes intrigant pour donner une place à l'Institut" (48) : on sera tout étonné de découvrir dans ce projet de comédie qui remonte à 1813 la lointaine esquisse d'*Illusions perdues*. La pièce la plus classique de Molière, qui l'eût cru ? a mis Stendhal sur la voie du réalisme balzacien. Mais, faute de sauter le pas qui sépare le théâtre du roman, il s'arrête à mi-chemin.

De même, George Dandin, dont Molière, selon Stendhal, n'a pas épuisé le comique, pourrait devenir "par exemple un homme de finance, fermier général ayant hérité de 60.000 francs de rente de son père, ce qui permettrait de lui donner une âme sensible "sous un "extérieur grossier" (49). On saisit sur le vif, par cette double promotion, sociale et morale, qui transforme le paysan du XVIIe siècle en parvenu du XVIIIe par la condition et en homme du XIXe par la sensibilité, comment s'opère la métamorphose du personnage moliéresque au héros stendhalien. La critique de Molière aura conduit Stendhal au seuil de sa propre création. Aussi va-t-il bientôt pouvoir prendre congé de lui. Car, comme il le note, il "serait ridicule de dire à un auteur : Pourquoi n'avez-vous pas fait mon ouvrage au lieu du vôtre ?" (50). Solidaire jusque-là du théâtre moliéresque, son œuvre s'en détache pour commencer à vivre d'une existence autonome.

Dans *l'Avare,* la figure principale retient moins son attention qu'un comparse comme Valère, qui parle davantage à son cœur. Libre à Balzac, plus tard, d'imaginer le père Grandet à la ressemblance d'Harpagon ; Stendhal préfère s'attacher au jeune séducteur qui brave la pendaison, par amour pour la fille de la maison où il s'est introduit comme intendant. Le rôle se prête à cet infléchissement vers le beylisme : "On pouvait, remarque Stendhal, peindre Valère heureux, s'inquiétant peu de l'avenir et cherchant à consoler Elise par sa gaieté, et le tableau de ses espérances. Cette manière pouvait faire naître de charmantes peintures d'amour" (51). Par là se réaliserait la forme de comédie que Stendhal, dix ans plus tard, dans *Racine et Shakespeare*, appelle encore de ses vœux : "Des scènes de cette nature, présage-t-il, feraient une peinture nationale, peu agréable peut-être mais qui peindrait parfaitement nos mœurs au Philosophe qui, dans mille ans, voudrait les connaître" (52).

Déjà, du reste, quand Stendhal relit *Tartuffe,* le romancier à venir affleure. Cherchant à la pièce une conclusion moins arbitraire et moins abrupte, il troque les vingt-quatre heures du théâtre classique contre une durée plus étendue, qui se reconnaît comme romanesque à son épaisseur et à son élasticité : "Un grand seigneur ami de Cléante, suppose-t-il, ferait appeler Tartuffe, et éblouissant facilement un cuistre qui n'a pas le sou, quelque finesse qu'il ait, il pourrait au bout de trois semaines ou un mois d'intrigue tirer de Tartuffe quelque écrit propre à le perdre en le faisant passer sous les yeux d'Orgon" (53). Un instant, même, l'imposteur de Molière s'efface devant un Julien Sorel à l'état naissant. Stendhal répugne à croire le faut dévot "assez timide pour chercher à séduire une femme honnête par des caresses" : "cette manière", selon lui, "ne peut tout au plus convenir qu'à un très beau jeune homme de dix-huit ans" (54). La sublimation du comique mène droit à la tentation du romanesque. Stendhal, pour l'heure, la repousse, mais on voit par quelle insensible modulation le passage peut s'effectuer : "à force de diezer un *la* on en fait un *si*" (55). Le récit, au surplus, avec ses ellipses, serre la vie de plus près que le théâtre, avec ses conventions : au lieu de raisonner Tartuffe et de le mettre "à pied de mur", Cléante "pouvait tout au plus lui faire une menace énergique de quatre vers, appuyée de la vue d'un pistolet. Voilà la nature, mais était-elle bonne à mettre en scène ?" (56). Stendhal pose la question, mais, pour longtemps encore, élude la réponse. Il s'obstine dans la comédie, sans trop se douter qu'il travaille déjà pour le roman. Ainsi, quand il parle de "placer par exemple un vrai dévot à côté de Tartuffe, un vieil évêque pieux, oncle d'Elmire âgé de soixante-dix ans et retiré à Paris comme Mgr de Bausset, où il jouit de beaucoup de considération dans la clique dévote" (57), il applique à la pièce son "principe de Moscou", en vertu duquel, à la diffé-rence du romancier, le poète comique peint par les contrastes. Mais, en même temps, par cette référence à un prélat contemporain, il rapproche Molière et le XIXe siècle, confronte la fiction avec la réalité, glisse du type à l'individu, exactement comme Balzac, quelques années plus tard, dans sa *Comédie humaine*. Stendhal se trouve, à cet égard, paradoxalement, plus près de lui en 1813, dans son commentaire sur Molière, qu'il ne le restera dix ans après, lorsqu'il aura écrit *Racine et Shakespeare*. *Tartuffe*, cependant, dont dériveront les deux romans balzaciens de *Modeste Mignon* et des *Petits bourgeois*, n'inspire encore à Stendhal que le projet d'une comédie qu'il intitule *le Directeur* et dont il crayonne en marge de Molière cette esquisse : "Par exemple faire le directeur jésuite et attendant son avancement de son général qu'il ne peut gagner qu'en conduisant suivant les principes de la religion l'honnête homme son pénitent, qui est Intendant de Province, je suppose et l'homme le plus marquant de la ville où le hasard a placé le jésuite" (58). Stendhal croit s'affranchir de Molière et tient à préciser qu'il s'agit d'une "idée étrangère au Tartuffe" (59). Mais il demeure prisonnier d'un genre dont il ne se libèrera que du jour où il aura reconnu dans ce qu'il persiste à prendre pour des sujets de pièces le germe de romans virtuels. Ses tentatives, jusque-là, seront vouées à l'échec ou n'iront guère plus loin que l'intention. Stendhal lit Molière la plume à la main comme le peintre copie les maîtres, à titre d'exercice, avant de s'affirmer. Pensant se préparer au métier de dramaturge, il apprend sans le savoir celui du romancier.

Balzac ne s'en tient pas à ce carnet de croquis. Plus ambitieuse en apparence, son imitation de Molière se réduit souvent à un trompe-l'œil. Au théâtre, quoi que lui disent ses zélateurs, il ne réussit pas mieux que Stendhal à rivaliser avec ce "maître désespérant" (60). Et, même si ses plans d' "Alceste politique" (61) ou de "Tartuffe en jupons" (62) n'avaient avorté, qu'y serait-il passé de Molière, sinon la plus vague des analogies ?

Mettant *le Misanthrope* au goût du jour, *le Républicain* aurait groupé "autour d'un honnête homme les idées de notre époque personnifiées" (63), réalisant à sa façon cette comédie appelée, selon *Racine et Shakespeare*, à remplacer pour le public de 1830 l'héritage désormais suranné de Molière. Resté "vertueux" (64) sous peine de contrevenir à son caractère, Alceste n'aurait pas moins trompé une femme. Non content de le contaminer avec Figaro, Balzac se proposait d'amalgamer dans un cocktail capiteux le comique de Molière et l'esprit de Beaumarchais avec pour zeste la "plaisanterie âcre de Byron" (65).

Tartuffe, entre les mains de Balzac, ne devient pas moins méconnaissable. Il envisage d'abord de donner à la pièce une suite, comparable à celle, si chère à Stendhal, où Fabre d'Eglantine avait pris le contrepied du *Misanthrope*. On y aurait vu "Orgon regrettant Tartuffe", "ennuyé par sa famille" (66), "tracassé par ses enfants" et soupirant : "C'était le bon temps" (67). Puis Balzac imagine une *École des ménages*, où il travestit le personnage en demoiselle de magasin et le place dans une maison semblable à celle du Chat-qui-pelote. Il se flatte que l'on concevra "bien plus l'empire de la 1re demoiselle sur le maître qu'on ne conçoit celui du Tartuffe sur Orgon, car les moyens de domination sont bien plus naturels et compréhensibles" (68) lorsque l'ascendant s'exerce d'une femme sur un homme. Il se targue surtout de traiter un sujet neuf : "Personne, confie-t-il à Mme Hanska, n'a encore pensé à mettre à la scène l'adultère du mari, et ma pièce est basée sur cette grave affaire de civilisation moderne". Après avoir résumé son drame qu'il prévoit "horrible et grand", il ajoute : "je ne vous parle pas des détails qui sont aussi originaux que le sont les caractères qui n'ont été à mon avis pris pour aucune pièce" (69). Pourrait-il minimiser davantage sa dette à l'égard de Molière ? En 1848 encore, projetant de porter à la scène ses *Petits bourgeois*, il s'assigne pour double but de "continuer Molière" et d' "adapter ses idées au temps présent" (70). Mais les deux objectifs s'excluent ; on le sait depuis *Racine et Shakespeare*. Il paraît illusoire de prétendre les concilier.

Si donc il existe une filiation de Molière à Balzac, c'est dans ses romans seuls qu'elle doit être cherchée. Stendhal admirait chez Molière le vigoureux empâtement du coloris ; Balzac, à l'occasion, lui emprunte sa touche pour peindre des personnages : ainsi dans ce portrait à l'emporte-pièce du docteur Poulain, qui soigne le cousin Pons : "Mettez dans un parchemin jaune les yeux ardents de Tartuffe et l'aigreur d'Alceste" (71). Ni l'un ni l'autre de ces traits n'est toutefois pris directement de Molière, qui n'évoque nulle part le regard de son imposteur et prête à son misanthrope la mélancolie de l'atrabilaire. Vagues par elles-mêmes, les deux indications ne prennent un saisissant relief que juxtaposées par l'imagination balzacienne. Réduit à son essence, le personnage moliéresque n'entre plus qu'avec une valeur de signe dans l'écriture picturale de Balzac.

Chaque fois qu'il se mesure dans un de ses romans avec Molière, il ne manque pas de souligner, au-delà de la différence entre les genres, l'opposition plus profonde et plus irréductible des esthétiques. Le classicisme généralise jusqu'à l'abstraction : "Quand Molière introduisit un monsieur Loyal dans *Tartuffe*, il faisait l'Huissier et non tel huissier, observe-t-il. C'était le fait et non un homme" (72), Balzac, au contraire, opte pour l'individuel et la vérité concrète : "Molière avait fait l'*Avarice* dans Harpagon, déclare-t-il à Mme Hanska ; moi j'ai fait un avare avec le père Grandet" (73). Diane de Maufrigneuse, dans *le Cabinet des antiques*, n'apparaît pas davantage comme une simple réplique de Célimène. Au nombre des "gloires" que Balzac reconnaît à Molière, il compte celle d'avoir "admirablement peint [...] ces natures de femmes, mais "d'un seul côté seulement" (74). Il achèvera donc cette "grande figure [...] taillée en plein marbre" (75), doublant la coquette moliéresque d'une amoureuse balzacienne.

Une telle émulation tourne vite à l'antagonisme. Rivaliser avec Molière revient pour Balzac à engager contre lui, de créateur à créateur, un combat titanesque, "lutte insensée" (76) dont *Eugénie Grandet* marque la première phase, et qui reprend sur un nouveau terrain en 1844, l'année même où l'on inaugure, dans la rue de Richelieu, la fontaine Molière : "Dans un Grand Artiste, annonce-t-il à Mme Hanska, je lutte encore avec lui, pour le sujet de Tartuffe" (77). Comme Alceste naguère, l'hypocrite devient un personnage du XIXe siècle en même temps qu'il se laïcise. Balzac le prend très en amont de Molière, que la règle des vingt-quatre heures contraignait à ne montrer l'imposteur qu'à l'instant de son triomphe. Le roman autorise aussi à multiplier le nombre de ses dupes, de façon qu'il puisse mettre en jeu toutes les ressources de sa fourberie : "je veux faire, écrit Balzac, le Tartuffe de notre temps, le Tartuffe-Démocrate-Philanthrope, et dans toute la partie que Molière a laissée dans son *avant-scène*, c'est-à-dire à l'œuvre ; et, au lieu d'un Orgon personnage typique, séduisant cinq à six personnes de divers caractères, et qui l'obligent à jouer tous les rôles" (78). Bref, il s'agit de l'enlever à Molière pour le transformer en héros de roman balzacien. "C'est, conclut Balzac, une grande et belle œuvre à faire. Réussirai-je ? Voilà la question" (79). Nous connaissons la réponse. De l'œuvre éclatée, naîtront *Modeste Mignon*, où se développera surtout la figure de Canalis, et *les Petits bourgeois*, restés en suspens, où l'avocat La Peyrade ne sert plus guère que de prétexte à l'exploration d'un milieu.

L'influence de Molière sur *la Comédie humaine* reste donc, en définitive, limitée. Balzac, en dépit d'apparences contraires, lui doit à cet égard presque aussi peu que Stendhal dans ses romans.

Aucun autre classique, cependant, ne leur aura si bien servi d'exemple, ni mieux mis sur la voie qui mène au réalisme. Stendhal critique avec une intelligence lucide ; Balzac sympathise par la chaleur de l'imagination. Le premier prend ses distances, se définit en s'opposant ; le second préfère le corps-à-corps, s'affirme en se surimposant. De Molière, ils se sont partagés les dépouilles : à Stendhal, le genre, à Balzac les sujets. L'un retient la forme, l'autre le contenu. A cette division du patrimoine moliéresque, ils n'ont rien gagné : Stendhal s'égare tant qu'il s'entête dans la comédie ;

185

Balzac échoue à métamorphoser Tartuffe en moderne héros de roman. Infidèles à Molière, ils se trahissent eux-mêmes chaque fois qu'ils cherchent à l'imiter de trop près. De son théâtre, pourtant, tous deux ont su tirer une irremplaçable leçon de vérité humaine, dont s'est, en profondeur, nourrie leur œuvre de romanciers. Stendhal, simplement, jette le livre après l'avoir lu ; Balzac le ramasse, et se l'approprie. Libre à chacun de décider lequel des deux s'en est assimilé le mieux la substance.

(1) Stendhal, *Oeuvres intimes*, texte établi et annoté par Henri Martineau, Paris, Galli-mard, Bibliothèque de la Pléiade, 1955, p. 115.
(2) Stendhal, *Correspondance, tome I, 1800-1821*, préface par V. Del Litto, édition établie et annotée par Henri Martineau et V. Del Litto, Paris, Gallimard, Bibliothè-que de la Pléiade, 1962, p. 30 (6 décembre 1801).
(3) Stendhal, *Oeuvres intimes*, éd. cit., p. 499 (23 mai 1804).
(4) Stendhal, *Correspondance, tome I*, éd. cit., p. 123 (6 juillet 1804).
(5) *Ibid.*
(6) *Ibid.*

(7) Stendhal, *Oeuvres intimes*, éd. cit., p. 517 (*Journal*, 14 juillet 1804).

(8) Stendhal, *Correspondance*, tome I, éd. cit., p. 163 (29 octobre-16 novembre 1804).

(9) Stendhal, *Molière, Shakespeare, la comédie et le rire*, Paris, Le Divan, 1930, p. 281 (26 août 1804).

(10) Stendhal, *Oeuvres intimes*, éd. cit., p. 606 (21 janvier 1805).

(11) *Ibid.*, p. 615 (5 février 1805).

(12) Stendhal, *Correspondance*, tome I, p. 172 (1er janvier 1805).

(13) *Ibid.*, p. 194 (19 avril 1805).

(14) *Ibid.*, p. 610 (15 mai 1811).

(15) *Ibid.*, p. 246 (15-17 novembre 1805).

(16) *Ibid.*, p. 1155 (note du 26 décembre 1805).

(17) *Ibid.*, p. 282 (7 février 1806).

(18) *Ibid.*, p. 604 (1er février 1811).

(19) Stendhal, *Molière, Shakespeare, la comédie et le rire*, éd. cit., p. XVIII (réflexion manuscrite sur un exemplaire du *Rouge et le Noir*).

(20) *Ibid.*

(21) *Ibid.*, p. 272.

(22) Voir V. Del Litto, *En marge des manuscrits de Stendhal. Compléments et fragments inédits, 1803-1820*, Université de Grenoble, Publications de la Faculté des Lettres, 13, Paris, Presses Universitaires de France, 1955, p. 112.

(23) Cité par Pierre Barbéris, *Balzac et le mal du siècle. Contribution à une physiologie du monde moderne, tome I, 1789-1829, Une expérience de l'absurde : aliénations et prises de conscience*, Paris, Gallimard, 1970, p. 466.

(24) *Ibid.*

(25) Balzac, *Oeuvres complètes. Oeuvres diverses*, texte révisé et annoté par Marcel Bouteron et Henri Longnon, Paris, Conard, 1935, p. 141.

(26) Cité par Geneviève Delattre, *Les Opinions littéraires de Balzac*, Paris, Presses Universitaires de France, 1961, pp. 56-57.

(27) *Ibid.*, p. 80.

(28) Balzac, *La Comédie humaine, Études de mœurs : Scènes de la vie parisienne*, tome I, texte établi par Marcel Bouteron, Paris, Gallimard, Bibliothèque de la Pléiade, (tome V), 1948, p. 951.

(29) Cité par Geneviève Delattre, *op. cit.*, p. 28.

(30) Cité par Pierre Barbéris, op. cit., tome II, 1830-1833, *Une expérience de l'absurde : de la prise de conscience à l'expression*, Paris, Gallimard, 1970, p. 1932.

(31) Balzac, *La Comédie humaine, Études de mœurs : Scènes de la vie de province, tome II*, texte établi par Marcel Bouteron, Paris, Gallimard, Bibliothèque de la Pléiade (tome IV), 1947, p. 464.

(32) Balzac, *Contes drolatiques précédés de La Comédie humaine (Oeuvres ébauchées*, tome II - Préfaces, établissement du texte, notices et notes par Roger Pierrot, index de *La Comédie humaine* par Fernand Lotte, Paris, Gallimard, Bibliothèque de la Pléiade (tome XI), 1959, p. 339.

(33) Balzac, *La Comédie humaine* [...], éd. cit., tome IV, p. 546.

(34) *Ibid.*, p. 650.

(35) *Ibid.*, p. 653.

(36) *Ibid.*, p. 789.

(37) Balzac, *La Comédie humaine, Études de mœurs : Scènes de la vie parisienne*, tome II, texte établi par Marcel Bouteron, Paris, Gallimard, Bibliothèque de la Pléiade (tome VI), 1936, p. 134.

(38) Balzac, *La Comédie humaine* [...], éd. cit., tome IV, p. 790.

(39) Balzac, *Contes drolatiques* [...], éd. cit., tome XI, pp. 427-428.

(40) Balzac, *La Comédie humaine, Études de mœurs : Scènes de la vie privée,* tome I. texte établi et préfacé par Marcel Bouteron, Paris, Gallimard, Bibliothèque de la Pléiade (tome I), 1951, p. 252 (*Mémoires de deux jeunes mariées*).

(41) Balzac, *Correspondance, tome IV (1840, avril 1845)*. Textes réunis, classés et annotés par Roger Pierrot, Paris, Garnier 1966, p. 683 (à Armand Bertin, 25 mars 1844.

(42) Stendhal, *Molières, Shakespeare, la comédie et le rire,* éd. cit., p. 191.

(43) Stendhal, *Oeuvres intimes,* éd. cit., p. 1233 (*Journal,* 9 février 1813).

(44) Stendhal, *Molière, Shakespeare, la comédie et le rire,* éd. cit., p. 47.

(45) *Ibid.*

(46) *Ibid.*

(47) *Ibid.*, pp. 47-48.

(48) *Ibid.*, p. 48.

(49) *Ibid.*, p. 73.

(50) *Ibid.*, p. 88.

(51) *Ibid.*, p. 179.

(52) *Ibid.*, p. 180.

(53) *Ibid.*, p. 114.

(54) *Ibid.*, p. 126.

(55) *Ibid.*

(56) *Ibid.*, p. 134.

(57) *Ibid.*, p. 145.

(58) *Ibid.*, pp. 148-149.

(59) *Ibid.*, p. 148.

(60) Cité par P. Barrière, *Honoré de Balzac et la tradition littéraire classique,* Paris, Hachette, s. d., p. 74.

(61) Cité par Geneviève Delattre, *op. cit.*, p. 66.

(62) Balzac, *Lettres à Mme Hanska,* tome I, 1832-1840, Paris, Les Bibliophiles de l'originale, 1967, p. 485 (12 février 1837).

(63) Cité par Geneviève Delattre, *op. cit.*, p. 66.

(64) Cité *ibid.*

(65) Cité *ibid.*

(66) Cité *ibid.*, p. 67.

(67) Balzac, *La Comédie humaine, Études de mœurs : Scènes de la vie de campagne,* texte établi par Marcel Bouteron, Paris, Gallimard, Bibliothèque de la Pléiade (tome VIII), 1949, p. 94.

(68) Balzac, *Lettres à Mme Hanska,* éd. cit., tome I, p. 486.

(69) *Ibid.*

(70) Balzac, *Lettres à Mme Hanska,* éd. cit., tome IV, p. 372 (31 mai 1848).

(71) Balzac, *La Comédie humaine,* éd. cit., tome VI, p. 663.

(72) Cité par Geneviève Delattre, op. cit., p. 76 (*Le Constitutionnel,* 18 novembre 1846).

(73) Balzac, *Lettres à Mme Hanska,* éd. cit., tome II (1968), p. 328 (1er janvier 1844).

(74) Balzac, *La Comédie humaine,* éd. cit., tome IV, p. 404.

(75) *Ibid.*

(76) Balzac, *Correspondance,* éd. cit., tome IV, p. 665 (A Pierre-Jules Hetzel, 5 janvier 1844).

(77) Balzac, *Lettres à Mme Hanska,* éd. cit., tome II, p. 328 (1er janvier 1843).

(78) *Ibid.*

(79) *Ibid.*, pp. 328-329.

REPETITION, JEU ET DESTIN DANS " LA CHARTREUSE DE PARME "

par C.W. Thompson
Université de Warwick

Dans *la Chartreuse de Parme,* Stendhal parvient mieux qu'ailleurs à dépasser les bornes de sa pensée habituelle, à sortir des confins établis par ses théories et attitudes conscientes. Son texte va jusqu'à donner à entendre quelques vérités sur lui-même qu'il refuse la plupart du temps à s'avouer. Réussite intuitive, plus que consciente sans doute, qu'aurait facilité l'état de grâce où se trouvait l'improvisateur. Cette fois il n'a pas été condamné à voir le mouvement de son écriture dépassé par l'expansion rapide des limites extrêmes de sa conscience. Ici, j'essaierai de montrer comment le texte semble faire face à un des problèmes majeurs de sa vie et de son écriture — celui de la répétition obsédante. Et j'essaierai de montrer comment l'explicitation de ce problème conduit à une résolution moralement satisfaisante de cette autre question que Stendhal éludait habituellement : celle des limites qui s'imposent à la liberté dans la vie et dans l'art (1).

Il ne faudrait parler de la répétition qu'avec beaucoup plus de précaution que je ne pourrais le faire dans le cadre de cette communication. Car il est évident que toutes les structures esthétiques aussi bien que les structures psychiques se fondent sur la répétition, et que l'on risque par conséquent de la trouver partout où l'on veut. J'espère pourtant ne pas exagérer en disant que si tous les grands écrivains ont tendance à se répéter dans leurs écrits, la répétition est particulièrement frappante et dans la vie et dans l'œuvre de Stendhal. De son adolescence à sa maturité, il a moins changé d'idées et de comportement que la plupart des hommes. Envers ses amis, envers les femmes, il est toujours le même, rejouant sans cesse le même scénario passionnel. Inlassablement il répète les mêmes idées. Dans les romans, sa fidélité à un répertoire aussi exigu de personnages, de symboles et d'actions est à peu près sans équivalent parmi les grands romanciers réalistes. Ceci dit sans oublier la fonction créatrice à laquelle s'adapte chez lui cette répétition. Il renchérit même en se relisant, en s'annotant et se ré-annotant sans cesse. Certainement, le trait tient en partie au véritable trauma créé par le drame familial, qui le pousse sans répit à retrouver les mêmes dispositions d'esprit, à reprendre les mêmes actions. Mais il me semble que c'est seulement lors de la composition de la *Chartreuse* qu'un état d'esprit plus détendu lui a permis d'écrire un texte qui rende manifeste ce travail de la répétition dans l'art et dans les vies les plus vouées à la spontanéité, texte qui sache même faire face au problème en découvrant une perspective soulageante. Nous verrons que l'idée du jeu qui anime tout le roman n'est pas étrangère à cet effort de résolution.

Dans la plupart des romans du XIXe siècle — et dans les autres romans publiés de son vivant par Stendhal — la répétition se dissimule le plus souvent. Mais ce n'est plus le cas dans la *Chartreuse*. Non seulement ce roman montre-t-il une forte tendance au cyclique sur tous les plans de la structure et même sur le plan thématique — phénomène dont je donnerai un exemple plus loin. Mais encore la répétition gagne-t-elle forcément en importance comme principe organisateur, du fait que cette structure est aussi relativement décentrée (par la multiplication des personnages, par la multiplication des actions et des points de vue). Rien d'étonnant alors, à première vue, que le récit de la *Chartreuse* regorge de symétries et de ressemblances de toutes sortes. On me dira que le faire valoir, ce n'est que réaffirmer une fois de plus l'unité bien connue de l'imagination stendhalienne, rendue plus évidente cette fois par la composition improvisée. Il me semble pourtant que le caractère manifeste de ces répétitions, et surtout la manière dont le récit les explicite, peuvent à bon droit nous frapper. Il s'agit de bien plus qu'un simple moyen poétique d'unifier le récit.

Ces reprises se font voir sur tous les plans de la narration, aussi bien sur celui du décor et des symboles que sur celui des personnages et des situations dramatiques. Il ne s'agit pas uniquement du retour périodique de certains motifs, telles la lumière et les barques. Ni même de cette réapparition de tout un faisceau d'images — cages, cordes, orangers, panoramas et vues plongeantes — qu'amène la tour Farnèse après le clocher de Grianta. Il n'y a là rien qui ne corresponde aux méthodes conventionnelles de prolonger les échos ou de préparer la signification enrichie d'événements postérieurs en soulignant l'identité dans la différence. Mais d'autres échos montrent que le trait se développe au point de friser les bornes de ces moyens classiques et d'exagérer à l'extrême le travail d'unification. L'évolution morale de Fabrice est assurément signalée par la similitude entre les deux rendez-vous avec Marietta et Clélia, où apparaissent le même décor nocturne d'une rue déserte et le même lacis (voile de dentelles ou fenêtre grillée) qui cache le visage de la femme (221-2, 487-8). Mais suffit-il de n'y voir qu'un effet poétique lorsque surgit dans un décor presque identique cette Bettina que Fabrice préfère à la Fausta (235) ? N'est-il pas curieux qu'on nous redonne " des vitres de papier huilé, comme sa chambre à la tour Farnèse " dans le taudis d'où Fabrice guette Clélia au palais Contarini (449) ? N'est-il pas excessif que les fenêtres de la Fausta donnent sur l'esplanade boisée de la citadelle, comme la prison de Fabrice dans cette même citadelle donne sur les orangers de Clélia (228) ; que la cachette de Ferrante au palais Sanseverina fasse écho à la cellule de Fabrice, sans que cela serve aucun but perceptible (367) ? Et que doit-on penser quand Mosca à la fin débarrasse les amants du marquis Crescenzi en lui faisant reprendre le voyage de Fabrice sur le Pô, rappel qui semble échapper à toute explication symbolique ou psychologique ?

Ce n'est qu'un échantillon de ce rappel d'images. On me croira rétif à la poésie stendhalienne. Au contraire ; et la question n'est pas précisément là. Cette répétition devient encore plus marquée sur le plan de l'action et des personnages. Sans parler de cette répétition d'épreuves et d'initiations qu'apporte le mythe héroïque, je ne peux donner que quelques exemples entre mille du principe à l'œuvre dans les menus détails. Lors du retour de Fabrice à Grianta, sa fuite précipitée dans l'escalier du clocher préfigure son évasion de la citadelle de Parme (178) ; d'autre part, en cherchant refuge contre son père en haut de cet escalier, il anticipe sur le mouvement de Clélia qui place l'escalier de la volière entre elle et son père colérique (169-70, 325). Par la même occasion, le rapport étroit entre Blanès et Fabrice – rapport déterminant pour le roman, puisque Fabrice reprendra la fin de Blanès en finissant sa vie en méditation et silence, après s'être séparé de l'être le plus cher à son cœur (171) – est souligné par cette répétition étrange qui fait peser sur Blanès aussi la menace du Spielberg (173). On a souvent fait ressortir les rappels détaillés entre la première et la deuxième rencontre de Fabrice et de Clélia ; on remarque moins que Gina a déjà sauvé son premier mari de la prison (42), que l'administration malheureuse d'un narcotique à Fabio Conti par Gina prépare son empoisonnement du prince, que la contemplation amoureuse de Mosca au théâtre (115) est deux fois reprise par Fabrice (160, 474), et même par Clélia dans le décor tout aussi théâtral de l'église illuminée pour le sermon de Fabrice (486). Je crois qu'une relecture convaincra de l'importance exceptionnelle du phénomène, analogue à son importance dans la vie de Stendhal. Ici est largement dépassée la répétition conventionnellement dissimulée ou accentuée du *Rouge*. La tendance est d'autre part renforcée par certains traits de la structure dramatique, telle la reprise insistante du triangle amoureux dans les relations personnelles.

Le redoublement des personnages remarqué par Prévost, somme toute assez conventionnel (2), ne me semble pas en effet aussi frappant que la multiplication presque indéfinie des triangles amoureux entrecroisés. Dénombrons quelques-uns des partenaires principaux : Fabrice/Mosca/Gina ; Mosca/Gina/Ferrante ; Ferrante/sa femme/Gina ; Ranuce-Ernest/Gina/Mosca ; Ernest V/Gina/Mosca ; Fabrice/Clélia/Gina ; Fabrice/Giletti/Marietta ; Fabrice/la Fausta/son amant ; Fabrice/Clélia/Crescenzi ; Fabrice/Clélia/Annetta. Que la structure soit reprise pour Ludovic, Théodolinde et Pierre-Antoine, ensuite à Bologne pour un ami de Ludovic, sa femme et un agent de police, est révélateur (212-3). Rappelons que c'est à l'occasion d'un triangle incestueux que fut construite la tour Farnèse. Pour l'organisation du roman, cette structure est décisive, puisque c'est par elle que la plupart des personnages sont mis en relation avec Fabrice et Gina. Mais en plus il semble bien s'agir de cette multiplication d'une séquence dans les mythes, commentée par Lévi-Strauss et par Propp, qui a pour but de rendre manifeste la structure du mythe, et la contradiction que le mythe s'efforce de résoudre (3). Ce n'est pas tellement le voyeurisme indéniable de Stendhal, ni sa conviction habituelle que l'amour véritable est toujours extra-légal, que cette multiplication du triangle traduit. Plus essentiellement, puisque nous voyons ces triangles quelquefois sources de bonheur paisible aussi bien que de supplices, le roman s'efforce à coups répétés de trouver une solution au problème de la famille, de reconstruire ce triangle idéal que Stendhal a peut-être d'abord pressenti dans ses relations avec sa mère et son grand-père, et que Mosca, Gina et Fabrice réaliseront brièvement. Dans notre perspective actuelle, l'essentiel est qu'à l'encontre du *Rouge* et de *Lucien Leuwen,* où cette obsession triangulaire occupe une place plus restreinte, Stendhal ne fait rien dans la *Chartreuse* pour empêcher sa multiplication à l'infini, confirmant ainsi la tendance accrue à la répétition.

Nul doute qu'en dehors des pressions exercées par son inconscient, plusieurs caractéristiques de sa création romanesque poussaient Stendhal vers la répétition. Son ironie avait besoin de ces reprises indispensables aux renversements parodiques et à la comédie des échecs. Son refus de la description exhaustive mettait à nu les symétries et l'obligeait à chercher la couleur dans les refrains fournis par quelques détails choisis. L'on sait d'ailleurs, et la première partie de *Lucien Leuwen* est là pour le montrer, les difficultés qu'il avait à trouver des intrigues qui retarderaient l'issue d'une affaire en masquant les reprises. Cependant, l'effet des répétitions dans la *Chartreuse* exige qu'on aille plus loin dans l'analyse. Car ici la répétition ne donne pas l'effet d'une simple addition indéfinie, comme dans les récits de l'Arioste et du Tasse. Dans la *Chartreuse* elle est fortement polarisée par le destin. A mesure que le livre s'avance, on nous donne toujours moins de nouveautés, et le livre se construit sur la répétititon d'une même matière toujours mieux connue, et qui semble par conséquence se rétrécir. Ce mouvement vers la simplification se retrouve au fond dans la plupart des romans, mais la *Chartreuse* n'essaie pas de le cacher. Elle épouse au contraire ce rétrécissement de la matière jusque dans la fin abrégée et dans la simplicité de son dernier alinéa, pour en tirer des effets remarquables. Cette évolution, qui ailleurs fait périr d'inanition bien des récits stendhaliens, devient ici une raréfaction parfaitement accordée à la spiritualisation progressive du roman et à sa prise de conscience de soi-même en tant que récit (4). En même temps la répétition manifeste ouvre des perspectives complexes sur le destin du héros. Car si elle fait avancer l'histoire vers sa résolution par une série d'approximations successives, elle révèle de même, mais seulement au coup d'œil rétrospectif, la trace d'une destinée qui se fait. A mesure que cette structure projette toujours plus nettement l'avenir du héros comme une reprise mieux réussie de l'essentiel de son passé, la répétition, le mouvement même de la mémoire, ouvre fatalement la voie à cette contemplation du passé qui donne sa tonalité particulière à la *Chartreuse*. Si l'histoire de la *Chartreuse*, vue sous un certain angle, semble en dépit de tout se passer hors du temps, cet effet paradoxal tient en partie à la simultanéité de ces deux perspectives créées par le même mouvement de répétition, l'une tournée vers la révélation toujours imprévue d'un destin caché, l'autre tournée vers les étapes passées de cette révélation.

Le récit lui-même se montre-t-il conscient des considérations de ce genre que peut suggérer la répétition insistante ? Car il faut constater que la réflexion sur le retour de situations analogues n'occupe les personnages que de temps à autre, du moins jusqu'aux réflexions qu'on peut supposer à Fabrice dans sa chartreuse. Lors du retour de Fabrice au clocher de Grianta, lors de son arrivée à la citadelle, à l'occasion des excursions sur le lac retrouvées dans la tristesse par Fabrice et Gina, ils ne font que constater avec curiosité, regret ou amertume le rappel des situations antérieures. Le passé retrouvé n'influe pas d'une façon déterminante sur leur comportement, comme chez Proust. Il s'agirait donc d'une conscience de la répétition dans l'art et dans la vie dont Stendhal ferait intuitivement part au lecteur bien plus qu'aux personnages eux-mêmes. Or il me semble que la présentation des prédictions de Blanès montre que nous ne nous trompons pas sur l'importance de la répétition et des perspectives que le récit ouvre sur elle.

Les amples commentaires sur les prédictions, qui y ont justement pressenti des indices révélateurs, se sont concentrés sur leur signification psychologique ou métaphysique. Rares et assez vagues ont été les remarques voulant indiquer leur rapport avec le fonctionnement du texte. Certes, Gilman a eu raison d'observer qu'elles facilitent la concentration de Fabrice et du lecteur sur les expériences essentielles (5), et Prévost abordait comme toujours la question fondamentale en disant que les prédictions "rapprochent encore davantage le lecteur du point de vue de l'auteur improvisant " (6). Mais seul le rôle de la répétition dans la structure rend compte de la place qui leur est accordée, fait que les études de Ricardou sur le roman permet de mieux saisir (7). Le texte même fait valoir ce rapport entre les prédictions et la répétition. D'abord, chaque prédiction ne vise pas, comme dans tant de textes romantiques, un événement (prison ou crime) qui ne se produit qu'une fois par la suite. Fabrice ira deux fois en prison après les prédictions de Blanès, et il nous est permis de croire qu'il s'assied au moins trois fois sur un siège de bois (8). Surtout, lequel des attentats réels ou possibles — l'empoisonnement de Fabio Conti, le meurtre du prince, peut-être même l'envie de tuer le marquis Crescenzi — est ce meurtre d'un innocent que Fabrice doit éviter ? On a souvent voulu le savoir, mais la question me semble mal posée. Loin d'être accidentelle, cette obscurité est plutôt délibérée, car elle met en lumière le problème introduit par la répétititon dans la vie, comme le font les énigmes sacrées des oracles classiques. Car la répétitionn d'un seul détail ou facteur à travers les différents contextes imprévisibles du récit et de la vie crée précisément la difficulté de savoir laquelle des reprises est " la bonne ". Que la répétition soit au centre de la question ne devrait pas nous échapper, puisque Blanès lui-même raconte comment le redoublement à Brescia et à Grianta du même patron saint Giovita trompa Jacques Marini sur sa destinée (172-3). Au début du roman, l'on essaie également à plusieurs reprises d'accorder la prophétie des " treize " avec les semaines, les mois et les années de l'occupation française, jusqu'à ce que l'histoire justifie l'interprétation de Blanès (34, 38, 40). Observons d'autre part que dans la *Chartreuse*, les répétitions, loin d'être plaquées artificiellement sur le récit, s'intègrent précisément dans la série des situations qui vont se reproduire. Les prévisions de Blanès sur la prison ne font que donner du poids à un pressentiment qui a déjà saisi Fabrice lors de la première manifestation de cette série d'épreuves à Waterloo (55). Et Blanès se prononce dans le cadre d'un décor qui sera repris en détail à la tour Farnèse.

Ayant dégagé ainsi le rapport fondamental entre ces deux aspects troublants du texte, il faut en plus réfléchir sur le sens de la rigoureuse analogie qui s'aperçoit entre les effets paradoxaux produits par les prédictions et par les répétitions. Essentiellement, les prédictions nous disent ce qui arrivera, mais ne nous disent pas exactement la forme que prendront les événements futurs. De même la série des répétitions indique cumulativement ce qui se passera, mais sans précisions. Les répétitions forment une série, mais cette trace ne devient visible que rétrospectivement. Les prédictions indiquent un chemin qui s'ouvre, mais la route précise à suivre ne devient également visible que lorsqu'elle a été parcourue. Les prédictions montrent donc que les considérations déjà suggérées par la répétition ont effectivement été au centre des préoccupations intuitives de Stendhal dans la *Chartreuse*.

Pour paradoxal que cela puisse paraître, elles l'ont été parce que la reconnaissance des limites qui s'imposent à la liberté improvisée, la recherche d'une notion d'ordre compatible avec elle, est devenue une des préoccupations majeures de Stendhal, sur tous les plans, lorsqu'il créait ce roman. L'extrême liberté de cette œuvre ne rendait en effet que plus inéluctable une confrontation avec ce problème. La vie la plus librement ouverte aux possibilités futures, la vie d'un héros stendhalien qui ignore absolument les rapports du passé et du présent à l'avenir, finit quand même par prendre du moins l'apparence d'une certaine forme, d'un certain contour. Et le roman le plus librement improvisé finit par dessiner une forme précise. Cette apparence d'ordre, nous ne la voyons jamais que rétrospectivement, dans la récurrence de certains faits et situations. Ainsi après l'arrivée de Fabrice à la citadelle, Clélia redessine instinctivement sa vie passée selon ces repères négligés auparavant que sont ses rencontres antérieures avec Fabrice (277). Cet ordre secret marque les limites de la liberté dans l'art et dans la vie. Car nous avons beau essayer, comme le fait Fabrice adolescent à l'affût des présages, de saisir au vol les manifestations de ce qui en se répétant deviendra essentiel, ces tentatives sont condamnées à l'arbitraire. Et pourtant à la lumière de la rétrospection, notre aveuglement sur les moments décisifs alors même qu'ils se produisaient, nous semble inexplicable, ce qui peut être le cas aussi dans la création artistique. Comme Fabrice, nous créons tous cet ordre peut-être illusoire qu'est un passé signifiant sans nous en rendre pleinement compte.

De cet ordre, Stendhal ne constate que son émergence à travers le temps, bien qu'il ne soit pas uniquement l'ordre du temps. Ce qui lui importe est une attitude morale et esthétique, non la solution métaphysique. Par conséquence, il ne nous dira jamais s'il faut attribuer cet ordre secret, cette destinée, à l'opération de quelque force extérieure, surnaturelle ou matérielle, ou s'il faut y voir au contraire le résultat des structures intimes de notre personnalité. Il ne nous dira même pas si cette apparence d'ordre est une illusion produite par notre besoin insatiable de systèmes, que le hasard réduit constamment à néant, ou si elle correspond effectivement à quelque réalité extérieure. Il ne s'agit pas vraiment d'un nouveau fatalisme ou d'une dévaluation du réel. Ici Stendhal veut simplement reconnaître l'importance du fait et son mystère. L'essentiel moralement est d'accepter, ne fût-ce qu'après-coup, l'existence de limites et à la liberté dans la vie et à l'imagination dans l'art, que cette volonté d'ordre vienne de nous-mêmes ou d'ailleurs. Ceux qui savent anticiper et accepter d'avance cet ordre inconnu et rétrospectif, reconnaissent avec maturité la seule notion d'ordre pleinement compatible avec une attitude de responsabilité libre devant l'imprévu de la vie. C'est pourquoi nous voyons les personnages de la *Chartreuse,* à l'exception peut-être de Blanès, agir en ne se souciant que par moments de l'ordre du passé. S'ils savent ainsi garder intacte leur jouissance libre du moment, ils acceptent néanmoins d'instinct l'idée de cet ordre et de ces limites. Lorsque les jeux sont faits, tous, même Gina, consentent à la destinée que la vie leur a faite sans trop regimber. Car c'est une notion surtout contemplative de cet ordre, laquelle par conséquent n'entrave pas l'action personnelle, que l'ensemble du texte propose, notion tout en accord avec le silence méditatif de Fabrice dans sa chartreuse. Certes, il peut sembler étrange que Stendhal choisisse des superstitieux pour illustrer cette attitude morale. Mais dans un roman, n'est-ce pas un moyen efficace de montrer cette réconciliation morale entre les exigences de la liberté et l'apparence d'un ordre inéluctable ?

Pour un écrivain, l'ordre d'une destinée est inséparable de l'ordre de l'écriture. Stendhal le sentait bien, qui avait dans sa jeunesse utilisé les romans comme des prédictions ; toute prédiction était un roman possible, tout roman une prédiction réalisée (9). Au fond, ce n'est peut-être que dans la mesure où la vie se répète que l'écriture peut la reprendre. Cette correspondance, Stendhal a dû la ressentir plus profondément que bien des auteurs. Car il y a un rapport exceptionnellement intime entre son expérience personnelle de la création artistique et l'idée qu'il s'est faite, selon la *Chartreuse,* de l'ordre dans la vie. Cet ordre rétrospectif est celui même que nous le voyons reconnaître dans un manuscrit, alors que tout en inventant une destinée au fur et à mesure, il se trouve obligé d'établir les " pilotis " rétrospectifs pour marquer l'ordre qui malgré tout se fait jour (10). Etant donné qu'au théâtre les termes derniers d'une destinée s'imposent dès le début avec plus d'insistance, seul le roman permettait à Stendhal de joindre à l'idée d'une existence improvisée en aveugle l'idée d'un ordre dans l'art et dans la vie que révèle en fin de compte la série des répétitions. L'inconciliabilité entre l'ouverture et la clôture qui tourmentait tous les artistes de l'époque trouvait ainsi dans la *Chartreuse* une solution admirable.

Une coordination analogue d'ordre et de liberté sur la base de la répétition nous est proposée par les jeux. Stendhal semble l'avoir compris intuitivement dans l'état d'esprit ludique qui caractérise la composition du roman. Blanès écrit ses observations astronomiques sur une " carte à jouer " (170). Il est vrai qu'en établissant cette connivence entre les prédictions de Blanès et les jeux, Stendhal reprenait un rapprochement effectué depuis longtemps entre les jeux de hasard et la divination par ceux qui recherchent la faveur du sort. Mais cette référence au jeu acquiert une résonance plus précise dans un contexte où, comme nous l'avons vu, les prédictions signalent le rôle mystérieux des répétitions dans la vie. Car la répétition est un élément essentiel du jeu. Non seulement les jeux favorisent-ils les reprises, mais encore se fondent-ils sur le retour des situations et des actions (11). En plus, il faut noter que l'idée du jeu ne peut se concilier avec celle d'un dénouement entièrement prévisible (12). Blanès le signale quand il explique que (172) : " Toute annonce de l'avenir est une infraction à la règle, et à ce danger qu'elle peut changer l'événement, auquel cas toute la science tombe par terre comme un véritable jeu d'enfant ". Il nous donne à entendre que les joueurs adultes savent respecter jusqu'à la fin les règles qui imposent des dénouements imprévus ; vers la fin seulement pourront-ils vraiment saisir la direction prise par le jeu. Toutefois, ils jouissent jusqu'alors d'une liberté entière, devant ruser avec le hasard à l'intérieur du champ de restrictions imposé par les règles. N'y a-t-il pas ici une analogie frappante avec ce que nous avons dit de l'effet produit par les répétitions et les prédictions du texte ? Comme les répétitions des jeux, les répétitions du texte nous indiquent aussi la forme approximative de l'avenir, mais sans la préciser jusqu'à l'issue. Et dans le champs qu'elles délimitent, les personnages gardent entretemps leur liberté d'action.

Comme le laisse entendre Blanès, l'astrologie et les jeux dépendent surtout de la soumission volontaire à l'ordre des règles. Cet ordre crée dans chacun de ces systèmes autonomes l'image fragile d'un univers stable. Le profit moral que nous pouvons tirer de notre soumission à ces systèmes arbitraires, nous le tirons en jouant selon les règles plutôt qu'en y cherchant quelque vérité absolue. Dans une analyse intuitive, Stendhal esquisse ainsi une attitude morale où le sujet agit librement, et à ses risques, tout en acceptant d'avance l'idée d'un ordre qu'il ne peut pas, et ne doit pas essayer d'éluder. Par là, l'analogie entre le jeu et les prédictions de Blanès renforce en fin de compte l'interprétation que nous avons proposée du phénomène de la répétition dans le texte. Tout concourt à souligner l'importance dans la *Chartreuse* de cette acceptation d'une idée d'ordre, fût-elle illusoire, basée sur la répétition dans la vie, et reconnue seulement à la lumière de la rétrospection.

Autant que possible, Stendhal a voulu vivre pour le moment présent ; mais sur la succession de ces moments dans le temps il lui manquait pour la plupart une perspective générale. Bien que la répétition ne soit bien sûr qu'une condition minimum de l'ordre, il n'est dès lors pas sans logique qu'il ait fini par voir dans les répétitions diverses produites par la simple succession des instants, la clef de la seule notion d'ordre qui lui fût acceptable. D'autre part, nous savons qu'il vivait sous la dictée d'un inconscient qui le faisait tourner inlassablement autour des mêmes idées et d'un même drame affectif. Le relief donné à la répétition par les prédictions de la *Chartreuse* semble trahir une reconnaissance intuitive de cette répétition obsessive dans sa vie et dans ses écrits. Bien plus, Stendhal joue ici, et sait qu'il joue, avec ces motifs constants de sa vie et de son art. Jamais il n'avait commencé un roman avec une reprise si délibérée d'écrits antérieurs (13). Ce consentement ouvert indique une conscience plus nette de la répétition ludique, proche de celle des enfants, comme moyen efficace et d'apaiser la pression exercée par son inconscient, et de la transformer en puissance créatrice. Le caractère heureux de la *Chartreuse* n'est peut-être pas étranger à ce fait, non plus que l'insuccès des tentatives romanesques postérieures. Le drame une fois rejoué avec le bonheur de la revanche complète, comment reprendre, à des fins purement esthétiques, le même drame inconscient exorcisé au moins une fois avec tant d'adresse ?

(1) Cette communication est tirée d'un livre à paraître, *Jeu et Ordre dans "La Chartreuse de Parme"*. Les chiffres renvoient à la pagination de *La Chartreuse de Parme* dans *Romans et Nouvelles*, II, Bibliothèque de la Pléiade, Gallimard, 1952.

(2) Jean Prévost, *La Création chez Stendhal*, Mercure de France, 1959, p. 359.

(3) C. Lévi-Strauss, *Anthropologie Structurale*, Plon, 1958, p. 254.
   V. Propp, *Morphologie du Conte*, NRF Gallimard, 1970, p. 118.

(4) Sur cette prise de conscience de lui-même que manifeste le récit, je me permets de renvoyer à mon livre à paraître, cf. *supra*.

(5) Stephen Gilman, *The Tower as Emblem*, Analecta Romanica, Heft 22, Francfort, Vittorio Klostermann, 1967, pp. 25-8, 30.

(6) Jean Prévost, *op. cit.*, p. 361.

(7) Jean Ricardou, *Le nouveau roman*, Editions du Seuil, "Ecrivain de Toujours", 1973, pp. 35-6.
   Problèmes du nouveau roman, Editions du Seuil, 1967, pp. 176-8.

(8) L'ironie de Stendhal veut que ce soit dans une chaise grotesque de carnaval que Fabrice essuie la promenade à flambeaux dans l'épisode de la Fausta (238). L'on peut croire aussi qu'un siège de bois n'est pas absent, ni de l'ameublement de sa prison à la tour Farnèse (312), ni de ses cellules aux deux chartreuses de Velleja et de Parme (454, 493).

(9) *Vie de Henry Brulard*, in *Oeuvres Intimes*, Bibliothèque de la Pléiade, Gallimard, 1955, pp. 208, 318.

(10) *Mélanges Intimes et Marginalia*, Le Divan, 1936, tome II, p. 254 : "Je fais le plan après avoir fait l'histoire...".

(11) Johan Huizinga, *Homo Ludens*, Londres, Temple Smith, 1970, p. 28.

(12) Roger Caillois, *Les jeux et les hommes*, Gallimard, "Idées", 1958, p. 38.

(13) Reprise surtout, on le sait, des *Mémoires sur Napoléon*, et continuation, pour ainsi dire, de la *Vie de Henry Brulard*.

DÉBAT

David WAKEFIELD

Je remercie M. Thompson pour son analyse si fine et si perspicace d'une structure romanesque bien stendhalienne, et j'ouvre le débat.

Geoffrey CHARLTON

On a souvent utilisé le terme de " réalisme " dans les communications très intéressantes que j'ai beaucoup appréciées aujourd'hui et hier, mais il y a deux questions capitales qui n'ont pas été posées dans nos discussions ; je voudrais les formuler de façon très directe, très simpliste, très anglaise pour ainsi dire, car elles devraient être, à mon avis, au centre de nos débats. D'abord, quelle est la différence entre d'une part le " réalisme " du *Roman Comique* de Scarron et des romans de Furetière et de Charles Sorel, et de la *Vie de Marianne* de Marivaux et du *Paysan Perverti* de Restif (puisque nous sommes à Auxerre) et d'un assez grand nombre d'autres romans du XVIIIe siècle, d'autre part le " réalisme " de Stendhal, de Balzac, de Flaubert ?

Pour comprendre ce " réalisme " du XIXe siècle, n'a-t-on pas négligé les perspectives intellectuelles du sujet, l'importance des développements scientifiques, philosophiques et historiques de l'époque, des notions par exemple, de déterminisme, de positivisme, de révolution, d'évolution, etc ? Ensuite, comment un historien ou un critique littéraire peut-il utiliser des termes tels que " romantisme " et " réalisme " ? Quelle est leur valeur ?

David BELLOS

Je voudrais demander à M. Thompson, de préciser la notion d'*ordre* dont il a parlé. Il me semble que son argument repose sur un lien entre la répétition à tous les niveaux et le sentiment de l'ordre. Or, est-ce qu'il ne manque pas à cet argument un chaînon essentiel, si l'on pense que la répétition en soi d'un élément soit thématique soit stylistique ne définit pas une structure quelconque, mais suggère au contraire un manque de structure, le chaos ? On peut penser, par exemple, à la répétition syllabique du terme *dada*, choisi précisément parce que la simple répétition d'une syllabe ôte toute valeur signifiante au mot et le dote d'une connotation d'anti-ordre, de chaos. Le sentiment de l'ordre, par contre, serait une connotation des régularités de la répétition, d'un rythme créé par la figure de la répétition. Ne faudrait-il pas procéder à une analyse des types différents de figures, de rythmes, de régularités, créés par les répétitions à tous les niveaux du texte stendhalien ?

198

C.W. THOMPSON

Il est évident que l'on devrait fonder l'analyse sur une classification des procédés de répétition. Il y a plusieurs personnes qui s'y intéressent actuellement, par rapport à Flaubert, par exemple. Ma communication est tirée d'un travail en cours, et je suis très conscient d'avoir travaillé intuitivement, d'avoir toujours beaucoup à faire quant à la classification des procédés en question. Pour passer maintenant à la seconde partie de vos observations, où vous demandez si la répétition pure et simple d'un élément quelconque suffit à instaurer un début d'ordre. J'avoue ne pas comprendre très bien votre logique. Lorsque, par exemple, on a cherché à dégager une commune mesure entre les différentes formes d'expression artistique, on a souvent fait valoir que différentes sortes de rythme se retrouvent dans toutes les créations artistiques. Or, qui dit rythme dit précisément répétition, puisque le rythme n'est qu'une répétition réglée d'accents. C'est un exemple fondamental du rôle organisateur joué par la répétition. Voici un autre exemple : du moment qu'un dadaïste répète son geste perturbateur, l'on peut dire qu'il y a un début d'ordre dadaïste, de même qu'au théâtre un ordre, voire un classicisme, avant-gardiste commence à s'établir du moment que l'on reprend les structures propres aux œuvres avant-gardistes. A ce propos, je suis heureux qu'on nous ait parlé de Diderot. En effet, il me semble révélateur qu'au moment d'écrire un roman où se dévoile enfin le travail de la répétition dans son écriture, Stendhal est justement en train de relire *Jacques le Fataliste*. Il y a certainement un rapport étroit entre la *Chartreuse*, et le roman de Diderot.

D'autre part, et pour relancer sur d'autres voies la discussion sur le réalisme, je voudrais signaler l'influence majeure de *Don Quichotte* sur la forme de la *Chartreuse*. Cette influence est profonde, justement parce qu'en écrivant la *Chartreuse*, Stendhal avait à résoudre certains problèmes posés au romancier par la conjoncture sociale et politique qui n'étaient pas sans analogie avec les problèmes qu'avait eu à résoudre Cervantès. J'en parlerai dans le livre que je prépare. En effet cela m'étonne toujours de voir traiter comme à peu près semblables sur le plan du réalisme *le Rouge et le Noir* et *la Chartreuse de Parme*. Ce qui me frappe au contraire, c'est l'évolution dans le deuxième roman vers une stylisation marquée. Que l'on pense aux phrases du début et de la fin, stylisées d'une manière qui est strictement impensable dans le *Rouge* ou dans *Lucien Leuwen*.

V. DEL LITTO

Est-ce que je peux demander à M. Thompson pourquoi il considère *La Chartreusee de Parme* comme l'aboutissement de l'œuvre romanesque stendhalienne ?

C.W. THOMPSON

On a surtout étudié les dernières œuvres de Stendhal à la lumière des œuvres de jeunesse. Aujourd'hui, ce qui me semble plus intéressant, ce sont les modifications, si minimes soient-elles, qui ont pu avoir lieu dans son comportement, dans ses attitudes, au cours des années 30. Il y a, par exemple, certains indices d'une modification de ses attitudes politiques. Or la *Chartreuse* me semble l'œuvre qui montre le mieux ce qu'ont pu être ces modifications. Il me semble aussi que dans ce roman, Stendhal, ou plutôt le texte qu'il a réussi à produire, affronte enfin des problèmes qu'ailleurs l'auteur n'arrive pas très bien à saisir. Par exemple, dans les autres romans l'on s'aperçoit qu'au bout du compte les héros finissent presque toujours par tuer leurs maîtresses. Cela est vrai même de Mme de Rênal. Les structures de ces romans le montrent implicitement ; pourtant Stendhal ne s'explique pas là-dessus, n'arrive pas à l'avouer, ni dans le *Rouge,* ni dans *Armance*. Par contre, au cours des dernières pages agitées de la *Chartreuse*, Stendhal montre Fabrice conscient d'être en train de tuer Clélia. Je cite : " Fabrice, de son côté, ne pouvait ni se pardonner la violence qu'il exerçait sur le cœur de son amie, ni renoncer à son projet ". Ainsi le texte arrive à mettre à nu le travail de cette impulsion inconsciente chez Stendhal, alors que les textes antérieurs la cache plutôt. C'est le genre de problèmes qui m'a porté à m'intéresser à la *Chartreuse.*

V. DEL LITTO

Quelle est, d'après vous, la part de l' " espagnolisme " dans *la Chartreuse de Parme ?*

C.W. THOMPSON

J'ai effectivement lu un article sur l' " espagnolisme " paru dans *Stendhal Club.* Le nom de Cervantès lui-même est absent de la *Chartreuse,* mais l'on y retrouve *Don Quichotte* sans conteste possible. Je citerai Mosca disant après la visite de Fabrice à Grianta : " De tous temps les vils Sancho Pança l'emporteront à la longue sur les sublimes Don Quichotte ". D'autre part, ce n'est pas par hasard que le cheval qu'emprunte Fabrice de force au beau valet est un cheval maigre et qu'au cours du roman Fabrice pâlit progressivement, à l'instar de Don Quichotte. Il y a même certains épisodes qu'on dirait tirés du roman de Cervantès. Ce qui me frappe, ce n'est pas tant la présence de ce mot de folie, si à la mode maintenant...

V. DEL LITTO

Mais le terme " espagnolisme " est synonyme de " folie ".

C.W. THOMPSON

Le mot " folie " se retrouve effectivement partout. Mais dans ce roman l'on retrouve à côté de la folie, la critique de la folie. Comme chez Cervantès. C'est précisément afin d'éclairer les rapports très ambigus entre la folie et la réalité que Stendhal et Cervantès ont eu recours à des structures romanesques très ressemblantes. La folie n'a pas toute la sympathie de Stendhal, pas plus que celle de Cervantès ; Stendhal poursuit une démarche complexe qui veut faire la part de la réalité et la part de la folie, sans trop pencher ni de l'un ni de l'autre côté. C'est ce qu'on appelle la maturité, je crois. Mais voyons cependant la fin de la *Chartreuse* et l'attitude de Stendhal envers la réalité. Dans les autres romans, notamment dans *le Rouge et le Noir,* il y a une espèce de victoire du héros isolé dans sa folie sur le réel. Julien est seul dans sa prison face à une réalité méprisable, et l'auteur donne à cette fin le poids affectif d'un triomphe. Dans la *Chartreuse,* nous retrouvons bien Fabrice isolé de même dans sa chartreuse, dans sa folie si l'on veut, et sur un certain plan lui et les valeurs qu'il représente triomphent. Mais Stendhal aménage un équilibre savant entre cette destinée finale de Fabrice et le succès définitif de Mosca. Celui-ci est seul capable d'assurer la continuité sociale après la rupture de Fabrice d'avec le réel. Stendhal l'avoue, avec toutes les ironies qu'une telle fin comporte.

David WAKEFIELD

S'il n'y a pas d'autres intervenants, nous pouvons passer à la communication de M. Collinet sur Stendhal et Balzac à l'école de Molière.

V. DEL LITTO

Si les contemporains n'ont ni compris ni apprécié les romans de Stendhal, c'est que ceux-ci avaient des structures totalement différentes de celles du roman traditionnel. La principale des structures est sans doute la forme dramatique. Stendhal a transposé dans l'écriture romanesque son long apprentissage du théâtre. Autrement dit, Stendhal a réalisé dans le roman ce qu'il avait tenté de faire, sans y parvenir, dans les comédies dont il avait entrepris la composition.

Jean-Pierre COLLINET

Je suis — bien entendu — tout à fait du même avis que M. Del Litto en ce qui touche à l'importance de Molière pour la formation de la technique romanesque chez Stendhal. Mais ne je suis pas sûr que Molière soit à cet égard son unique ni même son principal modèle, et surtout il me semble que Stendhal a dû se libérer de la chrysalide moliéresque pour devenir lui-même en devenant romancier ; que Molière, en somme, l'a autant gêné que servi dans cette évolution. Au surplus, M. Del Litto, par son aimable insistance à me faire parler ici, porte, comme je l'ai dit, toute la responsabilité de mes éventuelles hérésies...

V. DEL LITTO

M. Mc Watters pourrait peut-être nous dire si dans l'œuvre romanesque stendhalienne l'influence de Molière n'a pas été remplacée par celle du roman anglais.

K.G. Mc WATTERS

Vous avez parlé du roman anglais remplaçant l'influence de Molière, et c'est bien certain que pour les Français, à la fin du XVIIIe siècle, le roman anglais était un genre fascinant et un genre nouveau. C'est l'avis de Diderot, qui voulait un autre mot que celui de roman pour caractériser les romans anglais. Personnellement, je suis assez méfiant à l'égard de ces influences littéraires précises. Il existe une tradition romanesque française, et je suis certain que Stendhal s'est un peu inspiré de Marivaux, peut-être même plus que de Walter Scott, et je suis convaincu aussi que l'influence des romans anglais sur Stendhal est une influence de détail. Ou quelquefois de vérification. C'est ce que j'ai essayé de démontrer, dans mon ouvrage sur *Stendhal, lecteur des romanciers anglais*. Stendhal veut vérifier ses propres méthodes de travail. Ces méthodes de travail sont, si vous voulez pré-existantes. Elles ne dépendent pas d'une façon très précise du roman anglais.

LES METAMORPHOSES DES HEROS STENDHALIENS

par M.E.M. Taylor
— Rhiwbina, Cardiff —

Je me propose de montrer que c'est dans l'intérêt du réalisme que Stendhal expérimente sur les principaux personnages de ses romans les idées philosophiques et révolutionnaires qui forment son système méthodologique.

C'est par une autre voie, celle de l'arriviste, que j'en suis venue à une explication hypothétique de cette théorie, encouragée par le fait que le système stendhalien expliqué de cette façon se tient logiquement. Je précise que, suivant Durkheim, ce sont les idées de Stendhal que j'interprète et non pas les miennes.

Léon Blum dans la préface de son *Stendhal et le beylisme* (2e édition, 1930) parle de la " formule secrète de Stendhal ". Il ajoute : " Aucun fait essentiel n'a été ajouté ou ne sera ajouté à ce que nous connaissons de l'homme et de l'œuvre ". Ce sont de tels faits que j'espère ajouter en proposant des hypothèses nouvelles afin d'expliquer la théorie fondamentale de Stendhal sans laquelle il est impossible d'analyser même les personnages de ses romans. Mais ici, je m'appliquerai moins à la théorie qu'à son application.

Le célèbre " miroir " de Stendhal masque une audace philosophique et politique très dangereuse pour les idées avancées à une époque réactionnaire. Comme Stendhal, Julien " jugeait par lui-même au lieu de suivre aveuglément l'autorité et l'exemple " (*Le Rouge et le Noir,* p. 180-181). Ayant étudié les idées de Locke, quand il fait voyager, suivant ses propres pas, Julien en Angleterre, il en fait un admirateur du philosophe anglais. La visite de Julien à Philippe Vane, à Londres, n'a d'autre but que celui de rappeler l'admiration du romancier pour Locke. En effet, il parle de Philippe Vane comme du " seul philosophe que l'Angleterre ait eu depuis Locke ".

Stendhal, on le sait, rejette les idées innées de la philosophie cartésienne (ce qui me fait penser qu'il n'a pas lu le quatrième tome de Locke où celui-ci repense sa position vis-à-vis du rationalisme). Ainsi, lorsque Octave confie son " horrible malheur " à Mme de Bonnivet, il lui dit :

" Je n'ai pas de *conscience*. Je ne trouve en moi rien de ce que vous appelez le sens intime, aucun éloignement instinctif pour le crime. Quand j'abhorre le vice, c'est tout vulgairement par l'effet du raisonnement (...). Et ce qui me prouve qu'il n'est absolument rien chez moi de divin ou d'instinctif, c'est que je puis toujours me rappeler toutes les parties du raisonnement en vertu duquel je trouve le vice horrible ". (*Armance,* Bibliothèque de la Pléiade, p. 250).

Ainsi, Octave, " être rebelle ", libre penseur, trouve l'idée innée de la conscience démodée et quelque peu ridicule. Pour lui, elle n'est rien de plus qu'un sentiment ou un sentiment qui vient du dehors par la voie des sens. On devine dans quelle piètre estime Stendhal tenait les thèses des kanto-platoniciens sur la conscience.

Le mot "conscience " revient quatre fois dans *le Rouge*. D'abord lorsque l'abbé Pirard donne des conseils à Julien avant d'entrer à l'hôtel de La Mole :

" Le fait est que l'abbé se faisait un scrupule de conscience d'aimer Julien, et c'est avec une sorte de terreur religieuse qu'il se mêlait directement du sort d'un autre " (p. 243).

Vers la fin du roman, quand le geôlier visite le prisonnier dans sa cellule, il lui fait entendre qu'il ne peut rien dire de ce qui se passait à Verrières. Et Julien de penser : " Il faut (...) que je lui fasse attendre longtemps les cinq francs qu'il désire pour me vendre sa conscience " (p. 459). La troisième fois, le mot revient au moment où Valenod " déclara qu'en son âme et conscience la déclaration du jury était que Julien Sorel était coupable du meurtre " (p. 467). La quatrième fois enfin, c'est tout à la fin du roman lorsque Mme de Rênal avoue à Julien que la lettre de dénonciation lui avait été dictée " par le jeune prêtre qui dirigeait (sa) conscience... " (494).

On constate que toutes ces allusions à la conscience ont une intention cynique et satirique : l'abbé pense à sa promotion ; le geôlier est prêt à se vendre ; Valenod est un scélérat ; Mme de Rênal avait cédé par faiblesse.

Puisque la conscience – qui, seule, agissait comme arbitre pour séparer le bien du mal – n'existe pas, Stendhal considère que le bien et le mal ne sont pas deux concepts séparés, mais qu'ils forment en fait un seul concept, qu'ils sont indivisibles. Par conséquent, sur le plan littéraire, le concept du *bien* représenté par le *héros* et le concept du *mal* représenté par le *vilain* n'ont pas de sens pour lui. C'est ce qui explique les métamorphoses, parfois surprenantes, de ses personnages.

C'est en revenant seule en voiture de Cambridge, où j'avais fait un exposé sur l' " arriviste " au Collège de Jésus, que j'ai eu la première idée de la théorie de Stendhal. Je réfléchissais à ce que je venais de dire à Cambridge lorsqu'une phrase relative à Julien Sorel m'est revenue à l'esprit, la phrase où il était dit que Julien " était deux photographies sur le même négatif ". Je me suis dit qu'il pouvait y avoir non seulement deux photographies, mais trois, quatre, même cinq. Voilà l'idée qui a déclenché, chez moi, toute une série de raisonnements.

Il est évident que Stendhal avait bien l'intention de faire de Julien un héros dans le sens traditionnel, puisqu'il le désigne dans tout le roman par l'expression " notre héros " (onze fois au moins, p. 32, 79, 87, 88, 100, 166, 196, 248, 370, 400, 403, 406, 419, 439). A ce premier négatif du héros, Stendhal superpose une photographie de l'homme libre et révolutionnaire, rousseauiste, et là-dessus celle du phénomène moderne de l'arriviste.

Le personnage de l'arriviste est de la plus haute importance parce qu'il contribue à métamorphoser le héros stendhalien ; il agit comme catalyseur. C'est par lui que l'idée du mal vient faire partie du héros. L'arriviste se présente comme un personnage nouveau, seul et indépendant ; il est plus réaliste que les personnages du roman antérieur.

La première photographie de Fabrice del Dongo, héros italien, aventurier, digne d'un roman picaresque, est celle de l'homme naturel, rousseauiste ; la seconde, celle de l'arriviste, mais arriviste fantoche, parce que son arrivisme est arrangé par la duchesse Sanseverina et le comte Mosca.

Lucien Leuwen, jeune homme né bon et modeste, et par conséquent plus réel que les trois héros précédents, subit une métamorphose si précipitée qu'elle en devient ridicule lorsqu'il s'efforce de jouer le rôle d'un coquin. C'est la thèse de Rousseau portée à l'extrême.

Ainsi donc, en superposant ces " photographies " au concept du " héros " traditionnel, Stendhal crée un personnage beaucoup plus réaliste que ceux des romans du XIXe siècle. Balzac, quant à lui, n'a pas compris la philosophie de Stendhal et n'a pas su manier le " héros-arriviste " ; il a superposé l'arriviste au " vilain " et en a fait finalement un monstre. Valenod n'est qu'un ennemi de Julien et il est au second plan du roman. Le docteur Sansfin et Valbayre ne sont que des corrupteurs (comme Vautrin et Foedora dans Balzac) qui sont nécessaires pour soutenir la théorie de Rousseau que l'homme est né bon, mais qu'il est corrompu par la société. Le romancier a recours à ces personnages pour démontrer la corruption de la société tout entière.

Aussi Stendhal a-t-il créé un nouveau personnage romanesque plus réaliste que le " héros " ou le " vilain ", personnages démodés et représentatifs d'une éthique fondamentalement fausse. Cette nouvelle explication de la théorie stendhalienne met en lumière sa méthode et interprète la formule secrète de cet écrivain européen.

STENDHAL AUX "ASSIZES", OU STENDHAL EN LIBERTÉ

K. G. Mc Watters
Université de Liverpool

En 1820, Stendhal sollicita une place auprès de son ancien collègue Molé : il voulait être nommé dans une légation soit en Italie, soit en Angleterre , à cette fin, il prétendit qu'il pouvait écrire des dépêches en anglais (vantardise qu'il faut lui pardonner) et que, ayant fait plusieurs voyages en Angleterre, il connaissait à fond le mécanisme du gouvernement anglais. Il est vrai qu'il avait entrepris un voyage dans le nord de l'Angleterre avec Sutton Sharpe, avocat, homme politique, disciple de Bentham, collaborateur de la *Westminster Review* : pour tout dire "radical anglais". Grâce à cet ami, Stendhal put suivre la Cour de Justice Royale ou "Assizes" en tournée dans les villes du nord pendant l'été de 1826. Il aurait pu observer le fonctionnement de la justice anglaise et sans doute aussi le système de gouvernement local. Cette année 1826 est d'ailleurs année d'élections. Au mois de juin, Prosper Duvergier de Hauranne, autre connaissance de Stendhal, alla observer le scrutin sur place à Preston dans le Lancashire, où déjà en 1826 les électeurs étaient nombreux et où les candidats radicaux ne manquaient pas. Le *Preston Chronicle* signala la présence même de notables bonapartistes, tels le duc de Montebello ou le comte de Montholon, et aussi celle des conseillers du roi de Bavière... Stendhal, lui, arriva en Angleterre à la fin de la période électorale, mais garda, semble-t-il, un souvenir très précis du *circuit* ou tournée des juges. Dans des lettres que l'année suivante il adressa à Sutton Sharpe, il évoqua la belle salle gothique des "Assizes" à Lancaster, rappela tous les grands noms du *circuit* et assura son ami que, grâce à lui, il avait pris des "idées nettes" sur l'Angleterre.

Je voudrais aujourd'hui me pencher sur ce voyage dans la province anglaise pour en démêler la chronologie et pour essayer de dégager quelles auraient été les "idées nettes" dont parle Stendhal.

D'abord quelques précisions concernant les "Assizes". A l'époque, il n'y avait de cours de justice que dans la capitale, où l'on trouvait aussi le seul barreau d'Angleterre. Deux fois par an, des juges siégeant à deux faisaient des tournées en province, pendant le carême, et aussi en été. Le *circuit* du nord commençait à York, d'où on allait à Newcastle et à Durham, puis traversant les Pennines, les juges gagnaient Carlisle, puis Appleby et finissaient leur tournée à Lancaster. En 1826, il s'agissait des juges Parker et Hullock, tous les deux chevaliers des ordres du Roi. Le premier aurait été un personnage d'un embonpoint rassurant, - je cite un journal de l'opposition, - très content de lui-même, toujours riant et faisant des grimaces, ami des calembours et des plaisanteries un peu trop prolongées ou même obscures. Le juge Hullock, premier baron de la Cour de l'Echiquier, avait une tout autre envergure, comme nous allons le voir. Parmi les avocats, signalons James Scarlett, le plus gros de tous, et qui était sur le point d'être nommé "attorney-general" dans le cabinet de Canning. C'est, lui aussi, un futur premier baron de la Cour de l'Echiquier. Signalons la présence de Henry Brougham, député radical, que Stendhal avait déjà rencontré à Milan et qui allait devenir Lord Chancelier d'Angleterre, donc chef responsable de toute la magistrature anglaise. N'oublions pas Thomas Babington Macaulay qui cette année-là faisait ses débuts comme avocat. C'est, bien entendu, le futur Lord Macaulay, député whig, poète, historien et organisateur de l'empire des Indes. Enfin, n'oublions pas l'ami de Stendhal, Sutton Sharpe. C'est du menu fretin. M.R.G. Hamilton, "Recorder" à Liverpool, a bien voulu examiner les *mess-books* du *circuit*, les avocats constituant une sorte de *diners club* et tenant un registre ou journal de leurs repas pris en commun. Il n'y est pas souvent question de Sutton Sharpe, et Stendhal n'a jamais été leur invité. Pour ma part, j'ai dépouillé les principaux journaux du Yorkshire et du Lancashire. Hélas ! dans les comptes rendus d' "Assizes" on ne rencontre nulle part le nom de Sutton Sharpe.

Je passe maintenant aux problèmes de chronologie. Pour ce voyage dans la province anglaise, le texte de base est un passage tiré de *Stendhal et l'Angleterre*, de Doris Gunnell. Je vais le citer en entier.

"Quand Sutton Sharpe partit en tournée au mois d'août, Stendhal l'accompagna. Ils firent ensemble le voyage de Lancaster à Londres. Sutton Sharpe fit assister son ami à des assises dans la belle salle gothique de Lancaster, qu'admira fort Stendhal, et lui expliqua nettement les mystères de la justice anglaise.

"Puis, profitant de sa présence dans le Nord de l'Angleterre, Stendhal saisit l'occasion pour le visiter. Le 9 août, il était à Manchester, ensuite il visita les lacs de Cumberland et de Westmoreland, mais il les vit à l'américaine et n'a laissé que cette seule impression : "Le beau clair de lune avec sa rêverie tendre se trouve sur les bords du Wendermere (sic) (lac du Nord de l'Angleterre)". Après avoir vu York, où il admira beaucoup la cathédrale, toujours au mois d'août, il alla à Birmingham et aux environs (c'est ce qu'il appelle *the plane of fire*) y visiter avec Sutton Sharpe, ses parents, la famille Rogers, "ces oncles mâles et femelles" que Stendhal accusait de vouloir toujours accaparer leur neveu, au lieu de le laisser partir avec lui en voyage.

"Puis il retourna à Londres" (1).

208

Ce texte laisse le lecteur assez perplexe. Stendhal serait rentré à Londres par deux fois. D'abord il aurait fait le trajet Lancaster-Londres, et puis ensuite de York-Birmingham-Londres (2).

En plus, admettant que le quartier général de Stendhal fût Lancaster, on le voit descendre à Manchester le 9 août, puis remonter à Lancaster pour aller visiter les lacs avant de se rendre dans le Yorkshire. Or, les assises ont eu lieu à Lancaster du 8 août au 19 août. Pour adopter l'expression de Miss Gunnell, Stendhal les aurait vues à l'américaine. Quant aux assises de York, qui se sont déroulées du 10 juillet au 20 juillet, il n'est pas question que Stendhal y ait pu assister en spectateur.

L'itinéraire qu'a indiqué Miss Gunnell, a été repris par Henri Martineau dans son *Calendrier stendhalien*, et en le reprenant il a voulu lui conférer une apparence de rigueur scientifique, c'est-à-dire, il renvoie à des textes de Stendhal pour des précisions concernant son emploi du temps. Hélas ! cette rigueur scientifique est en grande partie illusoire. Martineau affirme, par exemple, que Stendhal était de retour à Londres le 14 août, mais cette date est prise dans une pseudo-lettre arrangée par Colomb, qui allait publier dans la *Correspondance* des notes de Stendhal concernant l'Angleterre. Dans ces notes, Stendhal affirme avoir passé le 7 août à Manchester (Miss Gunnell dit le 9 août). Voilà ce qui est possible, mais tous les autres renvois du *Calendrier stendhalien* s'appliquent non pas à l'Angleterre de 1826 mais à celle de l'année 1818 : "L'Angleterre quoiqu'elle semble encore *vivante* est désorganisée... Une révolution gronde déjà sourdement en Angleterre... Il y a plus de cruauté dans le sort des ouvriers de Manchester que dans tout Robespierre...". Tout cela vient, de surcroît, de l'*Edinburgh Review*, et était destinée en 1818 à une nouvelle édition de *Rome, Naples et Florence*... Je vous fais grâce d'une démonstration pareille pour Birmingham, où en 1817 "la faim moissonne les ouvriers", pour York et pour les lacs de Cumberland. Une conclusion s'impose : vis-à-vis de la recherche, Stendhal semble bien avoir pris la clef des champs pendant cet été de 1826 passé en Angleterre. A moins évidemment que les affirmations de Miss Gunnell ne reposent sur des preuves documentaires qu'elle estimait ne pas devoir publier. Il faut retenir surtout les lettres que Stendhal adressa en 1827 à Sutton Sharpe et aussi une lettre de Buchon à Sutton Sharpe, en date du 2 avril 1826, où il dit savoir que Beyle suit le *circuit* avec son ami (3). Enfin, il faut avoir présent à l'esprit que Stendhal a bien dit à son ami que "peu de voyages aussi courts lui ont laissé autant de notions précises" (4).

Je passe maintenant aux "notions précises" et aux "idées nettes". Plus exactement, je voudrais en signaler deux, la présence obsédante de l'argent ou du *fish*, car Stendhal aime l'argot, et l'idée d'une justice de classe.

La justice anglaise est bonne, mais chère, constate Stendhal, qui s'intéresse à la façon dont son ami est rémunéré. Je vous ai parlé de James Scarlett, chez qui les clients affluaient, sorte de colosse du barreau anglais. En 1827, il entre dans le cabinet de Canning. Et Stendhal d'écrire à Sutton Sharpe :

"Rien ne pouvait me faire plus de plaisir que l'augmentation de *fish* à la dernière pêche. J'espère, mon cher ami, que l'avancement de M. Scarlett lui fera négliger les fatigues du barreau. M. Brougham héritera de la moitié et vous du quart de l'autre moitié. Est-ce là la proportion ? Je désirais beaucoup que M. Brougham prît de l'avancement. Dans ce cas, il me semble que le *fish* aurait été *in great plenty*" (5).

Même son de cloche quelques mois plus tard :

"Je pense qu'aujourd'hui, 14 août, vous êtes dans la belle salle gothique de Lancaster, pêchant le *fish* en abondance. Il me semble que l'avancement du Scarlett a dû doubler vos parts. Présentez mes respects à M. Brougham. *I say nothing of this country*, parce que je désire que ma lettre vous arrive" (6).

Sans doute, Stendhal avait-il été impressionné par les revenus de Brougham, qui se classait juste derrière Scarlett. La présence du *fish* s'explique du fait qu'en 1827 Stendhal lui-même souffrait d'un des contre-coups de la récession économique anglaise. La librairie avait été très touchée, Colburn supprimait la collaboration de son chroniqueur parisien, Henri Beyle.

Mais cette question d'argent se rattache aux yeux de Stendhal à l'idée de justice :

"Rien n'est parfait pas même votre duc de Wellington, écrit-il à Sutton Sharpe. Les Anglais de mes amis m'en veulent car dans *Rome* (il s'agit de *Rome, Naples et Florence*) il n'y a que du mal. Une autre fois je parlerai de la justice si bonne quoique si chère *et de Mr. Hullock*" (7).

Ce juge-là l'avait impressionné :

"J'ai oublié de louer M. le juge Hullock et le ban (8) de l'Angleterre, de manière qu'on me dit que j'abhorre *Old England* ; rien de plus faux. J'éprouve pour elle le sentiment que feu M. Jésus-Christ avait pour les hommes" (9).

Stendhal exprime son idée sous une forme lapidaire dans une série de notes intitulées *Sur l'Angleterre* et que Colomb a datée d'août 1826 : "Tout Anglais vivant de sa journée est hors la loi". Tout le passage est à citer :

"La plupart des riches propriétaires ayant trois ou quatre mille livres sterling de rente sont juges de paix. Tout Anglais vivant de sa journée est hors la loi. Un juge de paix peut l'envoyer en prison pendant un certain temps pour des actions indifférentes ou très peu répréhensibles que le pauvre journalier ne peut manquer de commettre souvent. Le juge de paix envoie en prison d'après le *Warrant Act*. Ce *Warrant Act* a été un peu corrigé d'après un rapport au Parlement en 1821 ; mais tel qu'il est resté, il met encore hors la loi tout Anglais assez pauvre pour vivre de sa journée" (10).

Stendhal dit vrai ; je cite, d'un dictionnaire de termes juridiques de

1820, à l'article *Warrant* (mandat d'emener) : "A justice may commit a person that doth a felony in his view, without a warrant", "A justice of peace may make a warrant to bring a person before himself only and it will be good" (11). Le lecteur cherchera en vain ce *Warrant Act* que Stendhal mentionne. Celui-ci ne se trompe pourtant pas sur le fond : en 1821 on a bien soumis au Parlement un projet de loi qui essayait précisément de limiter l'arbitraire des juges de paix en leur imposant formes, formules et formulaires, une "General Form of Conviction", où auparavant il n'y en avait pas. Le roi donna son consentement à cette loi le 22 mai 1822 (12).

Sans doute la carrière du juge Hullock aurait-elle diminué aux yeux de Stendhal la portée de cette réforme. Elle aurait sans doute aussi renforcé l'amour qu'il éprouvait pour *Old England*. Il faut savoir que la paix revenue en 1815, le gouvernement anglais avait à faire face à une agitation persistante surtout dans la capitale et les villes du nord. On renouait avec une vieille tradition de violence et d'émeutes. C'est bien Hullock qui organisa les procès non pas des émeutiers, mais des leaders radicaux. Et ces procès il les organisa à la fois en Angleterre et en Ecosse, détail significatif puisque l'administration de la justice dans ce dernier pays est toute différente de celle de l'Angleterre. Avocat, Hullock a été agent du gouvernement et dans son poste de premier baron Stendhal aurait vu une récompense.

Au cours de son voyage, Stendhal a cru reconnaître surtout une justice de classe, soutien d'une société très hiérarchisée. Mais à ce niveau il existe un petit problème, qui me fait terminer par une question. C'est celle-ci. Pendant son voyage dans la province anglaise Stendhal a cru voir une société bloquée. Or, il entreprit son voyage avec pour compagnon un avocat qui au Parlement allait faire partie de plusieurs comités d'experts ayant à dire leur mot sur la justice anglaise. En effet, Sutton Sharpe appartenait à cette tribu spirituelle qui allait transformer l'Angleterre : je parle des disciples de Bentham. En plus, Stendhal a de nouveau rencontré Brougham, qui, futur Lord Chancelier, allait changer la justice anglaise de fond en comble. J'arrive à la question. Pourquoi Stendhal insiste-t-il tant sur le parti de la résistance ? Pourquoi le plus souvent passe-t-il sous silence le parti du mouvement ? (13).

(1) *Stendhal et l'Angleterre* (1909), p. 20-21.
(2) A noter que dans les *Mémoires d'un Touriste* (Cercle du Bibliophile), tome XVI, p. 509. Stendhal vante la vitesse des diligences anblaises "avec lesquelles [il a] fait cent quatre lieues en vingt-trois heures (de Lancaster à Londres)".

(3) *Stendhal et l'Angleterre*, p. 139.

(4) *Correspondance* (Pléiade) tome II, p. 114, 30 avril 1927.

(5) *Ibid.*, tome II, p. 113-114, 30 avril 1827.

(6) *Ibid.*, tome II, p. 126, 14 avril 1827.

(7) *Ibid.*, tome II, p. 118, 20 juin 1827. C'est moi qui souligne.

(8) Il faut, bien entendu, lire "banc".

(9) *Correspondance,* tome II, p. 115, 30 avril 1827.

(10) *Mélanges, Politique,Histoire*, Cercle du Bibliophile, tome XLV, p. 295.

(11) *The Law Dictionary, explaining the Rise, Progress and Present State of Our British Law...* by Sir Thomas Edlyne Tomlins, 3ème édition, 1820.

(12) 3 Geo. IV Cap. XXIII. "An act to facilitate summary proceedings before Justices of the Peace and others".

(13) Il y eut en 1825, en 1827 et en 1828 quelques "réformettes" portant sur les juges de paix, et aussi sur les peines prévues par la loi.

UN "CONTE D'HIVER" : "LAMIEL"

par Jean-Jacques Labia

Université de Dijon

"Mon défunt ami Stendhal", écrivait Nietzsche dans une lettre à Peter Gast. Stendhal est mort, et le lecteur de *Lamiel* bien embarrassé. *Lucien Leuwen* forme un tout, et même une sorte de roman. Les autres ébauches romanesques sont comme encloses dans leur relative brièveté et dans l'impasse que chacune constitue. *Lamiel* nous demeure une question par ses dimensions, son inachèvement, sa personnalité irréductible - œuvre "curieuse et souvent puissante", notait déjà Jean Prévost. Qu'est-ce d'autre part qu'un *"winter's tale"* ? Une vieille histoire dont les péripéties irréelles hantent les longues veillées. Quant au *Conte d'hiver* de Shakespeare, que Stendhal, à ma connaissance, ne mentionne pas, il constitue avec la *Tempête* le terme d'une ultime volte novatrice qui se dessinait déjà expérimentalement à travers *Périclès* et *Cymbeline*. Parmi ces pièces longtemps sous-évaluées, où le mélange de tragédie et de comédie pastorale, de réalisme brutal et de fantaisie poétique choqua bon nombre de critiques jusqu'au XXe siècle, nous rencontrons un texte dont la lecture fut pour Stendhal une sorte de révélation. Margaret Tillett souligne à juste titre la "poetic sensibility" qui permit à Stendhal de goûter l'étrange *Cymbeline* en dépit des jugements de la raison et du sens commun (1).

Pourtant Auerbach, dans *Mimesis*, note que Stendhal et Balzac furent les initiateurs du réalisme moderne lorsqu'ils "prirent des individus quelconques de la vie quotidienne pour en faire les objets d'une représentation sérieuse, problématique et même tragique". Les époques successives de la vie de Lamiel peuvent se lire selon cette perspective. Elle est d'abord adoptée par des bigots décidés à "donner une âme à Dieu" - c'est l'expression de l'abbé Le Clou ou Le Cloud (2) - en élevant chrétiennement une enfant trouvée qui de plus les "soignera" dans leurs vieux jours. Il s'agit donc d'un bon placement pour ce monde et pour l'autre. Lamiel continue à passer de mains en mains, contre de l'argent, lorsque la duchesse de Miossens négocie son "acquisition" auprès de ses parents adoptifs - notons la brutalité du langage (3). Lamiel succède ainsi pleinement "au crédit du chien Dash, mort peu auparavant". Fantaisie combien plus délicieuse que l'achat d'un petit animal domestique ! L'argent permet cette transfusion de gaieté aux dépens de Lamiel qui recueille en échange l'ennui de Madame de Miossens. Remarquons ici, avec Georges Blin, que Stendhal poursuit non sans constance cette "peinture des salons irrédentistes" (4) qui soutenait déjà le monde romanesque d'*Armance*. Cette passion en forme de caprice que la duchesse éprouve pour Lamiel dénonce suffisamment, aux yeux de Stendhal, l'existence malfaisante d'une aristocratie dévoyée autant qu'exténuée. Dans ce monde, l'enfant-louve qu'est Lamiel, douée pour la vie, mais sans la moindre éducation, désireuse de dévorer tout ce qui peut être "pâture" à son esprit - c'est le mot de Stendhal -, tentera de détourner à son profit la vénalité qui gouverne le monde selon sa trop cuisante expérience. Sans doute peut-on admettre, avec Gilbert Durand, que dans *Lucien Leuwen* et *Lamiel* le "terrible précipice" de l'amour se métamorphose en simple bourbier de la vénalité" (5). Mais si l'on songe à la troisième époque de la vie de Lamiel, il faut noter que la vénalité est originelle et que l'héroïne sait jouer avec la vie, valeur qu'Auerbach rattachait à l'Ancien Régime plutôt qu'à la bourgeoisie du XIXe siècle. Nous serions tentés de la situer plus... précisément dans l'utopie stendhalienne. Lamiel échappe ainsi, avec une sorte d'impartialité, à deux types balzaciens : l'épouse catholique et un peu niaise, la courtisane cynique. Le sujet que poursuit Stendhal n'est pas le libertinage, la galanterie. L'héroïne est moins mise au monde que jetée au monde, avec une brutalité particulière qui tient à sa féminité. C'est vraiment pour Stendhal un sujet nouveau et audacieux. Margaret Tillett rapprochait Imogène et Armance, seules dans un monde hostile. De même Lamiel préserve étrangement sa pureté en dominant par le jeu la corruption du monde, en proie à la violence et à la concupiscence, comme Imogène, l'épouse chaste. Curieux Bildungsroman en vérité, où disparaît - Georges Blin le note avec peut-être quelque regret - la technique du point de vue, ce qu'il nomme le "réalisme subjectif" (6).

Toutefois une question nous est posée par la récente édition de *Lamiel* au Cercle du Bibliophile. Le personnage féminin n'était-il pas destiné, dans l'esprit de Stendhal, à s'effacer derrière l'ombre croissante du bossu Sansfin. En mars 1841, Stendhal découvre une idée qui lui semble lumineuse et nouvelle : il s'agirait de peintre, dans *Lamiel*, "les Français du King φιλλιππε". Ce thème était déjà au cœur des deux longues rédactions de Civitavecchia, qui demeurent l'essentiel de notre texte (7). Nous savons en effet que le Stendhal des idées et des projets littéraires n'est pas le même que celui qui se libère dans la figure du romancier. Le texte de *Lamiel* est voué, par son hétérogénéité même plutôt que par ses aspects contradictoires, à des interprétations bien hasardeuses. Je me contenterai de poser la question : Qu'est-ce que Sansfin ? et de répondre, avec Stendhal peut-être : l'agent de la mystification. En 1821, Stendhal résumait une lecture de *Mesure pour Mesure* par ces mots :

"Pleine de vérité, mais privée d'intérêt. On espère trop dans le duc : c'est une mystification comme *la Tempête*" (8).

Les réflexions de Stendhal sur le théâtre, et tout particulièrement sur Shakespeare, ouvrent dans ce cas précis à la création romanesque. Le jeune Beyle rapprochait déjà curieusement *Othello* de *Tartuffe* dans une lettre où il conseillait à Pauline d'étudier méthodiquement les passions, et par exemple l'hypocrisie. Dans Shakespeare, *Othello* demeure sa pièce préférée, au point qu'il songe lui-même à l'adapter pour son propre théâtre, "dans dix ans", il est vrai. Il souhaite transposer dans *Letellier* une scène empruntée à Iago. Il semble surtout conquis par "l'art profond avec lequel Iago rend Othello jaloux" (9). Selon les *Pensées, Cymbeline* procure à Stendhal "la plus forte impression" qu'il ait sentie "comme homme sensible depuis deux ans en lisant des tragédies" (10). La notice rédigée avec Crozet sur *Cymbeline* et publiée en note dans l'*Histoire de la Peinture en Italie* est bien connue, mais l'interprétation de la fascination stendhalienne ne semble pas achevée. Il convient de souligner, sur la voie tracée par Margaret Tillett, le thème de la féminité exposée, qui a tenté bien des illustrateurs et satisfait le voyeurisme de chacun. Stendhal n'était ni le premier ni le dernier. Les gravures montrent volontiers Iachimo sortant du coffre près d'Imogène endormie, la poitrine découverte, ou encore Iachimo prenant des notes avec tout le sérieux de la concupiscence, depuis les tentures de la chambre jusqu'à certain détail anatomique. Cloten, "excellente peinture d'un brutal insolent", selon Stendhal, serait "le caractère le plus hardi et le plus original de la pièce", gouverné par le ressentiment, rêvant du viol d'Imogène. Quant à l'héroïne elle-même, le *Journal* de 1805 est sans équivoque. Stendhal cristallise : "La grâce la plus divine dont je me souvienne est celle d'Imogène (*Cymbeline*)". *De l'Amour* rapproche "la douce Imogène et la tendre Ophélie". L'auteur de la *Vie de Rossini* célèbre une fois de plus "celui des poètes modernes qui a le mieux connu le secret des passions humaines, l'auteur de *Cymbeline* et d'*Othello*". Ce rapprochement et les remarques sur *Tartuffe, la Tempête, Mesure pour Mesure*, suggèrent que Stendhal perçoit dans tous ces textes une sorte d'archétype qui lui est fascinant. Iachimo, le "démon italien", répète Iago et précède Tartuffe, les ecclésiastiques profonds et les médecins cruels de Stendhal. "Je joue sur leurs terreurs comme Lamiel joue sur son piano", déclare Sansfin, qui songe aussi à Fédor en ces termes : "J'empoignerai l'esprit de ce fils". A l'école d'un si bon maître, Lamiel déclarera tout de go à l'un de ses amants : "Je vous prends (...) afin de me moquer ouvertement du comte de Nerwinde et afin de lui voir développer son caractère". Vieux rêve stendhalien que cette subversion démiurgique des sentiments, donc de l'être, donc de la réalité. *Lamiel*, après *Lucien Leuwen*, un pas de plus vers une théâtralisation romanesque de la cruauté. Les *Chroniques italiennes* ne sont pas loin, mais ici il n'est plus d'alibi. Dans *Lamiel*, la brutalité heurte la grâce, et ce conflit recrée le climat contrasté des pièces de l'automne shakespearien, où la poésie accueille le fantasme. Ainsi la mise en scène, par Sansfin, de la maladie de Lamiel annonce thématiquement et remplace symboliquement l'initiation amoureuse dont le docteur, bien malgré lui, n'est pas destiné à se rendre coupable.

Balzac, dans son article de la *Revue Parisienne*, allait plus loin. Les récits de Monsieur Beyle, écrivait-il alors, "en bien des parties, ont la magie d'un conte de l'Orient". Et le style de *Lamiel* réserve bien des surprises aux sectateurs d'un réalisme étroit. "Voilà un beau corps vacant (...) ; pourquoi mon âme ne peut-elle pas y entrer ?" - songe le docteur devant le frais cadavre d'un beau jeune homme de cinq pieds six pouces à peine âgé de vingt-cinq ans. Nous ne sommes pas loin, en dépit des années, de l'habit bronze canelle qui métamorphosait Stendhal en 1805 : "Toute mon âme paraissait, elle avait fait oublier le corps, je paraissais un très bel homme, dans le genre de Talma". Sansfin, ce malin génie, a de profondes rides, et pourtant seulement la trentaine. Stendhal imagine la figure d'un sorcier de contes, laid, méchand et vieux, pour ce Machiavel promis à une sous-préfecture. La religion se dissout en exercices pyrotechniques, autre mystification dont Lamiel est la victime, dans les deux versions successives de son histoire. En effet, "donner une âme à Dieu", c'est refuser cette même âme à celle qu'on décide d'autre part de nommer Lamiel (11). Et Lamiel est bientôt prise une seconde fois au piège des mots, lorsque Sansfin la surnomme "fille du diable". La parole a pouvoir, comme dans les contes, même si Lamiel décide immédiatement d'assumer son surnom : "Tant mieux, répondait Lamiel, si je suis fille du diable ; je ne serai jamais laide et grognon comme vous ; le diable mon père saura me maintenir en gaieté". Sur le monde de *Lamiel* pèse un sortilège social, car le fondement de tous les maléfices demeure la loi toute philipparde de l'argent : Sansfin joue sur la jalousie que suscite le magot des Hautemare pour imposer dans Carville le surnom de Lamiel. L'argent acquiert donc une valeur alchimique ou talismanique, comme chez Balzac. Il est capable de métamorphoser le bouillon maigre en bouillon gras. Lamiel observe ses pouvoirs : "C'est comme le grand crime que trouvait ma tante Hautemare à mettre du bouillon gras dans la soupe du vendredi ; Dieu en était profondément offensé ; et je vois ici Mme la duchesse qui, pour avoir payé vingt francs, fait gras toute l'année, ainsi que sa maison et moi dans le nombre, et ce n'est plus un péché !". Si la loi de l'argent et des positions sociales constitue bien ici le sens ultime en termes de réalisme critique, il faut cependant noter que la narration garde le ton de la "naïveté familière", selon la formule de Margaret Tillett, qui cite :

> "Il faut convenir, se dit Fédor, que voilà un bossu bien laid ; mais l'on dit que de ce vilain bossu et de cette petite fille si singulière dépend la volonté de ma mère. Tâchons de leur faire la cour afin d'obtenir d'elle qu'elle veuille bien me laisser retourner à Paris".

D'autres passages permettent de déceler certaines composantes de ce style tardif de Stendhal. Le narrateur souligne par exemple les coïncidences qui font de l'intrigue une structure close, analogue à celles du récit mythique et du conte populaire. Ainsi dans cette phrase de la première version : "Lamiel, grande et délurée, avait quinze ans lorsqu'il arriva que les yeux de la duchesse de Myossens s'entourèrent de quelques rides". Le thème du château apparaît peu après sous une lumière maléfiquement féérique :

"Tout le monde était vieux dans ce château, et sur vingt paroles que l'on prononçait, dix-huit étaient consacrées à blâmer". Il n'y a pas de solution de continuité entre les personnages et leur cadre. Nulle frontière entre le monde spirituel et l'espace matériel. La langueur et l'ennui ressemblent aux maladies insaisissables et arbitraires des contes. Nous reconnaissons ici le Stendhal qui rapprochait Imogène de Clorinde, précurseur en cela d'une critique d'esprit moderne. Rappelons, pour conclure sur ce thème, que certains textes avaient pour Beyle valeur talismanique et qu'il se plaisait à hanter lui-même leur monde enchanté. Pour libérer le goût d'une Mélanie qui préférait au véritable *Othello* la fade version de Ducis, il lui donne à lire *Cymbeline*. Et il relit cette même pièce le 2 janvier 1821 avant une visite à Métilde.

Lamiel est donc la victime d'une triple aliénation : sociale, par les rapports d'argent et de dépendance où elle se trouve prise ; personnelle, à travers l'éducation nulle puis perverse qu'elle subit ; structurale, dans l'ordre du conte. L'histoire risquait de succomber à la noirceur sordide qui appartient au sujet. Une note du 15 février 1840 montre que Stendhal en avait conscience : "Lamiel (son caractère), autrement adieu la grâce". Le corps de Stendhal - surnommé "la tour ambulante" dès les années d'École centrale à Grenoble - conservait semble-t-il une mobilité surprenante chez un homme de sa corpulence. Pour Lamiel, la mobilité est originelle, dans les deux versions. Madame Hautemare a fort à faire : "Cette femme avait un air de pédanterie et conduisait *par la main* une petite fille de douze ou quatorze ans, dont la vivacité paraissait très contrariée d'être ainsi contenue". Lamiel est un être de fuite, mais ce n'est pas en termes de désincarnation proustienne. "Vous m'enlevez fort peu", déclare-t-elle au jeune duc. Ailleurs son pas, qui est pourtant "la légèreté même", ébranle tout le château. Elle pourrait s'approprier la fière devise d'un duc de Bourgogne : "J'ai hâte". Dans un monde cru et cruel, l'artifice du vert de houx lui permet de l'avancer masquée. Ce travestissement l'aide à dominer sa vulnérabilité avec le courage tranquille d'une Imogène. Et le "génie naturel" qui lui est propre libère très vite cet "être questionneur". "L'esprit de Lamiel - écrit Stendhal - faisait des pas de géant". La fréquence des mots âme et esprit ne doit pas nous abuser. Souvenons-nous de l'*Histoire de la Peinture* :

"C'est par le cœur, c'est par le ressort intérieur que les hommes de ce temps-là nous laissent si loin en arrière. Nous distinguons mieux le chemin qu'il faut suivre, mais la vieillesse a glacé nos jarrets ; et, tels que les princes enchantés des nuits arabes, c'est en vain que nous nous consumons en mouvements inutiles, nous ne saurions marcher" (12).

Stendhal, avant Nietzsche, retourne le platonisme. Chez l'abbé Clément, par exemple, il est clair que c'est l'âme qui est la prison du corps, et non l'inverse. L'admirateur de Viganò - qui adapta *Cymbeline*, semble-t-il - n'aurait pas voulu, lui non plus, d'un philosophe qui ne sût pas danser (13). Et le jarret de Lamiel, c'est bien l'âme enchaînée qui toujours se libère.

217

Quant au roman, son moindre charme n'est pas cet "air agréable d'inachèvement" qui caractérise Stendhal, selon Blanchot. Voilà donc, à propos de *Lamiel*, en des termes qui renvoient à une autre esthétique non moins émancipée, deux ou trois choses que je sais d'elle, ce dernier fantôme féminin, avec Earline, poursuivi par l'enchanteur pourrissant. Mais Lamiel court toujours.

(1) Margaret Tillett, *Stendhal, the Background to the Novels*, Oxford University Press, 1971, p. 42.
(2) Selon qu'il s'agit de *Lamiel I* ou de *Lamiel II*, pour reprendre la distinction proposée par F.W.J. Hemmings dans son article *Les deux Lamiel, Stendhal Club*, 1972-1973, LX, p. 287.
(3) *Lamiel*, éd. V. Del Litto, Cercle du Bibliophile, 1971, p. 227.
(4) Georges Blin, *Préface d'Armance*, éditions de la revue Fontaine, 1946.
(5) Gilbert Durand, *Le Décor mythique de la Chartreuse de Parme*, Corti, 1971, p. 118.
(6) Georges Blin, *Stendhal et les problèmes du roman*, Corti, 1954, pp. 175-176.
(7) F.W.J. Hemmings affirme trop catégoriquement qu' "il manque à *Lamiel I* toute référence politique ou autre qui permettrait de rattacher le récit à une période historique déterminée, comme il est possible de le faire dans les romans proprement dits de Stendhal" (op. cit., p. 300). Outre la scène de mission, qui suffirait à dater le texte, le premier chapitre contient, à lui seul, de nombreuses allusions à 93, à 1815, et se situe expressément sous la Restauration.
(8) *Journal*, tome V, Cercle du Bibliophile, 1969, p.3.
(9) Cf. V. Del Litto, *La vie intellectuelle de Stendhal*, PUF, 1958, p. 70.
(10) *Pensées*, tome II, Le Divan, 1931, p. 247.
(11) Cf. "Stendhal pseudonyme", dans *L'Oeil vivant*, de Jean Starobinski, Gallimard, 1961.
(12) *Histoire de la Peinture en Italie*, tome II, Cercle du Bibliophile, 1969, pp. 189-190.
(13) Cf. *Correspondance* de Stendhal, tome I, la Pléiade, 1962, p. 994. "Viganò fait *le Cordonnier* et ensuite *Cymbeline* ; la scène du coffret, quand Iachimo en sort, et celle des funérailles d'Imogène, par les deux frères, sont déjà faites".

STENDHAL ET LA HOLLANDE

par Remi Bosselaers

Eindhoven

Personne n'ignore combien Henri Beyle s'est occupé toute sa vie des nombreux peuples qu'il eut l'occasion de rencontrer ou qu'il apprit à connaître par ses innombrables lectures historiques, géographiques, psychologiques, économiques, sociologiques, artistiques et autres. Qu'il lui arrive de se contredire, on s'en aperçoit vite en le lisant. Un exemple : on connaît son amour presque illimité de l'Italie. Alors qu'on se figure la stupéfaction du lecteur qui ne lui est pas encore assez familier lorsqu'il se heurte à la caractéristique suivante de ce pays chéri entre tous : " Résumons ces vices et défauts de l'Italie : abrutissement et ignorance, fausseté et traîtrise, lâcheté, fanatisme, hypocrisie, haine et rancune, cupidité, méfiance, coquetage provincial, saleté, réserve cérémonieuse, emphase vide de la conversation ". Alors que reste-t-il pour séduire un Beyle ? Fort peu de chose en vérité, mais ce presque rien fait tout. Il témoigne clairement en 1817 : " Je vois nettement l'ensemble des mœurs italiennes : elles me semblent bien plus favorables au bonheur que les nôtres. Je crois que ce qui me touche, c'est la bonhomie générale et le naturel ". Quelle sympathie, au bout du compte, pour ces heureux italiens ! Et n'allons pas croire que dans des cas pareils, il s'agisse de mystification, de quelque espèce de cynisme. Nous n'avons qu'à relire les textes cités et à nous étonner. En attendant, la contradiction reste.

Mais il n'en n'est pas toujours de la sorte. D'autres peuples n'ont pas la même chance que les Italiens. Voyons les Hollandais. " Le Hollandais semble ne rien vouloir ; sa démarche, son regard n'expriment rien, et vous pouvez converser des heures entières avec lui sans qu'il lui arrive *d'avancer une opinion*. La possession et le repos sont ses idoles ". Nous savons que Stendhal a foulé le sol hollandais une seule fois, à la fin de sa vie, en 1838. Il ne connaît donc la Hollande que par oui-dire. Les noms propres soi-disant hollandais qu'il invente, Knabelhuber, Kuterdvilde sont fantaisistes à faire rire. Aussi, ne connaissant point la Hollande, la caractéristique que Beyle nous en présente, est tout à fait fausse et ridicule. Qu'il n'ait pas connu la culture impressionnante de la Hollande des dernières décennies en matière scientifique, économique, technique, artistique, etc. qu'il n'ait pas eu la plus mince idée des énormes travaux hydrauliques, parmi lesquels l'assèchement du Zuidersee, n'a évidemment rien pour surprendre, mais que le liseur infatigable qu'il était traite comme quasi-aboulique un peuple qui a fait la guerre de quatre-vingt ans contre l'Espagne, qui a poussé sa flotte dans la Tamise, qui a produit un Erasme, un Rembrandt, un Sweelinck et combien de penseurs dans bien des domaines, on a peine à le comprendre et l'on est heureux que tant d'œuvres magistrales et sa si vaste érudition compensent un jugement superficiel au point d'être incompréhensible. A moins de se rappeler que *Quandoque bonus domitat Homerus* et que le grand travailleur Beyle avait le droit de faire de temps à autre son petit somme.

LES OBJETS DANS LES "CHRONIQUES ITALIENNES"

par Béatrice Didier
Université de Paris VIII

I

Souvent fournis à Stendhal par le chroniqueur italien, les objets vont jouer un rôle très spécifique dans ces nouvelles et Stendhal saura user au mieux des éléments que lui fournissaient ses prédécesseurs. Or, le statut de l'objet dans les *Chroniques italiennes* est assez paradoxal : il est sans cesse présent, capital pour l'action, et cependant réduit en nombre et en variété, schématique dans la description.

Le premier objet qui apparaît — premier dans tous les sens du terme, à la fois au début du texte de Stendhal et à son origine — c'est le livre, le manuscrit, le volume. " De vieux manuscrits jaunis par le temps " (p. 3) fournissent l'argument de *Vittoria Accoramboni*. Parfois la configuration du manuscrit se précise : " Telle petite ville vous présente fièrement son histoire en trois ou quatre volumes in-4º imprimés, et sept ou huit volumes manuscrits ; ceux-ci presque indéchiffrables, jonchés d'abréviations, donnant aux lettres une forme singulière " (*la Duchesse de Palliano*, p. 88-89 *).

En écho, à l'intérieur même du récit, s'inscrit la présence d'un autre objet : la lettre, le billet. C'est une lettre qui va, indirectement, causer la mort de Félix dans *Vittoria Accoramboni*. Tout le déroulement de *l'Abbesse de Castro* repose sur des lettres : lettre de Jules à Hélène qui font naître son amour, qui risquent de susciter la fureur de son père et révèlent la tendre complicité de la mère ; lettre qu'il s'agit de faire pénétrer dans le couvent (176-77) ; lettre d'Hélène aussi, le soir où elle ne se rend pas au rendez-vous de Jules (p. 190 et sq.) ; et toutes ses lettres écrites inutilement et qui ne parviennent pas à Jules (p. 213). Fausses lettres fabriquées par la mère et sur lesquelles s'appuie le tragique malentendu. Enfin les dernières paroles, c'est à une lettre que Hélène les confie. Mais nous sommes plus renseignés sur le contenu de ces lettres que sur leur aspect. Elles ne prennent guère de matérialité que lorsqu'elles sont cachées, par le stratagème du bouquet, employé à plusieurs reprises par Jules (p. 135-137-142-151-204).

A cette première catégorie que l'on pourrait appeler l'objet scripturaire, il faudrait rattacher encore le document : testament, pièces du procès ; ils se situent à la fois à l'extérieur du récit, et dans le récit même, puisqu'ils ont été composés par les personnages du drame, ou par leurs bourreaux, mais qu'ils conservent, en dehors du récit, une matérialité, une valeur historique : Stendhal en fait mention à plusieurs reprises, ainsi à la fin des *Cenci*.

Le tableau ou le portrait participe un peu du même statut que le manuscrit : il est aussi une incitation à l'écriture pour Stendhal, un document. On connaît la véritable galerie de peintures qui fournit l'ouverture, qui constitue le vestibule ou l'entrée d'honneur des *Cenci*. Mais l'objet parle : le portrait est déjà intégré au récit qu'il préfigure, au drame qu'il rappelle et qu'il annonce à la fois ; ainsi du portrait de Béatrix par le Guide :

> " Ce grand peintre a placé sur le cou de Béatrix un bout de draperie insignifiant ; il l'a coiffée d'un turban : il eût craint de pousser la vérité jusqu'à l'*horrible,* s'il eût reproduit exactement l'habit qu'elle s'était fait pour paraître à l'exécution, et les cheveux en désordre d'une pauvre fille de seize ans qui vient de s'abandonner au désespoir " (p. 50).

C'est par l'intermédiaire de l'objet — ici du tableau — que le personnage est décrit, comme sur le miroir de l'histoire et de l'art : le seul portrait d'Hélène que nous livre Stendhal, il ne se l'autorise que grâce au truchement du tableau de la collection Farnèse : " La forme de la tête est un ovale allongé, le front est très grand ; les cheveux sont d'un blond foncé ". Stendhal préfère décrire l'objet que l'héroïne, très conscient de l'effet que produit cette évocation indirecte : tout en se donnant une garantie d'authenticité historique, le narrateur joue d'un effet de construction en abyme, un peu à la façon dont les peintres se sont servis eux-mêmes du miroir à l'intérieur même de leurs tableaux. La description du portrait à l'intérieur de la chronique produit un effet assez comparable à celui du miroir dans le célèbre Van Eyck, *les Époux Arnolfini.*

Il convient donc de faire une place à part, dans ce relevé, aux manuscrits et aux tableaux ; ils sont à la fois objets et documents ; ils sont à la fois extérieurs au récit et partie intégrante ; ils appartiennent en même temps à la fiction et à l'histoire.

II

Si l'on quitte les préambules ou les conclusions du texte de Stendhal, ses points de départ ou d'aboutissement, pour pénétrer dans le récit lui-même, on doit d'abord faire cette constatation : l'objet n'est jamais là pour lui-même, pour créer une atmosphère, un décor. Rien de comparable aux débuts de romans balzaciens, pas de description de la pension Vauquer. Des lieux, Stendhal laisse plutôt un plan qu'un tableau. Il est un stratège à la façon de Napoléon dont il admirait le style. Seuls objets du décor figureront ceux qui auront un rôle évidemment stratégique : grilles ; clés, cadenas ; tout ce qui permet ou empêche le passage, l'action. Et ils seront évoqués au moment même du récit où une explication sera nécessaire pour la compréhension — peu importe le pittoresque. Dans cet univers claustral, la grille revient à plusieurs reprises : " chaque barreau de cette grille magnifiquement dorée portait une forte pointe dirigée contre les assistants " (p. 175). Qui ne voit que la pointe intéresse plus Stendhal que la dorure : elle a un intérêt stratégique. Lorsque, plus tard, Jules déclare : " je détacherai une des barres de la grille " (il s'agit alors de celle du jardin), qu'importe sa forme ; sa présence est signalée dans le discours même de Jules qui n'a que faire de la décrire : il veut la détruire.

C'est seulement lors de l'attaque armée que le lecteur aura droit à une description que lui concède l'auteur, parce que là, en bon général, il a dû prévoir avec précision la topographie avant de lancer les troupes : " il s'agissait de passer par force ou par adresse la première porte du couvent ; puis il fallait suivre le passage de plus de cinquante pas de longueur. A gauche (...) s'élevaient les fenêtres grillées " (p. 193).

Uniquement utile à l'action, l'objet assume une fonction instrumentale. Aussi la situation de l'objet dans les *Chroniques* est-elle assez voisine de celle qu'elle aurait dans un roman policier, ou encore dans ce jeu policier qu'est le Cluedo. Une fois schématisé le lieu, il reste à trouver l'instrument du crime : l'arme. Un relevé systématique des objets dans les *Chroniques* amène à placer en tête de liste, tant pour l'importance numérique que dramatique, les mots désignant des armes, et avec une grande variété. Épée (9, 39, 245) dague (145, 158, 245), poignard (106, 110, 139, 145, 245), fusils (30, 36), pistolet (147, 158, 202), et surtout arquebuse (139, 141, 149, 195, 201, 205). Stendhal, en cela aussi strictement utilitariste qu'Agatha Christie, ne prend nullement la peine de les décrire ; il suffit que l'on sache qu'un personnage est armé. " Félix ne prit d'autre arme que son épée " (*V. Accoramboni*, p. 9). L'énumération d'armes joue le rôle d'un superlatif. Ainsi quand Hélène demande à Ugone d'être bien armé : " Voyons ta dague, ton épée, ton poignard " : c'est peut-être beaucoup pour un seul homme (*l'Abbesse de Castro*, p. 245) ! Si l'arquebuse et le pistolet bénéficient d'une préférence, c'est par leur vertu de scandale ; par leur détonation qui éclate et résonne dans le couvent — mais l'effet est plus décrit que l'objet lui-même : " ce coup de pistolet, au milieu de la nuit, et les cris des ivrognes en voyant tomber leurs camarades reveillèrent les soldats du couvent qui passaient cette nuit-là dans leurs lits " (p. 201). Voilà le signal d'une terrible bataille dans l'enceinte du couvent de l'abbesse de Castro.

L'objet, c'est souvent, dans les *Chroniques italiennes* l'instrument de torture ; et là, Stendhal se permet une beaucoup plus grande précision, soit tenté par quelque " noir démon ", soit plutôt qu'il veuille conserver le mieux possible l'atmosphère atroce des textes italiens dont il s'est inspiré. Il a alors souvent le sentiment de se situer à la limite de l'indicible. Encore, lorsqu'il s'agit de l'exécution de Cenci, pense-t-il que la sympathie du lecteur va vers Béatrix ; aussi donne-t-il toute précision sur le rôle du clou et du marteau dans le meurtre (p. 66). Dans *la Duchesse de Palliano*, Stendhal sera plus bref : " en disant ces paroles, il la prit par les cheveux et lui scia le cou avec un couteau " (p. 111). Les objets de torture sont, hélas, nombreux dans les

Chroniques. Après les armes, ils sont en première place. Cordes pour la question (108, 113), atroces tenailles (312). Les silences stendhaliens sont pourtant révélateurs, et l'auteur lui-même en explique la signification. Dans *les Cenci*, l'échafaud est situé avec une grande précision ; pourtant se produit une rupture : " les détails qui suivent sont tolérables pour le public italien, qui tient à savoir toutes choses avec la dernière exactitude ; qu'il suffise au lecteur français de savoir)" (p. 81). On peut interpréter aussi comme une forme de silence atténué le recours à une langue étrangère : "Pendant qu'on mettait en ordre la *mannaja* pour la jeune fille..." (p. 81).

III

L'objet n'est certes pas toujours un instrument de destruction ; il lui arrive de recouvrer une fonction que l'on pourrait considérer comme exactement inverse : être un objet d'échange. Mais l'économie des *Chroniques italiennes* n'est guère celle du troc, et l'argent circule de main en main. Sa présence est signalée à tout propos. Dans *les Cenci*, en particulier, le manque d'argent explique la haine des fils de François (58) ; l'argent permet au terrible père de sortir de prison (59). C'est par l'argent que Béatrix trouvera des complices : " la jeune fille donna à Olympio une grosse bourse remplie d'argent " (p. 66). Mais l'argent prend presque toujours une matérialité très précise, le montant, la monnaie est spécifiée : piastres (p. 56-57, 64, 240), sequins (p. 176, 200, 213, 232, 233, 245). Assez rarement Stendhal transpose en francs ce qui enlève à l'objet de sa matérialité (p. 77, 174). La plupart du temps, il préfère laisser justement à l'argent son caractère d'objet tangible, accumulant les noms pittoresques, et parle même des " baïocs " (242) que Ugone fait distribuer aux passants pour qu'ils annoncent le retour de Jules Branciforte : " Les deux camarades d'Ugone passèrent la journée à lui apporter des *baïocs*, et ils ne cessèrent d'en distribuer ".

Auprès de cette matérialité de l'argent, les autres richesses ont une généralité, une sorte d'abstraction ; ainsi les bijoux de Vittoria Accoramboni, dont il est question à plusieurs reprises : " Vittoria recevait de ses nouveaux parents des joyaux du plus grand prix, des perles, et enfin ce qui paraissait de plus rare chez les orfèvres de Rome, en ce temps-là bien fournis " (p. 7). L'objet est ramené à sa simple fonction de symbole : il signifie la richesse, le luxe ; peu importe qu'il s'agisse de perles ou de diamants. De même les bouquets de Branciforte signifient son amour pour Hélène ; mais de quelles fleurs se composent-ils ? Le lecteur serait bien embarrassé pour le dire (p. 135, 137, 142, 151). La seule fois où le bouquet se colore, c'est du sang de Branciforte : " Voici un bouquet que j'ai cueilli dans son jardin d'Albano ; mais il est un peu taché de sang " (p. 204).

Mais, à quelques exceptions près, le signifié de l'objet est rarement du registre purement poétique. Nous sommes, là encore, davantage dans le registre du roman policier : l'objet est indice. Ce sont les draps tachés de sang qui vont perdre Béatrix Cenci. Sans eux, le crime aurait très bien pu ne pas être découvert.

Si l'on s'interroge donc sur le fonctionnement de l'objet dans le texte des *Chroniques italiennes,* on est donc amené à conclure à la fois qu'il est ramené à un schéma, au simple énoncé d'un mot, auquel Stendhal ne semble nullement soucieux d'ajouter quelque couleur, mais qu'il fonctionne comme signe et qu'ainsi son importance dans l'organisation du texte est capital. Manuscrit ou portrait, il déclenche la création stendhalienne, et l'imagination du créateur. Instrument de torture, arme, ou moyen d'échange et de communication, il préside aux moments essentiels de l'action et de l'enquête policière. Il met en jeu toute l'intrigue et comme tel, se suffit, sans avoir besoin d'aucun pittoresque. Stendhal laissera à notre imagination le soin d'inventer couleurs et formes. Signe, indice, l'objet aura le degré de réalité et le réalisme que lui conférera le lecteur.

* Nos références renvoient à l'excellente édition donnée par M. Del Litto, Cercle du Bibliophile, 1968, tome XVIII.

STENDHAL ET LES CHEMINS DE FER

par Lucien Jansse

Paris

Il est question des chemins de fer dans deux ouvrages de Stendhal : *D'un nouveau complot contre les industriels* et les *Mémoires d'un touriste*.

Le premier de ces écrits, publié en 1825, critique la doctrine des saint-simoniens et est par conséquent moins axé sur le présent que sur l'avenir. Il n'y avait alors que très peu de voies ferrées et elles ne pouvaient servir qu'à relier des mines à des voies navigables.

Mais le 27 septembre 1825, Stephenson avait fait circuler, entre deux villes anglaises, des locomotives remorquant des convois de wagons, dont un chargé de quelque six cents voyageurs. Ce n'était qu'une démonstration, mais son centenaire et son cent cinquantenaire ont été célébré Outre-Manche comme la naissance de la traction à vapeur qui permit d'avoir des voies ferrées reliant entre elles les villes et les provinces pour assurer un trafic à l'usage du public.

Stendhal comprit immédiatement l'importance de l'événement et dans le *Nouveau complot* il demanda plus de canaux et surtout plus de chemins de fer. Les canaux étaient une réalité et la Restauration en envisageait d'importants projets qui ne furent pas tous exécutés comme ceux dont s'occupa Surville, le beau-frère de Balsacq.

Les chemins de fer n'étaient alors qu'un espoir, et ce ne fut que cinq ans plus tard que fut ouverte la première de leurs lignes assurant un service régulier. L'adverbe " surtout " cependant leur donnait la préférence, ce qui marquait une confiance entière dans la rapidité des progrès techniques.

Cette confiance est à rapprocher des passages d'*Armance* où Octave de Malivert affirme que la machine à vapeur est devenue la reine du monde. Ainsi apparaît chez Stendhal vingt ans avant *la Misère de la philosophie* de Karl Marx, le matérialisme historique suivant lequel l'utilisation d'une nouvelle source d'énergie doit transformer la société par la révolution de l'industrie et par conséquent des transports.

Les *Mémoires d'un touriste* parurent en 1838. Recueil de souvenirs de voyage qui sont axés moins sur l'avenir que sur le présent, son développement immédiat et les difficultés de ce développement. Les chemins de fer faisaient alors partie du présent et l'ouvrage montre qu'en dehors de deux vieilles voies ferrées minières, une ligne assurant un service de voyageurs entre Lyon et Saint-Etienne, il n'y en avait guère d'autres en France, le gouvernement avait depuis 1832 ouvert des crédits pour l'étude de leur extension. Ainsi avaient été établis des rapports par des inspecteurs des Ponts et Chaussées.

Stendhal a eu connaissance du projet concernant une ligne de Lyon à Avignon. Mais tout cela n'avait abouti qu'à des débats parlementaires confus, alors que le jeune royaume de Belgique avait entrepris la construction des grandes artères de son réseau ferré. L'opinion était mécontente de ce retard. Certaines villes comme Nantes déploraient de ne pas savoir quand elles seraient reliées à Paris.

Ailleurs, de jeunes politiciens voulaient bousculer la routine des pouvoirs publics et y trouvaient l'occasion de carrières fertiles en honneurs et en profits. Les chemins de fer étaient ainsi devenus une mode, mais les journaux informaient mal le public dans cette matière complexe. L'auteur des *Mémoires d'un touriste* entreprit donc d'y remédier.

Pour lui, la géographie de la France postulait une voie ferrée de l'embouchure de la Seine — porte de l'Occident — à Marseille — porte de l'Orient. Une autre menant de Nantes à Strasbourg et une troisème de Paris à la Belgique avec embranchement sur Calais. Ce tracé s'inspirait plutôt de celui des chemins de fer belges que du système de la Méditerranée publié six ans plus tôt par le saint-simonien Michel Chevalier.

Cependant Stendhal pensait que l'initiative en la matière viendrait de l'initiative privée et il craignait que des brasseurs d'affaires ne fissent adopter des profits séduisants mais fallacieux dans le seul but de réaliser des gains sur l'émission de valeurs mobilières et de manipulations de leurs cours, sauf à abandonner ensuite l'affaire à son sort. Sans doute tout projet de travaux publics était examiné par les ingénieurs des Ponts et Chaussées. Et Stendhal avait toute confiance dans leur intégrité ainsi qu'en leurs capacités — à la différence de Balzac et du Curé de village —. Mais les ingénieurs des Ponts et Chaussées ne présentaient que des rapports et la décision appartenait au ministre et aux députés qui, faute de connaissances économiques pouvaient se laisser entraîner par une propagande exploitant l'engouement général et ses incidences électorales. Aussi l'auteur des *Mémoires d'un touriste* aurait-il voulu qu'aucun projet de chemins de fer ne fût approuvé sans l'approbation d'une commission de trois inspecteurs généraux des Ponts et Chaussées et de trois représentants des Chambres de commerce. Le président en eût été un savant réputé : Arago.

Arago était un adversaire acharné du nouveau mode de transport. Aussi Stendhal n'était-il guère partisan du développement du réseau ferré ; la seule ligne qui lui semblait raisonnable était celle qui aurait été de la Saône à Avignon parce que le courant du Rhône y rendait la navigation difficile et dangereuse tandis que la route qui la longeait avait un très mauvais profil et était encombrée par une circulation trop intense.

Pour le reste, la voirie routière et la voirie fluviale lui semblaient suffire aux besoins de l'époque.

Ces conceptions tenaient à ses idées sur la vie économique. Il était depuis sa jeunesse, un disciple de J.-B. Say chez qui, d'après les *Mémoires d'un touriste*, se trouve ce qui doit être. Ceci supposait une industrie de petites entreprises dont chacune devait être rentable pour que l'ensemble fût prospère. Le travail et la propriété étaient les facteurs de la croissance économique. Le travail était celui du chef d'entreprise et la propriété était celle du code civil qui, divisant les patrimoines à chaque héritage, obligeait les enfants au travail pour reconstituer la situation de leurs parents. Ceci limitait d'autant plus l'accumulation du capital, pour Stendhal ; il craignait l'inflation de crédit qui s'était produite en Amérique et qui avait causé une crise en Europe. Aussi voulait-il interdire aux individus d'émettre plus d'effets de commerce qu'ils n'avaient de fortune personnelle. De même, les sociétés de commerce auraient dû en la matière n'avoir recours aux banques que pour le montant de leur capital.

Ainsi voulait-il une économie moins capitaliste qu'individualiste et elle aurait eu, en conséquence, une puissance limitée. Aussi ses besoins de transport auraient été assez faibles et c'était, en effet, le cas de l'économie du premier tiers du XIXe siècle dont les activités de pointe étaient des industries légères comme l'industrie textile.

Les spécialistes, à cette époque, étaient de cet avis. L'ami de Stendhal Louis Crozet, comme ingénieur en chef du département de l'Isère, qui avait à étudier la construction de voies ferrées autour de Grenoble n'y était guère favorable. Son collègue Colligon chargé du canal de la Marne au Rhin pensait que les canaux étaient encore le moyen de transport de l'industrie et le directeur des Ponts et Chaussées Legrand, qui fut pourtant à l'origine de la mise sur pied du réseau français n'était pas d'un avis différent.

Personne ne pensait à l'origine que les chemins de fer puissent servir au transport des marchandises. On y voyait surtout un moyen de développer la circulation des hommes et des idées. Stendhal était de cet avis et il y voyait un moyen de favoriser le commerce et les rapports d'intérêt entre les peuples, par conséquent la paix selon les illusions du temps. Il pensait qu'un jour les voies ferrées permettraient aux Parisiens de villégiature sur la côte normande et qu'elles apporteraient à Pau des goûts nouveaux détournant la municipalité de faire d'horribles constructions. Mais c'était là des progrès qui devaient être conduits avec prudence.

Par ailleurs, l'auteur des *Mémoires d'un touriste* n'était pas sans s'apercevoir que la structure et la puissance de l'économie se transformaient. En premier lieu, il constatait que des sociétés de commerce se substituaient aux entreprises individuelles, même dans le Midi, particulièrement dans les messageries. L'actif de ces entreprises ne se partageait pas au moment du décès des propriétaires, d'où de nouvelles possibilités d'accumulation du capital. Corrélativement la concurrence deviendrait plus âpre et plus poussée aboutissant à la constitution de monopoles. En conséquence, il se rapprochait de la thèse que devait soutenir peu après Louis Blanc, dans son *Organisation du travail* et aussi des études que commençait à publier le mathématicien Cournot sur la formation des prix dans le cas de concentrations monopolistiques.

D'autre part, Stendhal n'avait nullement abandonné le matérialisme historique qu'il avait soutenu dans *Armance* et dans le *Nouveau complot*. La machine à vapeur dominait déjà la France du nord-est qu'il se refusait à dépeindre parce qu'avec elle régnait le gros marchand enrichi. L'enrichissement de ce gros marchand qu'il détestait n'en montrait pas moins que l'économie avait pris dans cette région une puissance de production nouvellle, et la machine à vapeur devait également dominer le reste du pays. Tout cela postulait de nouveaux moyens de transport, mais le matérialisme historique de Stendhal ne le poussait pas à hâter la construction des chemins de fer, car il envisageait que de nouvelles inventions permettraient de faire rouler les wagons sur les routes — ce qui ne veut pas dire qu'il ait aucunement prévu le moteur à explosion et le pétrole.

En outre, ce qu'il a écrit sur les forges du Nivernais montre qu'il n'a pas eu conscience du renouvellement de la métallurgie française qui ne faisait, il est vrai, que s'amorcer quand il écrivait les *Mémoires d'un touriste*. Ce renouvellement, qui devait faire de l'industrie lourde le secteur de pointe de l'économie, exigeait des moyens de transport de masse, c'est-à-dire de voies ferrées.

La publication des *Mémoires d'un touriste* marque une nouvelle phase de l'histoire des chemins de fer français. Les discussions parlementaires sur le sujet commencent alors à prendre une nouvelle valeur. C'est en effet en 1838 que Lamartine prononça le célèbre discours dans lequel il signalait le danger politique que présenterait la constitution de grandes compagnies de chemin de fer : discours considéré comme prophétique alors que douze ans plus tard le grand poète devait en prononcer un autre dans un sens bien différent. Les débats se poursuivirent encore quelque temps, et quelques semaines après la mort de Stendhal fut promulguée la loi du 11 juin 1842 qui reste à la base de notre régime ferroviaire.

Les tracés adoptés par cette loi n'auraient guère plu à l'auteur des *Mémoires d'un touriste* car ils ont constitué un instrument de centralisation administrative et financière à laquelle il était opposé. Le régime financier qui fut alors adopté pour la construction des voies ferrées était très différent de celui qu'il pouvait antérieurement envisager, mais les pouvoirs publics auraient été mieux inspirés en contrôlant de plus près les dépenses et les recettes des lignes envisagées, car l'optimisme qu'on montra de toutes parts à cet égard entraîna une crise boursière dont Balzac fut la victime quand il chercha à investir dans les actions du Nord une partie du trésor de Mme Hanska. De même dans *l'Éducation sentimental* Frédéric Moreau perd beaucoup en vendant des actions de Lyon pour aider le ménage Arnould.

DERNIERES ACQUISITIONS STENDHALIENNES
AUX ARCHIVES DIPLOMATIQUES

par Georges Dethan
Paris

La plupart des documents stendhaliens conservés aux Archives des Affaires Étrangères se trouvent dans les collections, depuis longtemps reliées et ouvertes aux chercheurs, de la *Correspondance consulaire et commerciale* des postes de Trieste (vol. 16 et 17) et de Civitavecchia (vol. 6 à 8) et de la *Correspondance politique des consuls* en Autriche (vol. 4) et dans les États Romains (vol. 1). Ces sept volumes (surtout les trois de Civitavecchia) ont fourni l'essentiel des lettres officielles du Consul Henri Beyle, que Victor Del Litto a publiées à la Pléiade, (en les insérant dans la *Correspondance* générale de Stendhal).

Depuis plusieurs années toutefois, cette collection a été complétée au Quai d'Orsay par la recherche de plus en plus minutieuse des pièces éparses. Dès 1933, l'ambassadeur François Charles-Roux envoyait, de Rome, un lot de documents tirés des archives de l'ambassade de France auprès du Saint-Siège, avec laquelle le consul Beyle avait correspondu de Civitavecchia, en même temps qu'il écrivait au " Département " parisien. Ces pièces étaient assez nombreuses pour former un volume relié qui fut classé, à la fin de la série des " Mémoires et Documents ", *Rome,* sous le nº 128. Ce fonds s'étend maintenant jusqu'au nº 136, et même un tout nouveau volume va bientôt en compléter la collection.

Le volume 129 a été constitué, il y a une quinzaine d'années, avec des dossiers épars (dossiers du *Personnel* ou des *Affaires diverses...*) d'accès difficile aux Archives diplomatiques et auxquels a été joint un lot de pièces trouvées à Rome dans les archives du palais Farnèse (siège de l'ambassade auprès de la République italienne) aussi bien que dans les fonds des consulats de Florence, Trieste, La Valette (Malte), Gênes et de l'ancienne agence consulaire de Marseille. La plupart des inédits rassemblés dans ce volume ont été publiés par le comte Yves du Parc dans divers articles et repris dans l'édition de la Pléiade.

Les nos suivants, 130 à 132, rassemblent en deux cartons la correspondance du chancelier factotum de Civitavecchia, Lysimaque

Tavernier, avec l'ambassade de Naples, l'agent français à Marseille et divers postes consulaires italiens (N.B. les pièces de cette correspondance faisant mention de Stendhal ont été gardées pour le volume 129), tandis que la cote 133 a été attribuée à six petits volumes contenant des lettres adressées à Tavernier (parmi elles, un billet de Stendhal) ; ces correspondances ont été offertes aux Archives du Quai d'Orsay, par l'intermédiaire de M. Yves du Parc, par les héritiers grecs de Lysimaque (en particulier M. Averoff, d'Athènes). La cote 134 désigne les six registres du consulat de Civitavecchia sous la Monarchie de Juillet et le nº 135 les quatre registres de correspondance du vice-consulat d'Ancône qui dépendait alors de Civitavecchia et dont les titulaires envoyaient régulièrement à Stendhal les nouvelles des rivages adriatiques des États Romains. Quant au nº 136, il a été attribué aux deux registres du consulat de Trieste au temps où Stendhal en fut brièvement le titulaire (novembre 1830-mars 1831).

Enfin une mission accomplie il y a trois ans (au début de 1974) à la Villa Bonaparte (notre ambassade à Rome auprès du Saint-Siège) pour en reclasser le fonds ancien, m'a permis d'en rapporter un dernier dossier de pièces qui avaient échappé aux précédentes investigations et dont je voudrais maintenant donner une idée rapide.

En envoyant de Rome à Paris, en 1933, un premier paquet de documents stendhaliens, l'ambassadeur Charles-Roux écrivait au chef du Service des Archives du Quai d'Orsay :

" J'ai trouvé les 15 pièces ci-jointes qui ont l'intérêt supplémentaire d'être autographes. Mais je n'ai pas retrouvé une lettre de Stendhal en partie publiée et relative à sa réclamation contre un commis des douanes de Civitavecchia nommé Romanelli. Pourtant, l'inventaire des archives anciennes de mon ambassade mentionnait au nom de Romanelli un sous-dossier qui avait été communiqué à quelqu'un vers 1922 et sur lequel je n'ai plus pu remettre la main. Je ne doute pas d'ailleurs qu'il ait été restité intact par la personne de toute confiance admise à le consulter sur place, mais évidemment il a été reclassé de travers et il dort aujourd'hui, introuvable, dans l'une ou l'autre des centaines de liasses contenant de vieux documents... ".

Cette " personne de toute confiance " n'était outre que Madame Marie-Jeanne Durry qui faisait alors ses gammes de stendhalienne et qui, de sa visite aux archives de l'ambassade romaine, tira deux études, l'une précisément consacrée au dossier Romanelli et insitulée *Stendhal et son travail consulaire* (1) et l'autre qui fit plus de bruit et devait avoir de lointains échos : il s'agit de la première étude sur Lysimaque Tavernier que *le Correspondant* du 25 juin 1924 publia sous le titre : *Un ennemi intime du consul Stendhal.* Yves du Parc, devait, quarante ans plus tard, et lorsqu'il eut connaissance à Paris d'autres pièces, en compléter la documentation et en contester les conclusions qui lui parurent trop défavorables au malheureux Lysimaque (2). Mais, à Rome, les deux dossiers Romanelli et Tavernier demeuraient introuvables et les autographes stendhaliens publiés par Madame Durry, devenue dans l'intervalle professeur à la Sorbonne, ne pouvaient être vérifiés.

Que la Sorbonne se rassure ! François Charles-Roux avait bien raison de voir en la jeune érudite à qui il avait ouvert les archives de son ambassade "une personne de toute confiance". Mais il n'a pas fallu moins que le reclassement total du fonds ancien de la Villa Bonaparte pour me permettre de découvrir les deux dossiers égarés qu'un fonctionnaire, certainement bien intentionné, avait rangés en un endroit insoupçonnable dans une chemise intitulée *Stendhal*. Autre avantage de cette recherche exhaustive : la découverte de deux autres dossiers stendhaliens (les derniers, sans doute, cette fois), l'un relatif au naufrage du *Henri IV* en décembre 1834, l'autre concernant un envoi de pouzzolane (3) dont eut à s'occuper en avril 1836 notre consul à Civitavecchia.

Je ne reviendrai sur les affaires Romanelli et Tavernier que pour signaler que les textes publiés par Madame Durry et repris dans l'édition de la Pléiade contiennent de légères erreurs de transcription. Par exemple, Henri Beyle se plaint à La Tour Maubourg que son chancelier "ne veut plus *écrire*" : Madame Durry a lu : "ne veut plus *obéir*" (4). Ce n'est pas tout à fait la même chose. Dans une autre lettre, au conseiller de l'ambassade cette fois, le consul donnait de nouveaux exemples de la mauvaise conduite de son subordonné : "Je vous prie d'apprécier *ces* procédés", concluait-il. Madame Durry avait lu : "*mes* procédés", ce qui ne se comprenait guère (5). Enfin, la très copieuse lettre (douze pages dans l'édition de la Pléiade) sur l'affaire Romanelli, en vérité fort embrouillée et disproportionnée à l'importance du cas (un bateau à vapeur français avait été retenu deux heures dans le port de Civitavecchia à cause d'un excès de zèle de l'officier de santé Romanelli) contient aussi, dans sa version imprimée, quelques fautes de lecture, à vrai dire minimes (6).

Ce ne sont là que broutilles. Il paraît plus intéressant de signaler que si Madame Durry a quasi épuisé le dossier Romanelli, elle a laissé de côté d'assez nombreuses lettres du dossier Tavernier qu'elle jugeait remplies d'imputations calomnieuses et "trop longues à raconter en détail".

Elles sont nombreuses en effet les correspondances perfides du Grec, se plaignant au conseiller de l'ambassade, le marquis de Tallenay, des persécutions de son supérieur hiérarchique. Il semble bien qu'à la veille de partir en congé à Paris, Stendhal, excédé du métier consulaire, se soit montré facilement irritable. D'autre part, lui revenaient en ses dernières années des réactions de Grenoblois économe, pour ne pas dire sordide. Qu'on en juge par cet extrait d'une lettre de Lysimaque à Tallenay datée du 16 janvier 1835 :

... "Vous sourirez sans doute en apprenant que M. B. ne veut pas payer les frais de chauffage de sa chancellerie comme si j'y venais travailler pour moi. C'est une dépense ridicule, elle s'élèvera à peine à 6 écus pendant la saison d'hiver.

” M. B. ne veut pas payer non plus le loyer de ma chambre 1 écu par mois, malgré les ordres les plus positifs et souvent réitérés du Ministre.

” Mais ce qui vous étonnera davantage, c'est le fait suivant :

” M. B., dans la dernière course que (*sic*) fit à Civitavecchia, m'a dit un jour d'un ton brusque : ” Écrivez à M. Hérard à Paris de passer au crédit de mon compte toutes les sommes que le Ministère a ordonnancées en votre nom pendant votre gestion officielle ; mettez-vous là et je vous dicterai cette lettre ”.

” Il ne fallait pas beaucoup d'esprit pour deviner l'objet de cette exigence. Mais, dans ma position, que faire ? Répondre par un refus ? Et comment le justifier devant un homme qui venait de me donner une preuve de ses sentiments si éloignés de la justice ? Entamer un débat ? Je tremblais de vous importuner. Ma position était des plus pénibles. Je me suis mis donc à écrire, étouffant d'indignation pour une démarche aussi peu délicate qu'abusive de sa part.

”Faut-il donc qu'outre les chagrins qu'il m'a donnés, payer encore ses brusqueries par deux ou trois mille francs, fruit de mes fatigues ? Mais la haine dont je suis poursuivi ne m'effraie au point de m'ôter tout espoir dans la justice de M. l'Ambassadeur et de celui qui la dispense lorsqu'il en sera question, et je me borne en ce moment de vous faire la confidence d'un acte aussi arbitraire... ”.

La répétition de telles plaintes sous la plume de Lysimaque n'est pas sans causer quelque trouble. Madame Durry l'avait bien éprouvé et même en rajoutait lorsqu'elle écrivait :

” Faut-il vraiment supposer que Stendhal ait été un petit saint devant le monstre Tavernier et qu'aucun tort ne fut jamais de son côté ? ... Il n'était ni doux, ni tolérant et s'emportait trop vite. Très fier (il faut voir certaines majuscules de son écriture : elles témoignent d'un orgueil démesuré) il était capable de prendre trop au sérieux une boutade de son Fabrice : ” J'avouerai que de la vie je n'ai souffert que les gens des basses classes ne me parlassent que du travail pour lequel je les paye ”.

Pour ma part, je n'entends rien à la graphologie et j'aurais plutôt tendance à me méfier d'un jugement aussi tranchant (7). Il doit pourtant comporter sa part de vérité.

Le dossier sur le naufrage du *Henri IV* contient trois lettres inédites, mais elles n'apportent quasi rien de nouveau à la connaissance de cette affaire qui a beaucoup occupé le consul Beyle et lui a fait adresser de longues lettres à Paris en même temps qu'à Rome. Retenons en cette plainte, qui n'apparaît pas dans la correspondance avec la Marine, contre l'agent consulaire français à Talamone, ”âgé, peu actif, fort incertain ”. En comparaison de son subalterne, Stendhal avait montré en cette occasion le dynamisme et l'efficacité de l'ancien commissaire des guerres napoléoniennes.

Par contre, il peut être piquant de signaler que le très libéral Henri Beyle n'hésita pas à demander au représentant du pape à Civitavecchia le travail gratuit des forçats du bagne pour tamiser la pouzzolane nécessaire à l'achèvement des travaux du port d'Alger. " L'essentiel, écrivait-il, était l'autorisation d'employer des forçats et M. Poirel (l'ingénieur français) pourra leur confier tous les genres de travaux qu'il jugera convenables " (8).

J'ai gardé pour la fin une lettre du dossier Tavernier dans laquelle le directeur des consulats au Ministère des Affaires étrangères Desaugiers (9) élude avec d'habiles périphrases les demandes que l'ambassadeur à Rome faisait pour son " protégé Tavernier ". Cette lettre est datée du 10 décembre 1836 et Stendhal avait alors quitté Civitavecchia depuis plus de six mois pour son long congé de trois ans à Paris.

Elle se termine ainsi :

" Quant à M. Beyle, j'ai appris de la bouche du ministre (10) qu'il lui avait accordé une prolongation de congé et je doute qu'il consente à retourner à Civitavecchia à cause de *l'aria cattiva* dont sa vessie ne s'accommode nullement".

Comment s'opérait cette malicieuse conjonction de la fièvre et de la gravelle ? Le consul Beyle l'a expliqué dans sa demande de congé du 15 février 1836, en des termes dont on peut contester l'orthodoxie médicale (11). Si le docteur Soupault avait connu la lettre de Desaugiers, sans doute nous aurait-il fourni les éclaircissements nécessaires (12). De toutes façons, il ne semble pas sans intérêt de connaître un peu mieux, grâce à ces dossiers administratifs, en même temps que son travail journalier, les mauvaises humeurs physiques et morales de Stendhal. *Il nostro* était un homme divers et ses ombres mettent en relief les lumières de son esprit et de son cœur.

(1) Editions du Stendhal-Club, n° 12, 1925.
(2) Voir Yves du Parc, *Dans le sillage de Stendhal* (Lyon, 1955), p. 71 à 143 : "Il Signor Lisimaco, chancelier de Stendhal".
(3) Pouzzolane : roche volcanique silicieuse recherchée en construction car elle isole de la chaleur et du bruit, et dont est particulièrement riche la région romaine.
(4) Lettre du 4 juin 1834 (*Correspondance*, Bibliothèque de la Pléiade, tome II, p. 652).
(5) Lettre du 13 février 1835 à M. de Tallenay (*Ibid.*, tome III, p. 10).

(6) Lettre du 7 février 1836 à M. de Tallenay (*Ibid.*, p. 158-169). Il faut lire p. 159, 1. 9 : *Delicati* et non *Delicata* ; p. 169, 1. 31 : *garantie* et non *garantis*. Faut-il aussi préciser que deux brefs passages de cette longue lettre sont de la main de Stendhal : les lignes 29 et 30 de la p. 167 et l'avant-dernier paragraphe (4 lignes) de la p. 169.

(7) De façon plus nuancée, dans son étude graphologique de l'écriture de Stendhal publiée en annexe au *Stendhal intime* de Robert Soupault (Paris, 1975) Mme Janine Monnot écrit sur ce point (p. 313) : "Le sentiment du moi est instable, oscillant entre la sur-valorisation et la sous-valorisation".

(8) De cette lettre, dont quelques mots (que j'ai soulignés) sont de la main de Stendhal et qui fut adressée le 29 avril 1836, de Civitavecchia au marquis de La Tour Maubourg, nous donnerons ci-dessous le texte intégral :

"Monsieur l'Ambassadeur, j'ai l'honneur de mettre sous les yeux de Votre Excellence la lettre que je reçois de M. le Délégué relativement aux demandes fournies par M. Poirel. Elle est très favorable et rien ne s'opposera à ce que M. Poirel ait le local demandé et les forçats nécessaires pour tamiser la pozzolane. L'essentiel était l'autorisation d'employer des forçats et M. Poirel pourra leur confier tous les genres de travaux qu'il jugera convenables. La lettre de M. le Délégué me semble tellement favorable que je ne crois pas qu'une démarche de l'Ambassade soit nécessaire.

"Ci-joint une lettre que je reçois par le *Francesco Ier* qui arrive à l'instant ; *il y a erreur dans l'adresse.*

"Je suis avec respect, Monsieur le Marquis, de Votre Excellence le très humble et très obéissant serviteur. H. Beyle".

(9) Jules Joseph Desaugiers fut directeur de la Division Commerciale au Ministère de 1832 à sa retraite en 1840.

(10) Il s'agit du comte Molé.

(11) *Correspondance*, tome III, p. 170 : "chez moi cette fièvre (*d'aria cattiva*) est suivie d'une colique violente avec la gravelle ou avec la goutte, et, à cause de cette tendance à l'inflammation, je ne puis prendre de quinine".

(12) Dans son *Stendhal intime* (Paris, 1975), Robert Soupault parle (p. 71-77) des fièvres paludéennes dont Henri Beyle fut victime périodiquement dès l'adolescence. Il signale (p. 74) qu'à partir de 1836, "la goutte a pris le relais", mais ne parle pas de gravelle ni de difficultés de vessie.

DÉBAT

Raymond MAHIEU

J'ouvre le débat sur la première communication, celle de M. Mc Watters.

V. DEL LITTO

J'ai écouté avec le plus vif intérêt la communication de M. Mc Watters. Je regrette seulement qu'il n'ai pas donné davantage de détails sur le séjour de Stendhal en Angleterre.

K. G. Mc WATTERS

J'aurais voulu pouvoir donner quelques détails supplémentaires sur le séjour de Stendhal en Angleterre, mais quand Stendhal séjourna en Angleterre, pendant presque deux mois et demi, si je ne me trompe, il était en liberté, et je n'ai rien trouvé dans les archives privées qui fournissent quelques renseignements. On ne peut que formuler des hypothèses : par exemple, Stendhal était-il allé à York ? Il aurait pu y entendre un prêtre anglican essayer de mettre d'accord Saint-Paul et la justice anglaise, il aurait pu y voir l'archevêque de York qui a siégé à côté du juge. L'archevêque de York avait amené sa fille avec lui. Stendhal n'aimait pas l'Angleterre et c'est seulement l'année suivante qu'il parlera de son séjour dans ses lettres à Sutton Sharpe.

V. DEL LITTO

Ne croyez-vous pas qu'il serait possible de trouver des réminiscences de ce voyage dans les écrits postérieurs de Stendhal ?

K. G. Mc WATTERS

C'est une très bonne question, effectivement. J'ai oublié de dire qu'à Lancaster Stendhal a dû faire une sorte d'équation. Il commentait l'ouvrage de la mère du romancier Trollope, Frances Trollope, sur les mœurs des Américains, livre où perce une grande indignation à l'égard de la civilisation américaine. Eh bien ! Stendhal note : "Les Américains par rapport aux Anglais, c'est les Anglais par rapport aux Français". L'Américain est bien grossier comparé à l'Anglais, mais l'Anglais est également assez grossier quand on le compare à un Français. Or, c'est à Lancaster que Stendhal dit avoir éprouvé cette vérité. C'est également à Lancaster qu'il a eu l'expérience suivante : il était en pays étranger, il parlait fort peu et fort incorrectement l'anglais. Il se trouvait donc merveilleusement à l'abri en se promenant dans les rues de Lancaster. Par la suite, je crois que c'est dans les *Souvenirs d'égotisme*, il parle d'un vœu secret : "pouvoir se promener à Paris, comme un touriste allemand" blond d'ailleurs. Et bien ! Il a eu cette intuition d'un certain bonheur à Lancaster parce qu'il se sentait protégé contre les Anglais, et contre l'espèce humaine par sa qualité d'étranger. Il est certain aussi que le portrait de l'Anglais qu'on trouve dans les *Mémoires d'un touriste*, doit quelque chose à cette promenade en province anglaise, c'est-à-dire, l'Anglais maussade et fâché. Il fait pas mal de compliments aux Anglais dans les lettres à Sutton Sharpe, mais dans les *Mémoires d'un touriste*, c'est une certaine anglophobie qui perce. Il faut dire que cette promenade à Lancaster et aux lacs Cumberland n'a rien fait pour diminuer ce qui est, je crois, une anglophobie foncière.

V. DEL LITTO

Vous avez dit : "Stendhal en liberté". Faut-il comprendre que Stendhal aurait été heureux de ne pas être obligé de tenir registre de ses observations ? En effet, aucune note marginale relative à ce voyage n'est connue.

K. G. Mc WATTERS

Il faut dire que j'ai employé ce mot de "liberté" en pensant aux "chercheurs stendhaliens", mais je vois que vous avez retourné la question ; effectivement, Stendhal est resté très silencieux pendant ces deux mois et demi passés en Angleterre et au fond je ne sais pas pourquoi ; je n'ai pas encore beaucoup réfléchi à cette question. L'année 1826 est tout de même l'année d'*Armance* et de la nouvelle édition remaniée de *Rome, Naples et Florence*. Mais sans doute existe-t-il quelque part des lettres ou des ouvrages annotés.

V. DEL LITTO

Il ne faudrait pas oublier que l'écriture est un besoin pour Stendhal.

K. G. Mc WATTERS

Il faut dire qu'il a écrit quelque chose quand même, il y a cette pseudo-lettre que Colomb a publiée dans la correspondance, ce portrait de la civilisation britannique et de l'Anglais typique.

V. DEL LITTO

C'est à se demander s'il ne s'agit pas d'une lettre fabriquée après coup.

K. G. Mc WATTERS

Ah bon ! Peut-être bien. Je dois dire cependant que les dates que Colomb assigne aux pseudo-lettres sont loin d'être toutes fantaisistes. Une lecture du *Courrier anglais* suffit pour s'en persuader. Mais de toute façon la lettre en question est quelque chose de très systématique, et c'est déjà un fait assez rare pour Stendhal. C'est un portrait en quinze points de l'Angleterre où tout se tient : c'est bien sérieux, c'est bien systématique, méthodique même, et Stendhal a dû rédiger ce texte probablement à la fin de l'été de 1826. Il faut dire que vous m'avez proposé un sujet de réflexions très utile : pourquoi Stendhal qui est un graphomane paraît avoir si peu parlé de l'Angleterre en 1826 ? Je voudrais pour terminer proposer un autre sujet de réflexion, né lors de mes discussions avec un confrère britannique, M. Thompson. C'est à travers son observation des réalités sociales anglaises que Stendhal a posé la question de la lutte des classes. Cette notion est peut-être absente de ce qu'il a à dire sur la France, mais dès la paix de 1815 Stendhal accable les Anglais, il parle de la faim dont souffrent les ouvriers de Birmingham, etc. Il voit approcher la révolution qui, d'après lui, gronde déjà sourdement en Angleterre. Sur la France, aucune remarque de ce genre. Même dans les *Mémoires d'un touriste*, Stendhal refuse de parler des agitations ouvrières dont il est question dans *Lucien Leuwen* ; il les escamote complètement. Je crois que nous avons là quelque chose qui mérite d'être approfondi.

Gérald RANNAUD

Au-delà de toutes les indications que vous nous avez données et qui éclairent certains traits du "voyageur" que pourrait être Stendhal, il n'est pas sans intérêt sans doute de s'interroger à propos du futur "touriste" sur la relation du voyage et de l'écriture. Que le voyage lui offre le loisir de la disponibilité et lui soit l'occasion de trouver dans le "pittoresque" ce miroir d'un autre et impossible soi-même, "blond" de préférence, cela sans aucun doute. Mais il n'est pas indifférent de noter que ce pittoresque, et je rejoins totalement sur ce point vos dernières remarques sur la lettre à Colomb, n'est pas innocent : l'intérêt de Stendhal pour l'appareil judiciaire dépasse et de loin, comme le prouvent ses remarques à peu près contemporaines de tel "article anglais" sur l'intérêt de la *Gazette des Tribunaux*, le plan du cérémonial. La justice exercée et rendue, ses procédures, ses attendus, ses sanctions, ont toujours été pour Stendhal l'image la plus claire qu'une société pouvait donner de sa vérité. Le *Rouge* dit-il autre chose ? Ce qui légitime de plein droit vos dernière remarques. Dans le cas du voyage anglais de 1826, le silence scripturaire de Stendhal peut nous étonner, il ne doit pas nous surprendre. L'écriture égotiste systématique qui fondait le *Journal* des années antérieures et les notes des voyages italiens est suspendue par de nouvelles préoccupations ; la future écriture des *Mémoires d'un touriste* ne s'est pas encore élaborée. En 1826, nous sommes exactement au cœur de ces années où s'élabore ce que sera vraiment le roman stendhalien, autrement dit Stendhal tout court. Les chroniques du *Courrier anglais*, la lecture assidue de l'*Edinburgh Review*, la querelle de l'industrialisme, sont les lieux les plus visibles où s'opère la mutation profonde dont jaillit la très profonde et très douloureuse méditation sur la société contemporaine qui porte le nom de roman stendhalien. Or, en cette période où cette préoccupation réactive chez Stendhal, la réflexion personnelle, les lectures de Smith, de Malthus, Bentham, Ricardo ou de James Mill, le voyage en Angleterre s'offre comme une occasion de vérification, d'approfondissement. Pour être silencieux l'investissement n'en n'est pas moins considérable dans la mesure où dans cette Angleterre et notamment celle du Nord, qui lui offre des figures actuelles et tangibles de ce qui n'est alors pour la société française qu'un futur encore indécis, Stendhal peut vérifier, et au-delà de toute expérience, la profondeur des problèmes en même temps que la limite de ses certitudes théoriques et la portée de ses inquiétudes personnelles. Au retour d'Angleterre, le temps d'un nouveau regard sur la France des années 27-28, et le *Rouge* n'est pas loin.

K. G. Mc WATTERS

Effectivement, mais j'aurais moi-même moins tendance à opposer l'Angleterre à la France d'une façon globale sur le plan économique. J'ai l'impression qu'on a trop dit que l'Angleterre était beaucoup plus avancée industriellement, commercialement. Vous savez que les Anglais ont importé des outils de France, un peu avant cette époque-là ; sans parler de l'essor commercial de certaines régions de France au XVIIIe siècle.

Gérald RANNAUD

La grosse industrie houillère n'existait pas encore en France.

K. G. Mc WATTERS

Oui, sur ce point, vous avez tout à fait raison, mais on est en quelque sorte en régime pré-capitaliste en Angleterre, jusqu'en 1830. Je ne voudrais pas que l'opposition entre les deux pays soit trop tranchée. Pour le reste, vous avez raison, et c'est assez amusant d'essayer de tracer chez Stendhal une sorte de filiation qui va de ses observations sur l'Angleterre, en 1826, où il reprend certains des thèmes du *Nouveau complot contre les industriels* jusqu'aux *Mémoires d'un touriste*, où il parle d'une France anglicisée. Ce qui est assez curieux, c'est qu'il veut parler de la France, mais il parle de la France à travers l'Angleterre. Il y a toute une série de petits jeux très amusants dans les *Mémoires d'un touriste*. Il y a d'abord l'explication de la bêtise par l'industrialisme anglais. Il y a une explication des mœurs anglaises, cette sorte de tristesse pure de toute joie, par des théories raciales qu'il a prises chez un Anglais qui s'appelle Edwards. Il y a tout un jeu avec les idées de protestantisme, et d'industrialisme, d'où est sortie on le sait, la célèbre théorie de Tawney et de Weber : "c'est le protestantisme qui a favorisé le capitalisme". Eh bien ! dans Stendhal on trouve cette thèse, c'est-à-dire que le protestantisme a favorisé le capitalisme, et vice-versa. Stendhal n'oublie pas ces protestants français, dans les monts des Cévennes par exemple, région qui n'est pas du tout industrialisée, et, propos assez curieux, il affirme que les Français, risquent de devenir protestants en s'industrialisant. Il y a là toute une série de notions qu'il faudrait peut-être reprendre pour essayer d'y mettre un peu d'ordre. De toute façon c'est intéressant de découvrir dans les *Mémoires d'un touriste* une méditation sur la France, à travers une vision de l'Angleterre, et surtout une vision qui essaie d'incorporer les éléments religieux comme le protestantisme.

Raymond MAHIEU

Merci. Au sujet de la communication sur le conte d'hiver, *Lamiel* je crois qu'il y a non seulement des questions à poser, mais des réponses à donner, éventuellement.

Gérald RANNAUD

Outre le grand plaisir qu'elle donnait à s'écouter, la communication de M. Labia m'a donné un surcroît de plaisir dans ce qu'elle disait des choses très excitantes et que l'on se sent le désir de contester. Ainsi je me demande si une quantité de remarques très pertinentes que vous avez faites n'ont pas perdu de leur richesse par le jeu de la filiation shakespearienne. Que cette filiation dévoile dans le texte un jeu de la "mystification", j'en suis pleinement d'accord, mais ne risque-t-on pas ainsi de ramener ce jeu sur le plan purement esthétique de la théâtralité, du jeu de signes, de cantonner au plan des formes un problème qui excède de très loin une approche purement "littéraire" ?

A cet égard on peut se demander si, en ce qui concerne du moins les problèmes du réalisme, la référence à *Cymbeline* n'occulte pas sous un mécanisme de citation un autre mécanisme d'autocitation qui me semble plus important ; autrement dit si *Cymbeline* n'occulte pas *Mina de Vanghel*, et Shakespeare Stendhal.

Si la "mystification" passe du dramaturge au romancier elle passe, et plus significativement, de l'un à l'autre de ces deux textes de Stendhal qui d'un bout à l'autre de son œuvre narrative se recoupent par trop de similitudes de détails comme de structure (inversion structurale comprise) pour qu'il n'y ait là que hasard ou redite thématique. D'autant que, ces remarques faites, il est spectaculaire de voir Stendhal ouvrir et terminer sa carrière par deux œuvres qui affichent toutes deux à l'évidence, non sans une certaine volonté de provocation, un choix délibéré de s'en tenir sur la question de la relation de l'écriture au réel à la position la plus radicale qui soit dans la situation historique qui est la sienne. Ainsi ces deux textes apparaissent comme deux moments, liminaire et conclusif, où Stendhal radicalise son projet d'écriture réaliste et critique d'abord par un recours glacé à une stylistique réaliste, dé-idéalisante, froide, jouant de procédés qui permettent de fonder dans le texte un réel apparemment étranger à l'écriture et ensuite, et au-delà, en dévoilant dans son projet l'attitude historique de l'individu qu'il est face à la société en même temps que la mystification, l'imposture dont toute écriture est sur ce point le produit et le lien. Et cela à travers l'image de la femme qui se donne comme le point le plus central et le plus critique du discours et donc du système social.

Il est hors de doute et pour des raisons trop évidentes que la femme est pour Stendhal un être fascinant, angoissant même. Mais l'intérêt de nos deux œuvres est de renverser ici, par un jeu des héroïnes féminines, ce schéma et de faire de la femme un être fasciné, angoissé par elle-même, par le mystère et le refus de sa propre dépossession Mina en rejetant son titre, rejette son statut, son image ; Lamiel, achetée, vendue, revendue, rejette cette absence d'image de soi, cette image négative que toute femme reçoit et subit du discours social. Or le "féminisme" de Stendhal apparaît ici comme l'outil de la mise en cause du système social dans ce qu'il a de plus profond, son soubassement culturel. Dépassant de l'un à l'autre texte le plan des formes extérieures, des aspects de l'image féminine, il conduit à sa limite la critique réaliste et sur ce point atteint la limite de toute écriture. Dans la mesure où son projet est ainsi d'attaquer au centre tout le dispositif du discours social, il ne peut éviter que le réalisme à son point extrême de volonté critique ne déclenche le déferlement de l'imaginaire. A travers toutes ces images de troc des âmes et des corps, de défiguration, de maladie, de sexualité qui n'est plus que sexuelle, c'est le sang, encore vitualisé, mais aussi le corps, dans sa rétive nudité qui tendent à s'imposer à l'écriture. Lamiel *n'a* que son corps, et à travers toutes les déchirures du texte, ce corps s'arrache à l'univers des liens symboliques où il n'est parmi d'autres qu'un signe littérarisé, symbolisé, parce que de sa possession souveraine dépend le destin narratif du personnage. Or, une telle sortie de l'économie des signes ne peut qu'arracher et l'écriture et le texte au système d'échange des valeurs où ils fonctionnent pour les confronter à l'insoluble problème du "réel" dans sa totalité, infiniment plus large que ce qu'on a coutume de nommer la réalité. Il n'y a pas de "réel" hors de cette totalité où la réalité et le désir s'entrepénètrent, dans ce discours global qui ne saurait se confondre avec l'inventaire de la réalité. Or, s'il est vrai que toute écriture du réel soit aussi celle du fantasme et du refoulé collectifs comment admettre que l'acte social d'écriture puisse assumer une telle tâche, et *a fortiori* en 1840 ? Le problème du réalisme, et ceci, je pense, va dans le sens des interrogations de M. Del Litto, est qu'il requiert, pour être authentique, un tel recours à l'imaginal le plus extrême et qu'il y trouve simultanément sa négation apparente. L'imaginaire, nécessaire, apparaît comme une masse critique qui conduit l'écriture à la défaillance. *Mina de Vanghel* pouvait nous proposer dans le coup de pistolet final la *destruction* d'une image de la femme ; le projet de dénouement de Lamiel, non écrit et justement impossible à écrire, ne prophétise-t-il pas le risque d'embrasement et la mort prochaine de l'écriture ?

Raymond MAHIEU

Avant que M. Labia ne réponde, puis-je me permettre, pour donner l'impression que nous sommes à un moment de totalisation absolument euphorique, de signaler que cet investissement féminin de la problématique du roman réaliste, qui est symptomatique de toute une société, fonctionne de manière tout aussi pertinente chez Balzac que chez Stendhal. Puisque l'on parlait d'une figure sans identité : on a discuté longuement l'autre jour des *Paysans* ; eh bien, si on a le roman présent à l'esprit, il y a la

241

figure de la Péchina qui intervient aux chapitres X et XI, si ma mémoire est bonne, de la première partie des *Paysans*, dont il y aurait peut-être beaucoup à dire en relation avec ces figures de *Lamiel*. Ceci dit, et ayant plaidé pour ma chapelle, d'une certaine façon, M. Labia, je vous donne la parole.

Jean-Jacques LABIA

Je répondrais d'abord à M. Del Litto. La question de l'identité du héros stendhalien est évidemment toujours posée avec acuité, qu'il s'agisse de Julien Sorel ou de Fabrice del Dongo. Lamiel est peut-être plus anonyme et plus nommée. Vers la fin de sa carrière Stendhal parvient peut-être à une sorte de retour, comme disait Rannaud, du refoulé, à une clarté de plus en plus grande de motifs qui étaient déjà présents ; et je crois qu'à ce titre Lamiel est plus anonyme, parce qu'elle est une enfant trouvée, Julien et Fabrice ne sont que des bâtards possibles c'est-à-dire qu'ils ont cette fonction de la double paternité qui a été analysée depuis Prévost. Le cas de Lamiel est un peu plus obscur et devient plus clair lorsqu'on s'aperçoit, et là je fais référence à Starobinski, que Lamiel est essentiellement quelqu'un à qui on impose un nom, le nom étant la première prison de l'être, c'est-à-dire ce qui permet dans un contexte fantasmatique de donner pouvoir sur l'être que l'on nomme, et j'ai parlé de cet aspect de la parole qui a pouvoir dans le conte : dire certaines formules, et, pour Lamiel, prononcer son nom, c'est en quelque sorte l'enfermer dans ce nom, c'est avoir pouvoir sur elle ; donc il me semble que Lamiel est à la fois plus anonyme et plus arbitrairement nommée, en un sens stendhalien, que les précédents héros de Stendhal et le fait qu'elle soit un personnage féminin accentue encore, comme pour tous les traits du personnage, cette ambivalence. M. Del Litto, êtes-vous satisfait de cette réponse ?

V. DEL LITTO

Oui, mais en partie seulement. Le personnage si flou de Lamiel finit par se désintégrer, perdre toute consistance.

Jean-Jacques LABIA

Je trouve que le problème de *Lamiel*, du texte que nous avons actuellement, est un problème de niveau de langage. Il me semble qu'il y a une grande différence chez Stendhal entre le discours romanesque, le flux romanesque à partir du moment où il s'est mis devant sa feuille, où il s'est mis à dicter un roman quelconque et puis ces très nombreuses périodes de son existence d'écrivain où au contraire il griffonne fébrilement toute sorte de mots, toute sorte de plans, toute sorte de projets et je trouve que le problème de Lamiel que vous avez posé, dans votre introduction de l'édition du Cercle du Bibliophile, le problème de la disparition de Lamiel au profit de Sansfin ne s'est pas réalisé en termes de roman, c'est-à-dire que Stendhal s'est bloqué sur Sansfin, mais il n'a pas rédigé une sorte de geste romanesque de Sansfin qu'il semblait projeter dans le cadre de son nouveau projet de roman. C'est le problème, me semble-t-il.

V. DEL LITTO

On a la sensation pénible que Stendhal s'est littéralement noyé dans *Lamiel*.

Jean-Jacques LABIA

Il se noie ? Je ne suis pas tout à fait d'accord ; Stendhal est mort : j'ai commencé par cette nouvelle sensationnelle, pour qu'elle projette une sorte d'ombre sur le récit de Lamiel parce qu'il ne faut pas oublier que le manuscrit de Lamiel est interrompu par l'attaque très sérieuse d'apoplexie, par l'avant-dernier coup du destin qui a frappé

Stendhal et il me semble que ce que nous faisons en ce moment, ce sont des spéculations sur un avenir incertain. Nous ne savons pas ce que serait devenu *Lamiel*, nous savons quel était le projet de *Lamiel* dans l'esprit de Stendhal au moment où il est mort mais je remarque que dans les parties effectivement réalisées du roman tout de même Lamiel et la grâce de Lamiel occupent une sorte de position centrale et fascinante, génératrice du roman, me semble-t-il.

V. DEL LITTO

Ce qui est extraordinaire, c'est que *Lamiel* se situe immédiatement après *l'Abbesse de Castro* qui est, pour moi, une œuvre parfaite, un chef-d'œuvre indiscutable.

Jean-Jacques LABIA

Oui, mais nous parlons encore de Lamiel. Elle ne s'est pas enlisée, c'est pour cela que je concluais : elle court toujours. Je peux difficilement répondre à l'intervention presque torrentielle de Rannaud qui charriait des bribes de mon propre discours dans une sauce qui appartient au sien. Sur ce que vous avez dit du retour du refoulé, je suis tout à fait d'accord. Pour ma part, mon but n'était pas de chercher les sources de Lamiel, c'est pour cela que je n'ai pas parlé de Mina de Vanghel, ni des rapports entre les deux textes. Je voulais simplement tenter de rapprocher Lamiel de certains modèles shakespeariens, essayer de comprendre notamment ce que j'ai appelé la mystification. Je trouve assez bizarre tout de même que Stendhal rapproche par exemple, Tartuffe d'Othello ; c'est un rapprochement qui ne viendrait pas à l'idée de tout le monde et il me semble qu'il y a vraiment quelque chose de commun dans ces références très présentes.

Gérald RANNAUD

Il y a quand même un problème de structure générale.

Jean-Jacques LABIA

Oui, mais cela mènerait à un discours extrêmement répétitif ; par rapport au volume de la critique stendhalienne, chaque livre sur Stendhal, souligne - et je pense à Blin - la consistance et la constance en Stendhal de l'individu ; dans Prévost c'est tout à fait évident aussi, donc tous les excellents livres qui existent sur Stendhal ont souligné cet aspect, on n'ajoute pas de l'eau à la mer quant à la question du corps de Lamiel ; je pense l'avoir tout de même abordée moi-même.

Gérald RANNAUD

Enfin, voilà le vrai problème, je disais justement que par rapport à la perspective que vous avez prise, c'est-à-dire de chercher un certain parallélisme avec Shakespeare, et débouchant sur ce problème de la mystification sur lequel je suis parfaitement d'accord avec vous, mais justement je crois que le problème de la mystification va très loin, parce que c'est toute la mystification...

Jean-Jacques LABIA

Oui et il est étrange de voir que Stendhal, justement, retrouve le même motif qui dans "Prospero" est bénéfique. Finalement, "Prospero" est un enchanteur bénéfique alors que les figures comme celles de Sansfin et de "Tartuffe" et de "Iago", sont des enchanteurs maléfiques, mais quelle qu'en soit l'interprétation, il reconnaît l'archétype, la structure.

Gérald RANNAUD

Je disais que par rapport à la syntaxe cela avait minimisé ce que représentait enfin le problème de la mystification à mon sens tel qu'un écrivain le rencontre, parce qu'un écrivain est mystificateur et que je me demandais si Lamiel ne posait pas en plein ce problème du réalisme c'est-à-dire en revenant à l'éternelle littérature masculine dans la mesure où *Lamiel* lui échappe et le texte effectivement se met à parler de Sansfin ?

Raymond MAHIEU

Peut-on se demander si *Lamiel* est un récit réaliste ?

Jean-Jacques LABIA

Je serais tenté de répondre oui pour ma part, en donnant une définition non édulcorée, une définition très compréhensive du réalisme : *Lamiel* est réaliste, au sens où les dernières pièces de Shakespeare sont réalistes dans la mesure où elles font apparaître justement tout un réseau d'images qui nous semble extrêmement fascinant à nous modernes et qui ont dérouté pendant tout le XIXe siècle.

Georges DETHAN

Dans le résumé de la communication de M. Labia qui a été distribué, n'y a-t-il pas une faute de frappe à la fin ? Sinon, ce serait d'un surréalisme magnifique : "le jarret de Lamiel, c'est l'âme enchaînée". Faut-il lire "garrot" ? Qu'est-ce que c'est que le "jarret de Lamiel" ?

Jean-Jacques LABIA

Non, je pensais au jarret de Lamiel à propos de ce passage de la *Peinture en Italie* que j'ai cité : la vieillesse a glacé nos jarrets ; cette métaphore corporelle qu'emploie Stendhal, pour signifier finalement quelque chose que nous situerions dans les valeurs spirituelles, c'est çà qui est étrange, cette incarnation pour ainsi dire.

Raymond MAHIEU

Je reviens à mes interrogations après cette mise au point. Une autre question que j'aimerais poser, pour mon compte, et je ne crois pas que j'abuse de ma position dominante, ce serait de savoir ce qu'il en est de la vraisemblance dans *Lamiel* ? D'une certaine façon vous y avez répondu, bien entendu, mais il pourrait être utile de mettre les points sur les i à ce stade aussi.

Jean-Jacques LABIA

La notion de vraisemblance est cruellement évolutive, nous nous en apercevons très bien par rapport à l'œuvre de Shakespeare ; Stendhal avait bien souvent un goût, une perception, de certaines œuvres littéraires qui dépassaient ses idées esthétiques dans le domaine théorique, celles qu'il formulait quand il se fabriquait des poétiques, et à ce titre j'ai l'impression qu'il y a une certaine contamination entre la lecture par certains textes de Stendhal et la production de son propre texte, et je note justement qu'il choisit comme modèle parfois certains textes qui justement nous semblent très actuels, très présents, très libérés, par rapport à des poétiques, trop contraignantes.

Raymond MAHIEU

Je tiens à préciser ici que M. Bosselaers vient de publier chez Giard *Stendhal pélerin du bonheur.* Y a-t-il des questions à lui poser sur Stendhal et la Hollande ? Ou à Mme Didier sur sa communication et, en particulier, les objets chez Stendhal ?

V. DEL LITTO

Ces objets, les considérez-vous comme des démoignages du réalisme de l'auteur ou bien comme leurs contraires ?

Béatrice DIDIER

Mon propos était limité aux *Chroniques italiennes*, et même à celles dont l'achèvement a été assuré par Stendhal de son vivant ; donc à un corpus assez étroit. Je n'ai pas du tout résolu le problème du réalisme ; d'ailleurs je n'ai employé le mot qu'une fois et avec une certaine inquiétude ; je me suis limitée également dans le champ théorique ; j'ai fait un relevé des objets dans les *Chroniques italiennes*, pour aboutir à cette double conclusion : que, d'une part, ils étaient extrêmement importants à tous les niveaux du récit, d'autre part que leur description était très réduite ou même inexistante : l'objet est désigné simplement par le mot arquebuse ou échafaud ; peut-on parler alors de réalisme ? J'hésite à trancher le débat d'autant plus que je n'ai pu assister au début du colloque où la notion de réalisme a été un peu éclaircie, je l'espère.

Raymond MAHIEU

Vous avez employé le terme de *signe* à propos de ces objets ; si je prend cela au sens saussurien, ce sont donc des signes qui ont un signifiant travaillant comme une simple dénomination ; vous l'avez dit, l'arquebuse, le poignard, etc. Leurs signifiés n'auraient donc de fonction que dans le système de la dénotation, et dans le récit, selon vous, il n'y aurait pas un autre signifié au second degré qui fonctionnerait derrière ; par exemple, celui d'italianité ?

Béatrice DIDIER

J'ai étudié une chronique italienne à la façon dont on étudierait la structure d'un récit dans un roman policier ; et j'ai trouvé finalement beaucoup d'analogie entre la structure d'un roman policier et la structure d'une chronique italienne, ce qui n'est pas d'ailleurs étonnant, étant donné qu'il y a dans les deux cas ces éléments fondamentaux que sont le meurtre, le témoin, l'accusé, le lieu du crime, l'instrument, etc. Donc cela n'a rien de très étonnant, mais ce qui est assez intéressant, c'est que cette similitude est apparue presque spontanément par un simple relevé systématique des objets dans le texte. Je ne crois pas que les objets ont une fonction déhumanisante ; ils ont une fonction presque mécanique, instrumentale ; à la fois au niveau du récit, parce que par rapport au personnage ce sont des instruments soit de meurtre, soit de torture, et au niveau de l'écriture de Stendhal : l'objet fait marcher le récit si l'on peut dire exactement comme, dans un roman policier, le récit serait impossible s'il n'y avait pas un indice, s'il n'y avait pas un objet qu'on retrouve dans la pièce où le crime a été commis. C'est le côté instrumental à la fois au niveau de la fiction et au niveau de l'écriture de Stendhal, c'est ce côté purement factitif de l'objet qui m'a intéressée mais mon propos est limité, je l'avoue, et encore une fois, je n'ai pas apporté une réponse au problème du réalisme de Stendhal.

Raymond MAHIEU

Il ouvre des perspectives très troublantes.

Gérald RANNAUD

Oui, mais il est peut-être difficile de demander de définir un statut général des objets chez Stendhal. Il y a sans doute un statut stendhalien de l'objet ; mais il y a aussi un statut et un rôle de l'objet propre aux *Chroniques*. Et il est peut-être difficile de passer de l'un à l'autre étant donné que le texte ne vise pas du tout à donner un statut à des objets dont le rôle est ici explicitement de créer des effets textuels d'écart, de distance donc de se donner comme simultanément réels et non réels, objets et non objets ?

Béatrice DIDIER

C'est gentil de la part de Rannaud de me sauver d'une question piège : quel est le statut de l'objet dans toute l'œuvre de Stendhal ?

Gérald RANNAUD

Il est difficile de dire que l'objet n'est peut-être pas un signe. Je crois que l'objet chez Stendhal fonctionne éminemment comme signe symbolique, et avec sa valeur symbolique. L'exemple du "verre vert" du dîner de Valenod est dans toutes les mémoires sans qu'il soit nécessaire d'insister sur le rôle symbolique de cet objet qui se donne comme "cacophonique" aussi bien au regard de la "stylistique du vin" que de la stylistique tout court, ce qui n'est pas indifférent, en termes de réalisme, dans la description d'un dîner où tout va être utilisé ou consommé comme signe, ou la *description* EST ici d'autant plus pertinente qu'elle rend compte d'une "réalité" qui n'est elle-même qu'une syntaxe narrative de liens symboliques. La "réalité" et le discours sont ici parfaitement coextensifs. Le jeu de l'écriture affecte avec exactitude aux objets le rôle de signes puisque les objets ne sont que des signes. Peut-on s'interroger sur le statut littéraire de l'objet sans s'interroger sur son statut économique, son statut tout court ? Il y aurait beaucoup à dire sur ce point et notamment à propos du *Rouge*.

Béatrice DIDIER

Oui, il y a une sorte de jeu sur le signifiant. Et Stendhal s'amuse parfois, pourquoi pas ?

C. W. THOMPSON

Cette analyse des objets dans les *Chroniques* m'inquiète un peu, d'une part parce que Mérimée décrit exactement de la même façon des objets et les hommes, d'autre part parce que cette méthode se retrouve partout dans le conte traditionnel. Par conséquent, à partir d'une telle analyse on a du mal à préciser le caractère de l'écriture stendhalienne du temps des *Chroniques*. Cela est grave, d'autant plus qu'au cours des années Stendhal fait une distinction toujours plus nette entre une écriture créatrice et une écriture qui ne serait que fonctionnelle, qui ne servirait donc qu'à rappeler les petits faits vrais. Si Stendhal avait plusieurs raisons pour écrire les *Chroniques*, il me semble qu'il se trouvait très vite mal à l'aise dans cette écriture qui ne pouvait poursuivre qu'un but très limité, puisqu'elle dépendait des originaux italiens. Je me demande si ces problèmes ne touchent pas de près à notre discussion.

Béatrice DIDIER

Pour répondre vraiment à votre question il faudrait entreprendre toute une étude qu'au début de ma petite communication j'ai bien avoué ne pas vouloir faire, et qui rejoindrait un peu l'étude des sources.

Un auditeur

Si l'on établissait quatre ou cinq niveaux de relations plus ou moins étroites entre les objets du monde et de la fiction, on arriverait assez facilement à distinguer les *Chroniques italiennes* et les romans de Balzac.

Béatrice DIDIER

Oui, ceci permettra en effet de préciser des choses ; mais enfin, dans mon esprit, il n'y a pas une assimilation de l'instrumental et du symbolique. C'est simplement à l'intérieur du récit que je parlais de la fonction instrumentale de l'objet, et pas du tout par rapport à une signification symbolique où, par exemple, l'arme signifierait la violence : l'arme est un instrument pour tuer et c'est tout.

Raymond MAHIEU

Il y a des objets plus lourds, des significations aussi, il est gênant de ne pas pouvoir les distinguer.

Béatrice DIDIER

Oui, il faudra, en effet, établir des niveaux. Ainsi, on aurait pu faire une étude plus approfondie du bouquet ; le bouquet était intéressant parce qu'il est en même temps un instrument qui permet de cacher la lettre, mais aussi un symbole traditionnel de l'amour. Dans ce thème du bouquet, qui revient très souvent dans *l'Abbesse de Castro*, on pourrait distinguer l'objet qui est simplement instrument (cacher la lettre), et l'objet qui a une valeur symbolique (l'amour).

Raymond MAHIEU

Ce qui m'a paru ressortir des débats, c'est d'abord que l'ambition de l'intitulé du Congrès était vraiment considérable : Balzac, Stendhal et le réalisme, c'était vraiment beaucoup de choses à traiter ensemble. D'autre part, ce qui m'a paru aussi, c'est qu'un certain nombre d'instruments opératoires, inévitables dans ce genre d'approche n'ont émergé que très progressivement. Disons que, si l'on voulait travailler sérieusement sur le réalisme, c'est maintenant seulement qu'on pourrait s'y mettre. Je pense, par exemple, à deux termes qui sont apparus aujourd'hui et qui n'avaient pas encore été évoqués. Le terme de mise en abyme, d'abord ; je sais qu'il n'est pas facile à manier, mais enfin il a, je crois, une incidence assez grande sur la question du réalisme. Un autre terme qui a été prononcé sans l'être - je ne sais pas s'il a reçu son nom, mais enfin il était là - c'était l'intertextualité, auquel il est difficile de ne pas recourir si l'on parle de réalisme.

Le réalisme ne peut en aucun cas passer, ni chez Balzac ni chez Stendhal, pour être assumé par l'évocation ou la présence dans le texte de ce qui ne sera jamais, de toute façon, que des mots, lesquels renverraient sans médiatisation aucune à des éléments de la vie réelle. Je pense qu'on aura découvert l'impasse que ce genre de perspective donnerait. Je me sens bien en peine d'en dire davantage, sinon que la notion de réalisme me paraît décidément, en terme de ces journées, relativement fragile...

STENDHAL A L'ÉCRAN

DÉBAT*

Guy WEILL-GOUDCHAUX

Le cinéma par le canal de l'audio-visuel permettra d'aborder Stendhal par d'autres voies. Nous pourrions centrer nos questions à Autant-Lara sur le thème qui a séparé les beylistes cinéphiles et les stendhaliens : *fidélité et création*. Le cinéaste n'est pas un traducteur, c'est un créateur, et les stendhaliens auraient plutôt tendance à lui demander d'être un traducteur.

Madeleine DENEGRI

Je voudrais d'abord remercier M. Autant-Lara de son très beau film, et ensuite lui demander s'il est au courant du travail par un metteur en scène soviétique Serge Guerassimov. Est-ce un bon metteur en scène ? Et où a-t-il tourné en France ?

Claude AUTANT-LARA

Je ne sais pas, je n'ai pas eu de renseignements précis mais enfin Guerassimov a fait des extérieurs en France près de Besançon, je l'ai su, pour un *Rouge et Noir* russe. Ce qui m'a surpris, car notre *Rouge et le Noir* français a eu là-bas, un succès important, songez-donc : 110.000.000 de spectateurs à ce jour !

Andrée MANSAU

Vous avez mis en tête de votre film l'épigraphe du chapitre XIII empruntée à Saint-Réal : "Un roman : c'est un miroir qu'on promène le long du chemin". Pourquoi l'avoir extraite du roman ? Quel sens lui avez-vous donné ? Comment fonctionne le miroir ?

Claude AUTANT-LARA

L'adaptation pour l'écran d'un grand roman, comme le *Rouge et le Noir* nous pose des problèmes vraiment très durs, dont le principal est dû aux impératifs horaires de ce métier ; ils nous obligent à pratiquer des contractions, des élisions, et parfois une espèce de synthèse, qui ne doivent démolir ni l'esprit, ni un certain nombre de

---

* Au cours du Congrès ont été projetés les films suivants : *Mina de Vanghel* (Maurice Clavel) ; *Le Rouge et le Noir* (Claude Autant-Lara) ; *Lucien Leuwen* (Claude Autant-Lara) ; *De l'Amour* (Jacques Laurent).

situations. Malheureusement, nous sommes contraints de jeter des tombereaux de perles, parce que faire un de ces grands romans en deux heures et demie, ce qui est à peu près ce que supportent les producteurs, c'est vraiment un travail légèrement aberrant. Cela ne veut pas dire que je n'aime pas *le Rouge et le Noir*, que j'ai fait, on aime ce que l'on a fait, et surtout ce qu'on a créé dans la difficulté, mais il ne me satisfait pas car il ne répond pas à ce que je désirerais faire, c'est-à-dire me servir de ce que l'on appelle affreusement l'audio-visuel, pour couvrir l'ensemble d'un de ces grands romans, qui sont la gloire de notre patrimoine littéraire. Ce *Rouge et le Noir*, est l'aboutissement de douze années de patience, de démarches, d'obstination. A pas moins de trois reprises, précédemment, j'avais été engagé par les producteurs, et, à chaque fois, cela ne s'est pas fait à cause de cet impératif horaire, aucun de ces producteurs ne voulant dépasser un seul film, un film unique de deux heures dix au grand maximum, et, à chaque fois, j'ai renoncé à faire le film, ce qui me créa des difficultés, bien sûr, pour essayer d'attendre le moment où je pourrais enfin trouver un producteur qui consentirait à le faire. Ce *Rouge et le Noir* je ne l'ai jamais trouvé, et je ne l'aurai probablement jamais fait, ce *Rouge et le Noir*, car, en premier, les producteurs ont peur de ce genre de film, et du sujet à costumes. Le dernier producteur, c'est par le plus grands des hasards qu'il m'a contacté ! Celui-là était embarrassé d'un contrat avec Gérard Philippe, et Gérard Philippe avait, par contrat, la possibilité de choisir et d'accepter son sujet, et c'est à la toute dernière seconde que ce producteur s'est tourné, affolé, vers moi, en me disant : "Je cours tout Paris, je démarche tout Paris auprès de tous vos confrères ; avez-vous un sujet susceptible d'être accepté par Gérard Philippe, qui me refuse tout ?". Ce malheureux producteur avait un contrat pour une somme très importante, avec Gérard, qui était déjà un acteur très connu à ce moment-là, et je lui ai dit par téléphone : "Proposez-lui *le Rouge et le Noir* ?". Il m'a dit : "Qu'est-ce que c'est que *le Rouge et le Noir* ?". Je lui ait dit "Dites-lui ce titre, il comprendra". Deux heures après, je recevais un coup de téléphone du même producteur, me disant : "Venez vite, il accepte !". Donc, c'est par le plus grand des hasards, encore, que ce *Rouge et le Noir* a pu voir le jour. Après cela, les difficultés ont été énormes, parce qu'effrayé par le côté un peu spectaculaire, ce producteur m'a mesuré les crédits d'une façon telle, qu'il n'était absolument pas possible de faire décemment le film. C'est alors que j'ai employé une de ces astuces que nous sommes obligés d'employer quand nous nous acharnons à surmonter les difficultés et les obstacles. Il s'agissait, à cette époque, de l'époque où le film en couleur venait de naître et en tant qu'ancien décorateur, et admirablement secondé par Max Douy (qui est mon décorateur depuis trente-cinq ans) nous avons eu ensemble l'idée de cette espèce de stylisation décorative, qui nous a paru extrêmement nouvelle, et que vous avez peut-être remarquée dans tous les décors : l'application de certaines recherches chromatiques que nous avions très à cœur, et que je trouve extrêmement intéressante dans la mesure où elle n'alourdit pas l'image et n'écrase pas l'acteur. L'idée permet à l'auteur, à sa situation, à tous ses personnages, et à leurs dialogues de venir en avant, sans être vraiment écrasés par tout un décor, qui souvent est excessif, et laisse ainsi à l'action et aux sentiments une place nettement prépondérante. Ensuite, d'autres difficultés ont jailli avec le producteur. Je me revois encore lui apportant ce scénario qui venait d'être terminé, et fraîchement tapé ; je le lui donne et il le soupèse en me disant tout de suite "C'est trop long ! C'est trop long !" - "Quand même, lisez-le" lui dis-je et il me répond : "Non, c'est trop long, alors je ne veux pas le faire". J'ai dû, encore une fois, ruser avec lui, lui dire : "Combien voulez-vous mettre dans le commerce ?" puisque ce métier est malheureusement affligé d'âpres difficultés matérielles. Ayant convoqué son directeur de production, il m'a dit : "Cela représente à peu près neuf semaines de tournage". C'était un brave homme, assez gentil. Je lui ai alors proposé : "Ecoutez, vous me connaissez, je suis très précis, alors nous allons faire un *gentleman's agreement* vous me laissez tourner pendant neuf semaines, vous restez dans votre bureau, vous ne venez pas, et dans neuf semaines, je vous remettrai ce que j'aurai tourné, et je vous garantis que ce sera terminé". J'avoue qu'il a été très correct, et qu'il a observé scrupuleusement, cet accord. J'ai tourné pendant neuf semaines, au bout desquelles il m'a dit : "Mais c'est effrayant, j'ai deux films !". Je lui répond : "Oui, vous avez deux films, pour le prix d'un, alors vous devez être content". Il se grattait quand même la tête parce que le problème de l'exploitation se pose, vous comprenez. De nouveau, on se heurte au commerce, aux exploitants qui ne veulent pas de films trop longs. Pour rénumérer les salles, avec les frais énormes qu'elles ont, il faut faire au moins cinq séances par jour. Et si on leur donne un film qui ne fait que trois séances par jour, parce qu'on ne peut projeter le film que trois fois, au grand maximum : vous voyez le genre de difficultés auxquelles se heurtent les grands films et il y faut vraiment de l'acharnement, un entêtement qui permet quelquefois, par hasard, d'arriver jusqu'au bout du film. Je ne parle pas des questions de censure, dont *le Rouge et le Noir*, vous l'avez su, on vous l'a exposé, a été l'objet. Les Allemands l'ont interdit pendant l'occupation. Le film terminé, il y a alors le stade du distributeur, lequel a, lui aussi, son idéologie personnelle (!) ; il a amputé *le Rouge et le Noir*, à l'époque, de 25 minutes, parce que certaines scènes ne lui plaisaient pas ! D'ailleurs, je dois vous dire que la même chose s'est produite pour *Lucien Leuwen* parce qu'on m'a fait venir en disant qu'il contenait des scènes qui étaient extrêmement "déplaisantes", et que la Télévision Française refusait déjà de le passer. La Télévision Italienne, même, m'a fait venir *spécialement* à Rome, rien que pour me dire que dans *Lucien Leuwen*, on amputerait un certain nombre de scènes qui étaient "incompatibles, avec les négociations que l'Etat italien menait alors avec le Vatican, pour un nouveau Concordat". Effectivement le film est passé tronqué en Italie. Je me demande ce que mes camarades italiens doivent penser de moi : on n'a laissé en Italie que les histoires sentimentales, et enlevé tout le contexte et les textes politiques qui sont pour moi inséparables de l'œuvre de Stendhal. Et voici le malheur de ce métier : on pense que nous faisons les films que nous voulons, que nous n'avons qu'à les traiter, à notre gré, alors que nous nous heurtons à des barrages continuels, à des vétos, à des : "On ne veut pas faire des films de cet ordre... Ça coûte trop cher...Ça n'est pas dans le vent à l'heure actuelle etc, etc.". Je suis dans l'incapacité de monter de nouveau un film comme *le Rouge et le Noir* et comme *Lucien Leuwen*. Si à l'heure actuelle, vous ne sacrifiez pas au climat de violence, de drogue, de pornographie, de police ou de truands ou de basse rigolade, le coffre-fort du producteur ne s'entrouve pas, et vous restez comme on dit, sur la touche, avec vos beaux projets - dont personne ne veut !

Georges DETHAN

Vous avez dit très justement que deux heures et demie sont insuffisantes pour faire un film. Mais ne peut-on se demander si huit heures ce n'est pas trop ? Pour quelqu'un qui réalise un film à partir d'un roman donné, s'il ne veut pas être un simple traducteur, mais un créateur, il faut qu'il compose, parce qu'il est certain que le *Lucien Leuwen* tel que nous le connaissons de Stendhal n'est pas très riches en dialogues (ce qui dans votre version me semble peut-être le plus proche du texte stendhalien ce sont d'ailleurs ces monologues que des acteurs excellents ont l'air de penser tout en fermant la bouche). Quant aux dialogues qui, pour la plupart, ont été imaginés, en gardant l'esprit du livre je le veux bien, et souvent d'ailleurs selon les idées stendhaliennes éparses dans d'autres livres, qui les a composés ? Est-ce vous-même ?

Claude AUTANT-LARA

Pour *Lucien Leuwen*, oui, ce fut moi qui les composai. J'ai écrit même tout seul une bonne moitié du scénario, mes camarades habituels m'ayant abandonné en cours de route. Pour les films précédents, je travaillais mon scénario avec Aurenche et Bost, nous composions tout ensemble. Si mon nom n'apparaissait pas, c'est que je ne voulais pas faire apparaître mon nom plusieurs fois au générique, c'est tout.

Georges DETHAN

Certains proposent, d'autres modifient... ?

Claude AUTANT-LARA

Oui, on écrit, on confronte les écrits, on agglomère le meilleur ; enfin, c'est une espèce de match amical. On finissait par se mettre d'accord tous les trois sur les meilleurs textes que chacun de nous fournissait. En ce qui concerne votre réflexion sur les films de huit heures mon producteur a fait une expérience assez curieuse. Quand *Lucien Leuwen* a été terminé, il a pris une bonne salle de projection, chez Lelouch, avenue Hoche, et on a fait, un jour, une projection *continue*, avec un seul arrêt, c'est-à-dire en deux fois trois heures et demie, avec un public de gens extrêmement varié. Eh bien ! on a commencé vers 9 heures 30 du matin, et je dois vous dire qu'à 6 heures et demie du soir, je n'avais pas perdu trois spectateurs, sur une salle de 120 places ! Donc, dans le déroulement chronologique, la chose reste suffisamment attachante pour des gens de qualité, il faut bien le dire, comme nous. Je ne peux pas vous dire que le manœuvre, lui, restera de la première image à la dernière. C'est peut-être possible, mais un homme d'une certaine qualité d'esprit... D'autre part, je vous dirai ceci : quand vous commencez à lire un roman, comme *Lucien Leuwen*, ou *le Rouge et le Noir*, vous n'allez pas me dire que vous prenez la première page et que vous irez jusqu'à la page 615 d'un seul trait ; ce n'est pas possible, vous faites de vous-même une fragmentation à la lecture que vous retrouvez automatiquement à la télévision, dont la mission devrait être de promouvoir, au maximum, ces grands chefs-d'œuvre du patrimoine littéraire français ; ce que malheureusement elle ne fait pas souvent.

A. KHUDER

Je ne sais pas grand-chose du processus de la perception d'un roman qui est écrit pour être lu ; je fais appel à l'imagination du lecteur, pour reconstituer ce que l'auteur a voulu dire. Est-ce que vous ne croyez pas que l'audio-visuel annule ce rôle du lecteur et le réduit à un spectateur classique ?

Claude AUTANT-LARA

Non, c'est-à-dire que s'il y a la jouissance du lecteur, il y a aussi la jouissance du spectateur ; c'est une jouissance différente, mais qui n'a pas de raison d'être inférieure. Stendhal, auquel je suis attaché depuis de très longues années et dont j'ai traîné les romans pendant de longues années devant les producteurs, frappant à toutes les portes, pour essayer de les porter à l'écran, était un dramaturge qui s'ignorait. Stendhal est un auteur des plus extraordinaires. Quand nous faisons un film sur une histoire dite "originale", nous recherchons trois choses : une affabulation générale captivante ; des situations, scène par scène ; des caractères ; un contexte social et politique.

Nous trouvons tout cela dans Stendhal, presque à chaque page ; c'est une mine ; on pourrait faire un film de 25 heures, sur *Lucien Leuwen*, ou sur *le Rouge et le Noir*, avec autant de richesse qu'on en aurait dans dix œuvres dramatiques. Je pense que c'est cela le travail que j'ai fait, ou du moins essayé de faire, dans des conditions pénibles, dans cet affreux métier que je pratique. J'ai essayé, d'abord, de me servir de la passion qui m'anime pour Stendhal, de lui servir un peu de promoteur, parce que mes films sur Stendhal, l'ont quand même fait énormément lire, et ont même provoqué de nouvelles éditions, en France et même en Amérique. J'ai donc fait là un certain travail qui, je pense, est intéressant et qui touche une masse de public bien plus considérable que le livre. J'ai fait des films à succès qui n'ont jamais touché plus de 4 à 5 millions de spectateurs, au cinéma. Eh bien ! dans une soirée de *Lucien Leuwen*, je touche 15 millions de spectateurs, et cela passera, avec une réédition, à 30 millions ; c'est donc que, grâce à l'audio-visuel, je sers votre propos, qui est de donner à cet auteur génial la plus grande et la plus large diffusion. Nous avons fait là un travail patient, discret et utile.

Gérald RANNAUD

Dans la mesure où vous partez d'un texte qui est déjà lui-même saturé de significations, de possibilités, je m'interroge sur ce que peuvent être les armes du cinéaste. C'est-à-dire qu'à partir d'un texte comme celui-là, qu'est-ce qui peut être une "mise en images ?". N'avez vous pas le sentiment d'être condamné au pléonasme, dans le cas d'un texte qui est déjà une totalité d'images ? Vous disiez fort justement, à propos de films qui d'habitude partent d'un thème, qu'il s'agit d'y "produire" le sens à partir de peu de chose. Comment reproduire le sens ?

Claude AUTANT-LARA

C'est le problème de l'adaptation de toute œuvre littéraire. Nous avons là deux domaines entièrement distincts : celui de la pensée par la littérature, et celui de la suggestion par l'image, évidemment plus concrète, mais qui nécessite une transposition aux fins de retrouver les mêmes impressions, mais sur un plan dramatique et visuel. Toute adaptation, évidemment, pose des problèmes énormes, toujours inquiétants, pour bien servir l'œuvre de base, mais malgré tout vous n'empêcherez jamais que toute adaptation est fatalement une trahison, et nous devons faire de notre mieux pour que cette trahison - et cela peut se faire très bien -, soit une bonne trahison, c'est-à-dire qu'elle respecte non pas l'intégralité, l'intégrité de l'œuvre, mais qu'elle en respecte l'esprit. On peut faire un film peut-être moyen, adapté d'une œuvre littéraire, mais si vous en déformez, si vous en détournez l'esprit, vous êtes un malfaiteur moral, et c'est cela qu'il faut éviter ; quelquefois, dans le passé surtout, il y eut des œuvres de Stendhal qui ont été déformées à un point parfaitement inacceptable. Je ne sais pas si je suis un peu trop orgueilleux, mais je pense que dans les deux films que j'ai faits, qui sont deux audacieuses entreprises, que nous avons serré l'esprit stendhalien d'aussi près que faire se peut. Cela dit, je ne vous dis pas que rien n'est exempt de critiques...

Gérald RANNAUD

Ma question n'allait pas du tout dans ce sens. Puis-je la préciser quitte à témoigner d'un excès d'indiscrétion, de curiosité de notre part ? Elle reviendrait presque à vous demander : comment travaillez-vous ? Comment pouvez-vous travailler ? Autant dire que je n'envisageais pas de soulever le problème de la fidélité ou de la trahison, de toute façon on est jamais si bien trahi que par ses amis, mais celui des modalités mêmes de la transcription. Vous partez d'un texte, et ensuite ?

Claude AUTANT-LARA

Notre méthode de travail est très simple : ce sont d'abord des lectures collectives que nous faisons, pendant dix ou quinze jours avant de nous lancer dans l'histoire.

Après cela, nous recherchons ce qui peut être un thème : *une ligne générale*, qui nous oblige à laisser tomber certains épisodes pour ne garder que ceux, qui, se reliant eux-mêmes, peuvent donner un fil conducteur bien droit. Après cela, il s'agit de commencer à reconstruire, de façon à ce que nous ayons, à chaque scène, un petit ensemble qui soit en soi-même un petit film : chercher des situations telles que chacune des scènes, attachées les unes aux autres naturellement sur le parcours de cette ligne qu'il faut respecter, comportent un intérêt, une montée et une solution. Voilà à peu près le mécanisme et nous allons ainsi de suite de scène en scène jusqu'au bout. Cette méthode est aussi valable pour les films de 3.000 mètres que pour ceux de 5.000 ou 6.000. Il faut avoir, nous le savons aussi, vers le dix-huit centième mètre d'un film, disons de 2.500 mètres, ce que nous appelons le retournement, c'est-à-dire que vers 1.800 mètres la tension du spectateur commence à se fatiguer ; il faut donc refouetter cet intérêt par un événement insolite, imprévu et assez fort qui nous emmène jusqu'à la fin. Vous retrouverez à peu près cette ligne-là dans tous mes films. Ça, vous savez, on peut chercher à avoir des idées "nouvelles", plus ou moins abracadabrantes, ce sont des règles dramatiques, dont personne ne peut s'échapper, si on veut captiver jusqu'au bout, un auditoire assez large...

V. DEL LITTO

A l'heure actuelle tourneriez-vous *le Rouge et le Noir* tel que vous l'avez fait ? Dans la négative, puis-je vous demander comment vous le feriez maintenant ?

Claude AUTANT-LARA

J'ai tourné *le Rouge et le Noir*, et il a été composé, en tenant compte des impératifs horaires imposés par le producteur, qui ne voulait qu'un film, et à qui j'ai réussi quand même à imposer deux films, mais, pour moi, il manque tellement de choses merveilleuses, dans ce *Rouge et Noir* que je ne peux ne pas regretter de ne pas avoir eu le temps d'y inclure toute l'histoire du complot ! Mais il y a cinquante choses merveilleuses du roman que l'on a été obligé d'abandonner, c'est-à-dire que, sans le vouloir, nous rejoignons ce qui, assez perfidement, fait la préoccupation majeure des producteurs, assez primaire et médiocre, puisqu'ils ne s'intéressent uniquement qu'à l'aventure sentimentale, car c'est cela qui paye, il faut bien le dire. Fatalement, en nous restreignant, nous ne pouvons conserver que les éléments sentimentaux essentiels et cela leur fait leur affaire. Je ne le referai pas, encore une fois : j'aime bien *le Rouge et le Noir* comme il a été fait, mais je déplore de ne pas avoir pu faire sept heures, parce que nous aurions fait alors des choses plus intéressantes et plus stendhaliennes encore. Car ce qui est pour moi intéressant dans Stendhal c'est que par delà la fiction romanesque, il y a le pamphlet, le côté politique qui marche concurremment, qui aide même l'évolution des sentiments, et c'est cela qui est merveilleux, dans la mesure où cela exorcise la littérature. C'est tout à fait mon affaire. J'ai eu plus de chance, sur ce plan, d'arriver à une composition qui me plaise, dans *Lucien Leuwen*, encore que j'aie fait cela pour la Télévision, dans les conditions d'une pauvreté effroyable, mais, enfin, de cela nous nous sommes tirés par des astuces. Mon *Rouge et le Noir*, n'est pas aussi complet que je le souhaitais. Même sur le plan sentimental, il lui manque tant de choses, que je ne puis avoir que du regret ; tout en l'aimant beaucoup, il ne me satisfait pas pleinement. Je lui préfère mon *Lucien Leuwen* plus complet.

V. DEL LITTO

Hier soir nous avons regardé très attentivement cet épisode que nous ne connaissions pas, l'épisode du séminaire ; nous avons constaté qu'au lieu de retrancher vous avez ajouté des scènes qui ne sont pas dans le roman. Cette constatation nous a quelque peu déconcertés.

Claude AUTANT-LARA

En tout cas, tout le séminaire de mon film, est très stendhalien, reconnaissez-le. Pour remplacer un épisode très complet, nous cherchons quelquefois à inventer un raccourci, quelque chose qui donne quand même, quoique plus brièvement, l'impression de ce qui manque, et qui demanderait trop de temps. Il faut nous excuser : encore une fois nous sommes brimés par ces affreux impératifs horaires du cinéma, où nous ne sommes pas libres de nos mouvements. Croyez bien que nous faisons au mieux de ce que nous pouvons, dans des conditions matérielles et de temps qui sont extrêmement difficiles.

Henri BAUDOUIN

Il m'a semblé qu'hier dans la copie qui nous a été présentée il manquait quelque chose dans le procès, il me semble me souvenir avoir vu quelques scènes de plus.

Claude AUTANT-LARA

Non, non il ne manque rien dans le procès, il manquait hier, hélas ! quelquefois, quelques paroles, de ci de là, parce que ce sont des copies plus ou moins anciennes, de petits mots, mais hier, vous avez vu *le Rouge et le Noir* dans son intégrité.

Guy WEILL GOUDCHAUX

Très souvent, les littérateurs oublient que le temps cinématographique n'est pas tout à fait le temps théâtral et pas du tout le temps romanesque : il se déroule à un rythme différent et plus rapide que le temps romanesque. Quant au temps théâtral, il a pu s'adapter plus facilement au temps cinématographique. Nous en avons la preuve, par exemple, avec l'adaptation des pièces de Shakespeare par Lawrence Olivier en 1944-1946, et plus récemment, avec *la Flûte enchantée* transposée par Ingmar Bergman. Il est vrai que Mozart minutait ses opéras, son librettiste aussi. Shakespeare disposait d'une horloge ne comptant que les heures et les demies, il calculait quand même le temps de parole de ses interprètes. Or, Stendhal n'a jamais minuté ses œuvres et quand il ne les achève pas, le réalisateur est obligé de terminer le roman à sa place.

Il ne faut pas, d'autre part, continuer à confondre caméra et stylo. Une caméra est infiniment plus qu'un stylo. Quand vous disposez d'une image nette que vous devez enturbanner d'un dialogue, vous vous apercevez que la plupart des mots que vous songiez à employer sont inutiles : l'image les neutralise, les rend totalement superflus. Je comparerais donc un film plutôt à un grand écran et un roman à une feuille de papier. Dès lors existent deux échelles de valeur : essayer d'établir un rapport de similitude entre elles est extrêmement dangereux et relève de la sophistique.

L'image cinématographique statique ne tarde pas à devenir insupportable à l'œil du spectateur. Il est donc extrêmement difficile de *filmer* en images les monologues intérieurs stendhaliens. On est donc "obligé de choisir", comme le disait M. Autant-Lara, et de provoquer des contractions. Hélas ! c'est à propos de ces contractions qu'on fait en général des reproches aux cinéastes qui ont porté Stendhal à l'écran.

Madeleine DENEGRI

Du point de vue technique est-ce que vous éprouvez plus ou moins de difficulté quand vous utilisez des acteurs de théâtre qui font momentanément du cinéma ou des acteurs qui ne sont pas des acteurs de théâtre ?

Claude AUTANT-LARA

Il y a des opinions fallacieuses que l'on colporte à plaisir, en vertu d'on ne sait quels intérêts : que ce soit le théâtre, la télévision, la radio, le cinéma, être un *interprète* de ces diverses disciplines, j'entends être ACTEUR, c'est un métier. Il y faut les mêmes capacités, exactement, de maintien, de tenue, de diction, de sensibilité, d'intelligence du texte, ce qui leur manque bien souvent... A peu de choses près. Par exemple, le jeu, au théâtre, a besoin d'être un peu plus poussé, un peu plus "en dehors". En raison de l'éloignement du spectateur, il *doit* être facile audit acteur de modérer son expression, tout en gardant la même sensibilité, devant un micro qui enregistre à proximité.

On répand, sottement, l'opinion que la télévision est un art "très spécial" - alors que ce n'est qu'un moyen de transmission, supplémentaire, d'une image enregistrée : on crée. Rien de plus.

Si l'on veut absolument trouver une "différence" entre le cinéma et la télévision, il faut, pour le réalisateur, simplement multiplier les gros plans d'acteurs - cela *paie* mieux - et limiter les grandes scènes spectaculaires qui, trop larges, ne *paient* pas comme nous disons, sur un tout petit écran, ce qu'un enfant de quatre ans comprendrait. Ne compliquons pas, à plaisir, le rôle de l'acteur : à de minimes différences, ce rôle est le même dans toutes les disciplines dramatiques.

Madeleine DENEGRI

Pourtant, il y a eu telle actrice, qui a été si charmante à la télévision et qui n'a eu aucun succès au théâtre.

Claude AUTANT-LARA

C'est fort possible, et parfaitement explicable. La technique des disciplines dramatiques enregistrées offre à l'acteur - disons "moyen", pour être poli - des ressources précieuses. Si cet acteur joue au théâtre, en direct, s'il est mauvais, c'est fini... Au cinéma, on recommence... Jusqu'à ce que l'on ait, en le dirigeant, en l'instruisant, obtenu de lui le meilleur résultat. Facilité bien agréable aux médiocres. Combien de vedettes de cinéma redoutent de s'exposer imprudemment au théâtre - qui, là, ne pardonnerait pas ! Nombre de nos prétendues vedettes risquaient, en quelques soirées de sombrer dans le ridicule. Comptez sur vos doigts, vous en verrez fort peu qui affrontent le péril du "direct". Elles préfèrent se cantonner dans les facilités qu'offre la technique de l'enregistrement. Ou, je m'en excuse, exiger un bon réalisateur, directeur d'acteurs. C'est plus sûr...

M. SERRURIER

Je désire poser une question à M. Del Litto et à M. Claude Autant-Lara.

Compte tenu de ce que M. Del Litto a vu dans le film de Claude Autant-Lara, des trois romanciers de la première partie du XIXe siècle, Stendhal, Balzac et Flaubert, quel est, à votre sens, celui qui est le plus représentable au cinéma ?

V. DEL LITTO

Je serais tenté d'attribuer la première place à Flaubert et la deuxième à Balzac. Stendhal, lui, viendrait seulement en troisième lieu. En effet, lorsqu'on a affaire à Stendhal, on ne peut se contenter de camper des personnages bien typés et bien costumés.

Claude AUTANT-LARA

Je m'en excuse, mais je répondrai exactement le contraire : dans l'ordre de mes préférences, sans hésitation, je citerai immédiatement Stendhal, ensuite Balzac et je terminerai par Flaubert, et ceci parce que Stendhal est l'auteur dont l'œuvre est la plus proche de l'expression cinématographique, qui m'apporte le plus de secours, et qui, par la richesse de ses personnages, la peinture si profonde et si juste de ses caractères, la force des situations, le thème général, me donnent le plus d'éléments proches d'une représentation visuelle. Là-dessus, Stendhal est, à mon avis, incomparable ; de plus sa supériorité par ce qu'il y a rapport aux deux autres auteurs cités, c'est qu'il s'attaque à des problèmes sociaux qui me touchent énormément, et qui enrichissent par exemple, la fiction de *la Chartreuse de Parme*. D'ailleurs, Balzac a écrit que c'était là l'œuvre d'un homme d'Etat, et il ne se trompait pas ; il voyait extrêmement juste. Ce qui m'intéresse donc énormément dans Stendhal, c'est cet aspect politique qui n'est pas écarté, ses personnages, sa fiction baignant dans le complexe politique de l'époque, d'une époque Louis-Philipparde qui, je m'excuse, n'est pas sans rapport avec la nôtre, et qu'il m'intéresse énormément de porter à l'écran. C'est là, je crois, un film nanti de tous ces éléments si riches, que l'on trouve à profusion dans Stendhal, qui peut vraiment donner une œuvre qui dépasse le film dit "d'époque", le "film à costumes" tant décrié par les distributeurs et les producteurs, et qu'on a tant de mal à leur imposer !

V. DEL LITTO

Je m'excuse, mais il y a maldonne. Je suis parfaitement de votre avis, mais j'ai cru comprendre tout à l'heure que M. Serrurier demandait quels sont les romanciers qui se prêtent le mieux à l'adaptation cinématographique. Or, je le répète, pour moi, Flaubert, Alexandre Dumas, Eugène Sue, Victor Hugo, etc. ne posent pas de problèmes. Il suffit de disposer de bons acteurs et d'un budget assez copieux. Au contraire, Stendhal pose des problèmes d'un tout autre ordre.

Claude AUTANT-LARA

Je m'excuse à mon tour, mais cela dépend de la conception que vous vous faites d'un film. Si l'on se borne simplement à demander à une œuvre de base, de l'action pure et simple, comme dans *les Trois mousquetaires*, évidemment, Dumas, Eugène Sue, voire Hugo, suffisent. Mais si vous voulez faire appel au cœur, à la sensibilité, à la pensée, à une originalité de situations et surtout de caractères exceptionnels - pensez à Mathilde de La Mole ! - Stendhal, de tous ces littérateurs, est bien l'incomparable.

Avec tous ces éléments, auxquels vous pouvez ajouter les réflexions intemporelles, prémonitoires, fournies par Stendhal, le film "à costumes" redevient souvent inactuel ! Faire un film à costumes pour simplement charger les acteurs d'oripeaux insolites, les déguiser en mousquetaires, quel intérêt ? Mais faire vivre, ou revivre, grâce à Stendhal, des sentiments et des personnages si finement ciselés qu'ils sont éternels, et donc d'aujourd'hui, voilà le bon et passionnant travail. Aucun auteur n'a mieux fouillé, inventorié, décrit le cœur humain - et féminin - que Stendhal, avec quelle terrible perspicacité, n'en déplaise à Hugo, et à Claudel !

Nous qui sommes, avant tout, à la recherche de *caractères* de vrais personnages de chair, quelle incomparable galerie nous offre Stendhal ! C'est là que toute son œuvre est, à mon avis, tout au moins pour le genre de films que je m'évertue à vouloir faire, la plus riche et la plus intéressante.

Je pense toujours que le cinéma est le moyen dramatique *le plus subtil* mis à la disposition des créateurs : le mettre à la disposition des richesses psychologiques d'un Stendhal, me paraît être un dessein tout naturel, je dirai même un élémentaire devoir.

Guy WEILL-GOUDCHAUX

Ne préférez-vous pas Stendhal à Flaubert ou à Balzac parce que Stendhal étant le plus concis et le moins anecdotique, il vous donne plus de liberté dans la création ?

Claude AUTANT-LARA

Cette concision, vous la décrivez si justement, est une des raisons pour lesquelles je trouve que Stendhal est un des auteurs "d'époque" le plus proche de l'expression dramatique actuelle. Stendhal est, si je puis dire, un auteur dramatique qui s'ignorait...

V. DEL LITTO

L'écriture romanesque de Stendhal est surtout une écriture dramatique et je suis persuadé qu'il en était conscient.

Claude AUTANT-LARA

Il a essayé de faire des pièces de théâtre.

V. DEL LITTO

Oui, mais cela est autre chose.

Claude AUTANT-LARA

Il n'a pas réussi.

V. DEL LITTO

Non, parce que la forme théâtrale qu'il avait en vue n'était pas celle de son temps. C'est pourquoi il n'a pas réussi à achever une seule pièce. Si vous tournez *la Chartreuse* sans tenir compte de la structure particulière de ce roman, vous risquez de faire fausse route.

Claude AUTANT-LARA

Quand on se mêle de porter à l'écran une œuvre comme *la Chartreuse*, il ne saurait être question d'autre chose que de respect. Respect de l'esprit ; respect, aussi, de la psychologie des personnages, en dépit des producteurs. Ceux-ci ne sont intéressés, en effet, que par *l'action* : rien ne fait plus peur à un producteur que la psychologie... Savez-vous ce qui intéresse par dessus tout les producteurs, dans *la Chartreuse* ? ... L'évasion de Fabrice ! Donc l'action, l'exploit, spectaculaire - le "suspens" (!). Pas les sentiments.

Gérald RANNAUD

M. Weill disait tout à l'heure qu'il y a une différence entre le stylo et la caméra. Il faut aller beaucoup plus loin et dire que, selon que c'est avec l'un ou l'autre, tout ce qui va être produit est de nature complètement différente, et que c'est un système de représentation complètement différent où les signes ne peuvent pas être les mêmes. A partir de cela, et compte tenu de ce que vous avez dit vous-même hier et les jours précédents sur les services que l'audio-visuel peut rendre à la littérature, je vous poserai deux questions auxquelles à dessein je donnerai une formulation abrupte : la première : - "Est-il pertinent d'adapter à l'écran des textes écrits ?" ; la seconde : - "Etant donné la différence fondamentale qui existe entre l'image cinématographique et le texte romanesque, la plus grande fidélité d'un film à un texte n'est-elle pas de lui être totalement infidèle ?".

Claude AUTANT-LARA

Il y a du vrai, dans ce que vous dites. Il est évident que dans la transposition d'une œuvre *écrite* à une œuvre *visuelle,* il y a un changement complet d'expression : du littéraire au dramatique ; ce n'est pas rien. Il y a des obligations, formelles, de modifier ce qui ne s'adressait qu'à l'esprit, à l'évocation mentale, pour obtenir un même impact, en s'adressant à l'esprit en même temps qu'aux sens de perception oculaire. C'est ce qu'on appelle l'adaptation. Cette adaptation à une perception nouvelle nous oblige à des changements, à des transferts : pour les descriptions littéraires, si longues et complaisantes en littérature, dont vous êtes privés à l'écran, il faut trouver, parfois, un geste, un détail, qui vous en restitue quand même le sens ; le temps aussi, qui n'est pas le même pour le lecteur et pour le spectateur, vous oblige à des élisions nécessaires - qui, parfois aussi, par leur brièveté peuvent devenir plus saisissantes. Tous ces changements, s'ils demeurent fidèles à l'esprit de l'auteur de base, peuvent être bénéfiques, donner à une œuvre une dimension nouvelle, élargie. Une adaptation, me direz-vous, peut devenir une trahison ? Bien sûr. Une adaptation est de toute manière, et pour employer une métaphore, une trahison. Il s'agit simplement que ce soit une *bonne* trahison. Et cela existe. Et cela peut se faire. Pour ce qui est de la pertinence relative à l'adaptation à l'écran des textes écrits, je dirai que notre rôle, au cinéma est - quoi qu'on en dise - de raconter des histoires. De *bien* raconter de *bonnes* histoires. Rien d'autre. Pourquoi voulez-vous que nous nous privions des œuvres de ceux qui ont, dans le passé, écrit de si bonnes, et si belles histoires, créé des personnages, des situations miraculeuses ? Nous laisserions tout cela dormir ? Notre devoir nous paraît, au contraire, d'illustrer, avec des mains respectueuses, tout ce patrimoine littéraire français, inestimable, inépuisable, de lui assurer la plus large divulgation dans le monde par les moyens que met à notre disposition ce que l'on appelle, prétentieusement, l'audio-visuel. Et le devoir de l'Etat - qui se moque éperdument de nos efforts - serait de nous y aider.

Guy WEILL-GOUDCHAUX

Il existe bien des romanciers qui, adaptant certains de leurs romans au théâtre ou à l'écran, sont obligés de modifier la structure de leurs romans pour que celui-ci puisse passer la rampe ou crever l'écran, comme vous voudrez. Donc la trahison peut-être légitime, parfois obligatoire, et s'il n'y avait trahison, dans ces cas-là, il n'y aurait ni pièce, ni film.

Claude AUTANT-LARA

Je vous dirai que, pour moi, il n'est pas d'expérience plus pénible que de travailler à une adaptation cinématographique... avec l'auteur de l'œuvre de base ! Il s'accroche - et c'est naturel - à ses moindres lignes, le pauvre... Et pourtant, cette opération chirurgicale est bien nécessaire... Un livre, il faut trois, quatre, cinq heures, six heures parfois pour le lire. Un film ne doit pas dépasser deux heures au maximum, sauf dans des cas exceptionnels. Et on ne demande pas à un chirurgien de s'opérer lui-même...

De la fidélité absolue, totale, inconditionnelle : je dirai que c'est là l'infidélité-même. Ce n'est pas à partir des mots ponctuels que l'on est fidèle. La fidélité totale, absolue, au mot près, n'est pas la garantie de réaliser du chef-d'œuvre. En enregistrant *Athalie* tel quel, au cinéma, sans rien y changer, êtes-vous sûr d'avoir un chef-d'œuvre cinématographique ?

Dans une adaptation cinématographique, la qualité des adaptateurs joue énormément ; sans prétendre au talent ou au génie de l'auteur de base, ils ne doivent surtout pas être démunis de certaines qualités. C'est là où les cinéastes qui se sont attaqués à Stendhal sont les plus faibles, et les plus sujets à caution...

V. DEL LITTO

Après avoir assisté à la projection de *Rouge et Noir* et de *Lucien Leuwen*, nous avons eu nettement l'impression que celui-ci est en progrès sur celui-là et que vous êtes resté plus près du texte.

Claude AUTANT-LARA

Pourtant, je souffre toujours, lorsque je revois mon film. Je dis bien vite que ce n'est pas que je n'aime pas mon *Rouge et le Noir*. Non, je l'aime bien, mais je souffre toujours lorsque je pense aux épisodes merveilleux - aux tombereaux de perles ! - que l'on a dû jeter aux orties ! Mais il a fallu se limiter, à peu près, aux simples aventures sentimentales, du fait des abominables ''impératifs horaires'' du cinéma - et au producteur. C'est pour cela, que, plus fidèle à Stendhal qu'à mon métier d'origine, je veux me détourner du cinéma pour rester encore plus près de son texte, et aller vers la Télévision, qui, je l'espère (?) me permettra d'illustrer la presque totalité d'une œuvre, sans avoir le triste devoir d'élaguer - donc de mutiler - un des grands romans de Stendhal.

V. DEL LITTO

Est-il indiscret de vous demander comment vous allez tourner *la Chartreuse de Parme* ?

Claude AUTANT-LARA

Il n'y a rien d'indiscret !

V. DEL LITTO

Je vous demandais cela parce qu'il y a un danger.

Claude AUTANT-LARA

Mais non, ce n'est pas dangereux, c'est passionnant ! C'est dangereux si vous êtes obligés de caviarder, de schématiser. Mais si vous avez ce maître incroyable, qui vous guide, eh bien ! vous n'avez qu'à le suivre, et essayer de faire ce que je cherche à faire avec cette Télévision - si elle le veut bien !

V. DEL LITTO

Mais on risque de faire de *la Chartreuse de Parme* une opérette, alors que *la Chartreuse de Parme* est un roman dramatique dans le sens plein du mot.

Guy WEILL GOUDCHAUX

J'ai lu le scénario ; je vous assure qu'Autant-Lara n'a pas fait une opérette de *la Chartreuse*.

V. DEL LITTO

Je suis fort heureux de l'apprendre. *Le Rouge et le Noir* ne comportait pas de piège, du moins le piège dont je veux parler.

Claude AUTANT-LARA

Vous avez raison en ce qui concerne *le Rouge et le Noir* : là, pas de piège. A cela près que toutes les œuvres comportent - comme les adaptations, d'ailleurs - leurs pièges. Mais, en ce qui concerne *la Chartreuse* permettez-moi de signaler qu'il y a une relative légèreté dans certains passages de l'œuvre - ce que j'aime beaucoup. Il ne faut pas tomber, là, dans le sombre drame. Le personnage de Ranuce-Ernest IV, les cocasseries de la cour, etc., c'est un peu comique. Sans forcer, bien sûr ; il y a même certaines scènes qui frôlent la comédie. Et il ne faudra pas s'en priver. Je vous dirai ceci : à mon sens, il faut se méfier des films où l'expression dramatique, ou tragique, n'est pas compensée, par moments, par des instants de détente. Un film dramatique où l'on ne rit jamais, à aucun moment, n'est pas un bon film.

V. DEL LITTO

Je me suis permis simplement une mise en garde ; c'est tout.

Raymond MAHIEU

Le langage cinématographique a des codes et des contraintes qui lui sont propres. Cela m'intéresserait énormément que vous nous précisiez comment vous passez du code du langage écrit et littéraire à celui du langage cinématographique.

Claude AUTANT-LARA

Dans la composition de l'adaptation il n'y a pas de loi, il y a simplement certaines règles, que nous devons observer parce que ce sont des règles immanentes qui, si on ne les respecte pas, rendent un film mal écoutable, désarticulé. C'est à nous à rechercher les éléments qui peuvent correspondre à cette structure particulière du cinéma dans le roman ; c'est là où réside le principal travail, quand on commence une adaptation. D'abord, rechercher la *ligne*, d'une part, et rechercher, dans ledit roman, les scènes qui peuvent composer cet édifice, et cette ligne. On est obligé de se tenir à ces règles-là : ce sont comme des règles théâtrales ; on ne peut pas y échapper. Ceux qui prétendent faire des films "où il n'y a pas d'histoire", où il n'y a rien, ce sont des fumistes, parce que leur film ne tiendra pas, s'ils veulent faire une œuvre qui soit un peu durable. En se faisant une loi, de ces règles-là, on arrive à un résultat : je ne sais pas si vous avez vu mon *Rouge et le Noir*, hier soir, mais, tout en restant lucide et sévère sur ce que j'ai fait, j'estime que ce *Rouge et le Noir*-là tient le coup. Il a vingt-deux ans d'âge - et vingt-deux ans, c'est l'âge du gâtisme, généralement, pour un film ! Nombre de films récents, qui ont ce que l'on appelle du succès en ce moment, je vous donne rendez-vous avant cinq ans : ils vous seront difficilement supportables... Ce *Rouge et le Noir*, je ne vous dis pas que c'est un chef-d'œuvre - de toutes façons ce ne serait pas à moi à la dire -, mais il est construit, structuré, bâti, d'une manière visiblement sérieuse, et solide. Parce que les règles de construction ont été respectées. Je sais bien, moi, tout ce qui manque à ce *Rouge et le Noir* - et le déplore. Mais tel qu'il est, tel que l'économie du système dans lequel nous vivons le permet, et me l'a permis, il se tient.

Guy WEILL-GOUDCHAUX

Je poserai une question de midinette quasiment : quels films aimez-vous dans l'ensemble de la production cinématographique ?

Claude AUTANT-LARA

Je déteste les films à la mode. Les films nouvelle vague, prétentieux, intellectuels, mortellement ennuyeux, des grosses têtes du cinéma, faits pour n'émouvoir qu'une poignée d'initiés. Je déteste les films du commerce cinématographique courant : violence, drogue, truands, police, basse rigolade - et les films qui cherchent à copier le cinéma étranger américain par exemple. Comment, si on aime Stendhal, pourrait-on aimer cela ?

Je veux être farouchement français : je déteste l'internationalisme - surtout en matière d'art. Six fois par an, il y a un film qui me ravit, me transporte, m'enchante. Je n'ai pas de titres à vous citer, mais la production italienne est celle qui nous offre le plus fréquemment l'occasion de nous réjouir, des œuvres solides et sérieuses - que l'on pourra revoir dans vingt ans avec plaisir. Ce n'est pas que j'aie le goût de l'éternité, mais j'aime les choses bien faites - pas par de petits amateurs - ; les choses valables, les choses qui durent, qui peuvent durer.

Madeleine DENEGRI

Lequel de vos films préférez-vous ?

Claude AUTANT-LARA

Le prochain... la *Chartreuse de Parme*.

V. DEL LITTO

Puisqu'il est de nouveau question de *la Chartreuse*... encore une question indiscrète, excusez-moi. Si vous voulez refaire *la Chartreuse*...

Claude AUTANT-LARA

Non, la *faire*, pardon, j'estime qu'elle n'a pas été *faite*.

V. DEL LITTO

Qu'est-ce que vous reprochez au film de Christian Jacques ?

Claude AUTANT-LARA

Cela m'est très désagréable de dénigrer par le détail le travail d'un confrère. Je me reporterai simplement, non pas à la critique d'ailleurs, mais à l'étude qui a été faite par un stendhalien éminent, qui est Henri Martineau. Vous n'avez qu'à la lire, vous en saurez autant que ce que j'en pense moi-même. Vous la connaissez sûrement, et elle est féroce. Mais si juste, que j'ai acheté, chez un libraire vendeur d'autographes, l'original de cette brillante critique, de la main même de Martineau... D'ailleurs, si cette *Chartreuse*-là avait été correctement faite, rassurez-vous, je n'aurais pas l'imprudence de la refaire.

V. DEL LITTO

Je n'aurai pas l'indélicatesse d'insister, et passe à autre chose. Hier soir, après avoir vu la version intégrale de *Rouge et Noir*, l'épisode du séminaire a été l'objet d'une vive discussion entre nous, parce que vous n'avez rien retenu du récit de Stendhal : l'arrivée de Julien devant la porte du séminaire, sa première entrevue avec l'abbé Pirard, son évanouissement, etc. En revanche, vous avez donné une scène qui n'est pas dans le roman, celle où l'abbé Pirard tend à Julien un paquet de lettres de Mme de Rênal et lui enjoint de les jeter dans le feu. Julien s'exécute, mais il trouve le moyen d'en escamoter une qu'il glisse dans sa manche et il court se cacher pour la lire.

Claude AUTANT-LARA

Dans votre esprit, si je comprends bien, vous me reprochez de présenter Julien comme un "être vil" ? Julien est, tout de même, un brin hypocrite, et dissimulateur. Cela existe dans le roman, et bien souvent même. En effet, la scène des lettres que l'abbé Pirard lui fait brûler n'existe pas, telle quelle dans le roman. Mais dans le roman il y a quelques lignes où cette situation-là est évoquée, exactement : cela suffit, et à justifier ladite scène et à nous faire découvrir un aspect de l'hypocrisie de Julien.

V. DEL LITTO

Peut-être, mais ce qu'il y a de sûr, c'est que vous montrez Julien en train de se livrer à une action basse. Vous le présentez donc d'une manière tendancieuse.

Claude AUTANT-LARA

Dans la duplicité du personnage, moi, cela ne m'a pas choqué.

V. DEL LITTO

Ah ! la duplicité du personnage !

Claude AUTANT-LARA

Et oui, l'homme est capable de dissimuler une lettre qu'on lui ordonne de jeter...

V. DEL LITTO

Je n'appelle pas cela duplicité.

Claude AUTANT-LARA

Vous n'appelez pas "duplicité" le personnage qui mange onctueusement un œuf pourri, sans rien dire... Vous n'appelez pas duplicité le "Il est une façon dévote de manger un œuf à la coque ?"... qui fait exprès de mal lire les passages de la Bible au réfectoire pour se faire renvoyer ? etc, etc...

Non, la scène des lettres brûlées, comme celle au réfectoire, nous aide à préciser, et à dévoiler, justement, les sentiments profonds - et secrets - de Julien.

Gérald RANNAUD

Je voudrais ramener le débat à un point que je crois plus central. Depuis tout à l'heure j'entends parler d'adaptation fidèle "à l'esprit" du texte. Pour reprendre le célèbre couple juridique de la lettre et de l'esprit, autant je vois où est la lettre du texte autant je ne vois pas où est en l'esprit, sinon hors du texte, dans la lecture qu'on en fait et qui me paraît poser non plus un problème de fidélité - qu'est-ce qu'une lecture fidèle ? je reste perplexe - mais d'interprétation, de recréation. Ainsi de la séquence incriminée par M. Del Litto qui me semble poser très clairement ce problème du rapport recréateur au créateur initial. Vous avez choisi de faire subtiliser la lettre. M. Del Litto vous objecte "Ce n'est pas dans le texte". Vous répondez "Oui, mais Julien en est capable". A moi de vous demander qui en est capable et où ? Julien ? Mais qu'est Julien sinon le texte lui-même, ce que le texte lui fait précisément faire ou ne pas faire. Quel est l'élément du texte qui fonderait cette probabilité comme une certitude dans la mesure où justement le fait que ce ne soit pas dit dans le texte signifie que c'est là un *possible* du texte que l'écriture ne retient pas, ou n'envisage pas, donc qu'elle exclut du texte du *Rouge* comme non signifiant ou non pertinent. Peut-il y avoir des signes indifférents, plus ou moins gratuits, commutables, accessoires, complémentaires, superflus ? Le problème n'est pas de savoir si l'acte (du moins cette image, ce signe d'acte) est vil ou non, ce qui n'a d'intérêt que hors du texte dans le discours commun de la morale ou de l'opinion, mais de savoir si ce seul signe *supplémentaire* ne signifie pas votre film comme une œuvre nouvelle, totalement différente, par ailleurs tout aussi estimable, mais qui n'a dorénavant pas plus à voir avec le *Rouge* que l'*Iliade* n'en a avec la guerre de Troie.

263

Claude AUTANT-LARA

Je ne suis pas tout à fait de votre avis parce que le comportement de Julien est vraiment d'une duplicité très grande, même avec l'abbé Pirard. Quand celui-ci lui met la carte à jouer sous le nez, en lui disant : "Qu'est-ce que c'est que cette dame", Julien réplique - c'est dans Stendhal, je me le rappelle - en mentant effrontément : "Mais c'est une dame qui m'a dit : Je serais contente de vous aider, si vous avez besoin de quelque chose...".

Ah ! ce séminaire... Que d'ennuis il m'a valu ! Une auto-censure - du distributeur, cette fois, un bien-pensant -, m'a obligé - je dis bien obligé - à couper trente minutes du film ! Et que d'astuces il a fallu déployer, après des années d'insistance, pour le faire rétablir dans les copies... !

Là, ce n'était pas la "duplicité" de Julien qui choquait ces Messieurs, mais bien autre chose... Julien est, avec cet abbé, d'une duplicité telle qu'il va aller jusqu'à subtiliser cette lettre, qui nous sert aussi à rappeler Mme de Rênal : ce n'est pas une distortion spirituelle qui me choque ; je trouve, moi, au contraire, qu'elle est bien dans la ligne du personnage ambitieux qu'est Julien, et conforme à Stendhal.

Georges DETHAN

C'est possible que Monsieur Autant-Lara ait un peu triché avec l'histoire de la lettre mais il faut tenir compte qu'il a à faire à un public très vaste et pas seulement aux beylistes.

Claude AUTANT-LARA

Très juste...

V. DEL LITTO

Mais il ne faut pas tromper le public.

Georges DETHAN

Je suis un très bon et très moyen public et j'ai trouvé que ce garçon avait tout à fait raison de dérober cette lettre parce qu'à toute contrainte qu'on vous impose, on a le droit de se soustraire, ce geste a montré que Julien n'était pas un ambitieux à craindre, mais qu'il gardait un cœur et qu'il ne pouvait tout de même pas détruire les lettres de celle qu'il avait aimée.

Guy WEILL-GOUDCHAUX

Il y a un autre moment du *Rouge* que personne n'a pris en considération et que l'on ne peut remarquer qu'en voyant le film quatre, cinq ou six fois de suite en laboratoire : vous résumez par un rire et un inter-titre d'une petite phrase plusieurs semaines ; c'est une contraction fantastique. Personne ne paraît s'être rendu compte qu'il était étonnant de parvenir avec un seul rire à gommer des semaines entières. On n'en parle pas. Pourquoi en veut-on alors à Autant-Lara lorsqu'il s'agit du séminaire ?

V. DEL LITTO

Parce que, comme je l'ai dit, l'épisode du séminaire joue un rôle très important dans le roman.

Claude AUTANT-LARA

Il faut aussi tenir compte du fait que chacun d'entre vous, chers amis, a sa vision personnelle du *Rouge et le Noir*. Moi, je vous apporte la mienne ; ce que je souhaite c'est que nos points de vue ne soient pas éloignés, et que je n'aie pas trahi cette œuvre. Mais nous ne pourrons jamais être totalement d'accord sur tout. C'est l'amour pour celui que je considère comme un des grands génies de la littérature française qui nous réunit ici, c'est là le plus important.

Un auditeur

J'ai eu l'impression, en écoutant ce débat, que l'on se trouve devant l'alternative suivante : ou bien tourner un film de durée normale, deux heures et demie, qui n'est qu'une anecdote, une histoire sentimentale, ou bien renoncer à tourner un bon film dont les producteurs ne veulent pas parce qu'il dure dix heures. Or, je me demande s'il n'y aurait pas une troisième possibilité : ne pas retenir d'une œuvre l'intrigue sentimentale, mais sa portée sociale. On rentrerait alors dans les normes imposées par l'exploitation.

Claude AUTANT-LARA

Mais je suis prêt à l'admettre avec vous ; je crois qu'il existe un public pour ce genre de film ; mais malheureusement, il y a les producteurs, les distributeurs, les exploitants...

Quant à la durée des films, les producteurs et les distributeurs n'admettront jamais de la prolonger. C'est très bête, le cinéma, je vous l'ai dit ce matin. Il faut que l'exploitant de salle puisse faire ses cinq séances par jour ; sinon, tout le monde fait la grimace ! et les producteurs les premiers ; c'est pourquoi il n'y a pas d'autre issue que de se tourner vers ceux qui peuvent nous accorder une durée plus grande, je veux dire la Télévision.

Un auditeur

En schématisant à l'extrême, ne croyez-vous pas qu'on puisse adapter une œuvre, disons *le Rouge et le Noir* dans un film qui durerait 1 heure 30, en exprimant quelque chose de tout à fait nouveau. Je vais vous donner un exemple précis : *Jacques le Fataliste* de Diderot, peu de gens le savent, a été adapté par Robert Bresson, qui en a fait *les Dames du bois de Boulogne*, mais il a fait quelque chose de très simple, une petite chose de rien du tout, un film qui n'est absolument pas l'adaptation de *Jacques le Fataliste*. Ne croyez-vous pas qu'on puisse procéder de la même manière ?

Claude AUTANT-LARA

Il n'y aurait qu'une seule manière de procéder pour y arriver : c'est de prendre un épisode, un seul petit épisode d'une grande œuvre, et de le développer. En littérature, le plus facile, pour nous, c'est la nouvelle.

Pour *le Rouge et le Noir*, j'aurais pu proposer à un producteur le seul épisode du complot. Mais j'ai été plus ambitieux, je le confesse, pour Stendhal. C'est pour cela que j'ai mis neuf ans pour trouver un producteur. Trois d'entre eux, *contrats signés*, se sont dérobés, à la toute dernière minute... ! Ce n'est que le quatrième qui - le couteau sous la gorge - s'est exécuté, comme je vous l'ai raconté. Et encore, si je vous disais toutes les concessions auxquelles j'ai dû me plier, pour que le projet aboutisse... Mais cela est une autre histoire - qui me regarde. N'en retenez que l'acharnement peu croyable qu'il faut mettre pour que s'entrouvre - je ne dis pas s'ouvre - ce coffre-fort des producteurs que l'on contraint à aborder Stendhal !

Gérald RANNAUD

En 1967, nous avions comme étudiant à Grenoble un jeune noir américain qui travaillait sur Stendhal et qui d'ailleurs avait été interviewé par la télévision au moment des jeux olympiques, à l'occasion d'un *Rouge et Noir* réalisé pour la circonstance.

Claude AUTANT-LARA

C'est l'émission de Dumayet. J'ai reçu au moment où j'ai fait *le Rouge et le Noir*, une avalanche de photographies de gens, et dedans il y avait un superbe nègre qui m'a donné sa photographie, en me disant : "Vous avez tourné *le Rouge et le Noir*, pourquoi pas moi ?". C'est peut-être le même.

Gérald RANNAUD

Or, au cours de cette interview télévisée, cet étudiant expliqua *le Rouge et le Noir* par référence à la situation d'un jeune Noir qui fait aujourd'hui des études aux Etats-Unis. Une telle adaptation américaine et moderne avec tout ce qu'elle entraîne de "déplacements", vous paraîtrait-elle pertinente ?

Claude AUTANT-LARA

Quand il s'agit d'œuvres aussi nobles, par exemple, que *le Rouge et le Noir*, je suis l'adversaire farouche de la transposition parce que vous ne tirerez pas le suc d'une œuvre en la déplaçant dans les siècles. Les personnages de l'œuvre ont, c'est inéluctable, des comportements particuliers ; il y a tout un contexte qui tient dans le siècle où ladite œuvre a été écrite, et vous perdrez tout le parfum de la chose à la transposer. Ce sont seuls les producteurs - ou les gougnafiers - qui ont ces sortes d'idées, pensant profiter *des titres*, célèbres, et avoir un plus grand succès commercial, en "modernisant", comme ils disent !

Un auditeur

Une œuvre qui ne peut pas être interprétée, qui ne garde pas toute sa signification à travers les siècles, n'est pas une œuvre noble.

Claude AUTANT-LARA

Encore une fois, c'est tout le problème des films à costumes : si vous faites un film à costumes, si vous choisissez un bon texte, et si vous le traitez intelligemment, eh bien ! vous verrez qu'en très peu de temps, sur l'écran, à l'image ancienne se substituera une image actuelle.

Un auditeur

Mais, justement, les problèmes sont toujours pareils, même si le message est différemment présenté. Il y a des metteurs en scène qui adaptent des pièces de théâtre classiques. Ainsi, par exemple, Pasolini, quand il adapte *Médée* à l'écran, essaie de relire cette tratégie à la lumière de nos problèmes actuels.

Claude AUTANT-LARA

Je ne comprends pas : si l'œuvre dont vous parlez a vraiment une telle force, elle doit passer des siècles, elle est très bien dans son temps, et on la comprendra aussi bien à l'époque actuelle. Alors, pourquoi changer les costumes, et mettre les acteurs en habits, ou en robes du soir ?

Guy WEILL-GOUDCHAUX

Dans la mesure où les gens savent lire, ils sont quand même un peu intelligents, ils sont très capables en lisant un roman comme en regardant un film de deviner que telle ou telle scène concernant les ouvriers dans *Lucien Leuwen* peut s'appliquer à certaines scènes concernant les ouvriers dans certains pays du monde actuel. Ce n'est pas parce que les canons qui tirent un coup toutes les minutes et demi seront remplacés par des mitraillettes que les gens comprendront mieux ; je dirai même qu'ils comprendront moins bien s'il y a des mitraillettes, parce qu'ils diront que c'est de la propagande, tandis que s'ils voient le film à costumes ils réfléchissent davantage, et iront davantage au fond des choses.

Claude AUTANT-LARA

Si vous venez voir ce soir *Lucien Leuwen*, vous écouterez parler M. Leuwen : ce que dit l'excellent M. Leuwen avec son costume ''ancien'' est absolument actuel, les analogies immédiates sautent aux yeux ; on peut tout répéter, tout est valable, immuablement valable !

Guy WEILL-GOUDCHAUX

Ici, vous vous adressez à un public qui connaît très très bien le texte...

Claude AUTANT-LARA

N'ayez pas peur, le public comprend très bien...

LE CONGRES D'AUXERRE

par Henri Baudouin
Paris

Il y a quelques années, l'Association des Amis de Stendhal se demandait vers quel horizon nouveau elle allait pouvoir se tourner pour y organiser sa prochaine réunion internationale. Nous étions en 1972 et des congrès avaient déjà eu lieu à Paris, Marseille, Civitavecchia, Lausanne, Parme, Tours, Nantes et Bologne.

Je pris l'initiative de proposer la ville d'Auxerre. Vous avez accepté cette idée et notre Président, le professeur Del Litto, fut le premier à se rallier à ce projet.

Je contactai donc Monsieur Jean-Pierre Soisson, alors député-maire. Je dois ici le remercier pour l'accueil spontané et enthousiaste qu'il réserva d'emblée à notre proposition, malheureusement de nombreuses circonstances politiques en retardèrent la bonne fin.

Pour une fois tout s'arrangea puisque nous voici réunis, grâce, il faut bien le dire, à une équipe d'organisation particulièrement dynamique et efficace sur laquelle je reviendrai.

Je suis heureux de vous accueillir à Auxerre, au cœur d'une région que je connais assez bien et que j'aime beaucoup.

Je n'ai, il est vrai, dans l'Yonne aucune attache familiale ni professionnelle, mais j'y ai quelques amis. C'est assez pour y venir souvent et pouvoir ainsi apprécier la beauté de ses sites, le calme de ses petits villages cachés dans la verdure, et le commerce agréable de ses habitants.

Mais direz-vous, pourquoi l'Yonne et pourquoi Auxerre à propos de Stendhal ? Hé bien, si l'on fait abstraction de Paris et Grenoble, ces deux pôles majeurs, et si l'on dresse le bilan des coins de France qui réservent au visiteur le plus d'émotions stendhaliennes, on s'aperçoit que l'Yonne est particulièrement riche et que le touriste y est sollicité à chaque étape. Je citerai seulement les noms de Rougier de La Bergerie, de Louis Crozet l'ami très cher, de Mérimée, de Domenico Fiore, de Madame de Staël, de Madame de Duras, de Fourier.

Vous voyez, chers amis, que les sujets d'intérêt ne vous feront pas défaut au cours de ce séjour. Sans oublier bien entendu les petits vins blancs locaux qui vous réserveront, j'en suis convaincu, plus d'une agréable surprise, les rouges aussi d'ailleurs.

Je crois que, pour nombre d'entre vous et je pense ici principalement aux stendhaliens étrangers, ce congrès sera l'occasion de découvrir cette Basse Bourgogne qui pour être trop près de Paris, est certainement moins visitée et partant moins connue que la Bourgogne traditionnelle. Je souhaite que les promenades que nous allons faire ensemble vous incitent, sinon à prolonger votre séjour, du moins à revenir flâner dans cette région où il y a tant à voir.

Mais il ne faut pas non plus oublier les départements voisins que malheureusement nous n'aurons pas le temps de parcourir ensemble mais qui tressent à la périphérie immédiate de la région icaunaise une couronne émotionnelle qu'il convient d'évoquer.

Dans l'Aube, nous retrouvons le souvenir de Crozet à Troyes et Plancy, non loin de Troyes celui du baron de Vendeuvre, condisciple de Beyle au Conseil d'Etat et qui eut quelques démêlés avec les protégés du marquis de Custine autre ami de Stendhal. N'oublions pas Montbard et Buffon dont Stendhal visita la maison, excursion dont on retrouve le récit dans son œuvre. A Dijon se projettent encore les ombres de deux préfets, le comte Molé et Achille Chaper ; à La Charité sur Loire, celles d'Edouard Grasset et de Mary de Neuville qui servit de modèle pour le personnage de Mathilde de La Mole. Enfin à Montargis qui n'est pas si loin, erre encore le fantôme de cet officier, aide de camp du général Michaud, que Beyle appelait l'ami Durzy.

Il me reste à présent mes chers amis, en vous souhaitant la bienvenue à Auxerre, à vous remercier d'être venus si nombreux et, pour certains, de si loin. Mais il me faut surtout remercier Mme Pot et Monsieur Kapps, conseillers municipaux, Mesdames de Bono et Perreau, Messieurs Grimaud, Hamelin, Raby, Ross ainsi que tous les employés de la mairie d'Auxerre, de la maison du tourisme et du CET Gambetta qui se sont chargés avec compétence des délicats problèmes de l'intendance de ce congrès. Je n'oublierai pas non plus Monsieur et Madame Reynaud qui ont proposé de mettre gracieusement à notre disposition une salle de leur cinéma. Enfin il faut remercier Monsieur Claude Hohl directeur des Archives Départementales qui a organisé l'exposition que vous inaugurerez tantôt, et dont il a rédigé un catalogue qui restera un des témoins importants de cette manifestation. Mes remerciements iront également à Mademoiselle Lafeuillade, conservatrice de la Bibliothèque Municipale qui a ouvert ses locaux à l'exposition et sorti pour nous quelques richesses de ses réserves. Bien entendu je n'oublie pas l'indispensable : je veux parler de notre président au dévouement infatigable, Victor Del Litto ainsi que son épouse.

Je vous propose d'applaudir la ville d'Auxerre, son maire, Monsieur le ministre Jean-Pierre Soisson, et tous ses habitants.

PRÉSENTATION DE L'EXPOSITION *

J'ai le plaisir de vous présenter une exposition rassemblant un certain nombre de témoignages littéraires en rapport plus ou moins étroit avec le Congrès qui se tient actuellement à Auxerre.

Aux Stendhaliens et Balzaciens que vous êtes, cette exposition n'apportera vraisemblablement que peu de choses. Sa préparation a été pour moi, sa visite sera vraisemblablement pour beaucoup d'Auxerrois et d'Icaunais, l'occasion de découvrir que cette région possédait, sans le savoir, des souvenirs stendhaliens assez nombreux pour qu'il soit permis d'en envisager la présentation.

Au plaisir de la découverte s'est ajouté chez l'organisateur celui de rassembler et de manipuler des objets, certains fort précieux, un moment distraits de leur collection particulière, grâce à la libéralité de leurs possesseurs.

Au premier rang et sans vouloir préjudicier aux autres, je citerai M. Henri Baudouin, qui vous a fait part ce matin des raisons pour lesquelles le congrès se tenait à Auxerre et qui ne vous a pas dissimulé les attaches qui le liaient à l'Yonne. Ses conseils en matière bibliographiques m'ont été extrêmement utiles et les notices que vous trouverez au catalogue ne sont bien souvent que la transcription de ses propres notes.

L'exposition est constituée de trois volets, dont le premier concerne Rétif de la Bretonne, né à Sacy à quelques 20 km d'Auxerre, en 1734. En effet, il ne nous a pas paru, à M. Del Litto et à moi-même, inopportun d'en faire la figure de proue d'un vaisseau battant pavillon réaliste, tout en

---

* Un catalogue illustré a été publié à l'occasion de cette exposition sous le titre : *Rétif, Stendhal, Balzac. Promenades littéraires dans l'Yonne.*

limitant sa participation à l'évocation des seules années de la jeunesse passées au pays de Vermenton, puis à Auxerre. Certes, le plus mal famé des grands écrivains français ne se compare, ni par l'imagination ni par le style, à ses deux successeurs. Mais il fut, comme Stendhal et Balzac, un peintre de son temps, un peintre de lui-même et les descriptions des scènes et des mœurs rurales qu'il nous a laissées constituent aux yeux de ceux dont la spécialité est de retrouver le passé tel qu'il fut, des éléments d'information extrêmement précieux. Et je n'hésite pas pour ma part à voir en lui l'initiateur de ce genre littéraire qui fait aujourd'hui le thème de votre congrès.

Les séjours de Stendhal dans l'Yonne sont à peu près inexistants. Il n'empêche que cette région possède, comme l'a rappelé ce matin M. Baudouin, son lot de souvenirs stendhaliens, dont certains d'un grand intérêt pour la connaissance de l'écrivain et de son œuvre.

C'est tout d'abord Louis Crozet, son condisciple à l'École centrale de l'Isère qui, à titre d'élève de l'École des Ponts et Chaussées, y accomplit, en 1805, un stage dans le service de la Navigation de l'Yonne, qui est reçu chez le Préfet Rougier de La Bergerie et qui tombe follement amoureux de la cadette des filles de la maison. L'expression de cette passion se lit dans les lettres que Crozet, d'Auxerre, adresse à son ami Beyle, qui apprend alors le commerce à Marseille. Les héros de Stendhal ne s'exprimeront pas autrement lorsque la passion amoureuse s'emparera d'eux.

En 1810, Crozet introduit Beyle dans le salon parisien des La Bergerie. L'écrivain entre alors en rapport de tendre amitié avec Julie, l'aînée des filles, avec laquelle il se rencontra en parfaite communion d'humeur et de caractère.

Beaucoup plus tard, en 1833, Julie, devenue Mme Gaulthier, mettra sous les yeux de son ami le manuscrit d'un roman qu'elle a composé et intitulé *Le Lieutenant.* Beyle promettra de le lire et le fera avec beaucoup de retard. Le manuscrit ne sera jamais publié, mais il sera directement à l'origine de *Lucien Leuwen.*

On a évoqué (M. Bourgeois) ce matin la figure du préfet de l'Isère Fourier et les transpositions dont son image a pu être l'objet dans l'œuvre stendhalienne. Fourier était né à Auxerre d'un père tailleur. Sa mère était une Lebègue et, par elle, il cousinait avec la femme de Rétif, Agnès Lebègue. Il conservera toujours avec Auxerre, où il s'était facheusement signalé durant la Révolution, des attaches profondes, dont témoignent les lettres à son ami Bonnard.

Les trois préfets mis en scène dans *Lucien Leuwen* paraissent emprunter à Fourier quelques-uns des traits, un peu caricaturaux, de leur caractère et de leur physique. Cette caricature a pu se nourrir également du souvenir de Jean-Baptiste Rougier de La Bergerie, premier préfet de l'Yonne, agronome et versificateur, dont la silhouette physique et morale s'accordait mal avec l'importance de la fonction qu'il exerçait.

Au printemps 1806, l'élève des Ponts et Chaussées Louis Crozet quitte Paris pour rejoindre son nouveau poste de Plancy, dans l'Aube. Sans doute n'est-il pas trop pressé, car il trouve le temps de faire un crochet par Auxerre, où réside Blanche de La Bergerie. Un hasard assez extraordinaire veut qu'à la même époque Mme de Staël séjourne à Auxerre où un ordre impérial la tient éloignée de Paris. Louis Crozet sera mis en présence de l'illustre dame, qui fait alors les beaux jours du salon de Mmes de La Bergerie et qui trompe son ennui mortel en recevant ses amis et en ébauchant *Corinne*.

Le 3 août 1830, Beyle demande une préfecture. Guizot l'éconduit. Un de ses amis parle alors en sa faveur au comte Molé qui vient d'être nommé Ministre des Affaires Étrangères et qui le nomme consul d'abord à Trieste, puis à Civitavecchia. Cet ami est Dominique Fiore, un avocat napolitain assidu des salons parisiens, qui devait être l'archétype de M. Leuwen. Il a eu autrefois (c'était en 1814) à connaître la région de l'Yonne et son préfet, alors que, réfugié en France, il était assigné à résidence à Chablis.

L'Yonne se recommande encore à l'attention des Stendhaliens à plusieurs égards.

A 43 ans, Stendhal écrit (très vite) et publie *Armance ou quelques scènes d'un salon de Paris en 1827*. Ce roman raconte la naissance d'une douce passion entre le vicomte Octave de Malivert, jeune Polytechnicien joignant à la beauté physique une " âme droite et forte", et sa cousine Armance de Zohiloff, fille d'un officier russe et d'une émigrée de la cour de Mittau. Mais cette passion perturbée, en dépit de sa sincérité, ne peut aller jusqu'à son terme, car Octave ne peut se conduire en époux. Il se laissa néanmoins marier à sa cousine. Pour échapper à la honte d'une révélation, il s'embarque pour la Grèce où, tel Byron, il mourra à son arrivée.

On sait que Stendhal utilise souvent des termes géographiques pour désigner les lieux et les personnages de ses récits. On a pu soutenir récemment et avec, semble-t-il, quelque vraisemblance que l'inhabituel et euphorique prénom de son héroïne a été emprunté à celui d'une rivière de ce département, pourtant à peine entre-aperçue lors d'une brève halte à Saint-Florentin en 1811.

A Civitavecchia, Stendhal avait pour habitude de dépouiller consciencieusement, au fur et à mesure de leur parution, les volumes de la Biographie Universelle de Didot. Son attention est un jour attiré sur la notice consacrée à l'oratorien Adry, né à Vincelottes, bibliographe de son ordre et auteur d'ouvrages très divers, au nombre desquels une *Histoire de la vie et de la mort tragique de Vittoria Accoramboni* (paru en 1800), récit emprunté à l'un de ces manuscrits d'anciennes chroniques italiennes que précisément Stendhal recherchait et faisait recopier. En 1837, *la Revue des deux Mondes* publia sa propre version de cet horrifique récit que l'on peut résumer ainsi. L'héroïne appartient à l'une des familles nobles du duché d'Urbin. Elle entre dans l'alliance du puissant cardinal Montalto en épousant Félix Peretti, neveu de ce dernier. Peu après, Félix est assassiné traîtreusement. Vittoria

Accoramboni se remarie avec le prince Orsini qui meurt à son tour, laissant à Vittoria d'immense richesses. Une nuit, le palais où elle réside, à Venise, est envahi par une bande d'hommes armés et Vittoria est assassinée de façon atroce. La Seigneurie de Venise décide le siège en règle du palais où s'est réfugié l'instigateur de ce forfait, Louis Orsini, frère du second époux de Vittoria, qui expiera avec ses complices son crime, dans les supplices les plus barbares.

On a beaucoup reproché à Mérimée la sécheresse du portrait, tout en anecdotes, qu'il a, *post mortem,* tracé de son ami Beyle, dans sa célèbre plaquette intitulée *H.B.* Les Stendhaliens lui reprocheront toujours d'autre part d'avoir dédaigneusement brûlé les lettres qu'il reçut de Stendhal, ce dont Mérimée devait se repentir tout le premier. Fort heureusement, l'auteur de *Clara Gazul*, de la *Vénus d'Ille* et de *Colomba* apporta davantage de discernement dans l'exercice de ses fonctions d'inspecteur général des Monuments historiques. On lui doit la sauvegarde de quelques-uns des grands monuments de l'Yonne, Vézelay tout particulièrement. A ce seul titre, sa personnalité devait être évoquée à l'occasion de cette exposition.

Balzac forme le troisième volet de cette exposition. Entre lui et Stendhal, les relations ne paraissent jamais avoir été très suivies jusqu'au jour (c'était en 1840) où Stendhal, alors à Civitavecchia, lut avec ravissement les éloges très vifs que son confrère en littérature faisait de *la Chartreuse de Parme.* Aux éloges se mêlaient d'ailleurs un grand nombre de conseils en vue d'une seconde édition que Balzac appelait de ses vœux. Conseils que, de façon assez comique, Stendhal entreprit aussitôt de mettre en œuvre en remettant son ouvrage sur le chantier. Fort heureusement, il se lassa vite et laissa sans suite ce projet de seconde édition.

Balzac a délibérément choisi de situer l'action de son roman *les Paysans* aux confins du Morvan, dans cette région de la Basse-Bourgogne aujourd'hui rattachée au département de l'Yonne. Choix étrange, puisque Balzac connaissait fort peu cette région, qu'il n'avait fait que traverser pour se rendre en Franche-Comté ou en Suisse. Aussi paraît-il un peu vain de vouloir à tout prix identifier telle ou telle de ses descriptions. On peut, par contre, penser que les informations qu'il rassembla sur les mœurs locales lui ont permis de tracer un tableau noir, mais fidèle, de la situation de la Basse Bourgogne à cette époque. A ce propos, on a mis en avant le cas de son ami Villers-La-Faye, châtelain de Santigny en Avallonnais, que ses démêlés avec les ruraux de l'endroit, au sortir de la Révolution, poussa à vendre sa propriété et à quitter définitivement le pays. Je me garderai de prononcer en cette matière et laisserai au Congrès et aux éminents spécialistes qui y participent le soin d'apporter de nouveaux arguments pour ou contre la localisation de l'œuvre que Balzac lui-même jugeait comme la plus importante de *la Comédie Humaine.*

CHRONIQUE DU CONGRES

Le XIe Congrès International Stendhalien s'est tenu à Auxerre du 31 mai au 4 juin. Un double thème était au programme : *Stendhal, Balzac et le réalisme ; Littérature, cinéma, télévision*. Une nouvelle fois — la troisième — stendhaliens et balzaciens se sont donné rendez-vous pour discuter ensemble des questions qui les intéressent au même titre. La présence de Pierre-Georges Castex, à la fois stendhalien et chef de file des balzaciens, a personnifié cette symbiose. L'affluence a été importante : seize pays représentés (Algérie, Allemagne, Australie, Belgique, Canada, Danemark, Etats-Unis, Grande-Bretagne, Italie, Japon, Laos, Pays-Bas, Suisse, Syrie, Tchécoslovaquie, Yougoslavie). Marque réconfortante non seulement de l'extraordinaire vitalité des deux grands romanciers, mais encore de la pérennité et du renouvellement de la recherche en matière de critique littéraire.

On trouvera ci-dessous le tableau, forcément succinct, des communications présentées, et des différentes manifestations.

Première séance de travail (31 mai, matin) — Prenant la parole en sa qualité de président en exercice de l'Association des Amis de Stendhal, responsable de l'organisation, V. Del Litto a justifié le choix du thème du réalisme. La notion de réalisme, a-t-il dit, s'applique mal à Stendhal. Nous prenons de plus en plus conscience qu'il a été continuellement au-delà de ce qu'on appelle le réel, qui est pour lui une simple façade. Il a une manière toute personnelle, et originale, d'appréhender l'homme et son milieu, ce qui lui donne une place à part et le distingue nettement aussi bien d'un Balzac que d'un Victor Hugo. — M. Henri Baudouin (Paris), qui a pris une part fort active à l'organisation du Congrès, a souhaité aux congressistes la bienvenue dans l'Yonne et a passé en revue les nombreux liens existant entre cette région et Stendhal. — M. René Bourgeois (Grenoble) a parlé de Joseph Fourier, Auxerrois de naissance et préfet de l'Isère pendant toute la durée du premier Empire. — P.-G. Castex a abordé de front le premier thème du programme avec son exposé : *Réalisme balzacien et réalisme stendhalien*. Il s'est volontairement limité à confronter la manière dont les deux romanciers s'y sont pris pour "camper ou esquisser, afin d'y situer des aventures vraisemblables, à partir d'une cité réelle, un paisible décor urbain". Dans ce but, il a choisi un "exemple privilégié" : l'évocation de Besançon dans *Albert Savarus* et dans *le Rouge et le Noir*. — M. David Bellos (Edimbourg) a entrepris d'examiner les réactions du public à l'égard de Stendhal et de Balzac "pendant la querelle du réalisme". — Dans sa communication, *Essai sur la signification morale du réalisme stendhalien*, M. Alain

275

Chantreau (Nantes) a étudié comment les réalités politiques, sociales et religieuses "ne forment pas seulement le cadre dans lequel évoluent les personnages de Stendhal. C'est en se confrontant à elles que le héros stendhalien va pouvoir exprimer sa personnalité et accomplir sa destinée".

Deuxième séance de travail (31 mai, après-midi). – Sous le titre *Le service public dans l'œuvre de Stendhal*, M. le Ministre Jean-Pierre Soisson, maire d'Auxerre, s'est livré à une analyse fouillée de l'attitude et des réactions de Stendhal devant l'Administration. "Chez Stendhal, a-t-il déclaré, la lucidité est excessive, l'aigreur affleure. Je voulais savoir pourquoi cette intelligence fermait son cœur". Et de poursuivre : "En fait, non ! Ses déceptions furent en proportion de ses confiances. De ses méfiances aussi..." – Les trois communications qui ont suivi ont porté sur Balzac et plus spécialement sur la question si débattue de l'inspiration bourguignonne ou tourangelle des *Paysans*. On a successivement entendu M. Thierry Bodin (Paris), *L'Arcadie n'est pas en Bourgogne ou Balzac, "les Paysans" et le Vigneron* ; M. Jean-Hervé Donnard (Grenoble), *A propos des "Paysans" de Balzac*, et M. René Durr (Auxerre), *La part de la réalité dans "les Paysans"*. – Pour clore la séance, Mmes Elisabeth Ravoux et Anne Léoni (Aix-en-Provence) ont fait conjointement une approche nouvelle de la notion si complexe de réalisme : *Pour une problématique nouvelle du réalisme*.

Troisième séance de travail (1er juin, matin). – M. Jan O. Fischer (Prague) a examiné *les Procédés de typisation réaliste chez Stendhal* sous l'angle des trois aspects : la psychologie réaliste, le rôle du milieu et l' "incarnation de la possibilité cachée dans la réalité elle-même". – M. Raymond Mahieu (Anvers) a esquissé une étude comparative du réalisme stendhalien et balzacien dans une optique originale (*Rouge, Noir et Blanc ou les pouvoirs de l'invraisemblance*) : "Le texte de Stendhal, a-t-il dit en commençant, sera mis ici au service d'une lecture de Balzac, convoqué au titre de révélateur". – C'est aussi une analyse comparative qu'a proposée M. Jacques Birnberg (Monash, Australie), *Les congréganistes intrigants dans les romans de Stendhal et de Balzac*. – De son côté, M. David Wakefield (Londres) s'est penché sur *le Rôle du portrait dans les romans de Stendhal*. – Avec M. Gérald Rannaud (Grenoble) on est revenu à la théorie, ici aussi dans une optique particulière : *Un aspect du "réalisme" chez Stendhal : écriture romanesque et perception économique*.

Quatrième séance de travail (1er juin, après-midi). – M. Hans Boll Johansen (Copenhague) a apporté d'intéressantes précisions sur *l'Evolution du réalisme dans le roman stendhalien*. – On a été redevable à M. Jean-Pierre Collinet (Dijon) d'autres précisions également remarquables dans un domaine assez délaissé jusqu'ici : l'influence de Molière (*Stendhal et Balzac à l'école de Molière ou les origines classiques du réalisme*). – M. Maurice Muller (Zurich) a eu le mérite de rappeler aux littéraires des données scientifiques qu'ils ont trop tendance à négliger. En intitulant son exposé *Lire Balzac en pensant à Stendhal*, il s'est proposé de situer les deux romanciers "sur le plan du réalisme (plus précisément des "emprunts à la réalité") en littérature selon la perspective d'une critique sensibilisée d'un côté par la lecture "naïve" (celle-ci à peine existante), de l'autre par la pensée (la lecture) "syntaxique" des mathématiciens". – Enfin M. C. W. Thompson (Warwick) a entretenu les auditeurs d'une œuvre dont il n'avait pas été question jusque-là, *la Chartreuse de Parme (Répétition, jeu et destin dans "la Chartreuse de Parme")*.

Cinquième séance de travail (2 juin, après-midi). – La dernière séance a été consacrée, comme d'habitude, aux communications dites libres, à l'exception de Mme M. Taylor (Cardiff) qui a parlé des *Métamorphoses réalistes des héros stendhaliens*.

— Les sujets traités ont été les suivants : *Avec Stendhal à travers la province anglaise* par M. K. Mc Watters (Liverpool) ; *Un "conte d'hiver" : "Lamiel"* par M. Jean-Jacques Labia (Dijon) ; *Stendhal et la Hollande* par M. Remi Bosselaers (Eindhoven) ; *Les objets dans les "Chroniques italiennes"* par Mme Béatrice Didier (Paris) ; *Derniers documents stendhaliens du consulat de Civitavecchia* par M. Georges Dethan (Paris).

L'énumération qui précède ne donne qu'un aperçu approximatif de l'apport indiscutable de ces communications. D'autant qu'elles ont été suivies de débats qui ont donné lieu à de fructueux échanges de vues et à d'utiles mises au point.

Le deuxième thème du Congrès n'a pas été moins riche d'enseignements. Grâce au concours de M. Henri Baudouin et aux efficaces interventions de M. Guy Weill Goudchaux, il a été possible de présenter un assez large éventail des adaptations récentes à l'écran (grand et petit) de l'œuvre romanesque stendhalienne : *Mina de Vanghel, De l'Amour, le Rouge et le Noir, Lucien Leuwen*. Détail à retenir : *le Rouge et le Noir* a été donné dans sa version originale comprenant les parties supprimées dans la distribution commerciale. L'intérêt a été rehaussé par la participation active de Claude Autant-Lara. Cinéaste stendhalien de stricte obédience, Autant-Lara a commenté ses propres films, en a retracé la genèse et la réalisation, sans dissimuler les problèmes auxquels, chaque fois, il s'est heurté. Et c'est de bonne grâce qu'il a consenti à répondre aux questions qui fusaient dans l'assistance.

Pour matérialiser la présence stendhalienne dans l'Yonne, une exposition documentaire a été mise sur pied par M. Claude Hohl, directeur des Archives départementales, dans les locaux de la Bibliothèque municipale aimablement mis à sa disposition par Mlle Lafeuillade, bibliothécaire. Exposition remarquable parce qu'elle a mis sous les yeux des visiteurs une foule de pièces qu'ils n'avaient guère eu l'occasion de voir précédemment. Le catalogue, dressé par M. Hohl et publié sour le titre *Rétif, Stendhal, Balzac, Promenades littéraires dans l'Yonne*, ne comporte pas moins de 108 numéros.

Après des journées — et des soirées — bien remplies, les congressistes ont eu droit à la détente du Post-congrès. Pendant deux jours, ils ont sillonné le département de l'Yonne ; ils ont visité le haut lieu de Vézelay et découvert — le mot n'est pas impropre — des localités pittoresques et guère connues telles que Noyers, Avallon, Ancy-le-Franc, Tanlay, Saint-Florentin, Pontigny, sans oublier cette vallée de l'Armance, la charmante rivière qui a très probablement fourni à Stendhal le nom de sa première héroïne.

Ce XIe Congrès n'a pu être réalisé que grâce à la passion stendhalienne de M. le Ministre Jean-Pierre Soisson, passion doublée d'une connaissance peu ordinaire de l'œuvre de l'écrivain. Il a tout mis en œuvre pour que cette manifestation rivalise avec celles qui l'ont précédée. Aussi, grâce à lui, la réussite a-t-elle été totale. Grâce aussi à la Municipalité tout entière, dont les membres — et, en premier lieu, Mme Pot, MM. Kapps et Grimaud — se sont dépensés sans compter. Toute organisation, on le sait, ne peut aboutir à des résultats satisfaisants que grâce à l'intendance. Or, à Auxerre, l'intendance a fait merveilles. Il a été mis à la disposition du Congrès le Centre Vaulabelle comportant, en plus de la salle de conférences, l'immense hall où, avec le concours de l'Ecole hôtelière, ont été servis les repas de midi ; les étudiants ont été logés gratuitement au Foyer des Jeunes Travailleurs ; des cars ont assuré chaque matin le transport des congressistes. M. Raby, directeur de la Maison du Tourisme, et son adjointe Mme Perreau ont eu la lourde charge de l'accueil, de l'hébergement, de l'organisation de la visite des caves de quelques crus bourguignons et, en outre, pour le Post-congrès, du choix des itinéraires des excursions et des étapes gastronomiques. De son côté, M. Raynaud, directeur du Casino, a aimablement et gracieusement mis à la disposition des organisateurs une des salles très modernes de son cinéma.

A propos des crus bourguignons, on ne saurait passer sous silence ce qui a été — en dehors de la partie proprement scientifique, ou, peut-être, avec elle ? — un des ''clous'' de ce séjour auxerrois : l'extraordinaire soirée offerte par la Municipalité dans les caves de ce très bel hôtel Ribière, bâtiment du XVIIIe siècle, dont est fait un si judicieux usage. Le pays bourguignon est riche de ces énormes caves voûtées où se conservent des crus fameux. Ici, dans une partie aménagée, presque une salle de banquet, a été offert un lunch raffiné et plantureux, arrosé de vénérables bouteilles que M. Soisson, voulant n'être alors que le maître de maison, allait choisir lui-même pour ses hôtes. Ces lieux, cette ambiance, ont été pour les congressistes un moment de vif plaisir et pour nombre d'entre eux une véritable découverte destinée à faire date.

Pour nous résumer, aucune lacune, aucune défaillance, pas de fausse note. Il est rare, très rare, de trouver tant de bonne volonté, tant d'efficacité, un tel désir de coopération, une telle atmosphère de confiance et de mutuelle sympathie. A tous l'Association des Amis de Stendhal présente ses remerciements et exprime sa plus vive gratitude. (V.D.L.)

Table des matières

CINQUIEME PARTIE

IMPRIMERIE LOUIS-JEAN
Publications scientifiques et littéraires
TYPO - OFFSET

05002 GAP - Téléphone 51-35-23 •

Dépôt légal 149-1978